财智睿读

中国上市公司

绿色治理评价研究报告

（2022 ~ 2023）

李维安 等◎著

China

Corporate Green Governance Evaluation Report

中国财经出版传媒集团

经济科学出版社
Economic Science Press

·北京·

图书在版编目（CIP）数据

中国上市公司绿色治理评价研究报告. 2022 – 2023 /
李维安等著 . -- 北京：经济科学出版社，2025. 1.
ISBN 978 – 7 – 5218 – 6448 – 9

Ⅰ. F279. 246

中国国家版本馆 CIP 数据核字第 2024SV4871 号

责任编辑：宋　涛
责任校对：郑淑艳
责任印制：范　艳

中国上市公司绿色治理评价研究报告（2022～2023）
李维安　等著
经济科学出版社出版、发行　新华书店经销
社址：北京市海淀区阜成路甲 28 号　邮编：100142
总编部电话：010 – 88191217　发行部电话：010 – 88191522
网址：www. esp. com. cn
电子邮箱：esp@ esp. com. cn
天猫网店：经济科学出版社旗舰店
网址：http：//jjkxcbs. tmall. com
北京季蜂印刷有限公司印装
710 × 1000　16 开　29.5 印张　483000 字
2025 年 1 月第 1 版　2025 年 1 月第 1 次印刷
ISBN 978 – 7 – 5218 – 6448 – 9　定价：119.00 元
（图书出现印装问题，本社负责调换。电话：010 – 88191545）
（版权所有　侵权必究　打击盗版　举报热线：010 – 88191661
QQ：2242791300　营销中心电话：010 – 88191537
电子邮箱：dbts@ esp. com. cn）

　　本项研究获得国家自然科学基金面上项目（72174096）、国家社会科学基金项目、教育部人文社会科学重点研究基地重大研究课题、中央高校基本科研业务费专项资金项目、南开大学"双一流"建设项目等项目的资助，在此表示衷心的感谢。

中国公司治理研究院绿色治理评价课题组

课 题 组 负 责 人： 李维安

课 题 组 协 调 人： 张耀伟

课题组主要成员： 崔光耀　郑敏娜　刘昱沛　曹甜甜　陈兴晔
冯瑞瑞　唐梦兰　杜寒玉　王美香　贾志强
张　伟　孙雨龙　李　鼎　李晓琳　王鹏程
刘振杰　徐　建　姜广省　齐鲁骏　鲁云鹏
秦　岚　王励翔　王永青　谢东明　李元祯等

前　　言

近几十年来，环境问题越发严重，人类与自然的关系成为当前全球面临的最为重要的议题之一。我国提出力争 2030 年前实现碳达峰，2060 年前实现碳中和，以推动经济社会发展全面绿色转型。当前环境问题仍存在"各方关注、各自为战"的困境，解决生态环境问题是一项系统工程，需要在绿色治理理念和准则的引领下协调应对，形成协同治理的新格局。而新冠疫情的全球蔓延进一步凸显了环境与经济关系的"失衡"，也使得绿色发展更加深入人心。只有坚持人与自然和谐发展的绿色治理观，适时升级治理模式，才能从根本上不断提高经济社会"免疫力"，减轻重大突发公共危机冲击，推动经济社会的可持续发展。

实现人与自然的包容性发展已成为后疫情时代的共识，在此背景下，绿色治理作为一个新的重大课题被提出。推广与落实《绿色治理准则》，有效评价绿色治理的实际效果，准确把握现阶段我国绿色治理的基本情况与水平，需要秉持绿色治理的核心理念与原则，以《绿色治理准则》为框架，构建绿色治理指数，从而可以客观地反映作为绿色治理关键行动者的上市公司绿色治理的现状以及面临的挑战，这对理论创新和具体实践指导都具有重要意义。

《中国上市公司绿色治理评价研究报告》是由著名管理学家、中国公司治理领域的开拓者李维安教授带领团队在 2017 年发布全球首份《绿色治理准则》[①] 基础上，率先研制的绿色治理评价系统的首次应用成果。本报告以《绿色治理准则》为框架，率先应用首个上市公司绿色治理评价指标体系，进一步建立绿色治理指数 CGGI^{NK}，对中国上市公司的绿色治理状况进行了系统评价分析。该评价指标体系以治理思维为统领，从绿色治理架构、绿色

---

① 2017 年 7 月 22 日，在第九届公司治理国际研讨会暨 2017 年中国上市公司治理指数发布会上，南开大学中国公司治理研究院发布了全球首份《绿色治理准则》，就绿色治理的主体识别、责任界定、绿色治理行为塑造和协同模式等提供指导。

治理机制、绿色治理效能和绿色治理责任四个维度设置12个治理要素和36个子要素，对中国上市公司绿色治理的状况做出全面、系统的评价。基于绿色治理评价结果，系统分析了我国上市公司绿色治理现状和面临的挑战，提出了以下具有针对性的政策建议。

第一，升级信息披露要求，搭建以绿色治理（ESG）为主的"第四张报表"。监管机构应尽快建立绿色治理信息披露框架和准则体系，要求上市公司搭建以ESG为主要内容的"第四张报表"，根据ISSB系列标准的四项核心元素（治理、战略、风险管理、指标与目标），要求上市公司不仅重视绿色治理理念，同时将其融入发展战略与目标中，并从治理结构、治理机制、治理有效性等方面进行完善，披露更多实质性信息，避免空谈口号而务实不足的"漂绿"行为。第二，引导上市公司完善绿色治理机制，加强绿色激励与约束。要实现环境和社会责任在上市公司治理中的"内生嵌入"，不仅应该加快绿色治理架构建设，也应进一步完善绿色治理机制，在绿色组织与运行、绿色考评等方面真正落实绿色治理理念，强化董事会和经理层的绿色治理责任，将绿色指标与绩效和薪酬挂钩，完善绿色风险事故的问责与处罚机制。第三，形成绿色治理价值共创机制，助力中特估体系建设。以绿色治理理念下的价值逻辑变化为切入，构建新价值范式下的绿色治理（ESG）绩效评价标准，形成绿色治理价值共创机制，为产业链、价值链、供应链的利益相关方创造综合价值，加强企业经济与社会综合价值的创造能力，将履行环境和社会责任的外部压力转化为创造企业—环境—社会共享价值的内在动力，从根本上改变以财务价值为本的投资估值体系，助力中特估体系建设。第四，推动第三方机构参与绿色治理，降低ESG评级低估风险。监管机构应与第三方机构实现优势互补，尽快升级我国当前的ESG评价体系，有助于解决我国ESG投资在国际市场被低估的问题；同时，推动第三方机构对上市公司的监督、评价以及辅助引导等作用，促进企业重视自身绿色治理能力的持续提升。第五，发挥国有企业绿色治理的"溢出效应"，完善基于自愿合规的绿色治理机制。落实国资委对央企ESG专项报告披露全覆盖的要求，在统一央企上市公司ESG报告框架的基础上，以国有控股上市公司为代表率先进行标准的ESG信息披露实践，逐步推动民营控股上市公司ESG信息披露工作规范化，发挥绿色治理的"溢出效应"，建立和完善基于自愿合规的绿色治理机制，以绿色治理提升企业自身发展驱动力，解决ESG数据基础薄弱和透明度低等问题。第六，推动金融机构绿色治理转型，以绿色治理提升绿色金融。以绿色治理提升绿色金融、普惠金融等，实现"绿色"与"普惠"的有机融合、协同发展，推动上市金融机构在绿色治理领域从"治理者"到"被治理者"的认识转变，促进上市金融机构提高绿色治理水平，通过实现绿色转型更好地防范和化解金融风险。随着治理边界基于包容性逻辑的不断扩展，公司治理由传统的股东至上的"单边治理"模式演化为利益相关者"共同治理"模式，企业责任也由单一的经济责任转变为在 ESG 框架之下兼容社会责任和环境责任。绿色治理超出将自然仅仅作为外部发展环境的传统局限，将其作为平等的治理主体纳入治理顶层设计。绿色治理评价通过及时反映公司绿色治理发展状况，是推动上市公司绿色高质量发展的关键。本报告通过深入的理论探讨和翔实的数据分析力图为相关的学术研究、政策制定以及广大企业家和投资者的决策提供参考。

目　　录

第一章

绿色发展实践与绿色治理的提出

第一节 绿色发展实践与相关规则

一、国内外绿色发展实践

（一）国内绿色发展的相关政策

近几十年来，环境问题越发严重，人类与自然的关系成为当前全球面临的最为重要的议题之一，事关各国社会经济发展乃至人类更好存续的方向和模式。在这样新的历史形势与背景下，我国政府积极践行绿色理念，将绿色发展放在突出位置。改革开放以来我国绿色发展理念和政策的演变可分为三个阶段：第一个阶段（1978～2011 年）是我国绿色发展的萌芽和起步阶段。第二个阶段（2012～2016 年）是我国绿色发展快速推进阶段，也是我国绿色发展政策加速完善的阶段，特别是党的十八大以来，我国牢固树立了生态文明建设和绿色发展的先进理念。第三个阶段（2017 年至今）是我国绿色发展新格局形成的阶段，特别是伴随党的十九大"坚持人与自然和谐共生"的基本方略与 2020 年"双碳"目标的提出，我国逐步形成了一系列绿色发展政策规则。

在我国绿色发展理念的萌芽和起步阶段，经济高速发展、人民生活水平快速提高的同时，粗放型经济发展方式消耗了大量资源，环境污染排放日益超出环境容量，生态破坏越来越严重。实现经济和生态环境和谐、提高经济社会发展的可持续性，成为政策领域的热点和难点问题。20世纪80年代环境保护确立为基本国策，资源环境优化经济发展的理念达成共识。20世纪90年代实施可持续发展战略，环境优化经济发展从理念变为行动，以污染物排放控制促进发展方式转变。21世纪前10年深入推进可持续发展，环境优化经济的长效机制逐步建立，以发展循环经济促进发展方式转变。

党的十八大以来，我国绿色发展进入快速推进期。2012年，党的十八大明确"五位一体"的总体布局，提出"要把生态文明建设放在突出地位，融入经济建设、政治建设、文化建设、社会建设各方面和全过程，努力建设美丽中国，实现中华民族永续发展"。绿色发展在国家发展战略中的地位切实凸显，内涵也更加丰富，我国绿色发展步伐加快，绿色发展的政策体系日臻完善（见表1-1）。

表1-1　　　我国2012～2016年发布的绿色发展相关政策

规则文件	发布单位	主要内容
《中华人民共和国环境保护法》（2014年4月24日修订）	第十二届全国人民代表大会常务委员会第八次会议	保护和改善环境，防治污染和其他公害，保障公众健康，推进生态文明建设，促进经济社会可持续发展
《中共中央、国务院关于加快推进生态文明建设的意见》（2015年4月25日）	中共中央、国务院	要充分认识加快推进生态文明建设的极端重要性和紧迫性，切实增强责任感和使命感，牢固树立尊重自然、顺应自然、保护自然的理念，坚持绿水青山就是金山银山，动员全党、全社会积极行动、深入持久地推进生态文明建设，加快形成人与自然和谐发展的现代化建设新格局，开创社会主义生态文明新时代
《生态文明体制改革总体方案》（2015年9月21日）	中共中央、国务院	加快建立系统完整的生态文明制度体系，加快推进生态文明建设，增强生态文明体制改革的系统性、整体性、协同性
《生态环境损害赔偿制度改革试点方案》（2015年12月3日）	中共中央办公厅、国务院办公厅	明确生态环境损害赔偿范围、责任主体、索赔主体和损害赔偿解决途径等，形成相应的鉴定评估管理与技术体系、资金保障及运行机制，探索建立生态环境损害的修复和赔偿制度，加快推进生态文明建设
《国务院办公厅关于健全生态保护补偿机制的意见》（2016年4月28日）	国务院办公厅	进一步健全生态保护补偿机制，加快推进生态文明建设

续表

规则文件	发布单位	主要内容
《关于构建绿色金融体系的指导意见》（2016 年 8 月 31 日）	中国人民银行、财政部、国家发展和改革委员会、环境保护部、银监会、证监会、保监会	建立健全绿色金融体系，发挥资本市场优化资源配置、服务实体经济的功能，支持和促进生态文明建设
《重点生态功能区产业准入负面清单编制实施办法》（2016 年 10 月 21 日）	国家发展和改革委员会	根据党的十八届五中全会有关要求，为推动重点生态功能区产业准入负面清单编制实施工作的制度化、规范化
《国务院"十三五"生态环境保护规划》（2016 年 11 月 24 日）	国务院	提高环境质量，加强生态环境综合治理，加快补齐生态环境短板
《国务院"十三五"控制温室气体排放工作方案》（2016 年 10 月 27 日）	国务院	为加快推进绿色低碳发展，确保完成"十三五"规划纲要确定的低碳发展目标任务，推动我国二氧化碳排放 2030 年左右达到峰值并争取尽早达峰
《生态文明建设目标评价考核办法》（2016 年 12 月 22 日）	中共中央办公厅、国务院办公厅	贯彻落实党的十八大和十八届三中、四中、五中、六中全会精神，加快绿色发展，推进生态文明建设，规范生态文明建设目标评价考核工作

当前，我国绿色发展的新格局正在形成，党的十九大提出了"坚持人与自然和谐共生"的基本方略，并强调构建人类生命共同体。2020 年 9 月，习近平主席在第七十五届联合国大会上宣布，中国的二氧化碳排放力争于 2030 年前达到峰值，努力争取 2060 年前实现碳中和。在这一阶段，多个部委开始建立完善的绿色发展规则体系（见表 1 - 2），市场机制在企业发展中的作用逐步显现，环保技术的市场化进程在政策推动之下正在加速。

表 1 - 2　　　　　2017 ~ 2023 年底我国发布的绿色相关政策

规则文件	发布单位	主要内容
《全国碳排放权交易市场建设方案（发电行业）》（2017 年 12 月 18 日）	国家发展改革委	为扎实推进全国碳排放权交易市场（以下简称"碳市场"）建设工作，确保 2017 年顺利启动全国碳排放交易体系

续表

规则文件	发布单位	主要内容
《中华人民共和国环境保护税法（2018 修正）》（2018 年 11 月 14 日）	第十三届全国人民代表大会常务委员会第六次会议	为依据宪法规范环境保护税的征收缴纳行为，保护和改善环境、促进节能减排和产业转型升级，引导绿色消费、推进生态文明建设
《绿色投资指引（试行）》（2018 年 11 月 22 日）	中国基金业协会	有条件的基金管理人可以采用系统的 ESG 投资方法，综合环境、社会、公司治理因素落实绿色投资
《建立市场化、多元化生态保护补偿机制行动计划》（2018 年 12 月 28 日）	国家发展改革委、财政部、自然资源部、生态环境部、水利部、农业农村部、人民银行、市场监管总局、林草局	建立市场化、多元化生态保护补偿机制要健全资源开发补偿、污染物减排补偿、水资源节约补偿、碳排放权抵消补偿制度，合理界定和配置生态环境权利，健全交易平台，引导生态受益者对生态保护者的补偿。积极稳妥发展生态产业，建立健全绿色标识、绿色采购、绿色金融、绿色利益分享机制，引导社会投资者对生态保护者的补偿
《绿色生活创建行动总体方案》（2019 年 10 月 29 日）	国家发展改革委	贯彻落实习近平生态文明思想和党的十九大精神，在全社会开展绿色生活创建行动
《关于构建现代环境治理体系的指导意见》（2020 年 3 月 3 日）	中共中央办公厅、国务院办公厅	贯彻落实党的十九大部署，构建党委领导、政府主导、企业主体、社会组织和公众共同参与的现代环境治理体系
《中华人民共和国长江保护法》（2020 年 12 月 26 日）	第十三届全国人民代表大会常务委员会第二十四次会议	加强长江流域生态环境保护和修复，促进资源合理高效利用，保障生态安全，实现人与自然和谐共生、中华民族永续发展
《环境信息依法披露制度改革方案》（2021 年 5 月 24 日）	中国生态环境部	要求 2022 年发改委、央行和证监会要完成上市公司、发债企业信息披露有关文件格式修订，2025 年基本形成环境信息强制性披露制度
《"十四五"循环经济发展规划》（2021 年 7 月 1 日）	国家发展改革委	为深入贯彻党的十九届五中全会精神，贯彻落实循环经济促进法要求，深入推进循环经济发展
《关于加快推动新型储能发展的指导意见》（2021 年 7 月 15 日）	发展改革委、能源局	以实现碳达峰碳中和为目标，将发展新型储能作为提升能源电力系统调节能力、综合效率和安全保障能力，支撑新型电力系统建设的重要举措
《关于完整准确全面贯彻新发展理念做好碳达峰碳中和工作的意见》（2021 年 9 月 22 日）	中共中央、国务院	为完整、准确、全面贯彻新发展理念，做好碳达峰、碳中和工作

续表

规则文件	发布单位	主要内容
《关于推动城乡建设绿色发展的意见》（2021 年 10 月 21 日）	中共中央、国务院	提出推动城乡建设绿色发展的总体要求、工作原则、总体目标，以及推进城乡建设一体化发展、转变城乡建设发展方式、创新工作方法、加强组织实施等内容
《关于深入打好污染防治攻坚战的意见》（2021 年 11 月 7 日）	中共中央、国务院	提出深入打好污染防治攻坚战的总体要求、工作原则、主要目标，以及加快推动绿色低碳发展、深入打好蓝天保卫战、碧水保卫战、净土保卫战、切实维护生态环境安全等内容
《"十四五"节能减排综合工作方案》（2021 年 12 月 28 日）	中共中央、国务院	提出到 2025 年氮氧化物排放总量比 2020 年下降 10% 以上等目标，并从实施节能减排重点工程等三方面提出实施重点区域污染物减排工程、坚决遏制高耗能高排放项目盲目发展等 21 项措施
关于印发《促进绿色消费实施方案》的通知（2022 年 1 月 18 日）	国家发展改革委等	提出促进绿色消费的方案，包括完善绿色产品认证与标识体系、建立健全绿色能源消费促进机制、完善工业领域绿色能源消费支持政策等
《关于完善能源绿色低碳转型体制机制和政策措施的意见》（2022 年 1 月 30 日）	国家发展改革委、国家能源局	提出完善能源绿色低碳转型的体制机制和政策措施，包括强化能源战略和规划的引导约束作用、建立能源绿色低碳转型监测评价机制、完善引导绿色能源消费的制度和政策体系等
《生态环境损害赔偿管理规定》（2022 年 4 月 28 日）	生态环境部等 11 部门共 14 家单位	旨在规范生态环境损害赔偿工作，推进生态文明建设。《规定》明确了生态环境损害的定义，指因污染环境、破坏生态造成大气等环境要素和植物等生物要素的不利改变，以及上述要素构成的生态系统功能退化；规定了生态环境损害赔偿范围，包括清除污染、修复生态环境费用等
《新污染物治理行动方案》（2022 年 5 月 4 日）	国务院办公厅	针对新污染物（如持久性有机污染物、内分泌干扰物、抗生素等）制定治理方案，包括法规制度建设、调查监测、源头管控、过程控制、末端治理、能力建设等
《生态系统碳汇能力巩固提升实施方案》（2023 年 4 月）	自然资源局、发改委、财政部、国家林草局	旨在巩固和提升生态系统碳汇能力，推动生态文明建设、减缓和适应气候变化；以生态系统碳汇能力巩固和提升两个关键、科技和政策两个支撑为主线，提出了到 2025 年、2030 年的主要目标，明确建立生态系统碳汇监测核算体系、健全生态系统碳汇相关法规政策等四个方面重点任务

续表

规则文件	发布单位	主要内容
《关于全面推进美丽中国建设的意见》（2023 年 12 月 27 日）	中共中央、国务院	提出全面推进美丽中国建设的总体要求、工作原则、主要目标，以及加快发展方式绿色转型、持续深入推进污染防治攻坚、提升生态系统多样性稳定性持续性等措施

（二）国际绿色发展相关规则

1992 年联合国颁布《联合国气候变化框架公约》，自此拉开了国际绿色发展政策序幕。经过几十年的发展，国外绿色发展规则日趋完善，从单个气候协议逐渐扩展到加强各领域合作、实现可持续发展框架。合作国家也从几个经济体大国或组织拓展到全球合作。近几年的绿色发展规则对碳排放量、全球气温、污染物使用等方面加入了具体指标，对目标实现也设置了具体时间。国际绿色发展的相关规则如表 1 - 3 所示。

表 1 - 3　　　　　　　　国际绿色发展的相关规则

规则文件	发布单位	主要内容
《联合国气候变化框架公约》（1992 年 5 月 9 日）	联合国	将大气中温室气体的浓度稳定在防止气候系统受到危险的人为干扰的水平上。这一水平应当在足以使生态系统能够自然地适应气候变化、确保粮食生产免受威胁并使经济发展能够可持续地进行的时间范围内实现
《京都议定书》（1997 年 12 月 10 日）	联合国	为了人类免受气候变暖的威胁，发达国家从 2005 年开始承担减少碳排放量的义务，而发展中国家则从 2012 年开始承担减排义务
《变革我们的世界：2030 年可持续发展议程》（2015 年 9 月 25 日）	联合国	本议程是为人类、地球与繁荣制订的行动计划。它还旨在加强世界和平与自由。我们认识到，消除一切形式和表现的贫困，包括消除极端贫困，是世界最大的挑战，也是实现可持续发展必不可少的要求
《巴黎协定》（2015 年 12 月 12 日）	联合国	协定指出，各方将加强对气候变化威胁的全球应对，把全球平均气温较工业化前水平升高控制在 2℃ 之内，并为把升温控制在 1.5℃ 之内努力。只有全球尽快实现温室气体排放达到峰值，21 世纪下半叶实现温室气体净零排放，才能降低气候变化给地球带来的生态风险以及给人类带来的生存危机

续表

规则文件	发布单位	主要内容
《杭州峰会落实2030年可持续发展议程行动计划》（2016年9月6日）	G20	G20承诺将自身工作与2030年可持续发展议程进一步衔接，努力消除贫困，实现可持续发展，构建包容和可持续的未来，并确保在此进程中不让任何一个人掉队。此行动计划以及其中的高级别原则，将推进全球落实2030年可持续发展议程，包括落实可持续发展目标和《亚的斯亚贝巴发展筹资行动议程》
《欧洲碳排放交易体系》（2003年10月13日）	欧盟委员会	欧盟碳排放交易体系（EU ETS）是欧盟应对气候变化的政策基石，也是欧盟以具有成本效益的方法降低工业温室气体排放的重要工具。欧盟碳排放交易体系自2005年1月1日起正式启动，包括2005~2007年的"热身"阶段（第一阶段），为与《京都议定书》的履约期限保持一致而设定的第二阶段（即2008~2012年），以及2013~2020年的第三阶段
《欧洲绿色新政》（2019年12月11日）	欧盟委员会	提出到2050年欧洲要在全球范围内率先实现气候中和，包括提高欧盟2030年和2050年的减排目标，提供清洁、可负担得起的、安全的能源，提出面向清洁生产、循环经济的工业战略，掀起建筑业的绿色"革新浪潮"，发展可持续和智能的交通，建立公平、健康、环境友好的"从农场到餐桌"的食品体系，保护恢复生态系统和生物多样性，走向无毒、零污染的环境防治
《欧盟甲烷战略》（2020年10月14日）	欧盟委员会	该新政是一项新的增长战略，旨在将欧盟转变为一个公平、繁荣的社会，以及富有竞争力的资源节约型现代化经济体，到2050年欧盟温室气体达到净零排放并且实现经济增长与资源消耗脱钩
《空气质量行动》（2021年9月7日）	联合国	报告评估了导致空气污染的关键部门的政策和计划：交通、发电、工业排放、固体废弃物管理、室内空气污染和农业。报告还将空气质量监测、空气质量管理和空气质量标准视为减轻空气污染影响的关键政策工具予以审视
《欧盟气候中和蓝图、路径及核心政策》（2021年7月14日）	欧盟委员会	通过"适应55"（Fit For 55）的"一揽子"立法提案，涵盖气候、能源、土地利用、运输和税收政策等与碳中和相关的立法修正案以及新的立法建议
《格拉斯哥气候公约》（2021年11月13日）	联合国	该公约要求各国加紧努力，逐步减少有增无减的煤电，也就是不使用技术控制二氧化碳排放的发电厂，还呼吁结束低效的化石燃料补贴

规则文件	发布单位	主要内容
《2022 年可持续发展目标报告》（2022 年）	联合国	报告指出气候危机、COVID‑19 大流行和世界各地增多的冲突，使 17 项可持续发展目标（SDG）的实现处于危险状态
《G20 可持续金融报告》（2023 年）	G20 可持续金融工作组（SFWG）	报告整合了 2023 年 G20 可持续金融工作组在印度担任 G20 主席国期间所取得的工作成果，报告了 G20 可持续金融路线图的最新进展，包括气候融资、为可持续发展目标提供融资和能力建设等方面

二、绿色治理提出的背景和意义

近几十年来，环境问题越发严重，使得人类与环境的关系成为当前全球面临的最为重要的议题之一，事关人类存续和世界各国的社会经济发展方向和模式。2015 年 12 月，195 个缔约方代表在法国巴黎达成了历史性协议《巴黎协定》，标志着我们已经认识到人类有可能成为自然生态的毁灭者，必须在面对一个地球的宇宙观下，形成新的"天人合一"的绿色治理观，以实现人和自然的包容性发展。

作为特殊的公共产品，生态环境和自然资源决定了以生态文明建设为导向的绿色治理本质上是一种由治理主体参与、治理手段实施和治理机制协同的"公共事务性活动"。而生态破坏与环境污染的跨国界性以及经济、政治和社会活动的全球化，意味着这一"公共事务性活动"具有全球性特征，践行绿色治理不能仅局限于一国之疆界，而应形成一种全世界共享的价值观，即超越国别的绿色治理全球观。在此背景下，绿色治理问题已成为越来越多国家发展政策的关注点，并日渐演变为一个国际性的研究和实践课题。

特别是自 2008 年 12 月联合国气候变化大会后，绿色治理发展的脉络日渐清晰。如"绿色经济"被视为企业走出金融危机阴霾以及实现经济转型的途径和契机，有助于改善人类福祉和社会公平，降低环境风险和生态稀缺；再如，"绿色增长"也以其高效利用自然资源，提倡包容性的增长模式与多元性的发展目标，而被社会各界广泛地接受与认可；此外，"绿色管理"也逐渐成为企业管理发展的新动力与新趋势。

在这一新的历史形势与背景下，我国政府也积极转变执政方式，践行绿色理念，实行绿色行政，打造绿色政府。党的十八届五中全会首次把"绿色"作为"十三五"规划五大发展理念之一，党的十九大报告提出坚持人与自然和谐共生，推进绿色发展，这标志着生态文明建设被提高到了前所未有的高度，表明绿色理念将引领中国未来的可持续发展。当前，我国提出的"一带一路"倡议，是一个开放包容的经济合作倡议，面向所有国家和地区开放，正是践行全球绿色治理观的重要契机，应在促进各国经济发展和基础建设的同时，从更广阔的视野审视与拓展"一带一路"的生态环境发展空间，突破国别界限，实现绿色价值观的共享，将其打造成一条"绿色之路"。这不仅与G20强调的包容性发展理念深深契合，更为促进和推动全球的包容性发展提供了思想基础和运作平台。

当然，推行绿色治理并不意味着用生态环境承载能力去约束高质量和高效益的经济发展，而是进一步通过多方治理主体的参与，以创新技术、方法和模式促进经济可持续发展，实现环境建设、生态文明建设与经济、政治、文化、社会发展的有机统一，是一种符合发展规律的崭新理念。具体来看，绿色治理首先从制度设计上对包括人类和自然的整个系统中的资源予以改造和重置，将"绿色"融入国家的政治、经济、社会和生态等系统的各个方面和运行过程之中。其次，绿色治理也是一种超越国别的共同治理观，各国需根据自身和国际区域的生态环境承载能力，通过创新模式、技术和方法以有效促进社会经济健康发展。最后，绿色治理以自然资源基础观、利益相关者理论、自主治理理论为基础，遵循"共同责任、多元协同、民主平等、适度承载"的原则，以期通过行政型治理向社会型、经济型转型以及网络型治理机制，来充分调动政府、企业、社会组织以及公众等各个治理主体的积极性。

第二节　绿色治理研究脉络与前沿

随着资源约束和生态污染等问题的出现，环境成为全球共同关注的话题。良好的生态环境成为各国经济社会发展的基本条件和共同需求，绿色发展和生态环境保护成为各国共同追求的目标。而人类对于"绿色"的认知也不断演进，经历了从"全是绿色、不必考虑环境"到关注环境重视环境、可持续发展和环境友好型，再到"绿色＋"的全过程。

在现代企业制度的诞生及其演进过程中，一条清晰的主线是企业利益相关主体日趋多元化。为实现合法化存在与发展，企业需对内外部环境诉求做出回应，并逐步发展出一整套包括内部治理和外部治理在内的现代公司治理体系，其本质内涵即在于通过特定的制度安排，实现多元利益主体的包容性发展。正是基于包容性逻辑，企业的责任范畴从早期的股东责任发展到社会责任，再到目前最新的表现形式即绿色责任。绿色责任就是在综合考虑资源有限性和环境可承载性的前提下，科学安排公司各项活动，实现人与自然的包容性发展。绿色责任的本质内涵在于平等地对待公司利益相关者与自然，合理均衡人类欲望与环境可承载性之间的关系，确立新的"天人合一"的绿色发展观。

一、绿色治理的相关概念演进

（一）从股东利益、社会责任到绿色责任

在现代企业制度发展初期，股东多元化为企业发展提供了关键资本要素，基于资源依赖的对股东负责也就成了当时公司的关键责任。这一时期的经济学主流理论认为，企业存在的唯一目标就是使公司或股东的利润最大化，利润最大化就等同于公司的社会责任，无须考虑社会公众利益。然而，企业的不健康发展给社会造成了非常严重的影响，各种不合理、不道德的行为引起了社会公众的不满。为此，学术界就"经理人到底受谁委托，公司是否应该承担社会责任"等问题展开辩论。其中，多德（Dodd）指出：产品消费者、公司雇员及社会公众是公司社会责任的实施对象，即使这些社会责任未必见诸相关法律而成为公司的法定义务，但公司应该为维护这些利益主体恪守相应的职业道德与社会伦理。这些学术之争反映了公司利益相关主体多元后，如何兼顾各方利益、实现包容性发展问题日益凸显。这也成了20世纪60年代开始的企业社会责任思潮的开端，引起了人们对于超越股东责任的企业社会责任的关注。

卡罗尔（Carroll）提出了社会责任金字塔模型，将企业社会责任分为经济、法律、道德与慈善责任四种。首先，经济责任反映了企业作为营利性经济组织的本质属性，是企业最重要的社会责任，但不是唯一责任；其次，企业是社会的一个组成部分，社会赋予并支持企业承担生产性任务、为社会提

供产品和服务的权利，同时要求企业在法律框架内履行义务，也就是法律责任；再次，尽管企业的经济和法律责任中都隐含着一定的伦理规范，公众社会仍期望企业遵循那些尚未成为法律但却是社会公认的伦理规范，即道德责任；最后，社会通常还对企业寄予了一些没有或无法明确表达的期望，是否承担或应该承担什么样的责任完全由个人或企业自行判断和选择，这是一类完全自愿的行为，例如慈善捐赠等。在这些责任中，经济责任是基础也占最大比例，法律的、伦理的以及自行裁量的责任依次递减。

如前所述，企业发展的本质即在于通过包容性治理安排，实现合法化存在和发展。在公司责任基础从资源依赖理论转为利益相关理论后，人们开始同时关注影响企业运营的主体和受企业运营影响的主体。尤其是对受企业运营影响的主体利益的关注，因为涉及典型的外部性问题，各个国家的制度规范等外部治理也开始对此进行规范。如员工过度工作和环境污染等问题，引发了有关员工保护和环境保护法案等制度体系不断完善。同时，利益相关者、企业公民以及长期经济利益等理论也均支持了企业应当承担社会责任这一观点。其中，由戴维斯（Davis）提出的"长期经济利益"观点认为，企业在经过长期而复杂的经营过程后，一些对社会负责的商业决策能给公司带来长期经济利益。该理论将股东利益和企业社会责任统一起来，使企业更有动力履行社会责任。企业公民理论认为，企业作为公民，与自然人一样，享受了法律赋予的权利，也应当承担相应的义务，社会赋予了企业生存的权利，让企业受托管理社会资源，那么企业就应该为社会的更加美好而行使这项权利，合理地利用这些资源；而一个美好的社会不仅需要经济的繁荣，还需要政治的稳定、道德伦理的和谐。

实践中，企业也愈发重视企业社会责任。20世纪90年代开始，大量公司将社会责任作为公司目标的核心组成部分，部分公司主动制定生产守则等材料，承担责任；《财富》和《福布斯》等商业杂志在企业排名评比时加上了"社会责任"标准；1999年，联合国提出"全球协议"，积极倡导全球企业履行社会责任。在此期间，企业社会责任蓬勃发展，范畴已扩大至企业自愿执行的道德责任。当前，企业责任的最新表现则是绿色责任。在股东责任和社会责任理念中，"包容性"主要强调对相关利益主体的重视。然而，生态系统所拥有的自然资源和承载力是有限的，无法永续满足人类因欲望无限而形成的生产力，这就需要重新认识人类与自然的关系，从自然的角度考虑人类的生存及长远发展问题。2015年12月，包括我国在内的195个缔约方代表在法国巴黎达成了历史性协议《巴黎协定》，标志着人类已经认识到我们有可能成为自然生态的毁灭者，必须在面对一个地球的宇宙观下，形成新的"天人合一"的绿色发展观。此时，"包容性"不仅局限于各类治理活动参与人之间，更要跳出以人类为中心的传统思维，强调由过去人与人之间的利益包容、人与社会之间注重公平的包容性增长，到现在平等地对待人类与自然来实现人与自然的包容性发展，合理均衡人类欲望与环境可承载性之间的关系，科学安排企业运营行为，在一个地球的宇宙观下，建立新的"天人合一"的绿色发展观。从范畴上看，绿色责任兼容股东责任和社会责任，是公司责任的最新集中表现。

（二）从可持续发展到绿色治理

1987 年，联合国提出了可持续发展的理念。在 1992 年的联合国环境与发展大会上，可持续发展成为世界共识。可持续发展是指"既满足当代人的需要，又不对后代人满足其需要的能力构成危害的发展"。与传统发展观相比，可持续发展主张经济发展应当充分审慎自然资源的承载能力，但是可持续发展观仍旧是人类中心主义的发展观，强调需要修正人类控制自然的模式。

绿色经济的概念最早源于 1946 年英国经济学家希克斯（Hicks）提出的绿色国内生产总值（GDP）思想。他指出，只有全部资本存量并不随时间减少而保持不变或增长的发展方式才是可持续的。随后肯尼思·鲍尔丁指出，地球经济系统像一架宇宙飞船，属于一个孤立无援的系统，靠不断消耗自身的资源而存在，只有实现可持续发展，地球才能够得以生存。根据先前研究，大卫·皮尔斯等首次在《绿色经济蓝图》中提出"绿色经济"，他们认为经济和环境互相影响，将环境融入资本的投资中有助于解决经济增长和环境之间的矛盾。国内学者夏光认为，绿色经济是指能够同时产生环境和经济效应的人类活动，既有利于环保，同时也有助于获取经济效益。联合国环境规划署将"绿色经济"界定为一种有助于改善人类福祉和社会公平，而且能够大大降低环境风险和生态稀缺的经济。2012 年联合国在可持续发展大会上指出，绿色经济是实现可持续发展的重要工具之一。

绿色增长这一概念最早出现在 2005 年召开的联合国亚洲及太平洋经济社会委员会第五届环境与发展部长会议上，会上指出绿色增长是强调环境可持续性的经济进步和增长，用来促进低碳的、具有社会包容性的发展。世界银行的研究中指出，绿色增长是一种环境持续友好、具有社会包容性的经济增长方式，以最大化利用的自然资源、最小化环境污染为主要目的。经济合作与发展组织（OECD）将绿色增长定义为高效利用自然资源的一种发展方式，以追求经济增长以及防止环境恶化、生物多样性丧失和不可持续为目的。与可持续发展观和绿色经济相比，绿色增长更具包容性，开始关注发展目标的多元性。

从可持续发展到绿色经济再到绿色增长，理论界和实践界逐渐开始关注经济、社会和自然的协调发展。区别于上述发展理念，绿色治理提升了自然环境的主体地位，将自然环境摆到了与人类同等的地位，开始认识到生态系统所拥有的自然资源是有限的，可能根本不能承载人类因欲望无限而形成的生产力，因而需要重新认识人类与自然的关系，从自然角度考虑人类生存及长远发展问题，即需要形成新的"天人合一"的绿色治理观。

二、绿色治理的内涵与理论基础

（一）绿色治理的内涵提出

随着国际社会对全球气候变化的关注，绿色发展逐步成为新的发展共识。与可持续发展观相比，绿色发展观更具包容性，开始关注经济系统、社会系统和自然系统的共生性和发展目标的多元性，但是绿色发展的基础是绿色经济增长模式（胡鞍钢和周绍杰，2014），其尚未将自然摆在与人类同等重要的位置。

然而，生态系统所拥有的自然资源是有限的，可能根本不能承载人类因欲望无限而形成的生产力，这就需要重新认识人类与自然的关系，从自然的角度考虑人类的生存及长远发展问题，即需要倡导"天人合一"的绿色治理观。

2016 年 11 月，李维安教授在第四届尼山世界文明论坛大会的主题演讲中，率先系统阐述了绿色治理的相关理念、模式和发展路径。绿色治理本质上是一种由治理主体参与、治理手段实施和治理机制协同的"公共事务性活动"。绿色治理超出将自然仅仅作为外部发展环境的传统局限，是将其作为平等的治理主体纳入治理顶层设计。

绿色治理在内涵上主要有以下三个特征：第一，绿色治理强调充分考虑生态环境的可承载性。通过创新模式、方法和技术等在生态环境承载能力范围内促进社会经济的可持续发展。第二，绿色治理强调绿色的效果指向。"绿色"是生命的象征，是大自然的基色，强调绿色是一切经济活动、政治活动和社会活动的生态约束和评价标准。第三，绿色治理突出制度性。通过制度层面的顶层设计，对包括人类和自然的整个系统中的资源予以改造和重置，将"绿色"融入国家的政治、经济、社会和生态等系统的各个方面和运行过程之中。

（二）绿色治理的理论基础

1. "天人合一"观与自然资源基础观

中国古代很早就产生了"天人合一"的思想，如老子提出的"人法地，地法天，天法道，道法自然"，庄子提出的"天地与我并生，而万物与我为一"。这些朴素的"天人合一"观念，要求把人与天地万物看成一个相互联系的有机整体。除此之外，詹森和彭（Jensen and Peng）也阐述了自然与人类和谐统一的观点。

资源基础观认为，企业的竞争优势主要来源于其所特有的资源。哈特（Hart）把自然环境要素引入资源基础观，强调企业实施环境污染防治、针对环境的产品全面管理、可持续发展等环节，实际上是企业构建可持续竞争优势的过程，从而拓展了传统的资源基础观。哈特进一步指出，污染预防的战略目标是最大限度地杜绝资源浪费，产品全面管理旨在减少产品在整个生命周期中的总成本，可持续发展的战略目标是减少环境问题给企业发展带来的负担。自然资源基础观已经开始关注合理配置和使用自然资源，为解释"绿色治理特别强调生态环境的可承载性"的观点奠定了基础。

2. 生态响应观与利益相关者理论

生态学本是研究生物有机体与其所处的环境之间的相互关系的科学。然而，20世纪60年代以来，原本属于自然科学的生态学逐渐在社会科学的领域内活跃起来，进而产生了一系列与经济、政治和伦理相联系的科学。生态响应观试图解释企业与生态环境的关系，认为企业为了生存与发展，必须对生态环境的变化做出响应，而这种响应受到利益相关者的压力的影响。

利益相关者理论认为，企业是各利益相关者缔结的一系列契约。这就意味着企业的利益不仅是股东的利益，更是各个利益相关者的共同利益，因而企业的发展要综合考虑股东、债权人、经营者和员工、供应商和客户、政府、社区和公众等多方的利益诉求。

生态响应观和利益相关者理论启示我们，人类的生存与发展要积极回应自然环境的影响，而这种回应受到政府、企业、社会组织和社会公众等众多利益相关者的影响。在绿色治理过程中，人类积极回应自然环境，以"绿色"为约束条件，与自然环境演化并综合考虑多方利益相关者的利益是核心要义。

3. 自主治理理论

奥斯特罗姆（Ostrom）及其他学者通过提炼大量案例，运用新制度经济学的理论和方法，对公共资源中个人所面临的各种集体行动困境展开研究，建立了公共治理和自主治理理论。同时，以此为基础形成了一套分析公共池塘资源问题的制度与发展框架，为面临公共选择悲剧和集体选择困境的人们提供了自主治理的制度基础。

奥斯特罗姆指出，公共领域存在多种治理机制的可能性。她认为，政府集中控制和完全私有化都不是解决这类问题的灵丹妙药。政府缺乏公共资源和公共事务的充分信息，政府实施监督、裁决和制裁的效率较低、成本较高，而公共服务和公共资源使用上的非竞争性又决定了私有产权在大多数时候是不可能的。许多成功的公共资源制度冲破了政府与市场僵化的分类。生态环境作为公共池资源，具有较强的外部性。奥斯特罗姆的自主治理理论为生态环境研究以及政府、市场与社会关系的研究提供了很好的理论框架。虽然对其他治理模式的分析相对较少，但理论和分析框架仍为绿色治理的研究提供了较好的分析框架。

三、企业环境绩效评价的相关研究

绿色治理评价的早期研究可以追溯到对企业环境绩效状况的评价，国外学者和一些机构组织均在企业绿色绩效评价领域进行了有益的探索。目前，在国际上应用较为广泛的绿色绩效评价系统主要包括国际标准化组织提出的ISO14031标准，全球报告倡议组织推出的《可持续发展报告指南》以及世界可持续发展企业委员会所发布的环境绩效评价标准等。ISO14031标准主要从企业内外部两个维度构建了环境绩效指标来综合评价企业的环境绩效。《可持续发展报告指南》从经济绩效、环境绩效和社会绩效3个方面构建了34个指标评价企业环境绩效的状况。世界可持续发展企业委员会所发布的环境绩效评价标准则是将企业的财务数据通过特定公式量化到企业的环境绩效之中，据此得到评价结果。国外还有一些学者从企业环境信息披露的角度构建了企业绿色绩效评价指标。伊利尼奇等（Ilinitch et al.，1998）将企业环境社会责任披露归类为4个环境绩效指标。克拉克森等（Clarkson et al.，2008）将其拓展至7个绩效指标：治理结构和管理系统（如环境审计政策）、公信力（如实施志愿环保措施）、环境绩效指标（温室气体排放量）、环境远景和战略目标（CEO向股东传达的环境绩效目标）、环保支出（违背环保规定的罚款支出）、环保（相对于行业中其他企业的环境绩效）和内部环保措施（关于环境管理问题的员工培训），并针对每个绩效指标提出了3～10个特定的披露项目，这些与全球报告倡议组织（GRI）的可持续发展报告规则密切相关，形成45个披露项目。波斯特等（Post et al.，2011）在这些研究基础上将其归类为3个绩效指标：治理披露、公信力、环境绩效，并形成了26个披露项目。

国内的相关研究起步较晚，早期关于企业环境绩效的评价主要以政府的政策文件为依据，随着环境绩效评价理论和方法的成熟，一些学者和机构也开始从不同角度进行相关的评价研究。方丽娟等（2013）以环境管理、节约资源能源和降污减排作为3个具体维度建立企业环境绩效评价指标体系；吴利华和陈瑜（2014）从企业整体流程视角，构建了全过程环境管理绩效评价指标体系，包括绿色采购、生态设计、清洁生产、绿色运输、绿色销售、绿色使用和绿色企业文化建设7个方面。彭满如等（2017）从雾霾治理角度，根据"压力—状态—响应"模型构建了工业企业的环境绩效评价指标，涉及资源消耗、环境消耗、社会效益状态、经济效益状态、环境状态、环境管理、环境治理和环境评价等多个分指标。

目前关于企业绿色行为与公司绩效的大部分研究仅仅关注了单一维度与绩效的关系，尚未有研究系统、全面地分析我国上市公司的整体绿色治理状况对公司治理绩效的影响。克拉森和麦克劳林（Klassen and McLaughlin，1996）利用国外上市公司数据分析了环境管理强度对财务绩效的影响，结果表明环境管理强度越大，公司股票的市场表现就越好。这一结论说明绿色管理活动对企业绩效具有正向促进作用。类似地，鲁索和福茨（Russo and Fouts，1997）运用资源基础观分析了243家企业的绿色管理与绩效之间的关系。他们的实证结果表明企业的绿色管理活动对企业的财务绩效产生正向促进作用，从而支持和扩展了克拉森和麦克劳林的研究结论。克里斯特曼（Christmann，2000）通过调查88家化工企业的绿色管理状况，分析了企业环境管理行为对企业成本优势的影响。他的研究证明，企业的污染预防技术水平越高、创新性越强，从环境管理活动中获得的成本优势就越大。同样，企业制定和实施环境战略越早，就越能从环境管理活动中获得成本优势，从而越有利于企业直接提升环境管理或绿色管理产出，进而提升财务绩效。梅尔尼克等（Melnyk et al.，2003）实证分析了企业建立环境管理系统对企业绩效的影响。结果表明，企业如果不建立环境管理系统，就会阻碍企业绩效的提升；同时，正式的环境管理系统和ISO14001认证体系能够更加显著地共同推动企业绩效的提升。除此之外，麦克威廉斯和希格尔（Mcwilliams and Siegel，2000）基于社会责任视角实证研究发现，企业履行社会责任（包括环保责任）会对其财务绩效产生正向影响。从某种意义上说，该研究结论也说明，企业履行绿色管理方面的社会责任，也有利于改善财务绩效。在外部利益相关者压力和严格的资源约束条件下，绿色技术创新作为绿色治理关键行为之一，也是企业获取经济和环保双重效益的一种有效模式（Kong et al.，2016）。企业通过绿色创新和生产技术改造不仅可以提高资源利用效率，降低生产资料和能源消耗，还会给企业带来良好的外部声誉，最终为企业带来积极的经济绩效（杨静等，2015；Tang et al.，2018）。

四、ESG 评价的相关研究

（一）国内外主要的 ESG 评价系统

目前国内外较为成熟的适用于上市公司的环境绩效评价标准主要有环境、社会责任和公司治理（Environment，Social Responsibility and Corporate Governance，ESG）等评价体系，ESG 评价体系主要涉及环境、社会和治理3个层面，其特点在于不是将三者加总的价值作为最终评价结果，而是分别计算3个分类指标的各自价值以供使用者参考。随着 ESG 投资理念在世界范围内的不断成熟和发展推广，ESG 的评价体系也日趋专业、评价指标也更加细致，许多机构针对 ESG 设计了多个系统的 ESG 评价方法，而且相对于新兴市场，成熟的市场较早地践行了 ESG 投资理念，其 ESG 评价体系和方法也就更加完善和成熟，针对 ESG 的环境、社会以及公司治理的各个维度内涵也就更加丰富。全球现有多家 ESG 评级评价的机构和非营利团体，其中明晟（MSCI）、汤森路透（Thomson Reuters）、富时罗素（FTSE Russell）、道琼斯（DJSI）等的国际 ESG 评价具有较高的影响力度和成熟的评价体系。

1. 明晟 ESG 评级体系

明晟在评价样本方面针对全球 7500 家公司和 65 万多家股票和固定收益债券，其中公司样本中包含了子公司在内的 13500 家发行人。其在 ESG 投资方面的研究包括三个方面，分别是：ESG 整合（Integration）、价值观的体现（Value）和影响力投资（Impact）三大类。其中，评分整合（Integration）板块下的明晟 ESG 评级设立的标准为 AAA ～ CCC 的各个层级，设计的目的是帮助投资者识别资本市场投资组合中 ESG 各个维度的风险以及可能存在的机会。在明晟 ESG 的具体评价方法上，明晟 ESG 针对环境（E）、社会（S）、公司治理（G）三个方面设计了 10 个主题，并在各个主题下设计了总计 37 个关键评级指标，其中与环境（E）有关的指标主题是气候变化、自然资源、污染及浪费、环境机会，与社会（S）相关的指标主题是人力资源、产品可信度、股东否决权、给社会创造价值的机会，与公司治理（G）相关的主题是公司治理、公司行为。具体的指标情况如表 1-4 所示。

表 1-4　　　　　　　　　　　明晟 ESG 关键评价指标的设定

评价核心	评价主题	ESG 评级关键指标	
环境	气候变化	碳排放	融资环境因素
		单位产品碳排放	气候变化脆弱性
	自然资源	水资源稀缺	稀有金属采购
		生物多样性和土地利用	
	污染和消耗	有毒物体排放和消耗	电力资源消耗
		包装材料消耗	
	环境治理机遇	提高清洁技术的可能性	发掘可再生能源的可能性
		建造更环保的建筑的可能性	
社会	人力资本	人力资源管理	人力资源发展
		员工健康与安全	供应链劳动力标准
	产品责任	产品安全和质量	隐私和数据安全
		化学物质安全性	尽职调查
		金融产品安全性	健康和人口增长风险
	利益相关者反对意见	有争议的物资采购	

续表

评价核心	评价主题	ESG 评级关键指标	
社会	社会机遇	社会沟通途径	医疗保险途径
		融资途径	员工医疗保健机会
内部治理	公司治理	董事会	股东
		工资、股利、福利等	会计与审计
	公司行为	商业道德	腐败和不稳定性
		反竞争行为	金融系统不稳定性
		纳税透明度	

资料来源：明晟官网、长江证券研究所。

在指标设计的权重上，明晟 ESG 评级的各项关键指标整体上在 ESG 评分中最低占有 5% 的比重，最高的占有 30% 的比重。影响比重大小的原因主要来自行业和时间两个层面。首先，针对指标受行业影响程度方面，主要是考量了对比其他的各个行业，该行业中的该项指标对于环境以及社会所产生的外部性程度，这种程度的度量往往采用具体的数据，最终形成高档、中档以及低档三个层面的影响评级。其次，针对指标受到时间维度的影响方面，主要是考量了这一指标能够给这个行业公司带来何种实质性的机会以及会带来何种程度的风险，根据时间可以划分为长期、中期以及短期三个层面的影响评级。在整体的时间长度和行业情况的组合上，可以得到 9 种不同的组合，高档且短期的影响力指标权重最大，低档且长期的影响力指标权重最小，最高指标权重是最低指标权重的 3 倍以上。

2. 汤森路透 ESG 评级体系

汤森路透 ESG 评级体系指标以全面性著称，其评价所用的数据涵盖全球公开信息和数据范围内自 2002 年以来超过 7000 多家上市公司的连续年份数据，汤森路透 ESG 评价所采集和分析的数据信息主要是上市公司发布的年度报告、上市公司官方网站信息，以及公司所在地范围非政府组织、上市公司证券交易所发布的相关文件，以及上市公司发布的企业社会责任报告、企业受到媒体报道的相关信息等。根据汤森路透 ESG 评级的要求，ESG 数据库每隔两周便会更新一次，更新的内容包括增加新上市企业样本的评估、上市公司发布的最新财务数据分析、上市公司面临的最新时间情况的更新，并以此对最新 ESG 评分进行更新。汤森路透 ESG 评级指标包含 10 个维度，具体的指标体系涵盖包括环境层面的 ESG 资源利用、ESG 低碳排放、ESG 创新，社会层面的 ESG 雇佣职工、ESG 人权问题、ESG 社区关系、ESG 产品责任，以及公司治理层面的 ESG 管理能力、ESG 股东/所有权、ESG CSR 策略共计 10 项指标，表 1 - 5 为汤森路透 ESG 评级体系的具体情况。

表 1 - 5   汤森路透 ESG 评分指标及权重

打分类别	打分项目	分数说明	指标数量（项）	打分权重（%）
环境	ESG 资源利用	衡量公司在减少材料、能源成本的使用方面的表现和能力，并通过改进供应链管理来获得更多有利于生态效益的解决方案	19	11
	ESG 低碳排放	衡量公司在生产运营过程中降低环境污染物排放的承诺和有效性	22	12
	ESG 创新	衡量公司降低环境成本和负担的能力，并通过有利于环境保护的新技术和新工艺，或通过设计生态产品来创造新的市场机会	20	34
社会	ESG 雇佣职工	衡量公司员工对工作的满意度，是否拥有健康和安全的工作场所，能否保持多样性和机会平等性，能否为员工创造有效的发展机会	29	16
	ESG 人权问题	衡量公司在尊重基本人权公约方面的有效性	8	4.5
	ESG 社区关系	衡量公司是否致力于成为好公民，即对保护公众健康及遵守商业道德的承诺	14	8
	ESG 产品责任	衡量公司生产优质产品和提供服务的能力	12	7
治理	ESG 管理能力	衡量公司是否较好地实践了公司治理原则	34	19
	ESG 股东/所有权	衡量公司在平等对待股东和反对收购股权方面的承诺和有效性	12	7
	ESG CSR 策略	衡量公司的实践性，能否将经济、社会和环境三项指标整合到日常决策过程	8	4.5

资料来源：汤森路透官网、长江证券研究所。

汤森路透 ESG 评级体系的特殊点在于其 ESG 综合评分体系不仅包括公司的环境、社会影响和内部治理 ESG 分数，还包括公司争议点的分数，通过对 ESG 评价各个维度得分与争议点分数的总和计算得到最终的汤森路透 ESG 评价总分。在对争议点进行打分评价时，主要包括企业与社区的关系、人权、管理、产品责任、资源利用、股东以及劳动力 7 个层面共计 23 项指标。评价的依据是近段时间内的媒体公开报道中涉及的公司有关的争议点给出一个打分情况，打分各项指标除管理项外均为定量评价，为体现评价体系的严谨性，与争议事件相关的负面消息发生事件无论是否与会计原则所要求的计算窗口期符合，均需要在公司最新一期的 ESG 评分中得以体现。

3. 富时罗素 ESG 评级体系

富时罗素 ESG 评级体系框架包含环境（E）、社会（S）和公司治理（G）三个关键要素，具体来说包含 14 像专题评估、300 多个独立研究指标。4 项专题评估包括环境类别五个专题的研究，如生物多样性、气候变化、污染物排放和资源利用、企业供应链和水资源利用；社会类别包括五个主题：消费者责任、产品健康和安全、人权团队建设、劳工标准和供应链；公司治理类别包括四项研究：打击腐败、企业管理、风险管理和税收透明度。

在数据获取方面，富时罗素 ESG 评级所采用的数据为公开的资料数据。在评估 ESG 风险使用的数据模型方面，富时罗素采用富时罗素 ESG 评级系统和富时罗素绿色收入低碳经济（LCE）数据模型。富时罗素绿色收入低碳经济（LCE）数据模型主要是用来定义和评估上市公司从绿色产品中获取的收入情况，富时罗素 ESG 评级对上市公司绿色收入的定义以及评估作为对上市公司 ESG 评价的得分的额外项目。富时罗素绿色收入低碳经济数据模型所采用的基础数据为包括全球 48 个发达和新兴市场 13500 多家上市公司的核心财务收入数据，根据 60 多项 LCE 绿色产业评价发现，样本中约有 3000 多家公司具有一项及以上的绿色收入。富时罗素绿色收入低碳经济数据模型能够为具备绿色经济以及地毯经济特征的公司进行行业分类划分，并进行持续的监督，以帮助投资者了解全球产业升级过程中绿色低碳经济发展进程和水平。

4. 道琼斯 ESG 指标体系

道琼斯 ESG 指标体系所采用的研究数据是来自对全球最大 2500 家公司

群体的调查问卷，通过对调查文件、媒体中公开信息报道以及利益相关者信息情况来评估上市公司的社会责任履行状况。在评价的维度上，道琼斯（DJSI）ESG 指标体系涵盖经济（economic）、环境（environment）和社会（social）三个层面，简称为 EES。经济、环境以及社会各层面下具有对应的标准，经济维度的指标包括公司治理、顾客关系管理、财务稳定和系统风险、信息安全与网络安全、创新管理、市场机遇、供应链管理、税收策略；环境维度的指标包括生物多样性、气候策略、环境政策和管理系统、水相关风险、电力再生；社会维度的指标包括人力资源开发、人权、利益相关者关系、员工吸引和维护。道琼斯 ESG 指标体系根据对应标准给定每一家公司一个 0～100 分区间的评分，同时针对每个行业中得分排名位于前 10% 的公司筛选入选道琼斯可持续发展世界指数（Dow Jones sustainable world index）（见表 1-6）。

表 1-6　　　　　　　　　　　　　　道琼斯 ESG 指标体系

维度	指标
经济维度	公司治理、顾客关系管理、财务稳定和系统风险、信息安全与网络安全、创新管理、市场机遇、供应链管理、税收策略
环境维度	生物多样性、气候策略、环境政策和管理系统、水相关风险、电力再生
社会维度	人力资源开发、人权、利益相关者关系、员工吸引和维护

资料来源：中国 ESG 发展白皮书 2019 [EB/OL]. (2019-11-28). http://finance. sina. com. cn/esg/other/whitebook. shtml.

整体来说，各种评价体系各有所长也各有相应的缺陷。明晟 ESG 评级体系的优势主要是样本的全面性方面，将 ESG 评估纳入常规评估流程，对所有入指股票都进行 ESG 评估；明晟 ESG 评级体系的缺陷是打分很大程度上依靠分析师的主观判断和个人经验，尤其是针对中国情景下并未进行信息的研判和正确确认，导致在对中国企业评分时可能会出现对中国企业不了解情况，最终造成了误判情况的发生，因此造成明晟对中国企业的 ESG 评级缺乏准确性。汤森路透 ESG 评价体系的优势体现在指标的设计上，不仅包含定量的评价指标，还包括管理项在内的定性评价指标，汤森路透 ESG 评价体系的缺陷体现在权重分配上，不管是环境、社会还是公司治理，三大维度的指标权重均在 1/3 附近，社会维度权重略高一点，并不能充分体现各个维度的重要性差异。富时罗素 ESG 评级体系的优势在于将公司的绿色收入情况进行研判和界定，并且对公司的绿色收入进行计算，作为 ESG 评级打分的补充分数项，富时罗素 ESG 评级体系的劣势在于没有对 ESG 评价体系的各项主题下具体评价指标进行披露，且绿色收入的统计不具有全球普适性。道琼斯 ESG 评价体系通过调查文件的形式在数据获得方面可以获得未公开发行的 ESG 相关数据情况，但同样由于是调查问卷的数据获取形式，道琼斯 ESG 评价体系相对于其他通过公开数据进行打分的方式存在信息可信度较低、结果公允性不足的情况。

现有研究对企业环境绩效的各个方面已经进行了较为全面的评价，ESG 评价系统在单纯环境绩效评价的基础上，进一步关注了治理因素。但国内外已有 ESG 评价体系在评价指标的选择上不够全面，例如对环境因素（E）的指标选取大多局限于能源消耗、环境污染等结果性指标，少部分涉及技术创新、环境战略、绿色办公等过程性指标，对绿色治理机制等过程性指标的评价不够系统，缺乏对架构等顶层设计以及包容性的关注；再如对治理因素（G）的评价多聚焦于股东、董事会或信息披露等单一或少数维度，对公司治理的评价不够全面完整。此外，将公司的行为按照 E、S、G 分开评估和打分，忽略了公司环境、社会和治理行为及结果之间的内在联系，比如绿色治理架构既反映了公司治理层面的信息，也是公司环境表现的重要因素。这种方法侧重于将绿色和治理分别进行评价，没有将绿色与治理进行有机融合，尚未上升到绿色治理层面。绿色治理是以生态文明建设为导向，以实现绿色发展为目标，本质上是一种由治理主体参与、治理手段实施和治理机制协同的"公共事务性活动"（李维安，2016）。企业是绿色治理的关键主体，然而，目前我国缺乏统筹性、强制性的绿色治理标准对上市公司的绿色治理状况进行评价，因此，本报告构建的绿色治理评价体系，用治理思维统筹整个指标构建过程，旨在对我国上市公司的绿色治理状况做出客观、真实的评价，为政府监管部门提供有效的参考依据。

（二）ESG 的驱动因素研究

在外部驱动因素方面，默斯（Moerth，2014）分析了全球金融机构在其财务决策中承担社会责任提供指导的赤道原则（EP）和负责任投资原则（PRI）的合法化过程，在合法性理论的概念下，伙伴关系通过构建他们的边界（身份）、协调活动（层次结构）和产生目标（理性）来从他们的受众那里寻求合法性，EP 和 PRI 是遵循组织合法化的经典策略，对数字治理时代 ESG 问题提供指引。余和范（Yu and Van，2021）使用彭博 ESG 披露分数作为披露数量的衡量标准，从国家因素分析了影响 ESG 披露的驱动因素，研究了总部位于 49 个国家的 1963 家大型公司的 ESG 披露数量，发现公司特征解释了公司 ESG 披露的大部分变化，而腐败和政治权利等国家因素的变化解释较少，在资本市场外国责任的理论框架指导下发现交叉上市公司比仅在其国内市场上市的公司披露更多的 ESG 数据，以减轻外国在外部市场的责任，资本市场增加外资持股比例并不会增加 ESG 披露，选择在国内增加外国股权的公司不会遇到外国挑战，交叉上市状态可能会降低国家因素对 ESG 披露数量变化的重要性。也有学者从外部监管的视角探讨了驱动 ESG 披露的因素，辛普森等（Simpson et al.，2021）使用定性研究设计，探讨了发展中国家监管机构和准监管机构对 ESG 保证的理解、对保证提供者的看法和偏好，以及选择保证提供者的考虑因素，发现外部因素，如受访者的工作领域、内部审计职能的发展性质、非四大审计公司和会计行业对于受访者对 ESG 保证的概念化以及对各种保证提供者的偏好至关重要，会计师、内部审计师和非四大公司作为 ESG 保证提供者的偏好较低，尤其是在环境和社会披露方面，会计师、非四大会计师事务所和内部审计师需要提高利益相关者对其 ESG 保证能力和独立性的认知，监管机构的专业知识价值、独立性和声誉等考虑因素会影响 ESG 鉴证提供商的选择，监管机构对 ESG 保证参与及其后果具有影响。黄等（Huang et al.，2022）研究了干旱、洪水、热浪、飓风和火灾等自然灾害如何影响靠近灾区的企业 ESG 披露政策。文章发现距离自然灾害发生地较近的公司，在灾后显著提高了 ESG 披露透明度，并且 ESG 透明度的增加是由投资者需求驱动的，管理者通过增加 ESG 披露来战略性地应对投资者风险认知的变化。姜广省和卢建词（2023）从制度逻辑视角出发，实证检验了绿色投资者对企业绿色创新的影响。研究发现绿色投资者通过直接外部治理渠道和间接规范渠道提升了绿色创新。一方面，绿色投资者能够通过塑造规范和文化促进企业绿色创新行为；另一方面，作为股东的绿色投资者能够通过"用手投票"和"用脚投票"的方式促进企业绿色创新行为。文章进一步以《环境空气质量标准（2012）》作为政策冲击，检验了环境规制影响下绿色投资者对企业绿色创新的作用。发现政策的实施使得绿色投资者对绿色创新的促进效果得到提升，并且绿色投资者促进了企业的实质性绿色创新。朱焱等（2023）发现税收激励提升了企业社会责任表现，机制分析表明该促进作用是通过提高管理层情绪和缓解融资约束实现的，进一步分析显示税收激励对企业社会责任的提升作用在制度环境较差地区和非国有企业中更加明显。顾（Gu，2024）基于 618 家中国制造业企业，发现投资者的注意力与企业的 ESG 表现之间存在显著的双向抑制作用。并且，企业的 ESG 表现存在显著的正向空间溢出效应，企业的 ESG 表现对邻近企业的 ESG 表现和投资者关注均有正向促进作用。

在内部驱动因素方面，已有学者从董事会视角探讨了内部治理对 ESG 的驱动作用，赫斯特德（Husted，2019）针对拉丁美洲国家探讨了董事会对环境、社会结构和治理（ESG）披露的影响，发现董事会规模和独立董事对 ESG 披露产生积极影响，但董事会和 CEO 中的女性双重身份对 ESG 披露产生负面影响。库卡里等（Cucari et al.，2018）针对意大利公司样本研究了董事会多样性与 ESG 信息披露的关系，发现企业的社会责任披露与独立董事和委员会的社会责任有关。瓦西乌萨曼等（Wasiuzzaman et al.，2020）采用马来西亚交易所上市的 78 家公司的 568 家公司年度观察数据，探讨了董事会性别多样性透明度与环境、社会和治理（ESG）披露的关系，发现女性董事占比会显著改善新兴经济体的 ESG 报告质量。居罗尔等（Gurol et al.，2022）基于欧洲银行样本研究发现，董事会规模、董事会中女性比例和独立董事比例与 ESG 披露得分呈显著正相关。也有学者从公司治理结构角度，结合内部董事会和外部投资者关系对公司可持续发展进行研究，克里福等（Crifo et al.，2019）研究了董事会的独立性和专业知识，以及投资者关系官员对企业可持续发展的信念和沟通，发现公司治理对公司可持续发展的影响不明确，因为存在相反的力量：内部力量、外部力量和中间力量，一方面，内部董事比例越高，公司的环境和治理绩效越高，而董事会一般专家比例越高，公司的治理绩效越低；另一方面，投资者关系官员认为公司可持续性主要由投资者的道德价值观和信念驱动，公司需要努力培训董事会（特别是内部董事）以应对企业可持续发展，并使得董事会成员在该领域发挥更多领导作用。所有权结构也是驱动企业 ESG 披露的重要因素，戈文丹等（Govindan et al.，2021）从董事会特征和所有权结构特征入手，探索了物流行业企业社会责任绩效的驱动因素和价值相关性，发现有可持续发展委员会的公司比没有的公司更有可能拥有更高的社会责任绩效，所有权结构分散的公司更有可能产生出更好的环境表现。高桥（Takahashi，2021）研究了新型冠状病毒肺炎大流行期间影响日本股市的因素，将所有权结构与 ESG 纳入同一分析框架，发现日本银行通过交易所交易基金购买计划的间接所有权对异常收益有积极影响，外资所有权与异常收益呈负相关，而传统企业集团的所有权与异常收益呈正相关，虽然没有证据表明 ESG 评分高的公司异常回报更高，但拥有 ESG 基金的公司表现优于没有 ESG 基金的公司。唐松莲等（2023）发现购买董事责任险显著促进了管理层投资企业社会责任的积极性，且公司所在地区法治环境越差，购买董事责任险对于企业社会责任的促进作用越显著，董事责任险主要通过促进管理层乐观程度，进而提升了企业社会责任表现。

（三）ESG 的影响后果研究

ESG 可以为企业带来经济回报，ESG 的经济后果可以从企业财务绩效方面以及企业价值方面进行分析。ESG 对企业财务绩效产生的影响是现有研究中比较重要的研究话题，很多学者针对企业财务绩效、经营风险以及盈利能力等方面进行了大量研究。赵等（Zhao et al.，2018）认为 ESG 是企业风险的重要来源，对企业的财务业绩和经营能力产生重要影响，并认为良好的 ESG 绩效可以改善财务绩效、经营业绩和盈利能力，这一结论对投资者、公司管理层、决策者和行业监管者都具有重要意义。沙基勒等（Shakil et al.，2021）使用 2010~2018 年的 70 家石油和天然气公司的国际样本，考察了环境、社会和治理（ESG）绩效对石油和天然气公司财务风险的影响，发现 ESG 表现对总风险有不利影响，董事会性别多元化对总体和系统风险产生不利影响，且董事会多元化和 ESG 争议对 ESG 和财务风险有关，这一研究结果与利益相关者和合法性理论保持了一致。格里萨莱斯等（Grisales et al.，2021）采用 2011~2015 年来自巴西、智利、哥伦比亚、墨西哥和秘鲁的104 家跨国公司的数据，研究了拉丁美洲跨国公司新兴市场的环境、社会和治理（ESG）与公司财务业绩的关系，发现 ESG 之间的关系得分和 FP 在统计上显著为负，金融松弛和地域国际多元化对 ESG 维度与公司 FP 之间关系具有调节作用。吉泽等（Giese et al.，2019）对 ESG 与公司财务绩效关系的传输渠道进行了分析，现金流渠道、异质风险渠道和估值渠道可以为 ESG 信息与公司估值和业绩之间的联系的分析提供解释，公司的 ESG 信息通过其系统性风险状况（较低的资本成本和较高的估值）和它们的特殊风险状况（较高的盈利能力和较低的尾部风险敞口）传递到其估值和业绩，公司 ESG 特征的变化可能是一个有用的财务指标，ESG 评级也适合整合到政策基准和财务分析中。赵胜民和于星慧（2023）发现企业社会责任承担显著促进了企业创新投入、创新产出与创新效率，企业社会责任的提高通过缓解融资约束、降低企业财务风险、缓解委托代理问题，进而促进企业创新。方先明和胡丁（2023）发现 ESG 履行促进了企业的创新产出，这一促进作用通过缓解融资约束、提高员工创新效率和风险承担水平渠道得以实现。进一步研究发现 ESG 表现不仅能够提升企业创新产出的数量，还能提升企业创新质量。刘刚等（2024）基于利益相关者理论与信号理论，将企业 ESG 信息进一步区分为社会责任报告语调、易读性、覆盖范围等在内的企业社会责任披露情况，以及包括捐赠金额、捐赠增幅、行业内捐赠占比等在内的企业社会责任行为情况。发现企业社会责任承担通过提升证券分析师关注度进而提升了企业短期绩效和长期绩效表现。

也有研究分析了 ESG 对企业价值的影响，ESG 影响企业未来的增值能力、风险控制、未来成长等可持续发展能力成为当下重点关注的研究问题。整体来看，现有文献中针对发展中国家的 ESG 和相关维度对企业价值的影响进行了研究，宾等（Bing et al.，2019）考察了 2010～2017 年中国上市公司所使用的企业社会责任与企业价值之间的关系，发现企业社会责任显著降低了企业价值，且 CSR 对公司价值的影响在国有企业（SOE）与非国有企业或敏感行业与非敏感行业之间没有显著差异，2015 年后政府、企业和投资者对可持续发展意识不断提高后，与非国有企业社会责任对企业价值的减弱作用相比，国有企业社会责任显著增加了企业价值。研究企业绿色创新与企业社会责任是否能够整体对企业价值产生正向影响，是 ESG 治理经济后果的一个重要方面，张等（Zhang et al.，2020）以中国上市公司为例，将企业社会责任划分为环境、社会、治理（ESG）和绿色创新三个不同维度后，研究企业社会责任和绿色创新对企业价值的交互作用，研究发现：（1）绿色创新可以促进中高层企业价值的提升；（2）只有环境和社会信息的披露才能对企业价值产生积极影响；（3）绿色创新与社会披露对企业价值的交互作用是一种替代效应，随着企业价值的增加会逐渐减弱，绿色资金进入资金紧张的企业可以缓解资金挤入企业社会责任和绿色创新的问题。蒋德权和蓝梦（2022）认为企业社会责任披露通过提升员工的满意度与归属感，进而提升了劳动生产率，改善了产品竞争优势。从促进信息传播的角度来看，ESG 披露能够发挥与财务信息类似的沟通作用，可以降低信息不对称，提升公司透明度（Roy et al.，2022）。并且，企业履行 ESG 能够改善与利益相关者之间的关系，提升了企业声誉（Reber et al.，2022）。企业通过承担 ESG 带来了声誉资本，能够在企业受到负面事件冲击时，削弱负面舆论压力，为企业提供了声誉保险，进而提升了企业韧性（Zhang et al.，2022）。

　　ESG 不仅能为企业带来经济绩效，也可以改善生态环境，为社会带来可持续发展绩效转型。杰西等（Jesus et al.，2019）对比了 8 家主流 ESG 机构采用的评估方法与可持续商业模式（SBM）概念提出的综合 ESG 可持续价值框架的一致性，发现 ESG 评级机构在内部组织角度识别短期结果主要在环境维度，而从外部组织角度强调社会方面，但是 ESG 评级机构并没有推动更多的 SBM，这种推动作用必须从短期和长期的角度进行整合。阿尔萨耶等（Alsayegh et al.，2020）检验了 2005～2017 年 ESG 信息披露对亚洲公司 EES 可持续发展绩效的影响，为积极的 ESG 披露与可持续性绩效关系提供了证据，发现在组织的有效公司治理体系内披露环境和社会战略的实施可以增强企业的可持续性绩效，环境绩效和社会绩效与经济可持续绩效显著正相关，企业的经济价值与为社会创造的价值是相互依存的。这一结论与利益相关者理论相一致，向所有利益相关者披露 ESG 信息是创造竞争优势以提升企业可持续发展绩效的重要因素。从 ESG 投资溢价的角度来看。帕索尔等（Pástor et al.，2021）构建理论模型描述了市场均衡状态下的 ESG 溢价。假定投资者偏好于 ESG 表现良好的公司，即持有 ESG 股票为投资者带来了正的效用，而持有差 ESG 表现的股票会降低投资者的效用。因此，需要对持有差 ESG 表现股票的投资者给予补偿，而 ESG 表现良好公司的股票预期收益会更低。但帕索尔等（2022）基于 MSCI 发布的美股 ESG 评级数据研究发现，高 ESG 评级的股票收益率显著高于低 ESG 评级的股票收益率，并认为该绿色溢价来自市场对气候风险的担忧。

第二章

《绿色治理准则》 的制定与推出

第一节　《绿色治理准则》的制定背景

生态环境是一个"公共池"资源，具有非常强的外部性，涉及几乎所有社会和经济活动的参与者。如果企业和政府等各自为战，难竟全功。解决生态环境问题是一项系统工程，需要在绿色治理理念和准则的引领下协调应对，形成协同治理的新格局。

目前，虽然一些国际性组织也提出了许多倡议或宣言，为区域内的绿色发展提供了一定的方向，但在实施层面如何操作，其中涉及的各利益相关者的行为规范如何确定等尚不清晰。这使得各国的绿色行动局限于单一主体自发的绿色管理、绿色行政等层面，企业和政府等各自为战，在实践领域要求制定全球性质的绿色治理指导原则的呼声日渐强烈。在全球呼吁区域绿色发展的大背景下，还需要在绿色治理准则的倡议下协同行动。制定超越国别的绿色治理准则，不仅能够防止出现全球性质的绿色治理结构的空洞化，还有助于建立和完善全球治理实践中最需要的绿色治理实务。

基于此，2017 年 7 月 22 日，第九届公司治理国际研讨会暨中国上市公司治理指数发布会在天津南开大学隆重举行，南开大学中国公司治理研究院"绿色治理准则课题组"在会上发布了全球首份《绿色治理准则》，就绿色治理的主体识别、责任界定、绿色治理行为塑造和协同模式等提供指导。此后，课题组在充分研讨的基础上，在各方的支持和帮助下，又完成了《绿色治理准则》的研究报告。

　　《绿色治理准则》通过一系列规则来谋求建立一套具体的绿色治理运作机制，以推动治理主体的绿色行为，保护生态环境，促进生态文明建设，实现自然与人的包容性发展。从特点来看，绿色治理准则作为指导性规范，准则对全球性绿色治理实践具有指导作用；介于绿色治理理论和相关法规之间，也使得绿色治理准则具有操作性和实践意义；准则充分考虑了生态环境的可承载性以及人与自然的包容性发展，是一种符合发展规律的崭新理念，也使其具有前瞻性；此外，从普适性角度来看，由于不同国家处于绿色治理的不同阶段，准则需既能为具有较好绿色治理经验的国家、地区和组织所使用，也能够服务于绿色治理基础较弱者，以适用于全球各个发展阶段的国家、地区或组织。

　　从内容来看，绿色治理准则强调治理主体间平等、自愿、协调、合作的关系，政府作为绿色治理的顶层设计者和政策制定者，为其他主体参与绿色治理提供制度与平台；而企业作为主要的自然资源消耗和污染排放主体，是绿色治理的重要主体和关键行动者。因而，企业应建立绿色治理架构，进行绿色管理，培育绿色文化，并在考核与监督、信息披露、风险控制等方面践行绿色治理理念；社会组织作为独立的第三方，在加强自身规范化、专业化运营，完善绿色治理机制的同时，通过积极承接政府相关职能的转移并发挥自身的专业优势，可以进一步改善绿色治理的结构与环境，紧密联系各治理主体，以实现对其他主体在绿色治理过程中的监督、评价、协调、教育、培训以及引导等作用。通过识别治理系统中各主体的关联性，综合考虑各方利益和诉求，建立政府顶层推动、企业利益驱动和社会组织参与联动的"三位一体"的多元治理主体协同治理机制。

　　而这些，也使得《绿色治理准则》有着重要的现实价值。第一，指引国内绿色发展和绿色转型的需要。传统高耗能、高污染的发展方式造成了资源的过度消耗和环境的严重污染，也导致中国经济进一步发展的内在动力不足。通过指引绿色转型，绿色治理准则有助于实现发展方式的转变和"新动能"的培育。第二，实施"一带一路"倡议的需要。执行绿色治理准则、践行绿色治理全球观的中国企业，可以打造一条"绿色之路"，推动公平性、生态型和可持续的全球经济发展。第三，率先争得国际绿色发展话语权的需要。中国需要在各类国际标准的制定上发出更多自己的声音，赢得主动权，从而为广大发展中国家争取更多话语权。第四，进一步推动构建人类命运共同体的需要。绿色治理理念是全球共享、超越国别的价值观，制定并推广绿色治理准则的意义在于全球治理理念的普及。

而推广与落实《绿色治理准则》，有效评价绿色治理的实际效果，准确把握现阶段我国绿色治理的基本情况与水平，则需要秉持绿色治理的核心理念与原则，以绿色治理准则为框架，构建绿色治理指数。特别是，对于绿色治理过程中企业——这一关键的行动者来说，绿色治理的现状与能力的量化，无论是在相关理论创新还是具体实践指导上均有重要意义。

第二节　《绿色治理准则》*

一、引言

人类与环境的关系是当前全球面临的最为重要的议题之一，事关人类存续和世界各国的社会经济发展方向和模式。随着认知革命、农业革命和工业革命的先后出现，人类逐渐形成自我中心的主人心态，过度攫取自然资源，对生态环境造成破坏，最终可能演变为自然环境的破坏者。近几十年来，环境问题越发严重，促使人们重新思考和认识人类在自然界中的地位，以及发展和环境之间的关系。2015 年 12 月，全球 195 个缔约方代表在法国巴黎达成了历史性协议——《巴黎协定》，标志着人类已经认识到我们有可能成为自然生态的毁灭者，必须在一个地球的宇宙观下，形成新的"天人合一"的绿色治理观。

目前，虽然部分国际组织也提出了一些倡议或宣言，为各国绿色发展提供了一定的方向，但在实施层面如何操作、其中涉及的各利益相关者的行为规范如何确定等尚不清晰。这使得各国的绿色行动局限于单一主体自发的绿色管理、绿色行政等层面，企业和政府等各自为战，难竟全功，需要在绿色治理理念和准则的倡领下协调应对。

《绿色治理准则》就是通过一系列规则来谋求建立一套具体的绿色治理体系，推动治理主体的绿色行为，保护生态环境，促进生态文明建设，实现自然与人的包容性发展。生态环境和自然资源作为特殊的公共产品，决定了

---

* 李维安，等. 绿色治理准则与国际规则比较［M］. 北京：科学出版社，2018.

以生态文明建设为导向的绿色治理，本质上是一种由治理主体参与、治理手段实施和治理机制协同的"公共事务性活动"。而生态破坏与环境污染的跨国界性以及经济社会活动的全球化，意味着这一"公共事务性活动"具有全球性特征，践行绿色治理不能仅局限于一国之疆界，必须形成一种全世界共享的价值观，即超越国别的绿色治理全球观，因此《绿色治理准则》需具有全球化视角。

绿色治理强调充分考虑生态环境的可承载性，通过创新模式、方法和技术等在生态环境承载能力范围内促进社会经济的可持续发展。生态环境的公共池资源属性和强外部性使其涉及几乎所有社会和经济活动的参与者（如政府、企业、社会组织、公众等），解决生态环境问题是一项系统工程。有效的绿色治理要求秉承"多元化治理"的秩序观，识别治理系统中各主体的关联性，从整体角度综合考虑各方利益、诉求和责任，构建基于治理权分享的治理结构、机制和模式。

本准则就绿色治理的主体识别、责任界定、绿色治理行为塑造和协同模式等提供指导。

认识到各国、各组织处于绿色治理的不同阶段，本准则意在既能为绿色治理基础较为薄弱的国家、地区和组织所使用，也能为具有较好绿色治理经验的国家、地区和组织所使用。那些初涉绿色治理的国家、地区和组织可能会发现，将本准则作为入门指导是有益的，而那些有经验的国家、地区和组织则可能希望其用于改进现有的做法。

本准则首先提出绿色治理的原则，其次分别从政府、企业、社会组织以及公众等治理主体的角度进行阐述。

二、原则

2.1　绿色治理是以建设生态文明、实现绿色可持续发展为目标，由治理主体参与、治理手段实施和治理机制协同的"公共事务性活动"。

2.2　各国应根据自身和国际区域的生态环境承载能力，通过创新模式、技术和方法促进社会经济健康发展。绿色治理是一种超越国别的共同治理观，应从全球视角进行理解。

2.3　治理主体包括形式、结构和成员各不相同的政府、企业和社会组织，以及公众。

2.4 应秉承"多元化治理"的秩序观,从系统观和全球观的角度出发,识别治理系统中各主体的关联性,综合考虑各方利益和诉求,建立政府顶层推动、企业利益驱动和社会组织参与联动的"三位一体"的多元治理主体协同治理机制。

2.4.1 政府应主要作为绿色治理的政策供给者。

2.4.2 企业应主要作为绿色治理的关键行动者。

2.4.3 社会组织应主要作为绿色治理的倡议督导者。

2.4.4 社会公众是绿色治理的广泛参与者。

2.5 绿色治理应遵循"共同责任、多元协同、民主平等、适度承载"的原则。

绿色治理主体框架

三、政府:政策供给者

绿色治理强调主体间平等、自愿、协调、合作的关系。政府是绿色治理的顶层设计者和政策制定者,为其他主体参与绿色治理提供制度与平台。

3.1 应在政治、经济、社会活动中设计制定与本国环境承载现状相匹配的绿色治理相关法律法规,并保证制度体系的运行实施。

3.1.1 应健全环境和资源保护等方面的法律法规,确保陆地、水源、大气等生态系统资源的可持续利用。

3.1.2 应以改善环境质量为目标,进一步完善各种污染物排放权交易的法律法规。

3.1.3 应建立企业环境信用评价和违法排污黑名单制度，将企业环境违法信息记入社会诚信档案，向社会公开。

3.1.4 应促进建立企业环保信息披露机制。制定统一、指标化的环境信息披露标准，逐步要求包括非重污染企业在内的所有企业披露。

3.1.5 应促进环境法律法规与国际立法的接轨，加大与绿色治理相关的立法力度。

3.1.6 应保证上述制度体系的有效运转，并确保激励、监督、考核等治理机制能够充分发挥作用。

3.2 应承担起相应的主体责任，拟定本国绿色经济战略，并评估相应活动对生态环境的影响。

3.2.1 应推动可再生能源的研究、开发和推广应用，削减对不可再生能源的过度消耗。

3.2.2 应优化产业结构与布局，淘汰落后产能，支持企业技术改造，保证能源利用的系统性和整体性。

3.2.3 应推动各产业领域的节能行动，加强重点能耗的节能管理，推动能源审计和节能降耗活动。

3.2.4 应积极培育发展战略新兴产业，支持新能源开发与现有技术改良，鼓励发展绿色能源经济与绿色环保技术。

3.3 应科学合理规划城乡发展，制定并实施相配套的绿色城乡战略，探索地区建设与管理的新模式。

3.3.1 应将生态理念运用于城乡规划设计与建设。

3.3.2 应倡导绿色建筑，鼓励采用节能环保型建筑技术。

3.3.3 应建立绿色交通体系，构筑轨道交通、公共交通与慢行交通相配合的智能交通出行系统。

3.3.4 应完善生活废弃物分类回收利用，合理利用雨水、风能、地热、太阳能等自然资源，构建生态农业与城市资源循环体系，逐步构建海绵城市。

3.4 应建立绿色治理的监督、评价和问责机制，确保自身与其他绿色治理主体的行为合规。

3.4.1 应接受公众及社会的监督。

3.4.2 应建立绿色治理指标体系，对各级政府和绿色职能部门行为进行评价，并将绿色治理行为纳入政府绩效考核管理。

3.4.3 应对相关治理主体的环境破坏行为予以监督，明确问责。

3.5 政府的绿色战略应以适当方式及时公告周知，并接受多方主体的监督。

3.5.1 应完善公众参与制度，在上述战略规划制定过程中听取公众意见。

3.5.2 应及时准确披露各类环境信息，保障公众知情权，维护公众环境权益。

3.5.3 应健全举报、听证、舆论和公众监督等制度。

3.5.4 应建立环境公益诉讼制度。

3.6 应为其他治理主体的绿色治理活动提供相应的平台、标准和体系。

3.6.1 应建立健全各种污染物的排放权交易市场平台以及参与国际排放权交易机制。

3.6.2 应发展绿色金融平台，拓宽企业绿色融资渠道。

3.6.3 应在绿色技术合作、知识产权、跨国并购等方面为企业搭建沟通和对话平台。

3.6.4 应整合和建立有助于促进生态环境的各种绿色标准、认证以及标识体系。

3.7 应广泛普及传播绿色治理的相关知识，推进社会生态教育，使其成为国民教育的组成部分。

3.7.1 应以资源效率、生态平衡与环境保护为主要内容，广泛进行绿色治理教育，培养绿色理念人才，提高人们的环境保护意识。

3.7.2 应倡导绿色生活理念，提高全体公民节能环保意识，为树立绿色生活理念创造良好氛围。

3.7.3 应提倡环境包容性理念，注重人与自然间的包容性。

3.8 应秉承绿色发展理念，建立和完善与绿色治理目标相符合的组织架构和权责分配体系。

3.8.1 应在组织架构中成立相应绿色治理职能部门，明确政府各部门和人员在绿色治理中的权责分配，推动绿色行政。

3.8.2 应在行政服务中提高绿色采购比重，鼓励绿色办公，建设绿色政府。

3.9 应在绿色治理领域积极开展国际合作，以实现全球绿色治理目标。

3.9.1 应积极推动并参与制定绿色治理相关的国际协议。

3.9.2　发达国家政府应主动建立更均衡的全球绿色治理伙伴关系，及时充分履行国际承诺，加大对发展中国家的支持力度。

3.9.3　发展中国家政府应积极履行国际责任，在全球绿色治理过程中落实污染物排放标准与排放额度的相关协议约定。

3.9.4　各国政府应参与建立多边科技交流平台，在清洁能源、环境保护等方面开展技术合作，发挥技术促进作用，研发、转让和推广环境友好型清洁技术。

四、企业：关键行动者

企业作为主要的自然资源消耗和污染物排放主体，是绿色治理的重要主体和关键行动者。企业应建立绿色治理架构，进行绿色管理，培育绿色文化，并在考核与监督、信息披露、风险控制等方面践行绿色治理理念。

4.1　应基于绿色治理理念完善公司治理架构和管理体系。

4.1.1　董事会应对绿色治理有效性负责，确保绿色治理制度的科学性及其实施和更新。董事会可设立绿色治理专门委员会，对绿色治理行为进行有效的监督和控制。

4.1.2　管理层应制定科学的绿色经营制度并有效执行，确保各项活动符合绿色经营理念。管理层应成立专门绿色工作领导小组和日常工作机构，负责指导和监督企业日常的绿色生产经营活动。

4.1.3　企业其他部门应积极配合董事会绿色治理委员会和管理层绿色工作领导小组的工作，建立、完善沟通渠道，保证在突发性情况下能迅速响应并采取措施。

4.1.4　应定期召开绿色治理专题工作会议，鼓励引入具备一定环保背景的专业人才。

4.2　应在企业生产经营的各个方面进行绿色管理。

4.2.1　应推行建立绿色供应链，实行绿色采购，激励供应商实施清洁生产，优先选择环境友好型的产品和服务。

4.2.2　应推行绿色生产，采用更严格的环境标准以及能效和节能技术，并适时促进其发展和推广，提供环境友好型的产品和服务。

4.2.3　应推行绿色营销，推广节能新产品，降低消费过程中的能源消耗和环境污染。

4.2.4 应推行绿色考核，把环保指标纳入考核体系，加强项目建设中的环境评估和环境保护，鼓励环保行为。

4.3 应逐步培育绿色文化，践行绿色治理理念。

4.3.1 应将绿色治理理念纳入到企业愿景、使命和章程中。

4.3.2 应以绿色标准、指南或行为准则为基础，对绿色治理行为进行有效的指导。

4.3.3 应以可持续发展为目标，建立绿色发展的长效机制。

4.4 应对社会、经济和环境的影响承担与自身能力相匹配的环保责任。

4.4.1 应识别其决策和活动对周边环境的影响。制定能源节约和能源利用效率规划，保证能源利用符合生产技术、生态及社会条件。

4.4.2 应承担其决策和活动对社会、环境和经济所造成的消极影响，特别是所造成的严重负面影响。

4.4.3 应基于生态承载能力，及时采取行动，改善组织自身及影响范围内的环境绩效。

4.5 应清晰、准确、充分披露其决策和活动对社会和环境的已知和潜在的影响。

4.5.1 应及时、真实，并以清晰和客观的方式披露信息，以使利益相关方能够准确地评估组织的决策和活动对他们利益的影响。

4.5.2 应定期在年报中披露企业的能源效率状况，推行绿色会计制度。

4.5.3 应公开披露所使用和排放的相关有害材料的类型和总量，及其在正常运行和意外泄露情况下对人类健康和环境的可能风险。

4.6 应接受适当的监督，并对监督作出及时的回应。

4.6.1 应建立以董事会绿色治理委员会为主导，绿色工作小组领导下的全员共同参与的监督问责机制。

4.6.2 应接受政府、社会组织和公众等其他治理主体的监督，积极配合工作，并有义务对相关问题作出及时的回应，反馈处理结果。

4.7 为防止意外或不可预见的消极影响而采取必要的风险控制措施。

4.7.1 应基于风险防控和可持续发展的理念推进战略实施，合理评估并尽可能缓解自身活动所引致的环境风险和消极影响。

4.7.2 应评估预期活动可能产生的有关污染和废弃物，确保对污染和废弃物进行妥善管理，降低环境负荷。

4.7.3 应加强风险防范意识，建立应急管理制度，设置应急反应程序，配备应急处置物资，以降低对环境和人类财产安全的影响，并及时向主管当局和当地社区通报环境事故信息。

4.8　应建立旨在提高环境治理能力的内部控制机制，逐步探讨实施环境会计，为内部控制提供有价值的会计信息。

4.8.1　应在采购、生产、销售等环节建立有利于环境治理能力提升的内部控制机制。

4.8.2　应逐步探讨环境治理事项的会计确认、计量和核算，尝试编制环境会计资产负债表和利润表等财务报表，为企业环境治理的内部控制提供客观、真实、可靠的会计信息。

4.9　应在公司战略发展目标中明确各层级员工的环境治理责任和义务，建立有助于提升环境竞争优势的职工薪酬激励机制和晋升机制，激发全员参与环境治理的积极性和有效性。

4.9.1　应在公司战略发展目标中明确不同职务员工应承担的环境治理责任和义务，确保环境治理目标明细化、岗位化和专业化。

4.9.2　应在薪酬激励机制和晋升机制中融入环境治理绩效考核的因素，切实激发员工环境治理的参与度和贡献度。

五、社会组织：倡议督导者

社会组织作为独立的第三方，在加强自身规范化、专业化运营，完善绿色治理机制的同时，通过积极承接政府相关职能的转移并发挥自身的专业优势，可以进一步改善绿色治理的结构与环境，紧密联系各治理主体，以实现对其他主体在绿色治理过程中的监督、评价、协调、教育、培训以及引导等作用。

5.1　应明确自身在绿色治理中的角色，创新与完善自身的治理结构和治理机制，通过发挥自身的专业优势，在国内外范围内发挥更为积极的作用。

5.1.1　应厘清自身的绿色治理环境、利益相关者、绿色治理目标等要素，通过组织章程等方式，将其嵌入组织日常运行过程中。

5.1.2　应从自身角度考虑，规范自身运营与专业管理能力，并积极创新高效、可行的绿色治理结构与治理机制，为其他社会参与主体提供可借鉴的绿色治理模式。

5.1.3 应积极结合自身的专业领域，构建与之相匹配的绿色治理委员会，并从可持续发展角度对组织内部的决策方向、治理行为等进行监督评价。

5.1.4 专门从事环保事业的社会组织，应进一步发挥自身的专业优势，积极同各领域的社会组织、政府、企业开展实质性的交流与合作，通过契约、联盟等方式委派绿色治理委员会专业成员。

5.1.5 应明确自身的角色定位，通过积极参与和承接国家绿色治理标准的制定与实施，为其他社会治理主体提供权威客观的绿色治理信息。

5.2 应积极规范自身运营，组织业界相关人才开展专业技术、职业生涯、法律法规的培训活动，提高自身治理意识与专业管理能力。

5.2.1 应通过颁布行业管理办法、实施细则的方式加强本行业社会组织的自律行为。

5.2.2 应提高组织自身法律、维权意识，对引起公众广泛关注的社会热点问题，积极以独立第三方的身份进行参与，必要时提起公益诉讼。

5.2.3 应强化组织自身绿色办公、绿色运营的能力，为绿色治理的其他社会主体树立学习标杆，进而增强自身的号召力与社会影响力。

5.2.4 应加强社会组织在社区内的影响力和知名度，积极动员社会公众加入基层社会组织，通过志愿者的形式，展开对公众环保意识与能力的教育培训工作。

5.3 应积极参与制定生态文明建设、环境保护等领域的发展规划、经济技术政策、行业技术标准。

5.3.1 应积极承接政府、企业等组织委托的政策性科技性项目、发展规划、行业技术标准。

5.3.2 应协助政府在节能减排、可持续发展、可再生能源、环境管理等诸多领域中制定各级别的发展战略。

5.3.3 应积极开发绿色治理评价指标体系，并以独立第三方的身份主动承接相关评估工作，以成为该体系日后主要的实施与维护方。

5.3.4 应着力于环境评价，对政府绿色行政、企业绿色生产、公众绿色消费等进行积极监督与反馈。

5.4 应为政府、企业和公众提供权威、独立和客观的环保信息、咨询和建议等服务。

5.4.1 应开展调查研究和行业统计工作，及时准确收集、计量、分析和发布本领域的专业信息。

5.4.2　应增强生态文明建设、环境保护等领域的产业信息网络建设，搭建相关信息服务平台，增加组织透明度与可接触性，加强政府、企业与公众之间的联系。

5.4.3　应配合政府、企业开展绿色治理相关的信用、能力等级评价工作，构建良好的绿色治理环境。

5.4.4　应促进各领域间的绿色技术、理念创新，促进先进技术、理念的推广与示范。

5.5　应发挥专业优势，进行绿色理念与知识的宣传、教育和普及。

5.5.1　应积极举办各种形式的科普活动、知识讲座、新闻发布会等，向社会公众、政府、企业推广绿色节能环保理念。

5.5.2　应积极组建绿色治理各主体间的治理专业委员会协会或联盟，并定期开展相关的专业技能培训、交流等。

5.5.3　应资助相关组织、个人等开展多种类型环境保护活动，奖励在该领域中做出贡献的组织和个人。

5.5.4　应利用媒体、网络、移动通信等多元化渠道，营造绿色治理文化氛围，搭建政府、企业与公众之间的交流与合作平台，积极引导社会公众参与绿色治理。

5.6　应积极加强国际合作与交流，通过协同制定具有高度普适性的绿色协定，构建惠及全球范围的绿色治理协同网络。

5.6.1　应积极加强国际交流合作，通过比较优势，结合各国绿色治理的实际发展情况，落实惠及全球范围的绿色治理准则与章程。

5.6.2　应积极开发利用现代信息技术，引导世界各国搭建绿色治理信息共享机制与平台，通过国际中介组织，将多方合作常态化。

5.6.3　应组织开展国内外同行业的专业技术合作与交流，培养具有国际化视野、绿色理念的社会组织管理者，增强自身专业素养与解决实际问题的能力。

六、公众：广泛参与者

公众是最广泛的绿色治理主体，公众参与生态文明建设是基础性的绿色治理机制。

6.1 应树立绿色观念，践行绿色生活。

6.1.1 应培养具有生态意识的理性的绿色消费行为，勤俭节约，减少浪费，选择高效、环保的产品和服务，降低消费过程中的资源消耗和污染排放。

6.1.2 应尽量采用对环境影响小的绿色出行方式、居住方式，降低生活中的能耗和污染。

6.1.3 应基于自身能力为绿色发展贡献力量。

6.2 应作为监督者，监督其他绿色治理主体的行为。

6.2.1 应积极监督、举报企业涉及环保的违法违规行为。

6.2.2 应积极监督政府部门的执行与落实。

6.2.3 在涉及环保的公共项目与法律法规的制定上，应主动发声，献计献策。

6.3 应作为环境保护的宣传者，助力绿色理念的普及。

6.3.1 应主动学习汲取环境保护相关知识。

6.3.2 应通过可能的方式传播绿色知识和理念。

6.3.3 应积极推动并参与有助于绿色发展的志愿行为等活动。

第三节 《绿色治理准则》解说

一、政府：政策供给者

绿色治理强调主体间平等、自愿、协调、合作的关系，政府是绿色治理的顶层设计者和政策制定者，为其他主体参与绿色治理提供制度与平台。

政府应在绿色战略规划、制度框架构建、法律法规制定、协同合作平台构建、公众行为规范等主体责任履行方面承担主要责任，以最终保证绿色治理准则的实施。

1 应在政治、经济、社会活动中设计制定与本国环境承载现状相匹配的绿色治理相关法律法规，并保证制度体系的运行实施。

1.1 应健全环境和资源保护等方面的法律法规，确保陆地、水源、大气等生态系统资源的可持续利用。

在绿色治理实施方面，为了保证实施效果，必须对行为主体的行为制定强制性规定。政府应继续建立健全与绿色治理相配套的法律体系，推进制定与修订工作，保护、恢复和促进可持续利用陆地生态系统，可持续管理森林，防治荒漠化，制止和扭转土地退化，遏制生物多样性的丧失；保护和恢复水源生态系统，包括山地、森林、湿地、河流、地下含水层与湖泊。研究制定节能评估、生态补偿、湿地保护、生物多样性等方面的规章制度。

1.2　应以改善环境质量为目标，进一步完善各种污染物排放权交易的法律法规。

政府应继续完善设置相应的污染物排放标准与排放前净化处理措施，建立健全污染物排放权初始分配和交易制度，推进污染物排放权的交易试点与交易平台建设，鼓励企业以交易方式取得污染物排放指标，同时不增加地区总体排放量。并以改善环境质量、防范环境风险为最终目标，结合企业实际生产与当地环境情况发放排污许可证，并按照许可证对企业排污行为进行监督。

1.3　应建立企业环境信用评价和违法排污黑名单制度，将企业环境违法信息记入社会诚信档案，向社会公开。

为激励和约束企业主动落实环保责任，政府应建立企业环境信用评价和违法排污黑名单制度，将违规行为记入企业诚信档案并向社会公开。对于绿色治理优秀的企业，则进行荣誉表彰、政策优惠，树立优秀模范作用，为市场主体建立守信激励与失信惩戒机制。

1.4　应促进建立企业环保信息披露机制。制定统一、指标化的环境信息披露标准，逐步要求包括非重污染企业在内的所有企业披露。

监管部门应继续制定完善统一的环境信息披露标准，结合污染排放许可，由上市公司向非上市公司，由重污染行业向非重污染行业，逐步要求所有企业进行环境信息披露。对于未按照要求完成披露义务的公司，则进行公开批评，并依法予以处罚。

1.5　应促进环境法律法规与国际立法的接轨，加大与绿色治理相关的立法力度。

政府在完善环境保护相关法律体系的同时，亦应积极与全球法律法规相接轨。法律体系应反映其所参与的国际环境公约，吸纳各国已经有效实施的绿色治理相关立法的做法与内容，并增强相应的绿色治理立法能力，以达到减少环境污染、建立绿色可持续治理体系的目的。

1.6 应保证上述制度体系的有效运转,并确保激励、监督、考核等治理机制能够充分发挥作用。

政府应保证上述绿色治理相关的法律体系有效运转,对于污染物排放应严格监管,及时关停违法排放的生产设备。同时严格执法,保证绿色治理各方参与主体遵守法律法规。地区治理情况应纳入经济发展考核体系中,并依法追究领导官员的环境违规行为责任。这是因为,绿色治理更加突出责任的承担,而拥有的权利较少,绿色治理的成果最终会被整个社会共享,即使没有承担责任。这就存在着"搭便车"问题和囚徒困境,需要特定机构制定规则并实施处罚,打破绿色治理实施困境。

2 应承担起相应的主体责任,拟定本国绿色经济战略,并评估相应活动对生态环境的影响。

2.1 应加大可再生能源的研究、开发和推广应用,削减对不可再生能源的过度消耗。

经济增长不可避免地带来更多的能源消耗,作为绿色经济战略的重要构成部分,政府应以多种形式推动节能环保产业的发展,形成新的支柱产业。调整能源结构,推动传统能源安全绿色开发和清洁低碳利用,发展清洁能源、可再生能源,不断提高非化石能源在能源消费结构中的比重,并加快核能、风能、太阳能等新能源的研发应用,鼓励发展新的绿色能源体系。并通过推广节能环保产品拉动消费需求,提高节能环保工程技术拉动投资增长,并培育出新的经济增长点。

2.2 应优化产业结构与布局,淘汰落后产能,支持企业技术改造,保证能源利用的系统性和整体性。

为达到绿色治理目标,应从科技含量、资源消耗、环境污染等方面综合考虑构建产业结构,推动生产方式绿色化,提高经济绿色化程度。应先推动战略性新兴产业与先进制造业,再鼓励采用节能低碳技术改造提升传统产业,合理布局地区基础设施建设。对于已有产能过剩的行业,应提高淘汰标准,加快淘汰不符合绿色治理原则的落后产能,并严格控制新增行业项目。政府亦应继续加强国别间经济战略合作,推动要素资源全球配置,鼓励优势产业走出去,提高参与国际分工的水平。

2.3 应推动各产业领域的节能行动,加强重点能耗的节能管理,推动能源审计和节能降耗活动。

继续在各产业领域推动低碳循环、节能环保技术的研发应用。通过合同能源管理、节水管理等方式发展环境服务业。在重点领域实施能耗总量与强度双控制，严格新建项目节能评估审查，加强工业节能监察，强化全过程节能监管。推动能源审计，依据本国有关的节能法规和标准，对企业和其他用能单位能源利用的物理过程和财务过程进行检验、核查和分析评价，加强企业能源管理。

2.4　应积极培育发展战略新兴产业，支持新能源开发与现有技术改良，鼓励发展绿色能源经济与绿色环保技术。

为贯彻绿色治理理念，把握引领经济新常态，政府应把握当下全球产业变革的新机遇，把绿色化作为国家实施创新驱动发展战略、经济转型发展的重要基点，推进绿色化与各领域新兴技术深度融合发展。培育发展战略新兴产业，构建现代产业体系，发展智能绿色制造技术，推动制造业向价值链高端攀升。优先发展信息技术、高端装备、新能源环保等绿色产业，积极化解传统产能矛盾。

3　应科学合理规划城乡发展，制定并实施相配套的绿色城乡战略，探索地区建设与管理的新模式。

3.1　将生态理念运用于城乡规划设计与建设。

政府应引导经济人口布局均衡发展，合理规划城市规模，优化城乡结构和空间布局。将生态理念运用在城乡规划、设计与建设过程中，合理分配生产、生活、生态空间格局。政府应继续加强农业地区基础建设，转变农业发展方式，推进农业结构调整，发展农业循环经济，适当增加生活空间、生态用地，保护和扩大绿地、水域、湿地等生态空间。加强农业面源污染防治，加大种养业特别是规模化畜禽养殖污染防治力度，科学施用化肥、农药，保证居民生活环境。

3.2　倡导绿色建筑，鼓励采用节能环保型建筑技术。

政府应倡导发展绿色建筑，实施绿色建筑行动计划。完善绿色建筑标准及认证体系，扩大执行范围，鼓励采用节能环保型建筑技术，强调地区运营与生态环境的包容性。严格执行建筑节能标准，加快推进既有建筑节能和供热计量改造，以及可再生能源在建筑中的规模化应用。从标准、设计、建设等方面大力推广可再生能源在建筑上的应用，鼓励建筑工业化等建设模式，正确处理建筑垃圾，实行资源的循环利用。完善绿色建筑全生命周期管理制度，探索建立建筑能耗可监测、可报告、可核查体系。

3.3 应建立绿色交通体系，构筑轨道交通、公共交通与慢行交通相配合的智能交通出行系统。

优先发展公共交通，构筑轨道交通、公共交通与慢行交通相配合的智能交通出行系统，改善步行、自行车出行条件，完善城市公共交通服务体系。继续提高公共交通出行在出行方式中所占的比例。优化运输方式，强化对机动车尾气的污染防治，推广节能与新能源交通运输装备，鼓励新能源汽车、共享单车等绿色出行方式。

3.4 应完善生活废弃物分类回收利用，合理利用雨水、风能、地热、太阳能等自然资源，构建生态农业与城市资源循环体系，逐步构建海绵城市。

继续发展循环经济，完善再生资源回收利用体系，实行垃圾分类。依据资源利用原则，加快建立循环型工业、农业、服务业体系，合理利用雨水、风能、地热等，提高全社会资源产出率。同时推进再制造和再生利用产品，鼓励纺织品、汽车轮胎等废旧物品回收利用；鼓励麦秸等农业废弃物二次利用，构建生态农业与资源循环体系。推进产业循环式组合，促进生产和生活系统的循环链接，构建覆盖全社会的资源循环利用体系。在城市规划中开展雨水调蓄与排水防涝设施等建设，逐步构建海绵城市，推广循环经济典型模式。

4 应建立绿色治理的监督、评价和问责机制，确保自身与其他绿色治理主体的行为合规。

4.1 应接受公众及社会的监督。

在绿色治理过程中应建立相配套的监督、评价和问责机制，先应对政府及绿色治理职能部门的治理行为进行监督考核，对行政区域内绿色治理水平进行考察。对于环境污染行为的发生，不仅要追究污染主体的责任，也要对相关行政人员监督行为不到位进行追责。不能只以经济发展、国内生产总值（GDP）增加为考核对象，更要树立绿色治理考核理念，强调经济与环境之间的包容性发展。政府部门在绿色行政、绿色办公方面同样要接受定期定额考核，推行电子政务，采购节能环保型产品，加强公共设施的节能管理，并建立相应的奖惩机制。此外还应接受公众舆论监督，完善举报、投诉等监督渠道，引导和发挥民众、社会组织在绿色治理中的积极监督作用。

4.2 应建立绿色治理指标体系，对各级政府和绿色职能部门行为进行评价，并将绿色治理行为纳入政府绩效考核管理。

政府及职能部门应建立涵盖经济发展、资源节约、环境保护等方面的绿色治理指标体系，逐步形成绿色发展指标体系，并定期进行评价和公布。全球各地区的指标评价既有共性，也有本地相关的个性，不同区域的绿色治理指标体系应实行差异化评价考核。共性方面可以包括资源利用率、污染物排放与处置、水源、森林、海洋生态环境保护等内容；个性特质则涵盖了该地域所独有的治理优势，体现全球治理的差异化。绿色治理行为还应纳入地区政府定期考核管理，加强监督检查，统筹推进区域内的治理行为。

4.3　应对相关治理主体的环境破坏行为予以监督，明确问责。

政府应加强对相关治理主体的环境破坏行为的监督与问责，规范工业生产企业的排放检测，改进排放前污染物净化处理流程。强制企业进行环境信息披露，并设立绿色治理黑名单，纳入企业信用评价系统。设立激励与约束机制，对于企业破坏环境的违法行为予以严格惩罚，对于积极承担环境责任的企业给予适度奖励，鼓励实现更高标准的治理目标。加大执法力度，严厉处置违法违规行为，对于严重破坏生态环境的重大事件，对当事人与行政监管人员实行责任终身追究与追溯机制，并承担相应法律责任。

5　政府的绿色战略应以适当方式及时公告周知，并接受多方主体的监督。

5.1　应完善公众参与制度，在上述战略规划制定过程中听取公众意见。

政府在制定上述各类绿色战略的过程中应当认识到公众积极参与的重要性，发展和完善相应的意见征求制度，建立相应的沟通协商平台，鼓励各方治理主体的积极参与反馈，广泛听取企业、社会组织等公众建议，并在战略制定过程中择优采纳。以此发挥公众与各类社会组织的积极作用。

5.2　应及时准确披露各类环境信息，保障公众知情权，维护公众环境权益。

在各项绿色治理战略实施过程中，应当及时、准确、全面地披露各项关键环境信息，保障地区公众的环境权益。公众环境权益包含知情权、参与权、监督权和表达权，政府应对生态环境质量、排污单位环境信息、在建项目环境影响等评价信息进行披露。

5.3　应健全举报、听证、舆论和公众监督等制度。

同时在法律层面继续健全绿色治理相关的法律法规，引导舆论监督，鼓励各方治理主体通过举报、听证等方式对绿色治理行为进行监督，如中国12369环境保护热线、美国环境保护署（EPA）热线。在《巴黎协定》《中国落实2030年可持续发展议程国别方案》等国际协议中亦指出公众参与和公众合作在各项事务方面都有相当的重要性。

5.4　应建立环境公益诉讼制度。

除此之外，还应当继续完善环境公益诉讼制度，针对在建设项目的立项、实施、评价等环节增强公众参与程度。对于这一过程中的环境污染、资源破坏行为，权益代表可以提起公益诉讼。司法部门应当细化对公益诉讼制度的法律技术支持，在司法层面推动对公众环境权益的保障。可以先通过司法解释等方法，建立起典型环境诉讼案例的指导示范作用。

6　应为其他治理主体的绿色治理活动提供相应的平台、标准和体系。

6.1　应建立健全各种污染物的排放权交易市场平台以及参与国际排放权交易机制。

政府应在国内建立相应的环境权益交易平台，交易标的包括排污权、水权、用能权等，职能部门还应对各治理主体的污染排放行为进行记录与监督，以保证市场交易的公平有效。当下比较具有代表性的交易对象为碳排放限额，其交易基础主要源自《京都议定书》第十二条所提出的清洁发展机制（clean development mechanism），该条款允许发达国家与发展中国家之间进行温室气体减排量抵消额的转让与获得，从而减少全球温室气体的排放总额。国际上比较知名的碳排放交易平台有伦敦的欧洲气候交易所（ECX）、巴黎 Bluenext 碳交易市场、芝加哥气候交易所（CCX）、韩国碳排放权交易体系（KETS）等，中国则主要有天津排放权交易所、上海环境能源交易所等交易平台。

6.2　应发展绿色金融平台，拓宽企业绿色融资渠道。

广义的绿色金融可以定义为"与自然环境相匹配，支持环境友好型产品与服务的金融制度安排"。其金融服务目的在于防范经济生产过程中环境风险、鼓励向绿色经济产业和项目进行投资授信、降低本国的能源消耗与环境影响等。针对绿色金融的定义与目标，政府应积极发展绿色金融平台，帮助进行绿色生产企业拓宽融资渠道，降低融资难度，并鼓励相关的绿色金融个人消费。这其中可以具体划分为面向个人的零售类绿色金融产品、面向企业的投融资类绿色金融产品、绿色产业基金资管计划与绿色金融保险等。

目前，国际机构、非政府组织等各类绿色治理主体也已经提出一系列概念性规范、标准与倡议，这其中包含联合国环境规划署金融行动机构（UNEPFI）发起的国际承诺、世界银行提出的《环境、社会和治理绩效标准》、国际银行业所提倡的"赤道原则"等。各国金融监管部门同样进行了值得借鉴的治理行动，诸如韩国《低碳绿色增长框架法》支持为绿色产业提供信用担保与低息债券，美国"总统气候行动计划"为清洁能源提供了长期资金支持，中国同样出台了《绿色信贷指引》《关于构建绿色金融体系的指导意见》等文件对与绿色治理相关的经济产业予以扶持。

6.3　应在绿色技术合作、知识产权、跨国并购等方面为企业搭建沟通和对话平台。

政府应为企业搭建沟通和对话平台，促进企业间的技术合作、知识产权等方面的技术交流。污染物处理、清洁能源等科学技术具有大型、广泛、复杂等特点，需要投入的资金规模、科研人力投入也越来越大，单一国家或组织很难进行全部的技术研发，而国际间的合作交流有利于促进各治理主体在前沿尖端领域取得进步，并且发展中国家能够利用外部技术资源的互补优势来获取较大的经济增长空间，缩小与发达国家的经济差距。发展中国家往往也是产能水平落后、污染严重、对绿色治理技术需求较大的地区，而绿色科技的国际间交流和转移能够帮助本国快速减少对环境资源的损害，从而提升全球绿色治理的整体收益。《2030年可持续发展议程》中也指出，各方治理主体应协助改变不可持续的生产和消费方式，加强发展中国家的科学技术能力和创新能力。

6.4　应整合和建立有助于促进生态环境的各种绿色标准、认证以及标识体系。

绿色标准、认证与标识体系的制定为绿色治理行为提供了可依赖的执行保障，通常需要政府通过立法手段制定严格的强制性绿色技术标准，同时并不局限于对最终消费产品的绿色认证，还包括在设计、采购、生产、销售、报废等产品全生命周期中的技术体系标准等。良好、完善的绿色标准体系是在工业生产领域开展绿色治理的工作基础，其目标是协调经济收益与社会环境收益之间的矛盾，在已有技术水平下最大限度地提高资源利用效率，降低环境污染。当下影响较大的标准体系有国际标准化组织制定的 ISO9000、ISO14000 系列标准等。但多个标准体系之间可能会难以统一口径，同时对于不同发展阶段的国家，其标准需求往往也不一致，因此绿色治理中的标准、认证与标识体系也具有一定的复杂性。这就需要政府发挥组织带领作用，科学规划系列标准，解决不同国家不同行业的共性与个性需求，保证整个标准体系的普适性与可扩展性，整合环保、节能、节水、循环、低碳、再生、有机等产品认证，建立统一的绿色产品标准、认证、标识体系。目前，中国已有《节能低碳产品认证管理办法》等标准体系，但还应继续加快对环保、节能、循环、低碳、有机等产品的整合与认证，推动建立统一的、覆盖产品全生命周期的绿色型产品认证体系。

7 应广泛普及传播绿色治理的相关知识，推进社会生态教育，使其成为国民教育的组成部分。

7.1 应以资源效率、生态平衡与环境保护为主要内容，广泛进行绿色治理教育，培养绿色理念人才，提高人们的环境保护意识。

政府应增加对绿色治理相关内容的教育普及力度，组织各类绿色公益活动，在国民中广泛宣传绿色治理理念，实施全民环境保护教育计划。绿色治理教育内容主要包括：（1）资源效率，指在已有技术水平下，单位生产资源所产生的经济与环境收益，提高资源利用效率不仅要在生产过程中降低资源消耗，还应增强社会教育，减少在生活过程中的自然资源浪费；（2）生态平衡，指在整个地球生态系统中，生物与生物之间、生物与环境之间的动态平衡联系，生态系统具有一定的自适应性，能够达到一个稳定的能量流动与物质循环状态，但人类的经济活动会扰乱这一关系，因此需要我们在绿色治理过程中考虑人类经济活动所造成的负面影响；（3）环境保护，广义的环境保护是为了协调人与自然环境之间的关系，通过合理利用自然资源，防止环境的破坏等方式追求经济与环境的平衡可持续发展。绿色治理教育普及内容主要涵盖上述三个方面，通过国民基本教育的形式培养具有绿色理念的下一代人才，提高民众整体的环境保护意识。

7.2 应倡导绿色生活理念，提高全体公民节能环保意识，为树立绿色生活理念创造良好氛围。

在绿色治理的过程中，公众的绿色生活占据相当重要的比重，通过向民众普及绿色生活理念，能够提高公众的节能环保意识。应从日常生活中每一处做起，开展各种节能环保主题日的宣传活动，鼓励资源节约行为，实行水电气等生活资源的阶梯定价；倡导绿色消费，推广节水节电低能耗的绿色家电产品；同时继续改善城市公共交通服务体系，鼓励绿色健康出行，提高公共交通在民众出行中的比例。通过倡导绿色生活理念，能够提高社会公众在生态环保方面的道德认知水平，强调人类对自然环境所负有的道德责任，从根本上认识到绿色治理的重要性与迫切性。

7.3 应提倡环境包容性理念，注重人与自然间的包容性。

更进一步地，应提倡人与人之间、人与自然之间的包容性合作关系。环境包容性理念强调经济增长与资源环境之间的协调关系，人类社会在环境可承载力的前提下追求经济可持续性发展。传统工业化生产方式大规模掠夺自然资源，造成了严重的大气、水、固体废弃物污染，也带来了荒漠化、温室效应等难以逆转的生态失衡问题。人类只有在反思过往错误的前提下，正确处理人与自然之间的关系，尊重自然倡导生态文明，以环境包容性视角改善经济社会的发展结构，才能重新走上生态良好的文明发展道路。

8　应秉承绿色发展理念，建立和完善与绿色治理目标相符合的组织架构和权责分配体系。

8.1　应在组织架构中成立相应的绿色治理职能部门，明确政府各部门和人员在绿色治理中的权责分配，推动绿色行政。

政府需要在组织架构中成立相应的绿色治理职能部门，构建规范各行为主体的制度框架，这是因为绿色治理更多地体现自愿、协同、自主意识方面。为弥补这些方面的不足，政府应建立相应的制度框架，为绿色治理的实施提供基础，制度框架中各主体之间的原则，包括自愿原则、强制原则、相互监督原则、后果承担原则。在法律规定的范围内，各行为主体必须严格遵守，而对违反规定的行为进行追责；对于自愿原则范围内的责任，实施公众监督、倡导承担，对这些行为实施鼓励；行为主体之间，实施相互监督。总体上，政府拥有监督和惩罚的权力。

8.2　应在行政服务中提高绿色采购比重，鼓励绿色办公，建设绿色政府。

对于政策制定者和最终责任者，政府自身在绿色治理方面有示范效应的作用，因此更应该从自身角度，贯彻绿色行政、绿色发展的理念，强化自身环境保护的职能。政府在行政服务中提高绿色采购规模，鼓励绿色办公、电子办公，建设节约型政府，引导低碳、环境友好的绿色理念。政府坚持绿色采购方式能够向企业发出积极信号，鼓励其进行创新投资，政府采购的需求量能够在一定程度上帮助生产商实现规模经济，进而扩大绿色产品的商业化。目前，世界主要国家均在推行绿色政府采购：欧盟委员会出台了《政府绿色采购手册》；美国在《政府采购法》中也规定了"选择对人民健康和环境影响最小的产品的服务"基本原则；中国方面，国务院也印发了《节能产品政府采购实施意见》以及相应的"绿色采购清单"。

9　应在绿色治理领域积极开展国际合作，以实现全球绿色治理目标。

9.1　应积极推动并参与制定绿色治理相关的国际协议。

积极推动国际谈判，应持有高度负责的态度，在环境变化的国际谈判中发挥积极建设性作用，努力推动国际各国之间就气候变化问题的理解，为推动建立公平合理的国际气候制度作出与本国国际定位相符合的积极贡献。《联合国气候变化框架公约》是绿色治理相关国际协议制定的基础原则与框架，该公约提出了"共同但有区别"、适宜发展中国家国情、尊重各方可持续发展权等主要的国际合作原则。《联合国气候变化框架公约》的全球缔约方在2015年通过了《巴黎协定》，确定了2020年以后的气候变化国际合作计划。各国政府更应当积极推动该国际协议的尽快生效与有效实施。除气候变化的相关国际协议之外，绿色治理相关的国际协议还包括全球物种多样性、濒危动植物保护、重要自然地貌保护等国际公约的谈判、缔结与履约工作等。

9.2 发达国家政府应主动建立更均衡的全球绿色治理伙伴关系，及时充分履行国际承诺，加大对发展中国家的支持力度。

发达国家作为自然资源的主要消耗方与温室气体的主要排放方，应主动承担更多的绿色治理国际责任，采取具体有效的措施来保证绿色治理的有效进行。发挥联合国、世界银行、国际能源署等多边机构的交流作用，建立平等均衡的全球发展伙伴关系，为全球发展贡献更多公共产品。还应关注发展中国家诉求，就资金、技术、基础建设等发展中国家重点关注的问题提供支持，帮助其履行国际协议。

9.3 发展中国家政府应积极履行国际责任，在全球绿色治理过程中落实污染物排放标准与排放额度的相关协议约定。

发展中国家则应该承担相应国际协议中的清单义务，制定并执行具体的措施方案，将绿色治理行为落实到位，承担国际协议的限控义务，落实污染物排放标准与排放额度的约定，加快本国经济结构向绿色环保可持续方向转变。

9.4 各国政府应参与建立多边科技交流平台，在清洁能源、环境保护等方面开展技术合作，发挥技术促进作用，研发、转让和推广环境友好型清洁技术。

各国政府应继续广泛开展国际间交流合作，在经济贸易、能源技术、人才培养等领域加强绿色治理领域的对话与合作。坚持全球合作，充分发挥技术促进机制的作用，发达国家与发展中国家签署绿色治理谅解备忘录，帮助发展中国家的环境科学技术开发，以及转让、推广环境友好型技术在经济生产中的运用。诸如欧盟、韩国、中国举行的气候变化双边合作机制会议，加拿大、日本、澳大利亚开展的低碳城市交流等实务合作。

二、企业：关键行动者

企业作为主要的自然资源消耗和污染物排放主体，是绿色治理的重要主体和关键行动者。企业应建立绿色治理架构，进行绿色管理，培育绿色文化，并在考核与监督、信息披露、风险控制等方面践行绿色治理理念。

1　应基于绿色治理理念完善公司治理架构和管理体系。

1.1　董事会应对绿色治理有效性负责，确保绿色治理制度的科学性及其实施和更新。董事会可设立绿色治理专门委员会，对绿色治理行为进行有效的监督和控制。

董事会绿色治理专门委员会的职责有：全面负责企业的环境管理工作；批准、健全环保管理机构，定期听取环保部门的工作汇报，及时研究、解决或审批公司有关环境保护的重大问题；负责组织制定并组织实施企业污染减排计划、落实削减目标；组织制定并组织实施企业内部环境管理制度、环保技术规程、环保措施计划和长远规划；负责建立并组织实施企业环境突发事故应急制度；建立健全企业环境管理台账和资料。

1.2　管理层应制定科学的绿色经营制度并有效执行，确保各项活动符合绿色经营理念。管理层应成立专门绿色工作领导小组和日常工作机构，负责指导和监督企业日常的绿色生产经营活动。

绿色工作领导小组的职责有：执行国家有关环保方针、政策法规和公司绿色治理规范，制定企业环境报告和环境信息，组织实施企业环保工作的管理、监督和检测任务等；参加新建、扩建和改造项目方案的研究与审查工作，参加项目环保设施的竣工验收。组织企业员工进行环保法律、法规的宣传教育和培训考核，提高员工的环保意识。

1.3　企业其他部门应积极配合董事会绿色治理委员会和管理层绿色工作领导小组的工作，建立、完善沟通渠道，保证在突发性情况下能迅速响应并采取措施。

实行公司的绿色治理，实现绿色生产是公司所有员工相互配合、团结协作的结果。生产部门应严格遵守绿色行为准则，绝不违反环保管理制度；设备部门或维修部门在制定或审定有关设备制造、改造方案和编制设备检修计划时，应有相应的节能、降耗、减噪等措施内容，并确保实施；各部门协助绿色治理部门进行环境污染事故的调查和处理工作；人事部应定期组织环保技术业务培训，提高工作人员的环境意识和水平；采购部门应及时供应绿色治理项目所需设备材料，加强对购入设备、配件及有关原材料的质量管理，使其性能符合环保要求，等等。总之，各部门应该相互配合，建立完善的沟通渠道，确保在突发情况下能迅速响应并采取措施。

1.4 应定期召开绿色治理专题工作会议，鼓励引入具备一定环保背景的专业人才。

定期召开绿色治理专题工作会议，对企业各部门绿色治理问题进行汇总，并给出指导意见，提出解决方案，对做得好的部门及个人给予表扬，做得不好的给予相应批评，确保绿色治理工作有序高效开展。应当引入具备一定环保背景的专业性科技人才，负责绿色治理工作。由其负责拟定并监督实施企业的环保工作计划和规章制度；负责企业污染减排计划实施和工作技术支持，协助污染减排核查工作；协助组织编制企业新建、改建、扩建项目环境影响报告及"三同时"计划，并予以督促实施；负责检查企业产生污染的生产设施、污染防治设施及存在环境安全隐患设施的运转情况，监督各环保操作岗位的工作、负责检查并掌握企业污染物的排放情况；负责向环保部门报告污染物排放情况，污染防治设施运行情况，接受环保部门的指导和监督，并配合环保部门监督检查；协助开展清洁生产、节能等工作；组织编写企业环境应急预案、对企业突发性环境污染事件及时向环保部门汇报，并进行处理；负责环境统计工作；负责组织对企业职工的环保知识培训。

2 应在企业生产经营的各个方面进行绿色管理。

2.1 应推行建立绿色供应链，实行绿色采购，激励供应商实施清洁生产，优先选择环境友好型的产品和服务。

由商务部、环境保护部以及工业和信息化部联合发布的《企业绿色采购指南（试行）》从2015年1月1日起正式施行。企业通过实施绿色采购可以有效防止环境污染和资源浪费，从整体上降低企业成本，提高企业社会形象和知名度，增强员工环境保护的社会责任感。同时，可以规避欧美等发达国家的绿色贸易壁垒，增强产品国际竞争力。要做到绿色采购具体来说要做到以下几点。

采购绿色产品。绿色产品至少符合以下条件：产品设计过程中树立全生命周期理念，充分考虑环境保护，减少资源能源消耗，关注可持续发展；产品在生产过程中使用更环保的原材料，采用清洁生产工艺，资源能源利用效率高，污染物排放优于相应的排放标准；产品在使用过程中能源消耗低，不会对使用者造成危害，污染物排放符合环保要求；产品废弃后可以回收，易于拆卸、翻新，能够安全处置。

采购绿色原材料。原材料应优先选用符合环境标准和节能要求，具有低能耗、低污染、无毒害、资源利用率高、可回收再利用等各种良好性能的材料。企业在满足有关环境标准、产品质量和安全要求的情况下，优先采购和利用废钢铁、废有色金属、废塑料、废纸、废弃电器电子产品、废旧轮胎、废玻璃、废纺织品等可再生资源作为原材料。

采购绿色服务。服务内容对环境总体损害的程度很轻，污染物排放少、不产生有毒有害或者难处理的污染物，对固体废弃物实现分类收集和合理处置等；服务内容符合节能降耗的要求，在服务过程中少用资源和能源，对自然资源总体消耗的量较低；服务内容有益于人类健康。

选择绿色供应商。绿色供应商应具备以下条件：根据《企业环境信用评价办法（试行）》有关规定及地方关于企业环境信用评价管理规定，被环境保护部门评定为环保诚信企业或者环保良好企业的；因环境保护工作突出，受到国家或者地方有关部门表彰的；采用的工艺被列入国家发展和改革委员会发布的《产业结构调整指导目录》鼓励类目录的；符合工业和信息化部公布的相关行业准入条件的。

此外，还包括在污染物排放符合法定要求的基础上，自愿与环境保护部门签订进一步削减污染物排放量协议，并取得协议约定减排效果的；自愿实施清洁生产审核并通过评估验收的；及时、全面、准确地公开环境信息，积极履行社会责任，主动接受有关部门和社会公众监督的；自愿申请环境管理体系、质量管理体系和能源管理体系认证并通过认证的；符合有关部门和机构依法提出的采购商应当优先采购的其他条件的。

2.2　应推行绿色生产，采用更严格的环境标准以及能效和节能技术，并适时促进其发展和推广，提供环境友好型的产品和服务。

绿色生产不仅包括在生产过程中使用清洁的能源，如太阳能、风能、潮汐能、地热能等可再生新能源，也包括在产品设计规划时遵循绿色理念，采用符合节能减排无污染的新设备、新技术，使用绿色环保原材料，进而生产出清洁绿色的产品。同时，生产全过程实施污染控制，对排放的废气、废水、固体废弃物等综合治理。提高资源利用率，减少浪费，完成节能、降耗、减污的绿色生产目标。

2.3 应推行绿色营销，推广节能新产品，降低消费过程中的能源消耗和环境污染。

绿色营销是在经营者和消费者共同追求健康、安全、绿色、环保的理念下形成的新的营销方式和方法，是基于人民日益增长的对绿色生活的向往和环保意识的提升而产生的营销理念。绿色营销的核心是注重环境和生态的保护，顺应可持续发展战略的要求。在企业营销过程中，充分考虑消费者的绿色消费观念，生产出环境友好型的产品，实现人和自然的和谐相处。

2.4 应推行绿色考核，把环保指标纳入考核体系，加强项目建设中的环境评估和环境保护，鼓励环保行为。

绿色考核的目的是不断提高公司的绿色管理水平，提供公司保持可持续发展的动力；加深员工了解自己的绿色工作职责和工作目标，建立以部门、班组为单位的团结协作、工作严谨高效的绿色团队；绿色考核应遵循公平公开性原则、定期化与制度化原则，可实施分级考核办法，定性与定量相结合等方式，将绿色采购、绿色生产、绿色营销等绿色发展理念渗透到每个员工的脑海之中。

3 应逐步培育绿色文化，践行绿色治理理念。

3.1 应将绿色治理理念纳入企业愿景、使命和章程中。

公司使命是公司存在的目的和理由，是公司生产经营的形象定位，将绿色治理理念纳入公司使命，即明确公司在全社会乃至全球环境保护方面承担义不容辞的责任与义务；公司章程是公司的宪章，载明了公司组织和活动的基本准则，是公司成立的基础也是赖以生存的灵魂，将绿色治理理念纳入公司章程和准则，即明确了公司在绿色治理方面的行为标准，公司所有员工都必须遵守、执行。

3.2 应以绿色标准、指南或行为准则为基础，对绿色治理行为进行有效的指导。

绿色标准、指南或行为准则必须符合国家相关的环境保护的法律法规，其主要目的是宣传和执行环境保护法律法规及有关规定，充分、合理地利用各种资源、能源，控制和消除污染，促进公司的生产发展，创造良好的工作生活环境，使企业的经济活动能尽量减少对周围生态环境的污染，是公司进行绿色治理的依据与基础，对公司的绿色治理行为进行有效指导。

3.3　应以可持续发展为目标，建立绿色发展的长效机制。

可持续发展是建立在社会、经济、人口、资源、环境相互协调和共同发展基础上的一种发展，其宗旨是既能相对满足当代人需求，又不能对后代人的发展构成危害。在公司发展过程中，要承担绿色治理的责任、实现绿色发展，应在发展理念和文化上改变过去粗放式、以人为中心的生产方式，关注企业的生产和发展对环境的影响，以最大化对可持续发展做出贡献为目标，形成绿色发展的长效机制。

4　应对社会、经济和环境的影响承担与自身能力相匹配的环保责任。

在企业进行绿色生产、管理和运营的过程中，不可避免地会发生相关的问题，企业应强化自己的主体责任意识，主动采取措施防范对环境产生危害的风险，并在事故发生之后及时、真实和准确地发布相关的信息，并采取措施纠正由此带来的不利影响。

4.1　应识别其决策和活动对周边环境的影响。制定能源节约和能源利用效率规划，保证能源利用符合生产技术、生态及社会条件。

识别预期活动将产生的有关污染来源和废弃物来源。企业应实施旨在防止污染和废弃物的措施，应用废弃物管理层级体系，并确保对无法避免的污染和废弃物进行妥善管理，实现废弃物处置的无害化、减量化和资源化，降低环境负荷。应与当地社区积极沟通现有的和潜在的污染排放物所造成的健康风险及拟采取的缓解措施等事宜。应按照基于风险和可持续的视角推进计划落实，以评估、避免、减少和缓解自身活动所引致的环境风险和影响。应制定意识提升活动，实施应急反应程序，以减少并缓解事故所造成的环境、健康和安全影响，并向主管部门和当地社区通报环境事故信息。在考虑措施的成本效益时，企业应考虑该措施的长期成本和效益，而不仅仅考虑给企业带来的短期成本。

4.2　应承担其决策和活动对社会、环境和经济所造成的消极影响，特别是所造成的严重负面影响。

企业应遵循污染者付费（对环境造成污染的单位或个人必须按照法律的规定，采取有效措施对污染源和被污染的环境进行治理，并赔偿或补偿因此造成的损失）、开发者保护（指对环境将进行开发利用的单位或个人，有责任对环境资源进行保护、恢复和整治）、利用者补偿（指开发利用环境资源的单位或个人应当按照国家的有关规定承担经济补偿责任）、破坏者恢复（指造成生态环境和自然环境破坏的单位和个人必须承担将受到破坏的环境资源予以恢复和整治的法律责任）的环境责任原则，在企业经营中不能因为追求经济效益而污染环境、破坏生态，必须从尊重自然、关爱民生的道德责任感出发，以可持续发展为企业经营的指导原则，以正确处理人与自然的关系为企业发展的基本宗旨，承担对资源和环境可持续发展的社会责任。

4.3 应基于生态承载能力，及时采取行动，改善组织自身及影响范围内的环境绩效。

企业的生产经营活动必须遵守法律的规定，必须在法律允许的范围内追求经济利益的最大化。除遵守法律法规外，企业应为其活动对农村或城市地区及更广泛的自然环境产生的影响承担责任，应认识到生态承载能力是有限的，需要采取及时行动改善组织自身及影响范围内的环境绩效。当存在对环境和人类健康造成严重或不可逆转的损害威胁时，不宜以缺乏充分的科学定论为由，推迟采取防止环境退化和人类健康损害的措施。

5 应清晰、准确、充分披露其决策和活动对社会和环境的已知和潜在的影响。

5.1 应及时、真实，并以清晰和客观的方式披露，以使利益相关方能够准确地评估组织的决策和活动对他们利益的影响。

环境信息披露应遵循客观性、全面性、真实性的原则。披露环境资源的利用情况和环境污染的治理情况，是企业绿色治理的必然要求。环境信息披露不仅包括企业定期在年报或者社会责任报告企业的环境保护、污染防治与消除、环境资源利用以及其他与环境有关的环境会计信息进行披露，还包括企业出现环境事故时，应及时有效地向利益相关者披露环境信息。

《环境信息公开办法》中指出企业环境信息，是指企业以一定形式记录、保存的，与企业经营活动产生的环境影响和企业环境行为有关的信息。企业应当按照自愿公开与强制性公开相结合的原则，及时、准确地公开企业环境信息。目前，我国的环境信息披露采用强制披露与自愿披露相结合、定期披露与临时披露相结合的方式，主要的载体是公司年报。

环境保护部与证监会签订的《关于共同开展上市公司环境信息披露工作的合作协议》，提出将共同推动建立和完善上市公司强制性环境信息披露制度，督促上市公司履行环境保护社会责任。

中央全面深化改革领导小组会议审议通过的《关于构建绿色金融体系

的指导意见》，专门明确要"逐步建立和完善上市公司和发债企业强制性环境信息披露制度"。企业应主动履行环境保护义务，合理披露环境信息，只有将自身的发展与环境保护有机结合起来才能实现可持续发展。

5.2　应定期在年报中披露企业的能源效率状况，推行绿色会计制度。

企业应定期在年报、社会责任报告中披露环境信息，践行绿色会计。鼓励企业自愿公开下列企业环境信息：企业环境保护方针、年度环境保护目标及成效；企业年度资源消耗总量；企业环保投资和环境技术开发情况；企业排放污染物种类、数量、浓度和去向；企业环保设施的建设和运行情况；企业在生产过程中产生的废物的处理、处置情况，废弃产品的回收、综合利用情况；与环保部门签订的改善环境行为的自愿协议；企业履行社会责任的情况；企业自愿公开的其他环境信息。

环境会计信息成为企业持续经营、业绩评价和投资决策过程中不可或缺的重要信息。企业利益相关者需要根据披露的会计信息评价企业的环境绩效及可持续发展能力，了解企业对环境的污染及其环境保护责任的履行情况，并在此基础上作出理性的判断和决策。

5.3　应公开披露所使用和排放的相关有害材料的类型和总量，及其在正常运行和意外泄露情况下对人类健康和环境的可能风险。

在环境事件突发时，企业应当按照有关规定发布临时环境公告，采取便于公众知晓和查询的方式公开本单位环境风险防范工作开展情况、突发环境事件应急预案及演练情况、突发环境事件发生及处置情况以及落实整改要求情况等环境信息。

《上市公司环境信息披露指南》中提出公司发生突发环境事件的，应在事件发生后1天内发布临时环境报告，且应当报告环境事件的发生时间、地点、主要污染物质和数量、事件环境影响和人员伤害情况（如有）、已采取的应急处理措施等内容。

《国家突发环境事件应急预案》指出突发环境事件的报告分为初报、续报和处理结果报告三类。初报从发现事件起1小时内上报；续报在查清有关基本情况后随时上报；处理结果报告在事件处理完毕后立即上报。

重点工业企业也要主动公布自身情况，通过主要媒体和门户网站定期公布企业自行监测工作开展情况及监测结果。公开内容包括：企业名称、污染物种类及浓度、达标情况等。产生危险废物的企业要公开危险废物运输、储存、转移、处置等情况。城镇污水处理厂、垃圾填埋场、危险废物处置厂等企业也应定期公布设施运行情况。

6　应接受适当的监督，并对监督做出及时的回应。

6.1　建立以董事会绿色治理委员会为主导，绿色工作小组领导下的全员共同参与的监督问责机制。

企业内部完善绿色监督体系，这主要依赖于董事会绿色治理委员会和管理层绿色工作领导小组，对企业环境管理制度、污染物排放、绿色行为等进行有效的监督。董事会中设立绿色治理委员会的目的在于，在企业决策中特别关注到企业行为对环境的影响，有效地监督企业生产、采购、消费等过程的环境行为，使企业履行应承担的社会责任。管理层绿色工作领导小组主要负责绿色环境战略的具体执行，引导、组织和控制全员参与的绿色行为，积极开展与环保相关的教育及培训并与利益相关者进行密切的环境信息交流，推进环境保护开展的环境教育、植树造林、生物多样性保护等各类环境公益项目。

环境保护部的《企业环境监督员制度建设指南》提出企业应明确设置环境监督管理机构，建立企业领导、环境管理部门、车间负责人和车间环保员组成的企业环境管理责任体系，定期或不定期召开企业环保情况报告会和专题会议，专题研究解决企业的环境问题，共同做好本企业的环境保护工作。企业需设置一名由企业主要领导担任的企业环境管理总负责人，全面负责企业的环境管理工作，负责监督检查企业的环境守法状况。企业应根据企业规模和污染物产生排放实际情况，至少设置1名企业环境监督员，负责监督检查企业的环境守法状况，并保持相对稳定。废气、废水等处理设施必须配备保证其正常运行的足够的操作人员，设立能够监测主要污染物和特征污染物的化验室，配备专职的化验人员。

6.2　应接受政府、社会组织和公众等其他治理主体的监督，积极配合工作，并有义务对相关问题做出及时的回应，反馈处理结果。

企业应积极配合政府、社会组织、媒体和公众的监督，认真对待查处或举报的内容，限期整改，并给予反馈。重点工业企业可以设立"环保公众开放日"，每月至少向市民开放一次，主动邀请市民对企业主要污染源排放口及主要污染治理设施运行、管理情况进行现场监督。定期向周边社区居民报告污染排放情况和厂区区域环境质量监测情况，听取市民对环境改善的要求和意见，认真解决市民的环境诉求。

国务院《大气污染防治行动计划》要求，企业是大气污染治理的责任主体，要按照环保规范要求，加强内部管理，增加资金投入，采用先进的生产工艺和治理技术，确保达标排放，甚至达到"零排放"。自觉履行环境保护的社会责任，接受社会监督。例如，山东潍坊开展了"啄木鸟"行动，呼吁广大市民踊跃参与公益行动，对破坏生态建设的行为积极举报，形成人人都是"啄木鸟"，人人都是生态环境监督员的良好局面。举报范围包括工业企业违规排放、破损山体和违规建设施工等扬尘污染源、企业违规排放废气废水、非正常使用污水废气处理设备等环境污染问题。

7　为防止意外或不可预见的消极影响而采取必要的风险控制措施。

7.1　应基于风险防控和可持续发展的理念推进战略实施，合理评估并尽可能缓解自身活动所引致的环境风险和消极影响。

企业在开展项目时应具备风险防控的理念，重视环境影响评价工作，提前对可能存在的风险和造成的影响进行详细的梳理和合理性论证，应识别其决策和活动与周边环境的关系和影响。制定能源节约和提高能源利用效率规划，保证能源利用符合资源、生产技术、生态及社会条件。当存在对环境和人类健康造成严重或不可逆转的损害威胁时，不宜以缺乏充分的科学定论为由，推迟采取防止环境退化和人类健康损害的措施。基于可持续发展观，从源头上杜绝高污染项目。

评估所有活动、产品和服务中现有的或潜在的环境影响，包括大气污染、水体污染、噪声污染、废物和副产品管理、土地污染、能源和资源使用、能量释放（如热、辐射、振动等）、物理属性以及其他环境问题和社区问题等。进一步判断这些环境风险发生的概率、危害的程度、损失的大小、耗用的成本等。

7.2　应评估预期活动可能产生的有关污染和废弃物，确保对污染和废弃物进行妥善管理，降低环境负荷。

企业应识别预期活动所产生的有关污染来源和废弃物来源，科学管理废弃物，并实施减少污染和废弃物的措施，应用废弃物管理层级体系，清单化管理。并确保对无法避免的污染和废弃物进行妥善管理，实现废弃物处置的无害化、减量化和资源化。且在考虑治理污染措施的成本效益时，企业应考虑该措施的长期成本和效益，而不仅仅考虑给企业带来的短期成本。

《固体废物污染环境防治法》要求国家对固体废物污染环境防治实行污染者依法负责的原则。产品的生产者、销售者、进口者、使用者对其产生的固体废物依法承担污染防治责任。企业事业单位应当根据经济、技术条件对其产生的工业固体废物加以利用；对暂时不利用或者不能利用的，必须按照国务院环境保护行政主管部门的规定建设储存设施、场所，安全分类存放，或者采取无害化处置措施。建设工业固体废物储存、处置的设施、场所，必须符合国家环境保护标准。

7.3 应加强风险防范意识，建立应急管理制度，设置应急反应程序，配备应急处置物资，以降低对环境和人类财产安全的影响，并及时向主管当局和当地社区通报环境事故信息。

国务院办公厅印发的《国家突发环境应急预案》中提到突发环境事件，是指由于污染物排放或者自然灾害、生产安全事故等因素，导致污染物或者放射性物质等有毒有害物质进入大气、水体、土壤等环境介质，突然造成或者可能造成环境质量下降，危及公众身体健康和财产安全，或者造成生态环境破坏，或者造成重大社会影响，需要采取紧急措施予以应对的事件。

根据《突发环境事件应急管理办法》，对于突发环境事件，应提前制定环境应急管理制度，坚持预防为主、预防与应急相结合的原则，企业应当按照有关规定建立健全环境安全隐患排查治理制度，建立隐患排查治理档案，及时发现并消除环境安全隐患。对于发现后能够立即治理的环境安全隐患，企业应当立即采取措施，消除环境安全隐患。对于情况复杂、短期内难以完成治理、可能产生较大环境危害的环境安全隐患，应当制定隐患治理方案，落实整改措施、责任、资金、时限和现场应急预案，及时消除隐患。同时应当定期开展应急演练，撰写演练评估报告，分析存在的问题，并根据演练情况及时修改完善应急预案。并储备必要的环境应急装备和物资，并建立完善相关管理制度。

2013 年，环境保护部同国家发展和改革委员会、中国人民银行、中国银行业监督管理委员会联合制定了《企业环境信用评价办法（试行）》，其中环境管理项目中就要求编制《突发环境事件应急预案》并备案，建立环境安全隐患排查治理制度并执行到位，定期开展环境应急演练，按规定投保强制性环境污染责任保险。

8 应建立旨在提高环境治理能力的内部控制机制，逐步探讨实施环境会计，为内部控制提供有价值的会计信息。

8.1 应在采购、生产、销售等环节建立有利于环境治理能力提升的内部控制机制。

构建内部控制机制是提升企业环境治理能力的有力保障，企业要从采购、生产、销售等环节构建事前、事中和事后的内部控制机制，不同环节内部控制的重点应该有所不同。

采购环节内部控制要以采购低碳环保的原材料为标准和供应单位构建战略合作关系，要优先选择铁路和水路等绿色环保的运输方式，实施源头和事前控制；生产环节内部控制可考虑以节能减排、循环利用、力争零排放为标准来实施事中控制；销售环节的内部控制可考虑构建绿色高效的销售渠道，选择绿色低碳的运输方式，以提供绿色便捷的售后服务延长产品的使用寿命，构建畅通的商品回收利用通道，尽可能减少报废商品对生态环境的不利影响，从而实现环境治理的事后控制。

8.2 应逐步探讨环境治理事项的会计确认、计量和核算，尝试编制环境会计资产负债表和利润表等财务报表，为企业环境治理的内部控制提供客观、真实、可靠的会计信息。

企业要在财政部的组织下，配合高校、科研团体和会计师事务所等深入探讨研究"环境会计的确认、计量和核算，环境会计财务报表的编制"，在当前尚未实施准则的情况下，企业可借鉴一般会计事项的处理方法并结合环境事项的特点，尝试将环境治理事项纳入会计系统，真实、准确、客观、及时反映企业的环境资产、环境负债、环境权益、环境收入、环境成本和环境收益等环境会计要素，借鉴常规资产负债表、利润表、所有者权益表等财务报表的编制原则和方法，尝试编制环境资产负债表、环境利润表和环境所有者权益表等财务报表，弥补现阶段会计账务系统不能单独反映环境会计信息的不足，通过提供客观、真实、可靠的环境会计信息为企业实施环境治理的内部控制提供有价值的数据和依据。

9 应在公司战略发展目标中明确各层级员工的环境治理责任和义务，建立有助于提升环境竞争优势的职工薪酬激励机制和晋升机制，激发全员参与环境治理的积极性和有效性。

9.1 应在公司战略发展目标中明确不同职务员工应承担的环境治理责任和义务，确保环境治理目标明细化、岗位化和专业化。

企业要将具有并不断提升环境竞争优势作为公司长期战略发展目标的制定和实施的重要考量，要在年度生产经营预算的编制中制定清晰、客观的环境治理目标，要将环境治理的预算目标通过层层分解落实到具体的岗位和员工，确保环境治理目标明细化、岗位化和专业化，实现岗岗有责、岗岗不同。

9.2　应在薪酬激励机制和晋升机制中融入环境治理绩效考核的因素，切实激发员工环境治理的参与度和贡献度。

公司在制定经理层、中层和普通员工的薪酬激励机制和晋升机制时，要将环境绩效作为一个重要因素予以考虑，从顶层设计上确保环境治理具有全员激励效应和约束效应，在薪酬分配和员工晋升时提高环境参与度和贡献度的权重，逐步培养全体员工保护环境的意识，激发全体员工履行环境治理的责任。

三、社会组织：倡议督导者

社会组织作为独立的第三方，在加强自身规范化、专业化运营，完善绿色治理机制的同时，通过积极承接政府相关职能的转移并发挥自身的专业优势，可以进一步改善绿色治理的结构与环境，紧密联系各治理主体，以实现对其他主体在绿色治理过程中的监督、评价、协调、教育、培训以及引导等作用。

1　应明确自身在绿色治理中的角色，创新与完善自身的治理结构和治理机制，通过发挥自身的专业优势，在国内外发挥更为积极的作用。

作为重要的绿色治理主体，社会组织应在绿色治理过程中发挥监督与评价作用。那么，为有效发挥社会组织在绿色治理中的作用，要求社会组织与其他治理主体间建立良好的互动。首先，从社会组织与政府间关系看，社会组织开展各项环境保护活动离不开政府的支持，例如，通过购买服务的方式，政府对社会组织形成资金支持，同时政府自身也履行了一定的社会职能，从而有效发挥政府与社会组织的治理作用。其次，从社会组织与企业间关系看，一方面，社会组织利用企业基金会赞助的方式，可以有效开展绿色治理活动；另一方面，企业通过对社会组织的支持与赞助，得以积极履行社会责任，树立企业的良好形象。最后，从社会组织与公众间关系看，社会组织的绿色治理活动开展，需要社会公众的支持，例如，社会组织的环境保护活动的开展，依赖来自社会公众的志愿者团队的协助与支持；社会组织通过开展环境保护相关的宣传活动，也可以起到加强社会公众环保意识的作用。

因此，社会组织在绿色治理中的作用主要体现在三个方面。第一，参与环境保护的决策制定，社会组织作为绿色治理的参与者和监督者，应对政府的环境政策制定建言献策。第二，参与环境保护理念的传播推广，社会组织开展环境保护宣传活动，可以更好地激发公众参与的环保意识。第三，参与环境质量评估，作为独立的第三方机构，社会组织独立于政府与企业，能够对其他两方进行客观评估，社会组织参与环境评估能够有效约束其他各方的环境污染行为，提升绿色治理有效性。

1.1　应厘清自身的绿色治理环境、利益相关者、绿色治理目标等要素，通过组织章程等方式，将其嵌入组织日常运行过程中。

社会组织章程载明了社会组织及其活动的基本准则，指导社会组织的运营。我国2016年颁布的《中华人民共和国慈善法》（以下简称《慈善法》）要求社会组织，特别是慈善组织应设立组织章程，并符合相关法律法规的规定，在此基础上建立健全内部治理机制，明确决策、执行、监督等方面职责权限，开展相应的活动。在此基础之上，社会组织应设立清晰的绿色治理目标，识别组织的内外部利益相关者，从而更好地发挥绿色治理有效性。

1.2　应从自身角度考虑，规范自身运营与专业管理能力，并积极创新高效、可行的绿色治理结构与治理机制，为其他社会参与主体提供可借鉴的绿色治理模式。

实现绿色治理的有效性，要求社会组织秉承环境保护的公益使命，在这一使命基础之上创新社会组织的内部治理机制，如加强社会组织监事会的内部监督作用、规范社会组织运营。改善社会组织的运营与管理能力并实现治理有效性，还要求社会组织处理好与其他治理主体间的关系，明确与其他治理主体在绿色治理中的地位，例如，在政府与社会组织的关系中，既要避免政府直接控制社会组织运营，又要避免政府对社会组织行为监管的缺失。

1.3　应积极结合自身的专业领域，构建与之相匹配的绿色治理委员会，并从可持续发展角度对组织内部的决策方向、治理行为等进行监督评价。

在社会组织治理结构中嵌入绿色治理委员会，完善社会组织理事会职能。社会组织的理事会是社会组织的日常决策机构，确保社会组织的行为对社会负责。设立专门委员会有利于监督与履行相应职能。在社会组织内设立绿色治理委员会，使社会组织将可持续发展的理念融入自身决策与行为当中，切实履行绿色治理相关职能。

1.4　专门从事环保事业的社会组织，应进一步发挥自身的专业优势，积极同各领域的社会组织、政府、企业开展实质性的交流与合作，通过契约、联盟等方式委派绿色治理委员会专业成员。

社会组织理事会成员的背景多元化有助于社会组织决策科学化。来自不同领域的人员，可以从不同视角对决策事项提出意见建议，多个角度看待决策问题可以有效降低社会组织的决策风险，避免社会组织行为偏离使命。绿色治理委员会委员的背景多元化可以更好地将绿色治理理念融入决策。

1.5 应明确自身的角色定位，通过积极参与和承接国家绿色治理标准的制定与实施，为其他社会治理主体提供权威客观的绿色治理信息。

社会组织在绿色治理过程中是独立的第三方治理主体，那么它在传统的"政府—企业"二元关系中应能够起到积极的监督作用。随着社会组织的发展，其在绿色治理中发挥的作用也日渐凸显，从最初的开展环境保护宣传、呼吁特定物种保护等逐步发展到组织公众参与环保、为环保事业建言献策、协调环境利用冲突、监督环保法律实施、维护公众环境权益、推动可持续发展等诸多领域，社会组织正逐渐积极参与到绿色治理的过程当中，发挥积极的治理作用，例如，环境评价机构向社会提供。

2 应积极规范自身运营，组织业界相关人才开展专业技术、职业生涯、法律法规的培训活动，提高自身治理意识与专业管理能力。

社会组织是绿色治理中的重要治理主体。而社会组织发挥其治理作用的基础，是拥有高水平的社会组织管理人才。为此，提升社会组织人员素质成了改善绿色治理有效性的重要一环。具体来看，可以从以下三个方面入手，全面提升管理人员素质：第一，建立健全管理人员的综合能力素质的考核评价体系，通过有效的激励考核将社会组织中的人员管理制度化；第二，建立科学的员工晋升机制，通过公平的选拔机制，使社会组织中优秀的绿色理念人才真正发挥作用；第三，做好对相关人员的培训工作，基于绿色治理的要求建立科学的培训体系，关注培训效果的反馈与评估，确保培训工作的有效实施。

2.1 应通过颁布行业管理办法、实施细则的方式加强本行业社会组织的自律行为。

与其他治理主体一样，社会组织的活动也应受到必要的监督，通过颁布相关行业的管理办法，来约束社会组织的行为。例如，我国《慈善法》中要求县级以上人民政府的民政部门应当依法履行职责，对慈善活动进行监督检查，对慈善行业组织进行指导。在做好对社会组织监督的同时，也应在行业内建立健全行业规范，加强行业内社会组织的自律行为，例如，通过成立自律促进会的形式，来约束社会组织的行为，引导社会组织的规范运作与健康发展。

2.2　应提高组织自身法律、维权意识，对引起公众广泛关注的社会热点问题，积极以独立的第三方进行参与，必要时提起公益诉讼。

提起公益诉讼是社会组织发挥绿色治理作用的重要组成部分。针对损害社会公共利益、破坏生态环境的行为，社会组织应积极履行职能，对相关组织提请公益诉讼。《中华人民共和国民事诉讼法》第五十八条规定："对污染环境、侵害众多消费者合法权益等损害社会公共利益的行为，法律规定的机关和有关组织可以向人民法院提起诉讼。"截至 2016 年底，中国各试点地区检察机关共办理公益诉讼案件 4378 件，特别是环境公益诉讼。社会组织利用公益诉讼的手段，一方面可以实现对政府行为的监督，减少行政部门的懒政现象；另一方面可以约束企业的环境污染行为，助推企业技术的生态转型。

2.3　应强化组织自身绿色办公、绿色运营的能力，为绿色治理的其他社会主体树立学习标杆，进而增强自身的号召力与社会影响力。

社会组织的绿色办公要求社会组织在办公活动中节约各类资源，减少资源与能源消耗，实现资源的高效配置。这一"绿色办公"的理念源于 20 世纪 90 年代德国制定的《循环经济与废物管理法》提出的减量原则，该原则要求用最少的原料和资源投入来实现生产和消费目标，进而达到节约资源和减少污染的目的。社会组织应率先实现绿色办公，为政府和企业实现绿色办公树立标杆。

2.4　应加强社会组织在社区内的影响力和知名度，积极动员社会公众加入基层社会组织，通过志愿者的形式，展开对公众环保意识与能力的教育培训工作。

环保社会组织的社区参与是提升公众环保意识，动员公众参与环保活动的重要途径。城市社区是居民的基本活动场所，社会组织进入社区，积极动员社区居民参与环境保护，通过更为平等、协商的动员方式，使得社区居民更加主动地参与到环保宣传活动中，改善了由政府单一主导的环保宣传不足的问题。例如，上海社区的"杨波模式"，在相关社会组织与社会公众的协调分工下，达到了将环境保护融入社区的目的，上海杨波小区居民主动加入对生活垃圾的分类，大大提升了垃圾分类比率。

3　应积极参与制定生态文明建设、环境保护等领域的发展规划、经济技术政策、行业技术标准。

社会组织作为其他治理主体的沟通桥梁，可以利用社会舆论影响来承担国家环境政策制定的助推者和执行的监督者。为了让社会组织能够有效发声，政府应完善环境政策制定的监督和听证制度，相关政策的制定应当采取听证制度，听取相关社会环保组织的意见。建立政府部门与环保组织间定期对话的环境咨商制度，在有关环境问题上加强同社会组织间的协商与交流，让其参与环境问题的决策。此外，社会组织还可利用其他信息渠道，如媒体等方式，借助舆论引导政府部门的环境行为。

3.1 应积极承接政府、企业等组织委托的政策性科技性项目、发展规划、行业技术标准。

政府机构的改革，要求对政府部门的部分职能进行剥离，所剥离出的相应职能可以由社会组织承接。因此，社会组织协助政府履行相应职责显得尤为重要。推动社会组织与其他治理主体形成有效合作，特别要求建立对政府及相关部门的职能转移制度，强化政府向社会组织购买公共服务机制，从而完善社会组织与政府间的合作。此外，社会组织还可以承接部分环境技术创新的项目课题，减少高污染行业对自然环境的影响。例如，中国环境科学学会承接政府转移职能，更好地提供科技公共服务，开展环境科学技术创新、改善自然环境的同时，为国家决策提供管理咨询服务。

3.2 应协助政府在节能减排、可持续发展、可再生能源、环境管理等诸多领域中制定各级别的发展战略。

社会组织利用自身的专业知识，通过提供科学的研究报告、提出专业化的政策建议等形式，对政府的相关政策制定与实施产生影响，从而推动政府环境政策的调整，促进环境与公益资源的合理配置。例如，2004 年国家发展和改革委员会对怒江地区 13 个水电站的开发建议，在多个社会环保组织公布的修建水坝的环境影响评价报告和可行性研究报告公布后，最终被国家撤销。

3.3 应积极开发绿色治理评价指标体系，并以独立第三方的身份主动承接相关评估工作，以成为该体系日后主要的实施与维护方。

当前对自然环境的评估还局限于对自然环境质量的监测，而从绿色治理视角出发所编制的绿色治理评价指标体系，是对各治理主体的绿色治理水平进行评价与披露，目的在于对当前自然环境所出现的问题进行有效问责，形成社会监督的重要一环，进而实现自然环境质量的有效提升。绿色治理评价指标体系应囊括政府、企业、社会组织和社会公众四个维度，通过主客观赋权结合的方式对绿色治理水平进行全面评价，从而为改善自然环境提供客观标准。此外，绿色治理评价工作应主要由社会组织实施与维护，这是因为社会组织作为重要的社会监督方，建立的绿色治理评价体系能够保证其独立性与客观性，从而更好地满足其他绿色治理主体，特别是社会公众对良好环境质量的诉求。

3.4 应着力于环境评价，对政府绿色行政、企业绿色生产、公众绿色消费等进行积极监督与反馈。

在建立绿色治理评价指标体系的同时，社会组织应担负起环境评价的职责，这是因为单纯由政府来维持环境评价的方式对政府监督管控的缺失，很可能无法保证环境评价的客观性，那么由第三方独立的环境评价机构来替代政府的环境评价，能够有效避免单一政府主导下存在的问题。此外，社会组织应积极监督其他治理主体行为，宣传绿色理念，引导各治理主体的环境行为。例如，2012 年《中国可持续发展报告》中提出，社会组织应积极组织开展节能减排全民行动，加大对环境保护的宣传教育，提高全体公民节能环保意识，为树立"绿色消费"理念创造了良好氛围。

4 应为政府、企业和公众提供权威、独立和客观的环保信息、咨询和建议等服务。

4.1 应开展调查研究和行业统计工作，及时准确收集、计量、分析和发布本领域的专业信息。

作为独立的第三方，专门从事环保工作的社会组织需及时搜集、计量、分析和发布相关信息，这本身便是对相关社会组织的社会职能、工作范围的基本要求。如中国环境保护产业协会，会在线上与线下及时转发环境保护部发布的《全国环境状况公报》《全国大、中城市固体废物污染环境防治年报》《中国机动车环境管理年报》等权威信息；也会依据国家统计局、环境保护部的相关要求协助开展环境服务财务统计工作，并为其提供诸如评价维度的确定、分布领域的划分、数据分析等基础性技术支持，从多维度扫描我国环境服务产业的发展状况。

4.2 应增强生态文明建设、环境保护等领域的产业信息网络建设，搭建相关信息服务平台，增加组织透明度与可接触性，加强政府、企业与公众之间的联系。

社会组织应积极与政府的具体职能部门展开合作，如在我国，社会组织可在信息产业部的专业技术与前期的信息网络基础设施建设上突出自身专业特色与行业特点，通过各类相关的门户网站、社交网络、移动互联网等方式搭建关于环境保护、生态文明建设、安全生产等领域的信息服务平台。这不仅有利于相关环保信息的有效传播，增强不同绿色治理主体间的联系与互信，提高社会组织的社会影响力与公信力，同时有利于社会组织自身的信息公开，规范化运行。从目前来看，这一点也是我国社会组织释放自身活力，拓宽在绿色治理领域中作用发挥范围的重要改革着力点。

4.3 应配合政府、企业开展绿色治理相关的信用、能力等级评价工作，构建良好的绿色治理环境。

良好的信用环境，可以有效增加信息对等度，降低委托代理成本，提高绿色治理的实际效率与水平。社会组织应在现有的环保法律法规引导下，积极开发相关的信用评估、绿色治理能力评价工作，从而对政府绿色办公、绿色行政；企业绿色生产、绿色经营；公众绿色消费、绿色生活等进行具体量化，客观反映相关绿色治理的各利益相关者的践行能力与水平。例如，我国商务部与国务院国有资产监督管理委员会联合印发的《商会协会行业信用建设工作指导意见》，明确了商会协会开展信用建设的六项工作内容，确定了以行业协会为依托开展行业信用评价。同时，为配合这一工作的高效开展，也需要相关理论上有所突破，能够依照评价主体分类，积极开发不同类别的绿色治理评级指标体系，构建绿色治理评价系统。

4.4 应促进各领域间的绿色技术、理念创新，促进先进技术、理念的推广与示范。

社会组织特别是从事环保、环境科学研究的协会、学会，往往是该领域高端知识人才聚集地；应积极调动其志愿者精神，发挥自身的专业能力，利用协会、学会以及社团联合会等科研基础与设备，结合比较优势，通过不同部门、领域间的交叉合作共同促进环保事业在技术、合作方式、发展理念等全方位的创新。并积极参与企业、政府间产、学、研链条的搭建工作，重视相关理论成果的实际转化工作的有效开展；引导各利益相关方重视绿色治理中知识经济的作用，积极推进现今环保技术、理念的推广与应用示范工作，也可为政府、企业相关研发工作的外包提供更广泛的可选范围，成为各方在绿色治理创新领域中的黏合剂。

5 应发挥专业优势，进行绿色理念与知识的宣传、教育和普及。

5.1 应积极举办各种形式的科普活动、知识讲座、新闻发布会等，向社会公众、政府、企业推广绿色节能环保理念。

社会组织特别是环保类科技社团，应积极发挥自身的专业优势，面向公众、政府、企业等开展各种类型的绿色治理知识与理念的宣传推广活动。其中既包括专业性较强的环境保护年会、交流会，如每年定期举办的中国环境科学学术交流会、全国流域性生态保护与水污染控制研讨会、全国主要空气污染物控制技术研讨论会等，以促进我国该领域专业人才能够及时分享与学习当前世界环境保护的最新技术、方法与治理模式，切实提高自身的专业素养与技术能力。与此同时，社会组织也应积极组织开展具有高度包容性的科普讲座、知识普及、相关新闻发布等活动。例如，中国环境科学学会每年在全国范围内举办环保科普创意大赛，以环保动漫制作、创意海报设计、绘画插画等形式积极调动各年龄段公众参与其中，提高社会整体绿色治理理念与环保意识、能力。

5.2　应积极组建绿色治理各主体间的治理专业委员会协会或联盟，并定期开展相关的专业技能培训、交流等。

从治理结构角度上看，社会组织应作为独立、客观的第三方，积极发挥自身的专业性，协助企业组建绿色治理委员会。并积极与相关方合作，担任其企业内环境评估的独立董事与监事。并动员从事该工作的其他独立董事与监事，依法组织相应的专业协会或联盟，及时开展相关专业技能的培训与交流工作或会议，切实提高其环保监督工作的履职能力与尽职水平。这不仅可以进一步拓展与创新社会组织在绿色治理中的作用，也可以完善公司治理结构与机制，促使其成为具有高度社会责任感的组织。

5.3　应资助相关组织、个人等开展多种类型的环境保护活动，奖励在该领域中做出贡献的组织和个人。

社会组织特别是相关环保类基金会，应积极开展各类环保项目。通过线上、线下等各类捐赠渠道，积极调动单位法人与社会公众为环保事业项目捐款。与此同时，更应动员社会成员以志愿者的身份切实参与其中，并对社会上在环境保护、安全理念践行等表现突出的个人或组织，给予奖励。从多角度增加各类利益相关者的参与感与荣誉感。以中国绿化基金会为例，其每年均会在森林与湿地保护、沙漠绿化等内容上，开展相关的环保项目，并设立"寻找最美生态公益人物（企业）"表彰活动，对在环保领域上积极传播正能量，促进生态公益事业发展表现突出的个人与组织进行奖励。

5.4　应利用媒体、网络、移动通信等多元化渠道，营造绿色治理文化氛围，搭建政府、企业与公众之间的交流与合作平台，积极引导社会公众参与绿色治理。

社会组织应积极利用电视媒体、网络、移动通信等现代化信息传播方式，搭建绿色治理宣传与普及的网络治理体系；并积极以各利益相关者的协调者身份，为政府、企业与公众间的交流与合作提供有效的信息平台。并及时搜集、汇总与分析各主体在绿色治理活动过程中的反馈，为政府进一步优化相关法律法规，完善绿色治理活动提供技术与信息支持。另外，社会组织也应作为权威、客观信息的主要生产者，向社会各利益相关者发声，传播绿色治理的各类内容与实际技术。在整个区域内，营造浓厚的绿色治理文化氛围。

6 应积极加强国际间的合作与交流，通过协同制定具有高度普适性的绿色协定，构建惠及全球范围的绿色治理协同网络。

6.1 应积极加强国际间的交流合作，通过比较优势，结合各国绿色治理的实际发展情况，落实惠及全球范围的绿色治理准则与章程。

我国社会组织应积极参与有关环保领域方面的国际学术交流会议、加强专业人员的交流与互动，开展国际范围内的绿色项目，在做大做强环保领域的同时，应树立跨领域合作意识，并同国际环保标准对接，以实现技术、治理方式与机制上的创新。我国的社会组织应联合其他国家，利用比较优势，在世界范围内成立社会组织联合体，评估各成员国的绿色治理能力与水平，并以此为基础，带头起草汇集全球范围内的绿色治理准则与章程，协调环保创新的相关理念与共识，积极承担与我国能力相匹配的治理责任，不断提升我国社会组织在国际环保领域中的话语权，共同维护我们所处的同一个生态圈。

6.2 应积极开发利用现代信息技术，引导世界各国搭建绿色治理信息共享机制与平台，通过国际中介组织，将多方合作常态化。

环境的保护与治理从不是单一地区或国家所能独自完成的，它需要世界各国的共同努力与合作。为提高最终的治理效率，将合作固态化与常态化，这需要建立在信息共享的信任的基础上，通过相应的机制安排作为保障。因此我国的社会组织可积极引导世界各国开发信息共享网络平台，通过国际中介组织及其专业人才，对该平台进行定期维护，并对相关信息进行及时汇总、分析与发布，供各成员国在制定环保决策时参考。

6.3 应组织开展国内外同行业的专业技术合作与交流，培养具有国际化视野、绿色理念的社会组织管理者，增强自身专业素养与解决实际问题的能力。

随着我国综合国力不断增强，世界影响力逐步扩大，我国的社会组织也应与时俱进，积极拓宽自身的发展与合作范围，培养具有国际化视野与能力的管理者，从而为我国社会组织参与国际交流合作、解决合作过程中所遇到的各类实际问题提供必要的人力资源支撑。这是一项系统性工程，是以国家对社会组织在绿色治理中所承担的具体作用为基础，并需要教育体系、社会组织人才引进与发展上进行相应的革新。如可尝试在高等教育阶段，在社会学、管理学等领域内设置相关专业与配套课程，专门培养具备国际化能力的社会组织管理者，事实上这在美国、英国等地区已经实施。

四、公众：广泛参与者

公众是最广泛的绿色治理主体，公众参与生态文明建设是基础性的绿色治理机制。

公众是经济社会的最小构成单位，公众绿色观念的树立是治理理念得以践行的基础，公众生活方式向绿色转变，是生态文明建设的关键。《国务院关于加快推进生态文明建设的意见》要求，"提高全民生态文明意识，培育绿色生活方式，鼓励公众积极参与"。《中国落实 2030 年可持续发展议程国别方案》的指导思想中强调，"坚持节约资源和保护环境的基本国策，坚定走生产发展、生活富裕、生态良好的文明发展道路，推动形成绿色低碳发展方式和生活方式，积极应对气候变化，着力改善生态环境"。

1　应树立绿色观念，践行绿色生活。

1.1　应培养具有生态意识的理性的绿色消费行为，勤俭节约，减少损失浪费，选择高效、环保的产品和服务，降低消费过程中的资源消耗和污染排放。

《变革我们的世界：2030 年可持续发展议程》提出，"各国政府、国际组织、企业界和其他非国家行为体和个人必须协助改变不可持续的生产和消费模式"。联合国《21 世纪议程》也强调，"引导建立可持续的消费模式"。倡导人人行动起来，从自身做起，从身边小事做起，减少超前消费、炫耀性消费、奢侈性消费和铺张浪费现象，实现生活方式和消费模式向勤俭节约、绿色低碳、文明健康的方向转变。

1.2　应尽量采用对环境影响小的绿色出行方式、居住方式，降低生活中的能耗和污染。

目前，来自机动车的排放成为重要的空气污染源，雾霾频繁肆虐成为大自然对人类的警示，减少使用机动车、绿色出行是改善环境质量的重中之重。随着私家车日益增多，公众出行方式的选择成为影响空气污染的关键因素，因此建议公众选择对环境影响较小的出行方式，尽量选择公共交通，降低出行中的能耗和污染。

1.3 应基于自身能力为绿色发展贡献力量。

环境面前人人平等，生态建设无人例外。从拧紧水龙头到遵守标准设定空调温度，从少开一天车到绿色低碳方式出行，从不使用一次性筷子到光盘行动，从随手关灯到垃圾分类投放，等等，每个人都要把践行绿色生活当作自己的责任，并落实到具体行动中，为绿色发展贡献一份力量。

2 应作为监督者，监督其他绿色治理主体的行为。

2.1 应积极监督、举报企业涉及环保的违法违规行为。

公众应充当绿色治理主体的行为的监督者，及时发现并利用环保热线等途径举报企业环保方面的违规违法行为，共同保护我们的绿色家园。《环保举报热线工作办法》规定，"公民、法人或其他组织通过拨打环保举报热线电话，向各级环境保护主管部门举报环境污染或者生态破坏事项，由环境保护主管部门依法处理"。

2.2 应积极监督政府部门的执行与落实。

《环保举报热线工作办法》要求举报件应当在收到之日起60日内办结，情况复杂的，经本级环境保护主管部门负责人批准，适当延长办理期限，并告知举报人延期理由，但延长期限不得超过30日。公众在举报后，也需敦促和监督政府相关部门的执行和落实情况。

2.3 在涉及环保的公共项目与法律法规的制定上，应主动发声，出谋划策。

在政府和社会组织就公共项目或环保相关法律法规征求社会公众建议和意见时，公众应密切关注并就熟悉的相关方面提出合理和建设性的建议和意见，为环保事业出谋划策，贡献自己的力量。

3 应作为环境保护的宣传者，助力绿色理念的普及。

3.1 应主动学习汲取环境保护相关知识。

公众应主动通过各种渠道学习环保相关知识，并在生活中运用，如垃圾分类、绿色出行、绿色消费等。

3.2 应通过可能的方式传播绿色知识和理念。

积极参与绿色相关活动，倡导和传播绿色理念，例如，通过"环境日"的集中宣传，广泛传播和弘扬"生活方式绿色化"理念，提升人们对"生活方式绿色化"的认识和理解，并自觉转化为实际行动。

3.3 应积极推动并参与有助于绿色发展的志愿行为等活动。

人们应积极参与社会组织和政府发起的绿色活动，在日常生活中践行绿色理念，主动倡导绿色行为，并监督和抵制有损环境的不文明行为。

第三章

中国上市公司绿色治理评价系统

第一节　中国上市公司绿色治理指数研发与构成

伴随人类经济社会的发展，环境问题日益严峻，对人类的日常生活产生巨大影响。在这种新的全球形势下，推动绿色治理、促进人类社会与生态环境协同发展很有必要。倡导绿色治理理念、制定并推广绿色治理准则为政府、企业、社会组织和公众等参与主体提供了行为依据、规范和参考。为了有效评价绿色治理的实际效果，掌握现阶段绿色治理的状况，观察与分析中国上市公司在绿色治理架构、绿色治理机制、绿色治理效能和绿色治理责任等方面的现状和问题，需要建立一套适合中国上市公司环境的绿色治理评价指标系统，以推动治理主体的绿色行为，保护生态环境，促进生态文明建设，实现人与自然的包容性发展。

一、上市公司绿色治理指数研发

绿色治理的研究从绿色治理理论研究深入绿色治理应用研究，之后从绿色治理准则研究进一步发展到绿色治理指数的研究。中国上市公司绿色治理指数正是针对绿色治理过程中的企业这一关键行动者的绿色治理现状和能力的量化，具有重要的理论创新和实践指导意义。中国上市公司绿色治理指数的研究发展呈现为渐进式的动态优化过程。具体来说，上市公司绿色治理指数的形成经历了三个阶段。

第一阶段：研究并组织制定《绿色治理准则》。2003 年，南开大学中国公司治理研究院首次发布了中国公司治理指数（CCGI^{NK}），至今已经连续了超过二十年之久。面对近年来生态环境问题的日益凸显，结合治理思维，李维安教授率先提出并深入研究了绿色治理的范畴和内涵。2016 年 11 月 16 日，李维安教授在第四届尼山世界文明论坛发表大会上的主题演讲，首次提出绿色治理的系统概念。经过近一年的研究，2017 年 7 月 22 日，第九届公司治理国际研讨会暨中国上市公司治理指数发布会上发布了全球首份《绿色治理准则》，就绿色治理的主体识别、责任界定、绿色治理行为塑造和协同模式等提供指导，并在会上进行充分研讨，征求国内外专家学者意见，最终完成《绿色治理准则》的研究报告，并出版《绿色治理准则与国际规则比较》。

第二阶段：构建"中国上市公司绿色治理评价指标体系"。以《绿色治理准则》研究报告为依据，历时一年研究整理，并经反复修正，提出"中国上市公司绿色治理评价指标体系"，围绕绿色治理评价指标体系，召开多次研讨会征求专家学者意见。根据前期的研究结果和专家学者的建议，最终将绿色治理指标体系确定为 4 个维度，具体包括绿色治理架构指数、绿色治理机制指数、绿色治理效能指数和绿色治理责任指数，合计约 100 个评价指标。

第三阶段：正式推出中国上市公司绿色治理指数和《中国上市公司绿色治理评价报告》。基于评价指标体系与评价标准，构筑中国上市公司绿色治理指数，于 2018 年 9 月首次发布"中国上市公司绿色治理评价报告"。报告应用中国上市公司绿色治理评价系统第一次对中国上市公司（截至 2018 年 4 月 30 日在巨潮资讯网上披露 2017 年社会责任报告的中国上市公司的数据）进行大样本全面量化评价分析，之后将逐年发布年度绿色治理报告。

二、上市公司绿色治理指数构成

基于《绿色治理准则》和中国上市公司面临的治理环境特点，中国公司治理研究院绿色治理评价课题组设计出中国上市公司绿色治理评价系统，并逐年公布"中国上市公司绿色治理评价报告"，同时发布中国上市公司绿色治理指数。未来将根据公司绿色治理实践的发展，对绿色治理评价指标体系进行持续优化；紧密关注治理环境变化，例如法律法规变化，并及时反映到评价系统中。评价指标体系如表3-1所示。

表3-1　　　　　　　中国上市公司绿色治理评价指标体系

指数	绿色治理评价4个维度	绿色治理评价各要素
中国上市公司绿色治理指数	绿色治理架构	绿色理念与战略
		绿色组织与运行
	绿色治理机制	绿色运营
		绿色投融资
		绿色行政
		绿色考评
	绿色治理效能	绿色节能
		绿色减排
		绿色循环利用
	绿色治理责任	绿色公益
		绿色信息披露
		绿色包容

资料来源：南开大学中国公司治理研究院"中国上市公司绿色治理评价系统"。

指标体系是公司绿色治理指数的根本，不同环境需要不同的治理评价指标体系，中国上市公司绿色治理指数反映了中国上市公司绿色行为的诸多重要特征。此评价指标体系侧重于公司绿色行为，强调公司绿色理念的嵌入、绿色信息披露、利益相关者的利益保护等，从绿色治理架构、绿色治理机制、绿色治理效能和绿色治理责任4个维度，设置12个二级指标，具体有约100个评价指标，对中国上市公司绿色治理的状况做出全面、系统的评价。

在已有研究的基础上，绿色治理指标体系的权重设置主要采用的是专家打分的方法。指标打分表是经过评价领域的专业人士设计并邀请公司治理领域的专家学者分别对一级指标、二级指标和三级指标进行打分。根据打分标准核对专家打分数据，并使用有效性检验的方法验证了每一份专家打分表的有效性。最后，分别计算了专家打分所获得权重的算术平均值和加权平均值，发现两者相差不大，说明指标的权重设计较为合理。

在借鉴相关研究成果的基础上，以《G20/OECD 公司治理准则》和《绿色治理准则》为基础，并结合国际组织发布的《联合国气候变化框架公约》《京都议定书》《巴黎协定》等绿色治理规则，以及国内的《环境保护法》《中国可持续发展报告》等所制定的规则来设计绿色治理评价指标体系。指标数据的主要来源是上市公司社会责任报告，在此基础上，还综合了公司网站、网络检索等其他途径获得的绿色治理方面的信息。指标打分细则的初步确定经历了多位专家学者的多次讨论和修正，以此为基础，我们筛选出几家上市公司社会责任报告进行试打分，根据试打分情况对打分细则进行调整和完善，并最终确定完整的打分细则。

第二节　中国上市公司绿色治理评价指标体系

企业作为主要的自然资源消耗和污染物排放主体，是绿色治理的重要主体和关键行动者。社会经济的发展要求企业的绿色行为不能再局限于管理层面，而需要上升到治理层面，通过一系列正式或非正式的结构安排和机制设计，促进企业的科学决策以最小化对环境的危害。课题组在借鉴相关研究成果的基础上，以科学性、系统性和可行性等原则为指导，以国际公认的公司治理原则、准则和《绿色治理准则》为基础，借鉴并综合考虑《中华人民共和国公司法》《中华人民共和国证券法》以及《上市公司治理准则》和其征求意见稿，比照国务院国资委《关于中央企业履行社会责任的指导意见》、原中国银监会《关于加强银行业金融机构社会责任的意见》和原中国保监会《关于保险业履行社会责任的指导意见》等有关部分上市公司的法律法规以及上海证券交易所《关于加强上市公司社会责任承担工作暨发布〈上海证券交易所上市公司环境信息披露指引〉的通知》等证券交易所制定的规则来设计评价指标体系。中国上市公司绿色治理评价系统中主要涉及绿色治理架构、绿色治理机制、绿色治理效能和绿色治理责任 4 个维度。

一、上市公司绿色治理架构评价指标体系

合理的治理架构设计能从顶层设计层面确定公司绿色发展的愿景、使

命、文化、战略，并在治理结构安排上提供制度保障，是提升公司的绿色发展水平和可持续发展能力的基础和关键。布瑟和韦贝克（Buysse and Verbeke，2003）指出，企业在持续发展的过程中要将环境问题纳入战略规划，并充分考虑多元利益相关者的需求，尽可能制定前瞻型环境战略。焦俊等（2011）和田虹等（2015）认为，前瞻型环境战略可以激发企业绿色创新，进而改善企业的环境绩效。廖等（Liao et al.，2015）提出，企业建立社会责任委员会、环保专门委员会等组织来专门协调利益相关者关系，可以提升企业的社会责任绩效。在制度设计方面，巴布卡多斯（Baboukardos，2018）强调了环境条款的重要性，并指出有公认环境条款的公司会通过发出未来财务业绩强劲的信号或提高环境业绩信息的可靠性，帮助投资者厘清与公司环境绩效相关的未来经济效益和成本。

因此，绿色治理评价体系中理应涵盖绿色治理架构这一维度，并进一步下设了绿色治理理念与战略、绿色治理组织与运行两个具体要素来对企业的绿色治理架构设置情况进行评价。对于上市公司绿色行为的分析要立足于绿色治理架构，在绿色治理架构的基础上，基于绿色治理理念完善公司治理架构和管理体系。在企业的组织与运行方面，有必要形成"董事会负责、管理层执行、其他部门协调配合"的多层次治理体系，以确保绿色治理制度的科学性及其实施和更新。中国上市公司绿色治理评价系统中的绿色治理架构评价体系针对绿色理念与战略、绿色组织与运行等进行评价，考察上市公司在绿色愿景、使命、价值观、发展战略以及绿色组织机构设置和运行等方面的现状。《绿色治理准则》中涉及绿色治理架构的内容有：应基于绿色治理理念完善公司治理架构和管理体系；应逐步培育绿色文化，践行绿色治理理念；应在公司战略发展目标中明确各层级员工的环境治理责任和义务；等等。

（一）绿色理念与战略

1. 愿景、使命、价值观

绿色治理理念不仅是企业践行环保行为的指导思想，更会融入企业生产经营的各个环节，对企业绿色发展战略的制定和实施有着至关重要的作用。上市公司理应将绿色治理理念纳入企业愿景、使命、文化和章程中，以绿色标准、指南或行为准则为基础，对绿色治理行为和企业社会责任实践进行有效的指导，建立以可持续为目标的绿色发展的长效机制。愿景、使命、价值观指标考察公司的愿景、使命、文化和价值观中嵌入绿色和包容性理念的情况等。

2. 发展战略

绿色发展战略是企业一定时期内对企业在绿色环保或社会责任方面的目标、规划及策略，可以帮助企业指引可持续发展方向，明确绿色发展目标，实现企业的可持续发展。绿色环保发展战略的制定和实施，有利于明确不同职务员工应承担的环境治理责任和义务，确保环境治理目标明细化、岗位化和专业化，激发全员参与环境治理的积极性和有效性。发展战略指标考察公司在制定和实施战略过程中对绿色环保或可持续发展的考虑情况。

（二）绿色组织与运行

1. 董事会

董事会是公司治理的核心，在公司的绿色战略发展、环保行为决策方面发挥着至关重要的作用，是完善绿色治理架构，优化绿色治理机制的关键环节。董事会的绿色治理水平直接决定着公司潜在的外部治理风险以及可持续发展。董事会应对绿色治理有效性负责，确保绿色治理制度的科学性及其实施和更新。通过对上市公司的董事会绿色治理水平进行评价，会推动中国上市公司绿色治理的改善与优化，从而为绿色治理体系的形成提供有力保障。董事会指标主要包括董事会绿色治理专门委员会的设置情况、人员构成的环保背景以及董事在环境保护方面的履职情况等。

2. 经理层

经理层是公司日常运营的直接决策者和执行者，在绿色治理架构评价中，经理层是从客体视角对上市公司绿色治理状况进行的评价。绿色治理理念在经理层的嵌入情况，会直接影响公司的所有绿色行为活动，如绿色运营、绿色行政、绿色办公等。经理层通过机构设置、专门环保人员配备以及人员的履职情况，确保公司在组织架构层面符合绿色经营理念，从而提高公司的绿色治理能力。

3. 环保工作小组

企业其他部门对董事会绿色治理委员会和管理层绿色环保等专门机构工作的积极配合，有助于建立和完善不同组织和机构之间的沟通渠道，保证在突发性情况下能迅速响应并采取措施。在上市公司绿色治理架构设计过程中，除了董事会和经理层的机构设置、人员配备等，还有必要成立专门绿色工作领导小组和日常工作机构，定期召开绿色治理专题工作会议，负责指导和监督企业日常的绿色生产经营活动。环保工作小组指标主要考察公司专门环保工作小组的设置情况以及人员、岗位配置情况和履职情况等。

4. 环保专题会议

除了绿色组织或机构设置情况外，绿色组织与运行层面的评价还须考察组织或机构的运作效率，以反映其功能与作用的实现状态。高效率的董事会和绿色治理专门机构的运作有助于更好地履行公司的绿色环保职责，制定更科学的可持续发展规划，更有效率地监督企业日常的绿色生产经营活动，从而提升公司的绿色治理能力和可持续发展能力。绿色治理专题工作会议的召开情况是董事会绿色治理专门委员会和经理层绿色专门机构运行状况的直接反映，因此，我们设计了环保专题会议指标来考察绿色治理架构的运行效率。

5. 环境准则

规章制度或工作准则是公司所有成员的行为规范和标准，具有较强的内部约束力。将绿色治理理念渗透到公司的制度层面，并制定科学的绿色经营制度和绿色行为规范，能够有效地约束公司管理层及员工的行为，促进绿色环保活动的切实执行。环境准则明确规定了公司在环境保护方面应当或不应当实施某些行为，在公司整体发展和员工具体行为方面提供了可参考的准则或标准，促进了公司绿色环保活动的执行情况。

中国上市公司绿色治理架构评价指标体系如表3-2所示。

表3-2　　　　中国上市公司绿色治理架构评价指标体系一览表

主要素层	子要素层	说明
绿色理念与战略	愿景、使命、价值观	考察公司的愿景、使命、文化和价值观中绿色和包容性理念的嵌入情况
	发展战略	公司战略和目标中包含绿色环保内容或有专门的绿色环保战略
绿色组织与运行	董事会	考察董事会专门委员会设置、人员构成以及董事履职情况等
	经理层	考察经理层的机构设置、人员构成及履职情况等

主要素层	子要素层	说明
绿色组织与运行	环保工作小组	考察公司专门环保工作小组的设置情况以及人员、岗位配置情况和履职情况等
	环保专题会议	考察公司绿色环保专题会议的组织情况等
	环境准则	制定有关本公司的环境准则、条款或环境管理方案及其执行情况

资料来源：南开大学中国公司治理研究院"中国上市公司绿色治理评价系统"。

二、上市公司绿色治理机制评价指标体系

绿色治理机制是从经营管理层面来考察公司的绿色行为实施情况。林等（Lin et al.，2014）从绿色供应链的角度分析了供应商合规运营在促进企业的绿色产品创新与绿色过程创新方面的重要作用。孔等（Kong et al.，2016）则提出绿色创新是处理环境问题的关键企业能力，而先进制造技术（AMT）的使用为企业的绿色创新提供了重要的资源和知识。克拉森和威尔巴克（Klassen and Whybark，1999）通过实证研究发现污染预防技术的应用有助于同时提高企业的生产和环境绩效。泰尔（Theyel，2010）通过大样本调研考察了环境管理实践对环境管理创新和环境绩效的影响，结果表明环境管理实践（如全面质量管理、供应商认证、研发、员工参与等）可以有效改善企业在环境创新和环境绩效方面的产出效果。黎文靖等（2015）和魏等（Wei et al.，2017）将环保投入作为衡量企业社会责任水平的代理变量，说明环保投资水平在一定程度上反映了企业社会责任履行情况。索尼拉等（Saunila et al.，2018）认为，企业进行绿色研发投入的内在驱动力是为了追求可持续发展，所以绿色投入水平可作为衡量企业绿色治理状况的一个重要因素。

基于上述相关研究成果，在绿色治理评价体系中纳入了绿色治理机制维度，以此来测度企业绿色治理的运行状况，同时，根据绿色治理机制的影响因素分析，又设置了绿色运营、绿色投融资、绿色行政和绿色考评4个子要素，考察上市公司在绿色环保经营管理活动、绿色激励约束等方面的现状。《绿色治理准则》中涉及绿色运营和绿色考评的内容有：应推行建立绿色供应链，实行绿色采购；应推行绿色生产，采用更严格的环境标准以及能效和

节能技术；应推行绿色考核，把环保指标纳入考核体系，加强项目建设中的环境评估和环境保护，鼓励环保行为；等等。

（一）绿色运营

1. 合规性

合规性是指企业或者组织为了履行遵守相关环境法律法规要求的承诺，建立、实施并保持一个或多个程序，以定期评价对适用环境法律法规的遵循情况的一项管理措施。一般而言，合规性是公司的基本行为底线，只有满足合规性的要求，才能算是一个合格的法人组织。绿色运营的合规性指标考察公司对相关环境法律法规要求的履行或遵守情况，并据此评价公司运营过程中在环保方面的合规情况。

2. 绿色设备

绿色设备是绿色运营过程中必备的硬件。通过绿色设备的使用，可以降低生产经营过程中的能源消耗和污染排放，促进电能、热能、水资源等的循环利用，最终达到保护环境的目的。绿色设备涵盖公司日常运营的方方面面，从节能灯到大型绿色生产设备，是公司实现绿色运营的基础设施和必备要素。绿色设备指标主要考核公司倡导绿色设备的机制及保障运行的情况。

3. 绿色供应链

绿色供应链需要在整个供应链中综合考虑环境影响和资源效率，涉及供应商、生产厂、销售商和用户，其目的是使得产品从物料获取、加工、包装、仓储、运输、使用到报废处理的整个过程中，对环境的影响（负作用）最小，资源效率最高。绿色供应链可以避免资源浪费，增强企业的社会责任感，给企业带来良好的声誉和绿色产品的品牌形象，扩大产品市场，使企业同时获得经济、社会和环境效益。绿色供应链指标是从供应链的各个环节来考察公司的绿色环保情况。

4. 绿色技术

绿色技术是由相关知识、能力和物质手段共同构成的技术体系，是对减少环境污染，减少原材料、自然资源和能源使用的技术和工艺的总称，能减少污染、降低能耗和改善生态环境。《绿色治理准则》指出公司应推行绿色生产，采用更严格的环境标准以及能效和节能技术，并适时促进其发展和推广，提供环境友好型的产品和服务。绿色技术指标考核公司绿色技术的应用情况，具体包括公司是否采用清洁生产、节能减排、绿色创新等技术及其使用情况。

5. 绿色产品

绿色产品是生产过程及其本身节能、节水、低污染、低毒、可再生、可回收的一类产品，也是绿色科技应用的最终体现。绿色产品能直接促使人们消费观念和生产方式的转变，其主要特点是以市场调节方式来实现环境保护为目标。公众以购买绿色产品为时尚，促进企业以生产绿色产品作为获取经济利益的途径。绿色产品指标考察公司生产绿色产品的情况，包括是否生产绿色产品或通过相关产品方面的认证监测等。

（二）绿色投融资

1. 投资环评

投资环保评测显示了公司在项目投资过程中对环境保护的重视程度，是公司运营管理中环保理念的直接体现。投资环评指标考核公司在项目投资时是否对项目进行环保测评情况。

2. 环保投入

环保投入是企业主动或被动实施的一种环保投资行为，可以通过在环保技术改造、污染治理或节能减排等方面的资金投入来改善公司的环境污染情况，在一定程度上实现公司环境保护的目标。环保投入指标通过考察公司在环保方面的资金投入情况来评价其绿色投资状况。

3. 绿色融资

上市公司一般通过发行绿色股票、绿色债券等方式进行绿色融资，特别地，金融机构可能会通过绿色信贷来刺激其他公司的环保行为。绿色融资在我国还处于起步阶段，完全普及可能还需要较长的时间，是绿色治理的一个短板。目前，金融机构在绿色信贷方面做得相比于其他公司较好，但仍有很大的提升空间。绿色融资指标考核公司在融资过程中是否考虑绿色环保因素。

（三）绿色行政

1. 绿色 IT

绿色 IT（互联网技术）是指公司所有员工有效地使用计算机和网络资

源的习惯，主张从身边的小事做起，珍惜每一度电、每一滴水、每一张纸、每一件办公用品。绿色 IT 要求公司中每个人在办公活动中使用节约资源、减少污染物产生、排放和可回收利用的产品。绿色 IT 指标考核公司采用信息技术环保的情况。

2. 绿色工作环境

绿色工作环境主要从公司外部环境方面来考核公司的绿色环保行为，具体表现为公司工作环境绿色环保的情况。绿色工作环境指标主要包括公司工作环境的舒适度。

（四）绿色考评

1. 绿色激励

绿色激励制度的设计旨在激发员工的环保行为，通过把环保指标纳入考核体系，加强项目建设中的环境评估和环境保护，鼓励环保行为。公司的绩效考核体系通常只是将员工的工作绩效等纳入进来，没有考虑将其绿色环保行为作为一个考核标准并加以奖励。绿色治理指标体系的设计涵盖员工考核层面的因素，用绿色激励指标考核公司考评制度是否考虑环保因素。

2. 绿色约束与处罚

由于大多数公司对环保因素没有给予足够的重视，因此发生环保风险事故时可能也缺乏明确的追责和处分的制度或规定。绿色约束与处罚考核公司是否存在相应的绿色约束，是否存在出现环保风险事故时的追责和处分的制度或规定等。

中国上市公司绿色治理机制评价体系如表 3 - 3 所示。

表 3 - 3　　　　　中国上市公司绿色治理机制评价指标体系一览

主要素层	子要素层	说明
绿色运营	合规性	考核公司运营的合规情况
	绿色设备	考核公司倡导采用环保设备的机制并保障运行的情况
	绿色供应链	考核公司倡导绿色供应链的机制并保障运行的情况
	绿色技术	考核公司是否采用绿色技术的情况
	绿色产品	考核公司生产绿色产品的情况

续表

主要素层	子要素层	说明
绿色投融资	投资环评	考核公司在项目投资时是否进行环保测评情况
	环保投入	考核公司在环保方面的投入情况
	绿色融资	考核公司参与绿色融资的情况
绿色行政	绿色 IT	考核公司采用信息技术环保的情况
	绿色工作环境	考核公司工作环境绿色环保的情况
绿色考评	绿色激励	考核公司考评制度是否考虑环保因素
	绿色约束	考核公司是否存在相应的绿色约束

资料来源：南开大学中国公司治理研究院"中国上市公司绿色治理评价系统"。

三、上市公司绿色治理效能评价指标体系

　　绿色治理效能指标主要反映企业在能源节约、三废减排、资源循环利用以及废物再利用方面的情况，能够直观测度企业在环境方面的表现。一些学者也在其研究中引入这些指标来度量企业的环境绩效，如哈特和阿胡贾（Hart and Ahuja，1996）、科纳尔和科恩（Konar and Cohen，2001）用有害物质的排放量作为企业环境绩效的测量指标；卡西尼斯和瓦菲亚斯（Kassinis and Vafeas，2006）使用有害气体排放量来衡量企业的环境绩效；秦颖等（2004）将几种重要废弃物排放量指标合成一个综合指数以表示企业的环境绩效；郝珍珍等（2014）将二氧化碳排放量作为研究工业企业环境影响的代理变量；李婉红等（2013）和王锋正等（2018）选取单位能耗的研发投入来测度企业绿色创新水平。

　　因此，有必要将绿色治理效能维度纳入绿色治理评价系统，并构建了3个分指标，即绿色节能、绿色减排和绿色循环利用，考察上市公司在能源消耗、污染排放和资源循环方面的现状。《绿色治理准则》中涉及绿色治理效能的内容有：制定能源节约和能源利用效率规划；应定期披露企业的能源效率状况；应公开披露所使用和排放的相关有害材料的类型和总量；确保对污染和废弃物进行妥善管理，降低环境负荷；等等。

（一）绿色节能

1. 单位能耗

单位能耗子要素主要考察上市公司单位产值的能源消耗量。近年来，我国单位能耗不断下降，但仍与国际先进水平有一定的差距，尤其是高耗能行业产品的单位能耗仍然存在着巨大的节能潜力。推进技术改进和创新、推行节能的新机制、淘汰落后高耗能生产线是上市公司降低单位能耗的可行方向。我们考察单位能耗子要素能够掌握上市公司当前的单位产值能源消耗状况，进而评价上市公司的绿色节能现状。

2. 水资源的节约

水资源的节约子要素主要考察上市公司在过去一年的时间范围内节约水资源的情况。节约用水已成为社会各界的共识，也是对所有上市公司的要求，水资源的消耗和节约是评价上市公司能源资源消耗的重要内容。

3. 电的节约

电的节约子要素主要考察上市公司在过去一年时间范围内节约电力能源的情况。节约用电要求上市公司在满足生产、运营所必需的用电条件下减少电能的消耗、提高电能利用率。电的节约也是评价上市公司能源资源消耗的重要内容。

4. 新能源

新能源子要素主要考察上市公司采用新能源的情况。新能源是传统能源之外的非常规能源，具有环保、可供永续利用的特点，包括太阳能、风能、地热能等。上市公司将新能源引入公司生产和生活中，既降低了传统能源消耗带来的环境污染，也响应了国家新能源发展的战略和政策，有利于上市公司优化生产技术、降低单位能耗、减少污染排放、提高行业竞争力。我们考察新能源子要素可以掌握上市公司使用新能源的发展现状，进而全面考察上市公司的节能状况。

（二）绿色减排

1. 三废达标排放

三废达标排放子要素主要考察上市公司在过去一年时间范围内废气、废水和固体废弃物是否达到环保部门或其他监管部门相应的排放标准的情况。

三废达标排放是上市公司合规的应有之义，否则可能加大上市公司的违法违规风险，产生负面报道，甚至降低公司价值。我们考察上市公司三废是否达标排放可以掌握上市公司的污染排放制度的执行效果，并对上市公司的环境影响进行初步的了解。

2. 三废减排量

三废减排量子要素主要考察上市公司在过去一年时间范围内减少排放废气、废水和固体废弃物的数量或比例。对上市公司而言，减排能够改善能效、节约成本、提高公司竞争优势并降低公司违法违规风险。减排也是改善环境质量、解决区域性环境问题的重要手段，是上市公司落实国家发展战略的要求。我们考察上市公司的三废减排量可以评价上市公司在过去一年时间范围内取得的环境效能进步，了解上市公司对环境影响的变化。

3. 噪声的降低

噪声的降低子要素主要考察上市公司在过去一年时间范围内采取的降低噪声的措施和结果。工业革命以来，各种机械设备的创造和使用给人类带来繁荣进步的同时也产生了越来越多越来越强的噪声。当噪声对人及周围环境产生不良影响时，就形成了噪声污染。上市公司在污染减排领域除了要减少传统三废污染物的排放，也要注重减少噪声污染、光污染等新兴污染的产生和排放。我们考察上市公司采取的降噪措施和效果是了解上市公司污染排放的重要内容之一。

（三）绿色循环利用

1. 可循环资源的采用

可循环资源的采用子要素主要考察上市公司采用可循环资源、发展循环经济的情况。可循环资源的采用在实现循环利用的同时节约资源，是与环境和谐的发展模式，实现"资源—产品—再生资源"的循环流程，使得所有的物质和能源在循环中得到合理和持久的使用，并把环境影响降低到尽可能小的程度。我们考察上市公司采用可循环资源的情况可以从能源资源角度掌握上市公司绿色循环利用的状况。

2. 三废再利用

三废再利用子要素主要考察上市公司对废气、废水和固体废弃物的回收再利用情况。三废的形成和排放不仅会造成环境污染，而且是资源的浪费，加强对废气、废水和固体废弃物的回收、循环使用或综合利用，有利于实现经济效益和生态效益的有机统一。我们考察上市公司三废的再利用情况能够从废物利用的角度了解上市公司绿色循环利用的状况。

中国上市公司绿色治理效能评价体系如表3-4所示。

表3-4　　　　　　中国上市公司绿色治理效能评价指标体系一览表

主要素层	子要素层	说明
绿色节能	单位能耗	考核公司单位产值的能源消耗
	水资源的节约	考核公司年度节约水资源数量
	电的节约	考核公司年度节约电力资源数量
	新能源	考核公司新能源的使用情况
绿色减排	三废达标排放	考核公司三废排放的监测，是否合格达标
	三废减排量	考核公司年度三废减少排放量
	噪声的降低	考核公司年度降噪情况
绿色循环利用	可循环资源的采用	考核公司采用可循环资源的情况
	三废再利用	考核公司三废再利用的情况

资料来源：南开大学中国公司治理研究院"中国上市公司绿色治理评价系统"。

四、上市公司绿色治理责任评价指标体系

绿色治理责任维度的设置主要是衡量企业对社区和公众、投资者以及内部员工等的绿色责任履行情况。孟等（Meng et al.，2014）指出，绿色信息披露一方面能向投资者传递企业绿色治理状况的信号，另一方面也从客观上反映了企业社会责任的实施状况。沈洪涛等（2014）和武剑锋等（2015）也认为环境信息披露状况会显著影响企业的环境表现。亨克尔等（Heinkel et al.，2001）及马丁和莫泽（Martin and Moser，2016）的研究表明，投资者会把绿色投资信息披露情况作为企业环境绩效的判断标准，并据此调整自身的投资决策。此外，绿色治理评价系统还借鉴了ESG评价中的一些因素。

因此，绿色治理评价体系的绿色责任维度中除了包含绿色信息披露指标外，还涵盖绿色包容指标和绿色公益指标，考察上市公司在环境信息披露、利益相关者保护等方面的现状。《绿色治理准则》中涉及绿色治理责任的内

容有："应及时、真实，并以清晰和客观的方式披露信息，以使利益相关方能够准确地评估组织的决策和活动对他们利益的影响""应接受政府、社会组织和公众等其他治理主体的监督，积极配合工作，并有义务对相关问题及时地做出回应，反馈处理结果"等。

（一）绿色公益

1. 教育培训

教育培训子要素主要考察上市公司对公司员工这一重要的利益相关者能力提升和权益保护的情况。对员工开展教育培训，有利于增强员工的归属感，提高员工的个人能力和忠诚度，并激励员工不断追求更高的个人目标和公司目标。

2. 绿色传播活动

绿色传播活动子要素主要考察上市公司通过各种途径传播绿色理念、开展环境保护活动的情况，是公司嵌入绿色理念、履行社会责任的积极表现。

3. 绿色捐赠

绿色捐赠子要素主要考察上市公司对社会及所处社区的贡献，特别是环境保护方面的贡献。上市公司开展公益性捐赠是上市公司履行社会责任的重要表现，有利于提升公司价值。

（二）绿色信息披露

1. 充分性

充分性子要素主要评价上市公司信息披露内容的全面性，要求上市公司尽可能多地公开相关信息，做到信息披露形式上的完整和内容上的齐全。同时，充分性还要求上市公司不仅要进行事后披露，还要充分考虑到可能存在的潜在环境风险并进行预披露。信息披露的充分性可以帮助投资者、监管部门和社会公众了解公司全貌以及环境保护的状况和结果。

2. 及时性

及时性子要素主要评价上市公司是否在信息失去影响决策的功能之前将信息提供给投资者、监管机构和社会公众。信息披露制度要求公司在规定的时期内依法披露信息，减少有关人员利用内幕信息进行内幕交易的可能性。信息的及时披露可以增强公司的透明度，降低监管难度，有利于规范公司管理层经营行为，保护投资者利益。

3. 可靠性

可靠性子要素主要评价公司所公开的信息能够准确反映客观事实或经济活动的发展趋势，而且能够按照一定标准予以检验。可靠性是信息的生命。一般情况下，作为外部人仅通过公开信息是无法完全判断上市公司资料可靠性的，但是可以借助上市公司及其相关人员违规历史记录等评价信息的披露判断可靠性。从信息传递角度讲，监管机构和中介组织搜集、分析信息，并验证信息可靠性，这种检验结果用于评价信息披露可靠性是可行的、合理的。

（三）绿色包容

1. 互动性

互动性子要素主要评价公司与主要利益相关者沟通的状况以及主要利益相关者参与公司治理的程度和能力，较高的互动性意味着公司对利益相关者权益保护程度和决策科学化程度的提高。

2. 和谐性

和谐性子要素主要评价公司与主要利益相关者之间的关系状况与和谐程度，较高的和谐性意味着公司与主要利益相关者之间关系和谐，是企业追求长远发展的必备条件。

中国上市公司绿色治理责任评价体系如表3-5所示。

表3-5　　　　　中国上市公司绿色治理责任评价指标体系一览

主要素层	子要素层	说明
绿色公益	教育培训	考核公司对员工开展教育培训的情况
	绿色传播活动	考核公司开展绿色传播活动的情况
	绿色捐赠	考核公司进行捐赠、设立基金会等活动的情况
绿色信息披露	充分性	考核公司绿色信息披露的充分性情况
	及时性	考核公司绿色信息披露的及时性
	可靠性	考核公司绿色信息披露的可靠性
绿色包容	互动性	考核公司与利益相关者的互动情况
	和谐性	考核公司与利益相关者的关系和谐性

资料来源：南开大学中国公司治理研究院"中国上市公司绿色治理评价系统"。

第三节　中国上市公司绿色治理评价指标体系的应用

近年来，全世界日益关注、探讨并实践责任投资，将环境、社会和公司治理（ESG）因素纳入投资考量已经成为资本市场的共识。ESG 投资能在有效防控风险的同时实现投资收益的提升，ESG 投资理念也逐渐受到国内投资者的认可。在此基础上，2020 年 9 月 28 日，南开大学中国公司治理研究院联合深圳市公司治理研究会与深圳证券信息有限公司合作发布了公司治理研究院绿色治理指数（英文名：CACG Green Governance Index；简称：绿色治理；代码：980058）。该指数由南开大学中国公司治理研究院研发定制、深圳证券信息有限公司编制开发，是国内首只基于上市公司绿色治理评价体系的股票指数，也是中国公司治理研究院继研发央视财经 50 指数（399550）和治理领先指数（399554）之后再次将研究成果应用于股票指数开发形成的以绿色治理为核心理念的股票指数。该指数作为 ESG 指数的升级版，它的发布一方面回应了国家绿色发展的内在需求；另一方面也推动了资本市场投资理念从对绿色金融、绿色投资、绿色消费等的关注上升到关注绿色治理的新阶段。绿色治理指数编制方案如表 3 - 6 所示。

表 3 - 6　　　　　　　　　　　　绿色治理指数编制方案

指数简称	绿色治理
英文名称	CACG Green Governance Index
指数代码	980058
基日与基点	基日为 2017 年 12 月 29 日，基点为 1000 点
选样空间	在深圳证券交易所上市交易且满足下列条件的股票：（1）非 ST、* ST 股票；（2）有一定上市交易日期，一般为六个月；（3）公司最近一年无重大违规、财务报告无重大问题；（4）公司最近一年经营无异常、无重大亏损；（5）考察期内股价无异常波动
选样方法	首先根据南开大学中国公司治理研究院绿色治理评价体系，从公司治理和绿色治理两个方面，根据 10 个维度、31 个要素对样本空间内股票进行评价，得出绿色治理评分；其次按照绿色治理评分由高到低排序，选择样本空间内前 100 名股票作为样本股
样本股调整及权重设置	指数样本股每一年定期调整一次，每次调整数量不超过样本总数的 10%；单只样本股在每次定期调整时的权重不超过 10%

与已有 ESG 评价体系相比，该指数的特点在于：第一，该绿色治理指数强调绿色治理理念的统领和指导，该指数首次将绿色治理理念运用到上市公司评价过程中，使得评价过程更具科学性与整体性；第二，该绿色治理指数有机融合环境、社会和治理信息的评价，将评价结果形成一个系统性的综合指数来反映公司绿色治理的整体状况，使得评价结果更具系统性与可比性；第三，该绿色治理指数关注公司绿色治理全过程全环节，既有理念与架构等顶层设计指标，也有机制与行为等过程性指标，还包括绩效与责任等结果性指标，在充分适应中国现行治理规则和考量中国公司发展现实状况的基础上设计指标，使得评价指标更具全面性与代表性。

绿色治理指数（980058）是以南开大学中国公司治理研究院设计开发的中国上市公司治理指数和中国上市公司绿色治理指数为基础编制而成的。在李维安教授带领下，南开大学中国公司治理研究院经过长期研发，从 2003 年开始发布被誉为上市公司治理状况"晴雨表"的中国上市公司治理指数，至今已连续编制 19 年，先后累计对 42303 家样本公司开展治理评价，该指数在国内外产生广泛影响，得到了国务院国资委、中国银保监会、中国证监会等相关部门的充分肯定，在学术界、企业界被广泛应用。以中国上市公司治理指数为基础研发的央视财经 50 指数和治理领先指数先后在深圳证券交易所挂牌上市，公司治理指数的评价指标得到广泛公认。由南开大学中国公司治理研究院研发的中国上市公司绿色治理指数是国内首份评价中国上市公司绿色治理状况的指数，是中国公司治理研究院在发布全球首份《绿色治理准则》的基础上，研发形成的绿色治理评价系统的实践应用。以《绿色治理准则》为依据，研究院历时一年研究整理，提出"中国上市公司绿色治理评价指标"，围绕绿色治理评价指标，召开多次研讨会征求国内外专家学者的意见，最终确定绿色治理指标并形成中国上市公司绿色治理指数。

从国家战略层面来看，环境问题日益严峻，全球都在倡导绿色发展，重视生态文明建设。我国也在积极推进绿色发展战略，在这种新的形势下，推动绿色治理、促进人类社会与生态环境协同发展是大势所趋。"绿色治理指数"的推出是对我国绿色发展战略的积极响应，也有助于国家绿色发展战略落地。

从企业层面来看，当前我国大多数企业采取社会责任或者绿色行为是一种被动合规的状态，企业更多地把绿色治理当作一种成本，但却不清楚其可能带来的潜在收益。本质上企业都是以营利为目的，只有当绿色治理能够切实为企业带来收益或价值增值时，企业才会更加积极主动地去进行实践。"公司治理研究院绿色治理指数"的发布可以让企业了解到实施绿色治理的潜在收益情况，以经济回报促进更多的企业去践行绿色治理，最终实现整个社会乃至全球的可持续发展。

从实践应用角度上看，我们进行绿色治理相关研究也是为了服务和指导实践。"绿色治理指数"的推出一方面有利于掌握现阶段绿色治理的状况，观察与分析中国上市公司在绿色治理方面的现状和问题，以推动治理主体的绿色行为，实现人与自然的包容性发展；另一方面，也为投资者进行可持续发展投资提供了重要的参考依据，引导市场更加关注责任投资和包容发展。

第四章

2022 年中国上市公司
绿色治理总体评价

第一节 中国上市公司绿色治理评价样本情况

一、样本来源及选取

本次编制中国上市公司绿色治理指数的样本是截至 2022 年 4 月 30 日在巨潮资讯网上披露 2021 年社会责任报告的上市公司，剔除 2022 年新上市的公司，最终确定有效样本为 1366 家，其中主板 1134 家，含金融机构 109 家，主板非金融机构 1025 家；创业板 148 家，含金融机构 2 家，创业板非金融机构 146 家；科创板 84 家。样本公司的行业、控股股东及地区构成如表 4－1、表 4－2 和表 4－3 所示。需要说明的是，考虑到创业板和科创板上市公司治理的特殊性，我们对这些板块的公司进行了单独分析；同时还考虑到金融机构治理的特殊性，将各板块中的金融机构抽取出来单独组成一个板块，即除主板、创业板和科创板外，还有一个金融机构板块。这样总体评价样本为 1366 家，主板非金融上市公司 1025 家，创业板非金融上市公司 146 家，科创板上市公司 84 家，金融机构 111 家，各板块详细分析见本报告第六章。

二、样本行业分布情况

从样本行业分布情况来看，制造业上市公司数目最多，为759家，样本的比例最高，占55.56%；在制造业的细分行业中，计算机、通信和其他电子设备制造业上市公司数量最多，有107家，占全部样本的14.10%，医药制造业有88家，占全部样本的11.59%，化学原料及化学制品制造业有71家，占全部样本的9.35%。其次是金融业和信息传输、软件和信息技术服务业，分别为111家和91家，占样本公司的8.13%和6.66%。而教育、住宿和餐饮业以及综合等行业上市公司比例较小，均不足5家。样本公司的行业构成如表4-1所示。

表4-1　　　　　　　　　样本公司的行业构成

行业	公司数（家）	比例（%）
农、林、牧、渔业	15	1.10
采矿业	36	2.64
制造业（合计）	759	55.56
农副食品加工业	15	1.98
食品制造业	20	2.64
酒、饮料和精制茶制造业	25	3.29
纺织业	10	1.32
纺织服装、服饰业	16	2.11
皮革、毛皮、羽毛及其制品和制鞋业	3	0.40
木材加工及木、竹、藤、棕、草制品业	1	0.13
家具制造业	11	1.45
造纸及纸制品业	20	2.64
印刷和记录媒介复制业	3	0.40
文教、工美、体育和娱乐用品制造业	1	0.13
石油加工、炼焦及核燃料加工业	7	0.92
化学原料及化学制品制造业	71	9.35
医药制造业	88	11.59

续表

行业	公司数（家）	比例（%）
化学纤维制造业	13	1.71
橡胶和塑料制品业	20	2.64
非金属矿物制品业	31	4.08
黑色金属冶炼及压延加工业	23	3.03
有色金属冶炼及压延加工业	33	4.35
金属制品业	13	1.71
通用设备制造业	31	4.08
专用设备制造业	62	8.17
汽车制造业	34	4.48
铁路、船舶、航空航天和其他运输设备制造业	17	2.24
电气机械及器材制造业	70	9.22
计算机、通信和其他电子设备制造业	107	14.10
仪器仪表制造业	11	1.45
其他制造业	1	0.13
废弃资源综合利用业	2	0.26
电力、热力、燃气及水生产和供应业	64	4.69
建筑业	29	2.12
批发和零售业	55	4.03
交通运输、仓储和邮政业	54	3.95
住宿和餐饮业	2	0.15
信息传输、软件和信息技术服务业	91	6.66
金融业	111	8.13
房地产业	51	3.73
租赁和商务服务业	14	1.02
科学研究和技术服务业	14	1.02
水利、环境和公共设施管理业	22	1.61
教育	3	0.22
卫生和社会工作	8	0.59

续表

行业	公司数（家）	比例（%）
文化、体育和娱乐业	35	2.56
综合	3	0.22
合计	1366	100.00

资料来源：南开大学上市公司绿色治理数据库。

三、样本控股股东分布情况

按控股股东性质分组样本中，国有控股和民营控股上市公司占据较大的比例，分别为613家和560家，占44.88%和41.00%；其他类型122家、外资控股56家、集体控股8家、社会团体控股5家、职工持股会控股2家，这些类型的上市公司样本所占比例均较小。样本公司的控股股东构成如表4-2所示。

表4-2　　　　　　　　　样本公司的控股股东构成

控股股东性质	公司数（家）	比例（%）
国有控股	613	44.88
集体控股	8	0.59
民营控股	560	41.00
社会团体控股	5	0.37
外资控股	56	4.10
职工持股会控股	2	0.15
其他类型	122	8.93
合计	1366	100.00

资料来源：南开大学上市公司绿色治理数据库。

四、样本地区分布情况

如表4-3所示，从不同地区数量、占样本比例看，沿海经济发达地区广东、浙江、北京、上海、江苏、福建占比较高。其中，广东187家，占

13.69%；浙江 171 家，占 12.52%；北京 158 家，占 11.57%；上海 148 家，占 10.83%；江苏 106 家，占 7.76%；福建 75 家，占 5.49%。而欠发达地区的样本量少，西藏和青海仅有 5 家，甘肃和宁夏的样本量只有 6 家。

表 4 - 3　　　　　　　　　　样本公司的地区构成

地区	公司数（家）	比例（%）	地区	公司数（家）	比例（%）
北京	158	11.57	湖南	27	1.98
天津	24	1.76	广东	187	13.69
河北	22	1.61	广西	15	1.1
山西	13	0.95	海南	14	1.02
内蒙古	7	0.51	重庆	21	1.54
辽宁	23	1.68	四川	35	2.56
吉林	12	0.88	贵州	13	0.95
黑龙江	8	0.59	云南	20	1.46
上海	148	10.83	西藏	5	0.37
江苏	106	7.76	陕西	17	1.24
浙江	171	12.52	甘肃	6	0.44
安徽	40	2.93	青海	5	0.37
福建	75	5.49	宁夏	6	0.44
江西	18	1.32	新疆	21	1.54
山东	72	5.27	开曼群岛	3	0.22
河南	40	2.93	合计	1366	100.00
湖北	34	2.49			

资料来源：南开大学上市公司绿色治理数据库。

五、样本市场板块分布情况

2022 年的评价对样本公司按照市场板块类型进行详细划分，其中 75.04% 的样本公司来自主板，共 1025 家；上市金融机构 111 家，占 8.13%；创业板上市公司 146 家，占 10.69%；科创板上市公司 84 家，占 6.15%。样本公司的市场板块构成如表 4 - 4 所示。

表4－4　　　　　　　　　样本公司的市场板块构成

市场板块类型	公司数（家）	比例（%）
主板	1025	75.04
创业板	146	10.69
科创板	84	6.15
金融机构	111	8.13
合计	1366	100.00

资料来源：南开大学上市公司绿色治理数据库。

第二节　中国上市公司绿色治理总体分析

一、上市公司绿色治理总体描述

如表4－5所示，在2022年评价样本中，上市公司绿色治理指数平均值为56.58，较2021年的56.13提高了0.45；中位数为56.59，比2021年的56.09提高了0.50。2022年上市公司绿色治理指数最大值为75.50，最小值为40.90，样本的标准差为5.40。指数分布情况如图4－1所示。

表4－5　　　　　　　　公司绿色治理指数描述性统计

统计指标	绿色治理指数
平均值	56.58
中位数	56.59
标准差	5.40
偏度	－0.23
峰度	3.66
极差	34.60
最小值	40.90
最大值	75.50

资料来源：南开大学上市公司绿色治理数据库。

图 4 - 1 上市公司绿色治理指数分布图

资料来源：南开大学上市公司绿色治理数据库。

2022 年中国上市公司绿色治理指数平均值为 56.58，从指数来看，上市公司绿色治理仍有比较大的改善空间。绿色治理指数的标准差为 5.40，比 2021 年的 5.28 有所增加，表明治理水平整体差异有所扩大。从绿色治理四大维度来看，绿色治理责任平均值最高，为 59.72，说明上市公司在绿色公益等外部性绿色活动中表现较好，社会责任感和包容性较强；绿色治理效能维度次高，为 57.97，说明上市公司在节能减排和循环利用方面表现也相对良好；而绿色治理架构和绿色治理机制的平均值相对较低，仅为 56.54 和 56.47，反映出上市公司在绿色治理机制和架构顶层设计方面较为薄弱，还有很大的进步空间。与 2021 年各维度平均值相比，四个维度均有所提升，其中绿色治理架构提升明显，提升了 0.73，绿色治理机制、绿色治理效能、绿色治理责任分别提升了 0.09、0.54、0.39。各维度绿色治理指数如表 4 - 6 所示。

表 4 - 6　　　　　上市公司绿色治理指数各维度描述性统计

项目	平均值	中位数	标准差	极差	最小值	最大值
绿色治理指数	56.58	56.59	5.40	34.60	40.90	75.50
绿色治理架构	56.54	55.67	5.77	28.87	50.00	78.87

续表

项目	平均值	中位数	标准差	极差	最小值	最大值
绿色治理机制	56.47	56.13	4.14	23.13	50.01	73.14
绿色治理效能	57.97	56.88	5.14	23.84	51.97	75.81
绿色治理责任	59.72	59.51	3.75	24.62	50.01	74.62

资料来源：南开大学上市公司绿色治理数据库。

二、上市公司绿色治理分行业分析

从行业分布平均值来看，绿色治理总体状况在行业间存在一定的差异。综合，制造业以及采矿业等行业绿色治理指数平均值较高，依次为59.01、57.52和57.44；教育，文化、体育和娱乐业以及信息传输、软件和信息技术服务业等行业绿色治理指数平均值较低，分别为49.33、51.94和53.31。就行业内绿色治理表现差异而言，住宿和餐饮业，租赁和商务服务业，文化、体育和娱乐业等行业内部差异较小，综合，采矿业，水利、环境和公共设施管理业等行业绿色治理表现行业差异较大。按行业分组的样本公司绿色治理指数描述性统计如表4-7所示。

表4-7　　　按行业分组的样本公司绿色治理指数描述性统计

行业	数目（家）	比例（%）	平均值	中位数	标准差	极差	最小值	最大值
农、林、牧、渔业	15	1.10	53.48	53.42	4.73	15.12	44.28	59.39
采矿业	36	2.64	57.44	59.71	6.88	28.47	43.16	71.63
制造业	759	55.56	57.52	57.61	5.42	34.40	41.10	75.50
电力、热力、燃气及水生产和供应业	64	4.69	56.06	55.66	5.09	26.65	42.45	69.10
建筑业	29	2.12	56.55	57.16	5.19	21.71	42.20	63.91
批发和零售业	55	4.03	55.68	55.48	4.60	23.04	42.88	65.92
交通运输、仓储和邮政业	54	3.95	57.02	56.83	5.49	25.14	43.43	68.56
住宿和餐饮业	2	0.15	54.32	54.32	0.67	0.94	53.85	54.80

行业	数目（家）	比例（%）	平均值	中位数	标准差	极差	最小值	最大值
信息传输、软件和信息技术服务业	91	6.66	53.31	53.80	4.43	20.31	41.46	61.77
金融业	111	8.13	56.28	56.72	4.90	24.27	41.83	66.10
房地产业	51	3.73	55.32	54.98	4.92	27.74	43.47	71.21
租赁和商务服务业	14	1.02	55.31	54.68	3.38	9.75	51.11	60.86
科学研究和技术服务业	14	1.02	56.95	56.63	4.30	14.23	50.86	65.09
水利、环境和公共设施管理业	22	1.61	54.99	56.37	5.91	19.80	43.54	63.34
教育	3	0.22	49.33	51.59	4.50	8.11	44.14	52.25
卫生和社会工作	8	0.59	55.50	56.91	4.79	15.58	45.73	61.31
文化、体育和娱乐业	35	2.56	51.94	51.89	3.47	15.64	40.90	56.54
综合	3	0.22	59.01	57.05	8.90	17.48	51.24	68.72
合计	1366	100	56.58	56.56	5.40	34.60	40.90	75.50

资料来源：南开大学上市公司绿色治理数据库。

三、上市公司绿色治理分控股股东性质分析

表 4-8 的描述性统计显示，就样本平均值而言，集体控股上市公司绿色治理指数平均值最高，为 59.00；其次为社会团体控股和国有控股上市公司，分别为 57.16 和 56.84；其他类型上市公司绿色治理指数平均值为 56.69，外资控股上市公司指数平均值为 56.65，民营控股上市公司绿色治理指数平均值为 56.23；职工持股会控股上市公司的指数平均值最低，为 55.83。国有控股上市公司绿色治理指数平均值继续高于民营控股上市公司。

表 4-8　　按控股股东性质分组的样本公司绿色治理指数描述性统计

最终控制人性质	数目（家）	比例（%）	平均值	中位数	标准差	极差	最小值	最大值
国有控股	613	44.88	56.84	56.82	5.42	32.93	40.90	73.83

最终控制人性质	数目（家）	比例（%）	平均值	中位数	标准差	极差	最小值	最大值
集体控股	8	0.59	59.00	60.57	7.40	23.35	43.71	67.06
民营控股	560	41.00	56.23	56.42	5.20	32.47	41.46	73.92
社会团体控股	5	0.37	57.16	55.52	4.71	10.86	52.87	63.73
外资控股	56	4.10	56.65	56.15	5.31	24.29	43.33	67.62
职工持股会控股	2	0.15	55.83	55.83	1.85	2.62	54.53	57.14
其他类型	122	8.93	56.69	56.83	6.13	32.66	42.84	75.50
合计	1366	100	56.58	56.59	5.40	34.60	40.90	75.50

资料来源：南开大学上市公司绿色治理数据库。

四、上市公司绿色治理分地区分析

各地区公司绿色治理指数描述性统计结果如表4－9所示。就样本绿色治理指数平均值而言，除开曼群岛之外，甘肃、广东、山东、安徽、北京和新疆等地区上市公司绿色治理指数较高，分别为60.53、58.32、57.69、57.05、57.03和56.92；辽宁、内蒙古、黑龙江、贵州、山西和福建等地区上市公司绿色治理指数较低，分别为53.82、54.05、54.36、54.48、54.57和54.62。此外，还有云南、浙江、天津和四川上市公司绿色治理指数平均值高于全国平均值（56.58），剩余其他省份平均值低于全国平均值。

表4－9　　　　按地区分组的样本公司绿色治理指数描述性统计

地区	数目（家）	比例（%）	平均值	中位数	标准差	极差	最小值	最大值
北京	158	11.57	57.03	57.02	5.46	31.63	42.20	73.83
天津	24	1.76	56.82	57.10	5.28	23.44	42.84	66.28
河北	22	1.61	55.61	57.48	5.70	19.80	44.40	64.20
山西	13	0.95	54.57	56.33	6.37	19.11	43.16	62.27
内蒙古	7	0.51	54.05	53.90	8.41	23.50	42.71	66.21
辽宁	23	1.68	53.82	55.15	6.20	26.91	40.90	67.81

续表

地区	数目 （家）	比例 （%）	平均值	中位数	标准差	极差	最小值	最大值
吉林	12	0.88	56.07	56.07	4.63	14.25	48.89	63.14
黑龙江	8	0.59	54.36	52.76	3.55	9.24	51.46	60.70
上海	148	10.83	56.30	56.16	4.38	25.92	42.49	68.41
江苏	106	7.76	56.28	56.24	5.25	26.71	41.10	67.82
浙江	171	12.52	56.83	56.78	4.50	27.25	42.25	69.50
安徽	40	2.93	57.05	57.73	6.14	25.67	42.81	68.47
福建	75	5.49	54.62	55.12	6.15	25.58	41.86	67.44
江西	18	1.32	56.19	56.87	5.96	27.65	41.83	69.47
山东	72	5.27	57.69	57.62	5.23	31.15	41.44	72.59
河南	40	2.93	55.48	56.04	5.48	24.69	42.94	67.62
湖北	34	2.49	55.05	55.25	4.91	20.19	43.05	63.23
湖南	27	1.98	56.33	54.99	5.11	24.27	45.88	70.16
广东	187	13.69	58.32	57.88	5.62	34.05	41.46	75.50
广西	15	1.10	56.49	55.96	7.62	26.41	42.32	68.72
海南	14	1.02	55.04	56.29	5.37	17.27	45.38	62.65
重庆	21	1.54	55.12	55.49	5.14	22.89	41.94	64.83
四川	35	2.56	56.69	55.80	5.17	22.09	46.95	69.03
贵州	13	0.95	54.48	55.78	8.13	24.95	42.24	67.19
云南	20	1.46	56.89	57.07	5.10	22.41	44.47	66.88
西藏	5	0.37	56.00	54.04	4.09	8.39	52.49	60.88
陕西	17	1.24	56.36	56.27	4.51	18.37	45.73	64.11
甘肃	6	0.44	60.53	59.96	5.03	14.47	52.66	67.13
青海	5	0.37	54.74	52.57	7.67	19.38	48.71	68.09
宁夏	6	0.44	55.02	55.05	6.12	18.75	45.01	63.76
新疆	21	1.54	56.92	58.53	5.39	23.46	43.62	67.08
开曼群岛	3	0.22	60.23	58.95	3.59	6.82	57.46	64.28
合计	1366	100	56.58	56.59	5.40	34.60	40.90	75.50

资料来源：南开大学上市公司绿色治理数据库。

五、上市公司绿色治理分市场板块分析

在 2022 年上市公司绿色治理评价中，按照市场板块对样本公司进行划分，科创板上市公司绿色治理指数位居首位，平均值达到 56.79，其次为主板上市公司，绿色治理指数平均值为 56.74；金融机构上市公司绿色治理指数平均值为 56.28；创业板上市公司绿色治理指数平均值为 55.62。科创板和主板上市公司绿色治理指数高于全国平均水平，而其他两个板块上市公司绿色治理指数均低于全国平均水平，有待提升。具体如表 4 - 10 所示。

表 4 - 10　　　按市场板块分组的样本公司绿色治理指数描述性统计

板块类型	数目（家）	比例（％）	平均值	中位数	标准差	极差	最小值	最大值
主板	1025	75.04	56.74	56.78	5.61	34.60	40.90	75.50
创业板	146	10.69	55.62	55.79	4.99	24.63	42.05	66.68
科创板	84	6.15	56.79	56.38	3.84	24.94	42.25	67.19
金融机构	111	8.13	56.28	56.72	4.90	24.27	41.83	66.10
合计	1366	100	56.58	56.59	5.40	34.60	40.90	75.50

资料来源：南开大学上市公司绿色治理数据库。

第三节　中国上市公司绿色治理总体评价主要结论

第一，2022 年评价样本中，上市公司绿色治理指数平均值为 56.58。从四大维度来看，绿色治理责任平均值最高，绿色治理效能维度次高，而绿色治理架构和绿色治理机制的平均值相对较低，反映出上市公司在绿色治理发展中仍然存在重行为而轻结构机制建设的情况，需要绿色行为"倒逼"上市公司强化绿色治理架构和机制。

第二，从行业比较分析来看，2022 年评价排名中，综合业的公司绿色治理指数位居第一，制造业和采矿业等行业绿色治理指数较高；而教育，文化、体育和娱乐业以及信息传输、软件和信息技术服务业等行业绿色治理指

数相对较低；综合，采矿业以及水利、环境和公共设施管理业等行业指数标准差差较大，显示绿色治理表现行业内部差异较大。

第三，从控股股东性质比较分析来看，集体控股上市公司表现最优，其次为社会团体控股和国有控股上市公司。国有控股上市公司绿色治理指数平均值继续高于民营控股上市公司。

第四，从地区比较分析来看，甘肃、广东、山东、安徽、北京、新疆、云南、浙江、天津和四川等地区指数平均值高于全国平均水平；而辽宁、内蒙古、黑龙江、贵州、山西和福建指数平均值相对较低，以中西部和东北地区为主。

第五，从市场板块来看，科创板上市公司绿色治理指数位居首位，平均值为56.79；主板上市公司绿色治理指数高于全部公司平均值，金融机构治理指数低于全部公司平均值；创业板上市公司的绿色治理指数最低，为55.62。

第五章

2022 年中国上市公司绿色治理分维度评价

第一节 中国上市公司绿色治理架构分析

一、上市公司绿色治理架构总体描述

2022 年中国上市公司绿色治理评价的样本量为 1366 家，绿色治理架构指数的平均值为 56.54，中位数为 55.67，标准差为 5.77。从绿色治理架构的两个构成要素来看，绿色理念与战略要素较高，平均值为 62.13；绿色组织与运行要素的平均值较低，为 54.32。从绿色治理架构各要素的公司间差异情况来看，上市公司在绿色理念与战略要素方面的差异程度较大，其标准差为 9.03。在绿色组织与运行要素方面，上市公司之间的差异程度相对较小，其标准差为 6.13。中国上市公司绿色治理架构总体状况描述性统计如表 5-1 所示。

表 5-1　　中国上市公司绿色治理架构总体状况描述性统计

项目	平均值	中位数	标准差	极差	最小值	最大值
绿色治理架构	56.54	55.67	5.77	28.87	50.00	78.87
绿色理念与战略	62.13	62.00	9.03	26.00	50.00	76.00

项目	平均值	中位数	标准差	极差	最小值	最大值
绿色组织与运行	54.32	50.00	6.13	32.00	50.00	82.00

资料来源：南开大学上市公司绿色治理数据库。

二、上市公司绿色治理架构分行业评价

我们以证监会制定的行业分类标准为依据，对行业间的绿色治理架构状况进行分析，以探究不同行业之间绿色治理架构的差异。从表5－2中国上市公司绿色治理架构分行业描述性统计中可以看出，采矿业，建筑业，交通运输、仓储和邮政业的绿色治理架构指数的平均水平较高，分别为60.69、58.20和57.68，高于全行业平均值56.54。教育，文化、体育和娱乐业，信息传输、软件和信息技术服务业等行业绿色治理架构指数的平均水平较低，分别为50.00、51.34和53.34。从标准差来看，综合，科学研究和技术服务业，采矿业的公司间差距较大，其标准差分别为10.72、6.70和6.56；教育，住宿和餐饮业，文化、体育和娱乐业等行业上市公司在绿色治理架构方面的差异较小，分别为0、1.23和2.28。从各行业的绿色治理架构指数的平均值以及各行业数量综合来看，制造业上市公司对拉高绿色治理架构指数的影响较大；而文化、体育和娱乐业以及信息传输、软件和信息技术服务业对拉低绿色治理架构指数的影响较大，这些行业绿色治理架构水平有待进一步提升。

表5－2　　　　中国上市公司绿色治理架构分行业描述性统计

行业	数目（家）	比例（％）	平均值	中位数	标准差	极差	最小值	最大值
农、林、牧、渔业	15	1.10	53.83	53.40	2.64	9.40	50.00	59.40
采矿业	36	2.64	60.69	59.97	6.56	25.17	52.27	77.43
制造业	759	55.56	57.09	55.67	5.90	28.87	50.00	78.87
电力、热力、燃气及水生产和供应业	64	4.69	56.64	55.67	4.84	21.70	50.00	71.70
建筑业	29	2.12	58.20	55.67	5.31	17.40	50.00	67.40

续表

行业	数目（家）	比例（%）	平均值	中位数	标准差	极差	最小值	最大值
批发和零售业	55	4.03	55.10	53.40	5.45	24.30	50.00	74.30
交通运输、仓储和邮政业	54	3.95	57.68	56.27	6.19	23.13	50.00	73.13
住宿和餐饮业	2	0.15	54.27	54.27	1.23	1.73	53.40	55.13
信息传输、软件和信息技术服务业	91	6.66	53.34	52.87	3.78	17.13	50.00	67.13
金融业	111	8.13	56.52	55.67	5.78	27.17	50.00	77.17
房地产业	51	3.73	55.28	53.40	5.51	25.17	50.00	75.17
租赁和商务服务业	14	1.02	55.35	54.53	6.33	21.43	50.00	71.43
科学研究和技术服务业	14	1.02	57.33	56.87	6.70	24.57	50.00	74.57
水利、环境和公共设施管理业	22	1.61	57.01	57.37	2.93	13.43	52.27	65.70
教育	3	0.22	50.00	50.00	0.00	0.00	50.00	50.00
卫生和社会工作	8	0.59	55.19	55.67	2.53	8.60	50.00	58.60
文化、体育和娱乐业	35	2.56	51.34	50.00	2.28	7.17	50.00	57.17
综合	3	0.22	56.19	50.00	10.72	18.57	50.00	68.57
合计	1366	100.00	56.54	55.67	5.77	28.87	50.00	78.87

资料来源：南开大学上市公司绿色治理数据库。

从表5-3中国上市公司绿色治理架构各要素分行业描述性统计可以看出，水利、环境和公共设施管理业上市公司在绿色理念与战略要素方面居行业首位，其绿色理念与战略要素的平均值为69.00，高于行业的平均值62.13；采矿业上市公司在绿色组织与运行要素方面居行业首位，其绿色组织与运行要素的平均值为58.11，高于行业的平均值54.32。教育行业上市公司在绿色理念与战略要素方面表现相对较差，其绿色理念与战略要素平均值为50.00；教育行业上市公司在绿色组织与运行要素方面也有较大提升空间，其绿色组织与运行要素的平均值为50.00。

表 5 − 3　　　中国上市公司绿色治理架构各要素分行业描述性统计

行业	绿色治理架构	绿色理念与战略	绿色组织与运行
农、林、牧、渔业	53.83	59.47	51.60
采矿业	60.69	67.22	58.11
制造业	57.09	62.62	54.91
电力、热力、燃气及水生产和供应业	56.64	65.44	53.16
建筑业	58.20	66.55	54.90
批发和零售业	55.10	59.53	53.35
交通运输、仓储和邮政业	57.68	63.04	55.56
住宿和餐饮业	54.27	60.00	52.00
信息传输、软件和信息技术服务业	53.34	57.71	51.60
金融业	56.52	62.07	54.32
房地产业	55.28	60.20	53.33
租赁和商务服务业	55.35	59.86	53.57
科学研究和技术服务业	57.33	61.43	55.71
水利、环境和公共设施管理业	57.01	69.00	52.27
教育	50.00	50.00	50.00
卫生和社会工作	55.19	62.00	52.50
文化、体育和娱乐业	51.34	53.43	50.51
综合	56.19	56.67	56.00
合计	56.54	62.13	54.32

资料来源：南开大学上市公司绿色治理数据库。

三、上市公司绿色治理架构分控股股东性质评价

从表 5 − 4 中国上市公司绿色治理架构分控股股东性质描述性统计可以看出，集体控股上市公司绿色治理架构指数平均值最高；社会团体控股、国有控股和其他类型控股上市公司的绿色治理架构的平均值水平位居中间。外资控股、民营控股、职工持股会控股上市公司的绿色治理架构水平相对较

低。从相同控股股东类型内部公司间的差异程度来说，社会团体控股上市公司的差异程度较大，其标准差为10.47，而职工持股会控股上市公司在绿色治理架构方面的差异较小，标准差仅为2.83。国有控股对提高绿色治理架构指标的影响较大，民营控股上市公司虽然数量也相对较大，但却在一定程度上拉低了整体的绿色治理架构水平，有待进一步改进。

表5-4　　中国上市公司绿色治理架构分控股股东性质描述性统计

控股股东性质	数目（家）	比例（%）	平均值	中位数	标准差	极差	最小值	最大值
国有控股	613	44.88	57.09	55.67	5.84	27.43	50.00	77.43
集体控股	8	0.59	60.17	59.02	7.65	23.13	50.00	73.13
民营控股	560	41.00	55.84	55.10	5.30	26.00	50.00	76.00
社会团体控股	5	0.37	60.05	58.53	10.47	21.43	50.00	71.43
外资控股	56	4.10	56.33	55.67	5.99	23.47	50.00	73.47
职工持股会控股	2	0.15	54.27	54.27	2.83	4.00	52.27	56.27
其他类型	122	8.93	56.70	55.67	6.70	28.87	50.00	78.87
合计	1366	100.00	56.54	55.67	5.77	28.87	50.00	78.87

资料来源：南开大学上市公司绿色治理数据库。

从表5-5中国上市公司绿色治理架构各要素分控股股东性质描述性统计可以看出，在绿色理念与战略要素方面，社会团体控股的上市公司表现最好，其平均值为63.20，外资控股上市公司表现最差，其平均值为59.96；从绿色组织与运行要素来看，集体控股上市公司平均值最高，为59.75，职工持股会控股上市公司平均值最低，为52.00。

表5-5　　中国上市公司绿色治理架构各要素分控股股东性质描述性统计

控股股东性质	绿色治理架构	绿色理念与战略	绿色组织与运行
国有控股	57.09	62.99	54.76
集体控股	60.17	61.25	59.75
民营控股	55.84	61.42	53.63
社会团体控股	60.05	63.20	58.80

控股股东性质	绿色治理架构	绿色理念与战略	绿色组织与运行
外资控股	56.33	59.96	54.89
职工持股会控股	54.27	60.00	52.00
其他类型	56.70	62.16	54.54
合计	56.54	62.13	54.32

资料来源：南开大学上市公司绿色治理数据库。

四、上市公司绿色治理架构分地区评价

上市公司的绿色治理架构指标在各地区之间具有明显的差异。由表 5 - 6 可知，除开曼群岛外，广东、青海和宁夏的上市公司绿色治理架构指标的平均水平较高，分别为 58.00、57.99 和 57.97；内蒙古、黑龙江、重庆上市公司的绿色治理架构指标平均值仍位于地区后三名，分别为 52.72、52.92 和 54.63。从绿色治理架构水平在公司间的差异程度来说，青海、西藏、贵州上市公司在绿色治理架构方面的差异程度较大；内蒙古、陕西、重庆上市公司绿色治理架构水平的差异程度较小。

表 5 - 6 　　　　　中国上市公司绿色治理架构分地区描述性统计

地区	数目（家）	比例（%）	平均值	中位数	标准差	极差	最小值	最大值
北京	158	11.57	57.10	56.27	5.70	27.17	50.00	77.17
天津	24	1.76	55.62	54.72	4.98	15.97	50.00	65.97
河北	22	1.61	56.86	55.67	4.91	18.57	50.00	68.57
山西	13	0.95	57.52	57.70	4.94	15.97	50.00	65.97
内蒙古	7	0.51	52.72	53.40	2.79	6.57	50.00	56.57
辽宁	23	1.68	55.01	53.40	4.82	20.27	50.00	70.27
吉林	12	0.88	57.03	56.52	5.31	14.87	50.00	64.87
黑龙江	8	0.59	52.92	50.00	5.06	14.27	50.00	64.27
上海	148	10.83	55.24	54.30	5.27	27.17	50.00	77.17
江苏	106	7.76	56.21	55.67	5.72	24.57	50.00	74.57

续表

地区	数目（家）	比例（%）	平均值	中位数	标准差	极差	最小值	最大值
浙江	171	12.52	55.83	55.10	5.22	21.70	50.00	71.70
安徽	40	2.93	57.20	55.67	6.25	22.87	50.00	72.87
福建	75	5.49	55.08	53.40	4.83	18.83	50.00	68.83
江西	18	1.32	56.98	55.97	5.25	21.43	50.00	71.43
山东	72	5.27	57.69	56.27	6.27	27.17	50.00	77.17
河南	40	2.93	55.90	55.40	5.17	23.47	50.00	73.47
湖北	34	2.49	56.29	53.40	6.51	27.17	50.00	77.17
湖南	27	1.98	55.79	54.30	6.35	24.30	50.00	74.30
广东	187	13.69	58.00	57.37	6.11	28.87	50.00	78.87
广西	15	1.10	57.73	55.67	7.37	20.00	50.00	70.00
海南	14	1.02	57.31	55.02	5.75	20.27	50.00	70.27
重庆	21	1.54	54.63	53.40	4.50	18.83	50.00	68.83
四川	35	2.56	57.54	55.67	7.13	26.00	50.00	76.00
贵州	13	0.95	57.72	56.27	7.85	26.00	50.00	76.00
云南	20	1.46	57.85	58.53	4.87	18.57	50.00	68.57
西藏	5	0.37	57.25	52.27	9.24	20.27	50.00	70.27
陕西	17	1.24	55.52	54.30	3.63	13.73	50.00	63.73
甘肃	6	0.44	57.78	55.97	6.34	16.87	53.40	70.27
青海	5	0.37	57.99	52.27	11.66	27.43	50.00	77.43
宁夏	6	0.44	57.97	56.52	6.30	16.87	53.40	70.27
新疆	21	1.54	57.69	57.37	7.19	24.57	50.00	74.57
开曼群岛	3	0.22	62.00	59.43	7.07	13.43	56.57	70.00
合计	1366	100.00	56.54	55.67	5.77	28.87	50.00	78.87

资料来源：南开大学上市公司绿色治理数据库。

　　由表 5-7 中国上市公司绿色治理架构各要素分地区描述性统计中可以看出，宁夏、甘肃和广东上市公司在绿色理念与战略要素方面表现仍然较好，其绿色理念与战略要素的平均值分别为 68.00、65.67 和 64.79，黑龙江、内蒙古、西藏上市公司在绿色理念与战略要素方面表现相对较差，其绿色理念与战略要素平均值分别为 56.50、57.43 和 58.40。在绿色组织与运行要素方面，除开曼群岛外，西藏、青海、海南上市公司表现较佳，平均值分别为 56.80、56.40 和 55.86；而内蒙古、黑龙江、辽宁上市公司表现较差，其绿色组织与运行要素的平均值分别为 50.86、51.50 和 52.00。

表 5 - 7　　　中国上市公司绿色治理架构各要素分地区描述性统计

地区	绿色治理架构	绿色理念与战略	绿色组织与运行
北京	57.10	61.63	55.30
天津	55.62	60.33	53.75
河北	56.86	63.18	54.36
山西	57.52	64.46	54.77
内蒙古	52.72	57.43	50.86
辽宁	55.01	62.61	52.00
吉林	57.03	63.00	54.67
黑龙江	52.92	56.50	51.50
上海	55.24	60.11	53.31
江苏	56.21	61.62	54.08
浙江	55.83	61.40	53.63
安徽	57.20	61.50	55.50
福建	55.08	61.12	52.69
江西	56.98	64.22	54.11
山东	57.69	64.28	55.08
河南	55.90	61.10	53.85
湖北	56.29	61.06	54.41
湖南	55.79	60.15	54.07
广东	58.00	64.79	55.32
广西	57.73	63.47	55.47
海南	57.31	61.00	55.86
重庆	54.63	60.10	52.48
四川	57.54	63.31	55.26

地区	绿色治理架构	绿色理念与战略	绿色组织与运行
贵州	57.72	62.46	55.85
云南	57.85	63.80	55.50
西藏	57.25	58.40	56.80
陕西	55.52	63.53	52.35
甘肃	57.78	65.67	54.67
青海	57.99	62.00	56.40
宁夏	57.97	68.00	54.00
新疆	57.69	64.38	55.05
开曼群岛	62.00	62.00	62.00
合计	56.54	62.13	54.32

资料来源：南开大学上市公司绿色治理数据库。

第二节　中国上市公司绿色治理机制分析

一、上市公司绿色治理机制总体描述

2022年中国上市公司绿色治理研究的样本量为1366家，绿色治理机制指数的平均值为56.47，标准差为4.14。从绿色治理机制的四个构成要素来看，绿色运营要素的表现最好，平均值为58.99；绿色投融资要素次之，平均值为56.33；绿色行政要素的平均值为55.12；绿色考评要素平均值最小，仅为52.20。从绿色治理机制各要素的公司间差异情况来看，上市公司在投融资要素方面的差异程度较大，其标准差为6.96；而在绿色考评要素方面，上市公司之间差异程度较小，其标准差为5.43，说明中国上市公司整体在绿色考评方面的表现均有待提升。中国上市公司绿色治理机制总体状况描述性统计如表5-8所示。

表 5 – 8　　　中国上市公司绿色治理机制总体状况描述性统计

项目	平均值	中位数	标准差	极差	最小值	最大值
绿色治理机制	56.47	56.13	4.14	23.13	50.01	73.14
绿色运营	58.99	58.50	6.40	26.00	50.00	76.00
绿色投融资	56.33	54.00	6.96	28.00	50.00	78.00
绿色行政	55.12	52.50	6.85	30.00	50.00	80.00
绿色考评	52.20	50.00	5.43	30.00	50.00	80.00

资料来源：南开大学上市公司绿色治理数据库。

二、上市公司绿色治理机制分行业评价

我们以证监会制定的行业分类标准为依据，对行业间的绿色治理机制状况进行分析，以探究不同行业之间绿色治理机制的差异。从表 5 – 9 中国上市公司绿色治理机制分行业描述性统计中可以看出，采矿业，金融业，制造业等行业上市公司的绿色治理机制平均水平较高，住宿和餐饮业，教育业，文化、体育和娱乐业等行业上市公司的绿色机制指数较低。从标准差来看，综合行业上市公司在绿色治理机制方面的差异较大；住宿和餐饮业上市公司的标准差较小。

表 5 – 9　　　　中国上市公司绿色治理机制分行业描述性统计

行业	数目（家）	比例（%）	平均值	中位数	标准差	极差	最小值	最大值
农、林、牧、渔业	15	1.10	54.55	53.33	4.36	13.34	50.01	63.35
采矿业	36	2.64	57.97	57.88	4.06	17.09	50.01	67.10
制造业	759	55.56	57.03	56.77	4.18	23.13	50.01	73.14
电力、热力、燃气及水生产和供应业	64	4.69	55.22	53.87	4.20	15.98	50.01	65.99
建筑业	29	2.12	56.89	57.09	3.55	15.77	50.92	66.69
批发和零售业	55	4.03	55.69	55.27	3.70	16.20	50.01	66.21

续表

行业	数目（家）	比例（%）	平均值	中位数	标准差	极差	最小值	最大值
交通运输、仓储和邮政业	54	3.95	56.56	56.30	3.80	16.26	50.01	66.27
住宿和餐饮业	2	0.15	51.78	51.78	1.22	1.72	50.92	52.64
信息传输、软件和信息技术服务业	91	6.66	54.73	54.23	3.31	15.40	50.01	65.41
金融业	111	8.13	57.08	57.07	4.32	18.80	50.01	68.81
房地产业	51	3.73	55.96	55.54	3.59	14.13	50.01	64.14
租赁和商务服务业	14	1.02	52.95	52.02	2.64	7.71	50.01	57.72
科学研究和技术服务业	14	1.02	57.00	56.09	4.44	14.24	51.83	66.07
水利、环境和公共设施管理业	22	1.61	56.00	55.32	4.12	15.10	50.01	65.11
教育	3	0.22	52.35	52.95	2.11	4.08	50.01	54.09
卫生和社会工作	8	0.59	56.14	56.54	2.82	8.94	50.56	59.49
文化、体育和娱乐业	35	2.56	52.41	51.83	2.01	7.62	50.01	57.63
综合	3	0.22	55.28	53.63	5.11	9.82	51.19	61.01
合计	1366	100.00	56.47	56.13	4.14	23.13	50.01	73.14

资料来源：南开大学上市公司绿色治理数据库。

从表5-10中国上市公司绿色治理机制各要素分行业描述性统计表中可以看出，在绿色运营要素方面，采矿业上市公司的表现最好，而教育业上市公司的表现较差。采矿业在绿色投融资要素方面表现仍为最佳，教育行业在绿色投融资要素方面的表现最差，平均值只达到了50.00。在绿色行政要素方面，卫生和社会工作表现居首位，综合业上市公司在这方面的表现较差。最后，绿色考评要素方面表现最好的是采矿业上市公司，综合，文化、体育和娱乐业，住宿和餐饮业，教育，租赁和商务服务业的上市公司表现较差，平均值均只有50.00。

表 5 – 10   中国上市公司绿色治理机制各要素分行业描述性统计

行业	绿色治理机制	绿色运营	绿色投融资	绿色行政	绿色考评
农、林、牧、渔业	54.55	54.77	56.93	52.50	52.67
采矿业	57.97	60.70	59.56	52.57	56.81
制造业	57.03	60.36	57.34	54.00	52.58
电力、热力、燃气及水生产和供应业	55.22	56.68	56.66	53.20	51.80
建筑业	56.89	59.85	57.24	54.57	52.07
批发和零售业	55.69	58.05	53.71	56.59	51.55
交通运输、仓储和邮政业	56.56	59.13	55.70	55.14	53.70
住宿和餐饮业	51.78	51.63	50.00	55.00	50.00
信息传输、软件和信息技术服务业	54.73	56.09	51.67	58.60	50.22
金融业	57.08	56.25	58.36	60.16	51.26
房地产业	55.96	59.14	52.82	57.21	51.27
租赁和商务服务业	52.95	53.41	50.86	56.25	50.00
科学研究和技术服务业	57.00	59.57	54.57	57.50	53.93
水利、环境和公共设施管理业	56.00	59.76	54.18	55.34	50.45
教育	52.35	51.58	50.00	57.50	50.00
卫生和社会工作	56.14	54.53	56.50	60.94	51.25
文化、体育和娱乐业	52.41	53.70	50.23	54.21	50.00
综合	55.28	57.50	58.00	51.67	50.00
合计	56.47	58.99	56.33	55.12	52.20

资料来源：南开大学上市公司绿色治理数据库。

三、上市公司绿色治理机制分控股股东性质评价

从表 5 – 11 中国上市公司绿色治理机制分控股股东性质描述性统计中可以看出，集体控股上市公司绿色治理机制指数平均值最高，为 57.61；社会团体控股、其他类型、外资控股和国有控股上市公司的绿色治理机制的平均值也高于全样本的平均水平（56.47）；民营控股和职工持股会控股的上市

公司的绿色治理机制质量相对较差。从相同控股股东类型内部公司间的差异程度来说，国有控股上市公司的差异程度较大，其标准差为4.29；而职工持股会控股上市公司的差异程度较小，其标准差为2.53。从绿色治理机制指标的平均值以及各类型控股股东的数量综合来看，民营控股上市公司在绿色治理机制方面的表现欠佳，是拉低绿色治理机制指标数值的主要因素。

表5－11　　　中国上市公司绿色治理机制分控股股东性质描述性统计

控股股东性质	数目（家）	比例（％）	平均值	中位数	标准差	极差	最小值	最大值
国有控股	613	44.88	56.56	56.39	4.29	20.40	50.01	70.41
集体控股	8	0.59	57.61	57.89	3.57	9.40	53.55	62.96
民营控股	560	41.00	56.25	55.71	4.02	20.68	50.01	70.69
社会团体控股	5	0.37	56.85	54.72	3.24	6.71	54.10	60.81
外资控股	56	4.10	56.66	57.01	3.95	15.20	50.01	65.21
职工持股会控股	2	0.15	55.37	55.37	2.53	3.58	53.58	57.16
其他类型	122	8.93	56.88	56.54	4.15	23.13	50.01	73.14
合计	1366	100.00	56.47	56.13	4.14	23.13	50.01	73.14

资料来源：南开大学上市公司绿色治理数据库。

从绿色运营要素来看，集体控股上市公司仍为最高，职工持股会控股上市公司表现较差。从绿色投融资要素来看，国有控股上市公司表现最好，集体控股和职工持股会控股上市公司表现最差。从绿色行政要素来看，职工持股会控股上市公司的表现仍为最优，外资控股上市公司表现较差。在绿色考评要素方面，集体控股上市公司表现较好，职工持股会控股上市公司表现较差，其平均值为50.00。中国上市公司绿色治理机制各要素分控股股东性质描述性统计如表5－12所示。

表5－12　　　中国上市公司绿色治理机制各要素分控股股东性质描述性统计

控股股东性质	绿色治理机制	绿色运营	绿色投融资	绿色行政	绿色考评
国有控股	56.56	58.74	56.87	54.95	52.77
集体控股	57.61	61.69	54.00	56.88	55.00

控股股东性质	绿色治理机制	绿色运营	绿色投融资	绿色行政	绿色考评
民营控股	56.25	59.13	55.80	54.80	51.79
社会团体控股	56.85	57.85	56.40	58.50	52.00
外资控股	56.66	60.12	56.29	54.24	52.14
职工持股会控股	55.37	54.50	54.00	61.25	50.00
其他类型	56.88	59.04	56.21	57.54	51.11
合计	56.47	58.99	56.33	55.12	52.20

资料来源：南开大学上市公司绿色治理数据库。

四、上市公司绿色治理机制分地区评价

2022 年中国上市公司的绿色治理机制状况在各地区之间具有明显的差异。由表 5 – 13 可知，甘肃、广东和安徽上市公司绿色治理机制的平均水平较高，位居地区前三名；青海、宁夏和黑龙江上市公司的绿色治理机制平均值位于地区最后三名。从绿色治理机制在公司间的差异程度来说，甘肃、江西、内蒙古上市公司绿色治理机制水平的差异程度较大；宁夏、海南、辽宁上市公司绿色治理机制水平的差异程度较小。

表 5 – 13　　中国上市公司绿色治理机制分地区描述性统计

地区	数目（家）	比例（%）	平均值	中位数	标准差	极差	最小值	最大值
北京	158	11.57	56.76	55.96	4.30	20.40	50.01	70.41
天津	24	1.76	56.52	55.93	3.42	12.38	50.01	62.39
河北	22	1.61	56.65	55.65	3.65	15.59	52.28	67.87
山西	13	0.95	56.56	57.11	3.11	9.21	51.81	61.02
内蒙古	7	0.51	55.12	52.95	5.29	12.54	50.01	62.55
辽宁	23	1.68	55.70	55.72	2.90	11.76	50.01	61.77
吉林	12	0.88	55.19	54.70	3.95	11.00	50.01	61.01
黑龙江	8	0.59	53.66	52.30	4.23	12.01	50.01	62.02
上海	148	10.83	56.65	56.04	4.43	19.06	50.01	69.07

续表

地区	数目（家）	比例（%）	平均值	中位数	标准差	极差	最小值	最大值
江苏	106	7.76	56.57	56.22	4.19	16.98	50.01	66.99
浙江	171	12.52	56.46	56.23	3.70	18.31	50.01	68.32
安徽	40	2.93	57.23	56.65	4.56	16.99	50.01	67.00
福建	75	5.49	56.07	55.31	3.86	16.39	50.28	66.67
江西	18	1.32	57.19	56.49	5.38	20.04	50.01	70.05
山东	72	5.27	56.88	56.89	4.04	14.73	50.01	64.74
河南	40	2.93	55.93	55.29	4.58	20.68	50.01	70.69
湖北	34	2.49	54.83	53.90	3.02	10.84	50.01	60.85
湖南	27	1.98	55.83	56.19	4.45	15.31	50.01	65.32
广东	187	13.69	57.28	57.12	4.18	23.13	50.01	73.14
广西	15	1.10	56.04	54.91	5.26	18.15	50.01	68.16
海南	14	1.02	55.81	56.02	2.79	10.57	51.10	61.67
重庆	21	1.54	55.82	53.97	5.17	18.80	50.01	68.81
四川	35	2.56	55.39	53.92	3.89	13.76	50.01	63.77
贵州	13	0.95	55.63	54.33	4.90	13.21	50.01	63.22
云南	20	1.46	56.38	56.39	4.20	14.61	50.01	64.62
西藏	5	0.37	56.12	55.44	3.75	9.16	52.64	61.79
陕西	17	1.24	56.17	57.49	3.64	11.48	50.01	61.49
甘肃	6	0.44	59.63	60.50	5.52	16.21	52.10	68.31
青海	5	0.37	52.74	50.74	3.64	8.66	50.01	58.67
宁夏	6	0.44	53.24	52.48	2.50	6.45	51.08	57.54
新疆	21	1.54	55.84	55.41	3.73	15.34	50.01	65.35
开曼群岛	3	0.22	56.54	57.54	5.10	10.06	51.01	61.07
合计	1366	100.00	56.47	56.13	4.14	23.13	50.01	73.14

资料来源：南开大学上市公司绿色治理数据库。

　　从表5-14中国上市公司绿色治理机制各要素分地区描述性统计中可以看出，在绿色运营要素方面，甘肃、西藏和天津上市公司的表现比较出色，而宁夏、青海和黑龙江上市公司的表现较差。在绿色投融资要素方面，表现较好的有甘肃、云南和江西上市公司，而青海、黑龙江和海南上市公司在绿色投融资要素方面的表现位于后三名。在绿色行政要素方面，重庆、广东和安徽上市公司的表现较为出色，而青海、宁夏和湖北上市公司的表现较差。在绿色考评要素方面，青海、贵州和河北上市公司的表现较好，而内蒙古、黑龙江和开曼群岛上市公司在绿色考评要素的表现欠佳，其平均值均为50.00。

表 5-14 中国上市公司绿色治理机制各要素分地区描述性统计

地区	绿色治理机制	绿色运营	绿色投融资	绿色行政	绿色考评
北京	56.76	58.85	56.70	55.63	53.10
天津	56.52	60.96	55.33	53.96	51.25
河北	56.65	58.89	57.36	53.64	54.32
山西	56.56	59.06	57.85	52.50	54.23
内蒙古	55.12	56.43	56.57	54.29	50.00
辽宁	55.70	56.67	56.17	55.98	51.52
吉林	55.19	56.94	57.67	52.08	50.83
黑龙江	53.66	54.56	52.50	55.63	50.00
上海	56.65	59.37	55.62	56.13	52.09
江苏	56.57	59.01	56.11	55.94	51.84
浙江	56.46	59.59	56.12	54.43	52.13
安徽	57.23	59.91	56.05	56.63	53.25
福建	56.07	59.10	55.52	54.43	51.73
江西	57.19	59.14	58.44	54.58	53.89
山东	56.88	59.86	57.33	54.51	51.94
河南	55.93	58.00	56.75	54.06	51.88
湖北	54.83	57.35	55.88	51.99	50.74
湖南	55.83	57.80	56.30	54.17	52.41
广东	57.28	60.16	56.33	56.97	51.79
广西	56.04	58.55	56.93	53.00	52.67

地区	绿色治理机制	绿色运营	绿色投融资	绿色行政	绿色考评
海南	55.81	57.55	54.00	56.61	53.21
重庆	55.82	56.93	55.52	57.02	51.19
四川	55.39	56.89	57.14	52.71	52.43
贵州	55.63	57.10	55.85	53.65	54.62
云南	56.38	57.99	60.00	52.63	51.25
西藏	56.12	61.25	54.80	52.00	52.00
陕西	56.17	57.94	56.47	54.71	53.24
甘肃	59.63	61.42	64.33	55.00	53.33
青海	52.74	53.85	51.60	51.00	55.00
宁夏	53.24	52.92	55.33	51.25	53.33
新疆	55.84	58.21	56.10	54.05	51.90
开曼群岛	56.54	59.17	55.33	57.50	50.00
合计	56.47	58.99	56.33	55.12	52.20

资料来源：南开大学上市公司绿色治理数据库。

第三节　中国上市公司绿色治理效能分析

一、上市公司绿色治理效能总体描述

2022 年中国上市公司绿色治理评价样本量为 1366 家，绿色治理效能指数的平均值为 57.97，标准差为 5.14。从绿色治理效能的三个构成要素来看，绿色减排水平最高，平均值为 61.75；绿色循环利用的平均值次之；绿色节能的平均值最低，为 55.28。从绿色治理效能各要素的公司间差异情况来看，上市公司在绿色循环利用方面的差异程度较大，其标准差为 6.96。中国上市公司绿色治理效能总体状况描述性统计如表 5-15 所示。

表 5 – 15　　中国上市公司绿色治理效能总体状况描述性统计

项目	平均值	中位数	标准差	极差	最小值	最大值
绿色治理效能	57.97	56.88	5.14	23.84	51.97	75.81
绿色节能	55.28	53.00	6.34	29.00	50.00	79.00
绿色减排	61.75	60.00	6.64	26.00	55.00	81.00
绿色循环利用	55.67	50.00	6.96	26.00	50.00	76.00

资料来源：南开大学上市公司绿色治理数据库。

二、上市公司绿色治理效能分行业评价

我们以证监会制定的行业分类标准为依据，对行业间的绿色治理效能状况进行分析，以探究不同行业之间绿色治理效能的差异。从表 5 – 16 中国上市公司绿色治理效能分行业描述性统计中可以看出，采矿业，综合以及制造业的绿色治理效能指数平均值较高，教育，文化、体育和娱乐业以及信息传输、软件和信息技术服务业上市公司的绿色治理效能指数平均值较低。从标准差来看，综合类上市公司在绿色治理效能方面的差异程度较大，教育行业上市公司在绿色治理效能方面的差异程度较小。

表 5 – 16　　中国上市公司绿色治理效能分行业描述性统计

行业	数目（家）	比例（%）	平均值	中位数	标准差	极差	最小值	最大值
农、林、牧、渔业	15	1.10	56.86	56.29	3.71	13.60	51.97	65.57
采矿业	36	2.64	61.86	61.61	5.08	19.99	52.46	72.45
制造业	759	55.56	59.30	58.45	5.26	23.84	51.97	75.81
电力、热力、燃气及水生产和供应业	64	4.69	57.97	57.45	4.04	18.37	51.97	70.34
建筑业	29	2.12	58.35	57.50	5.13	16.09	51.97	68.06
批发和零售业	55	4.03	56.25	55.41	4.30	21.82	51.97	73.79
交通运输、仓储和邮政业	54	3.95	57.69	55.78	4.90	19.30	51.97	71.27
住宿和餐饮业	2	0.15	55.00	55.00	2.54	3.59	53.20	56.80

续表

行业	数目（家）	比例（%）	平均值	中位数	标准差	极差	最小值	最大值
信息传输、软件和信息技术服务业	91	6.66	54.02	52.75	2.81	12.14	51.97	64.11
金融业	111	8.13	54.64	53.93	3.00	13.26	51.97	65.23
房地产业	51	3.73	56.61	54.85	4.36	15.13	51.97	67.10
租赁和商务服务业	14	1.02	55.77	54.52	3.62	10.95	51.97	62.92
科学研究和技术服务业	14	1.02	56.94	55.29	5.35	15.48	51.97	67.45
水利、环境和公共设施管理业	22	1.61	57.62	57.66	4.46	15.34	51.97	67.31
教育	3	0.22	52.94	51.97	1.68	2.90	51.97	54.87
卫生和社会工作	8	0.59	56.46	56.06	3.01	8.99	51.97	60.96
文化、体育和娱乐业	35	2.56	53.16	51.97	2.41	13.30	51.97	65.27
综合	3	0.22	61.02	61.20	8.97	17.93	51.97	69.90
合计	1366	100.00	57.97	56.88	5.14	23.84	51.97	75.81

资料来源：南开大学上市公司绿色治理数据库。

　　从表5-17中国上市公司绿色治理效能各要素分行业描述性统计中可以看出，采矿业上市公司在绿色节能要素方面表现较好，而文化、体育和娱乐业上市公司在绿色节能方面表现相对较差。在绿色减排方面，综合和采矿业的平均值较高，教育，文化、体育和娱乐业上市公司在绿色减排方面的平均值较低。采矿业和建筑业在绿色循环利用方面表现较好，而住宿和餐饮业，文化、体育和娱乐业上市公司在绿色循环利用方面则表现欠佳。

表5-17　　　中国上市公司绿色治理效能各要素分行业描述性统计

行业	绿色治理效能	绿色节能	绿色减排	绿色循环利用
农、林、牧、渔业	56.86	53.10	58.53	57.60
采矿业	61.86	58.50	65.93	59.72
制造业	59.30	55.87	63.78	56.77

续表

行业	绿色治理效能	绿色节能	绿色减排	绿色循环利用
电力、热力、燃气及水生产和供应业	57.97	56.14	61.50	55.38
建筑业	58.35	54.60	60.38	58.69
批发和零售业	56.25	54.82	59.30	53.89
交通运输、仓储和邮政业	57.69	55.69	60.43	56.07
住宿和餐饮业	55.00	57.50	58.00	50.00
信息传输、软件和信息技术服务业	54.02	53.15	56.85	51.52
金融业	54.64	54.18	57.28	52.05
房地产业	56.61	54.64	58.66	55.73
租赁和商务服务业	55.77	54.68	57.29	54.86
科学研究和技术服务业	56.94	56.14	61.04	53.00
水利、环境和公共设施管理业	57.62	53.75	60.77	56.82
教育	52.94	51.00	55.00	52.00
卫生和社会工作	56.46	55.31	60.13	53.25
文化、体育和娱乐业	53.16	50.71	56.84	50.80
综合	61.02	51.67	69.67	58.00
合计	57.97	55.28	61.75	55.67

资料来源：南开大学上市公司绿色治理数据库。

三、上市公司绿色治理效能分控股股东性质评价

从表 5 – 18 中国上市公司绿色治理效能分控股股东性质描述性统计中可以看出，集体控股上市公司绿色治理效能指数平均值最高，为 61.30；社会团体控股、外资控股、国有控股上市公司次之，均高于全样本绿色治理效能指数的平均水平（57.97）。其他类型、民营控股、职工持股会控股上市公司的绿色治理效能指数相对较低。从相同控股股东类型内部公司间的差异程度来说，社会团体控股上市公司的差异程度较大，民营控股上市公司差异程度最小。

表 5 - 18　　　　　中国上市公司绿色治理效能分控股股东性质描述性统计

控股股东性质	数目（家）	比例（%）	平均值	中位数	标准差	极差	最小值	最大值
国有控股	613	44.88	58.17	57.09	5.36	23.35	51.97	75.31
集体控股	8	0.59	61.30	60.29	5.62	15.65	55.85	71.51
民营控股	560	41.00	57.68	56.80	4.77	23.84	51.97	75.81
社会团体控股	5	0.37	58.61	56.81	6.89	16.26	52.71	68.97
外资控股	56	4.10	58.23	56.90	5.07	19.84	51.97	71.81
职工持股会控股	2	0.15	56.99	56.99	5.36	7.58	53.20	60.79
其他类型	122	8.93	57.87	56.72	5.54	22.05	51.97	74.01
合计	1366	100.00	57.97	56.88	5.14	23.84	51.97	75.81

资料来源：南开大学上市公司绿色治理数据库。

从绿色节能要素来看，职工持股会控股上市公司表现较好，社会团体控股上市公司表现欠佳；从绿色减排要素来看，集体控股上市公司表现最好，职工持股会上市公司表现较差；从绿色循环利用要素来看，集体控股上市公司的平均值最高，外资控股上市公司平均值最低。中国上市公司绿色治理效能各要素分控股股东性质描述性统计如表 5 - 19 所示。

表 5 - 19　　　　中国上市公司绿色治理效能各要素分控股股东性质描述性统计

控股股东性质	绿色治理效能	绿色节能	绿色减排	绿色循环利用
国有控股	58.17	55.84	61.63	55.98
集体控股	61.30	57.38	64.94	60.00
民营控股	57.68	54.51	61.79	55.37
社会团体控股	58.61	52.60	64.40	56.40
外资控股	58.23	55.38	63.10	54.86
职工持股会控股	56.99	57.75	56.50	57.00
其他类型	57.87	55.89	61.26	55.52
合计	57.97	55.28	61.75	55.67

资料来源：南开大学上市公司绿色治理数据库。

四、上市公司绿色治理效能分地区评价

2022 年中国上市公司的绿色治理效能状况在各地区之间具有明显的差异。除开曼群岛外，云南、内蒙古和山西上市公司的绿色治理效能平均值较高；黑龙江、重庆和湖北上市公司在绿色治理效能方面的表现较差。从绿色治理效能水平在公司间的差异程度来说，青海、广西和云南上市公司在绿色治理效能方面的差异程度较大，河北、湖北和天津的上市公司在绿色治理效能方面的差异程度较小。详细情况如表 5-20 所示。

表 5-20　　　　中国上市公司绿色治理效能分地区描述性统计

地区	数目（家）	比例（%）	平均值	中位数	标准差	极差	最小值	最大值
北京	158	11.57	57.70	56.29	5.26	23.35	51.97	75.31
天津	24	1.76	58.30	58.16	4.54	14.66	51.97	66.62
河北	22	1.61	57.27	58.35	3.77	13.11	51.97	65.08
山西	13	0.95	59.85	59.97	5.21	19.17	51.97	71.14
内蒙古	7	0.51	60.10	60.73	6.05	18.64	52.95	71.59
辽宁	23	1.68	56.80	56.29	4.85	19.84	51.97	71.81
吉林	12	0.88	58.07	56.43	4.75	12.96	52.75	65.71
黑龙江	8	0.59	55.76	53.54	5.05	14.32	51.97	66.29
上海	148	10.83	57.49	56.54	4.93	22.62	51.97	74.59
江苏	106	7.76	57.40	56.83	4.84	21.82	51.97	73.79
浙江	171	12.52	57.89	57.01	4.85	20.58	51.97	72.55
安徽	40	2.93	58.72	59.16	5.24	19.84	51.97	71.80
福建	75	5.49	56.74	55.59	4.59	19.44	51.97	71.40
江西	18	1.32	58.41	57.16	5.90	20.13	51.97	72.10
山东	72	5.27	58.92	57.53	4.87	19.54	51.97	71.51
河南	40	2.93	56.94	55.50	4.61	19.84	51.97	71.81
湖北	34	2.49	56.73	55.02	4.31	14.37	51.97	66.33
湖南	27	1.98	57.53	57.62	5.51	18.66	51.97	70.63

续表

地区	数目（家）	比例（%）	平均值	中位数	标准差	极差	最小值	最大值
广东	187	13.69	59.01	57.86	5.69	23.84	51.97	75.81
广西	15	1.10	59.50	57.81	6.72	19.23	51.97	71.20
海南	14	1.02	58.47	56.50	5.70	17.00	51.97	68.97
重庆	21	1.54	56.14	56.03	4.55	17.30	51.97	69.27
四川	35	2.56	58.59	59.00	5.04	19.21	51.97	71.18
贵州	13	0.95	57.24	56.61	5.28	15.84	51.97	67.81
云南	20	1.46	60.14	59.21	6.37	20.63	51.97	72.59
西藏	5	0.37	57.84	60.55	4.98	10.65	51.97	62.61
陕西	17	1.24	57.52	57.33	6.29	22.31	51.97	74.28
甘肃	6	0.44	59.38	58.45	5.22	15.75	51.97	67.72
青海	5	0.37	58.02	55.50	7.58	19.31	51.97	71.28
宁夏	6	0.44	57.44	57.27	4.80	12.32	51.97	64.29
新疆	21	1.54	59.05	57.83	4.86	15.32	51.97	67.29
开曼群岛	3	0.22	62.69	64.03	5.12	9.97	57.03	67.00
合计	1366	100.00	57.97	56.88	5.14	23.84	51.97	75.81

资料来源：南开大学上市公司绿色治理数据库。

由表 5-21 中国上市公司绿色治理效能各要素分地区描述性统计中可以看出，在绿色节能要素方面，除开曼群岛外，安徽、内蒙古和上海上市公司的表现较好，重庆、贵州和宁夏上市公司的表现较差。云南、山西和广西上市公司的绿色减排水平较高，黑龙江、辽宁和福建上市公司的绿色减排水平较低。在绿色循环利用要素方面，内蒙古、甘肃和山西上市公司的表现较好，而黑龙江、重庆和西藏上市公司则表现较差。

表 5-21　　中国上市公司绿色治理效能各要素分地区描述性统计

地区	绿色治理效能	绿色节能	绿色减排	绿色循环利用
北京	57.70	55.98	60.93	55.34
天津	58.30	54.69	62.44	56.25

续表

地区	绿色治理效能	绿色节能	绿色减排	绿色循环利用
河北	57.27	53.75	61.30	55.27
山西	59.85	55.08	63.69	58.92
内蒙古	60.10	56.93	60.86	61.43
辽宁	56.80	54.28	60.15	54.87
吉林	58.07	55.67	62.54	54.83
黑龙江	55.76	56.44	57.63	53.25
上海	57.49	56.45	60.48	54.92
江苏	57.40	54.33	61.27	55.26
浙江	57.89	54.76	61.94	55.60
安徽	58.72	57.86	62.02	55.70
福建	56.74	53.52	60.37	54.99
江西	58.41	55.31	62.25	56.33
山东	58.92	55.47	63.38	56.42
河南	56.94	53.69	60.42	55.35
湖北	56.73	54.53	60.38	54.24
湖南	57.53	54.65	61.69	54.96
广东	59.01	56.12	63.32	56.27
广西	59.50	56.30	63.50	57.33
海南	58.47	55.64	63.29	55.14
重庆	56.14	53.07	60.55	53.43
四川	58.59	54.97	62.39	56.91
贵州	57.24	53.08	60.42	56.62
云南	60.14	55.52	65.17	57.80
西藏	57.84	56.10	62.80	53.60
陕西	57.52	55.18	61.68	54.59
甘肃	59.38	55.00	62.17	59.33
青海	58.02	54.40	61.40	56.80
宁夏	57.44	53.17	60.83	56.67

续表

地区	绿色治理效能	绿色节能	绿色减排	绿色循环利用
新疆	59.05	54.93	62.76	57.81
开曼群岛	62.69	57.00	69.33	59.33
合计	57.97	55.28	61.75	55.67

资料来源：南开大学上市公司绿色治理数据库。

第四节　中国上市公司绿色治理责任分析

一、上市公司绿色治理责任总体描述

2022 年中国上市公司绿色治理责任指数的平均值为 59.72，标准差为 3.75。从绿色治理责任的 3 个构成要素来看，绿色包容要素的平均值最高，为 63.85；绿色公益要素次之，平均值为 59.88；绿色信息披露要素的平均值最低，为 57.20。从绿色治理责任各要素的公司间差异情况来看，上市公司在绿色包容要素方面的差异程度最大，其标准差为 5.94，而在绿色公益要素方面，上市公司之间的差异程度最小，其标准差为 4.23。中国上市公司绿色治理责任总体状况描述性统计如表 5 - 22 所示。

表 5 - 22　　中国上市公司绿色治理责任总体状况描述性统计

项目	平均值	中位数	标准差	极差	最小值	最大值
绿色治理责任	59.72	59.51	3.75	24.62	50.01	74.62
绿色公益	59.88	60.00	4.23	25.00	50.00	75.00
绿色信息披露	57.20	57.00	4.68	25.00	50.00	75.00
绿色包容	63.85	65.00	5.94	30.00	50.00	80.00

资料来源：南开大学上市公司绿色治理数据库。

二、上市公司绿色治理责任分行业评价

从表 5 - 23 中国上市公司绿色治理责任分行业描述性统计中可以看出，采矿业，水利、环境和公共设施管理业以及交通运输、仓储和邮政业上市公司的绿色治理责任水平较高，文化、体育和娱乐业，租赁和商务服务业以及信息传输、软件和信息技术服务业上市公司绿色治理责任指数较低。从标准差来看，综合，采矿业上市公司在绿色治理责任方面的差异程度较大，住宿和餐饮业，租赁和商务服务业上市公司在绿色治理责任方面的差异程度较小。

表 5 - 23　　　　中国上市公司绿色治理责任分行业描述性统计

行业	数目（家）	比例（%）	平均值	中位数	标准差	极差	最小值	最大值
农、林、牧、渔业	15	1.10	57.78	56.36	4.14	12.11	53.12	65.23
采矿业	36	2.64	61.84	61.66	4.52	20.48	51.88	72.36
制造业	759	55.56	60.07	59.97	3.71	24.62	50.01	74.62
电力、热力、燃气及水生产和供应业	64	4.69	59.41	59.48	3.31	13.37	52.40	65.77
建筑业	29	2.12	60.11	59.52	2.98	13.59	54.78	68.38
批发和零售业	55	4.03	59.83	60.48	3.64	15.65	53.72	69.37
交通运输、仓储和邮政业	54	3.95	60.62	60.71	3.75	14.41	53.44	67.85
住宿和餐饮业	2	0.15	59.22	59.22	0.09	0.12	59.16	59.28
信息传输、软件和信息技术服务业	91	6.66	57.69	57.60	2.89	15.23	50.84	66.07
金融业	111	8.13	59.71	59.97	4.07	17.72	51.11	68.83
房地产业	51	3.73	59.53	59.48	3.08	12.90	53.23	66.13
租赁和商务服务业	14	1.02	57.27	57.25	2.46	7.81	54.27	62.08
科学研究和技术服务业	14	1.02	59.88	58.70	3.51	9.41	55.83	65.24
水利、环境和公共设施管理业	22	1.61	60.79	60.30	3.53	11.88	56.00	67.88

续表

行业	数目（家）	比例（%）	平均值	中位数	标准差	极差	最小值	最大值
教育	3	0.22	58.38	57.94	2.80	5.55	55.83	61.38
卫生和社会工作	8	0.59	59.21	59.98	3.21	9.36	53.72	63.08
文化、体育和娱乐业	35	2.56	55.59	55.27	2.78	12.69	50.28	62.97
综合	3	0.22	59.45	62.33	6.14	11.22	52.40	63.61
合计	1366	100.00	59.72	59.51	3.75	24.62	50.01	74.62

资料来源：南开大学上市公司绿色治理数据库。

从表5-24中国上市公司绿色治理责任各要素分行业描述性统计表中可以看出，在绿色公益要素方面，教育，批发和零售业上市公司表现较好，排在行业的前两位，而综合，文化、体育和娱乐业上市公司在绿色公益方面表现较差，居行业排名的后两位。在绿色信息披露要素方面，采矿业和金融业上市公司的绿色信息披露水平较高，而文化、体育和娱乐业，教育类上市公司在绿色信息披露要素方面的表现较差。在绿色包容要素方面，位居行业前三名的分别是交通运输、仓储和邮政业，教育以及采矿业，而文化、体育和娱乐业，金融业以及租赁和商务服务业在绿色包容要素方面的表现较差。

表5-24　　　中国上市公司绿色治理责任各要素分行业描述性统计

行业	绿色治理责任	绿色公益	绿色信息披露	绿色包容
农、林、牧、渔业	57.78	58.33	54.67	62.67
采矿业	61.84	60.60	60.42	64.86
制造业	60.07	59.52	57.50	64.66
电力、热力、燃气及水生产和供应业	59.41	60.08	57.16	62.81
建筑业	60.11	60.23	57.76	63.97
批发和零售业	59.83	61.55	56.95	63.73
交通运输、仓储和邮政业	60.62	60.15	58.04	65.19
住宿和餐饮业	59.22	60.00	57.00	62.50
信息传输、软件和信息技术服务业	57.69	59.14	54.11	62.91
金融业	59.71	61.53	58.83	60.18

行业	绿色治理责任	绿色公益	绿色信息披露	绿色包容
房地产业	59.53	61.50	56.16	64.12
租赁和商务服务业	57.27	59.05	54.00	61.79
科学研究和技术服务业	59.88	59.29	57.43	64.29
水利、环境和公共设施管理业	60.79	61.36	58.36	64.55
教育	58.38	63.89	52.67	65.00
卫生和社会工作	59.21	59.17	56.13	64.38
文化、体育和娱乐业	55.59	58.05	52.51	59.43
综合	59.45	56.67	58.00	63.33
合计	59.72	59.88	57.20	63.85

资料来源：南开大学上市公司绿色治理数据库。

三、上市公司绿色治理责任分控股股东性质评价

从表 5 - 25 中国上市公司绿色治理责任分控股股东性质描述性统计中可以看出，集体控股、其他类型控股、国有控股上市公司绿色治理责任表现较好，高于全样本绿色治理责任指数的平均水平。民营控股、外资控股、社会团体控股、职工持股会控股上市公司的绿色治理责任指数相对较低。从相同控股股东类型内部公司间的差异程度来说，集体控股上市公司的差异程度较大，职工持股会控股上市公司在绿色治理责任方面的差异程度较小。

表 5 - 25　　中国上市公司绿色治理责任分控股股东性质描述性统计

控股股东性质	数目（家）	比例（%）	平均值	中位数	标准差	极差	最小值	最大值
国有控股	613	44.88	59.75	59.52	3.86	24.62	50.01	74.62
集体控股	8	0.59	60.79	61.02	4.87	14.89	54.48	69.37
民营控股	560	41.00	59.65	59.52	3.64	21.53	50.84	72.36
社会团体控股	5	0.37	58.02	58.41	4.55	10.72	52.16	62.88
外资控股	56	4.10	59.65	59.15	4.04	21.04	50.84	71.87
职工持股会控股	2	0.15	57.76	57.76	2.43	3.430	56.04	59.48

控股股东性质	数目（家）	比例（%）	平均值	中位数	标准差	极差	最小值	最大值
其他类型	122	8.93	59.97	59.59	3.56	17.36	52.40	69.75
合计	1366	100.00	59.72	59.51	3.75	24.62	50.01	74.62

资料来源：南开大学上市公司绿色治理数据库。

　　从绿色公益要素来看，其他类型控股上市公司表现最好，其次是外资控股上市公司，集体控股和职工持股会控股上市公司的绿色公益水平较低。从绿色信息披露要素来看，国有控股上市公司表现较好，职工持股会控股上市公司表现较差。从绿色包容要素来看，集体控股上市公司的平均值最高，社会团体控股上市公司的平均值最低。中国上市公司绿色治理责任各要素分控股股东性质描述性统计如表5－26所示。

表5－26　　中国上市公司绿色治理责任各要素分控股股东性质描述性统计

控股股东性质	绿色治理责任	绿色公益	绿色信息披露	绿色包容
国有控股	59.75	59.90	57.69	63.10
集体控股	60.79	58.13	57.25	68.13
民营控股	59.65	59.65	56.64	64.68
社会团体控股	58.02	60.00	56.80	59.00
外资控股	59.65	60.27	56.84	64.02
职工持股会控股	57.76	57.50	55.00	62.50
其他类型	59.97	60.83	57.49	63.65
合计	59.72	59.88	57.20	63.85

资料来源：南开大学上市公司绿色治理数据库。

四、上市公司绿色治理责任分地区评价

　　上市公司的绿色治理责任状况在各地区之间具有明显的差异。由表5－27可知，甘肃、云南、广东和山东上市公司的绿色治理责任水平较高，黑龙江、青海、宁夏上市公司的绿色治理责任平均值位于地区后三名。从绿色治理责任水平在公司间的差异程度来说，贵州上市公司绿色治理责任方面的差异程度最大，陕西上市公司在绿色治理责任方面的差异程度较小。

表 5 - 27　　　　　中国上市公司绿色治理责任分地区描述性统计

地区	数目（家）	比例（%）	平均值	中位数	标准差	极差	最小值	最大值
北京	158	11.57	60.03	59.97	3.77	19.06	51.88	70.95
天津	24	1.76	59.79	60.02	3.95	13.37	52.40	65.77
河北	22	1.61	60.15	60.36	3.04	11.04	54.48	65.52
山西	13	0.95	60.00	60.31	3.91	14.96	52.67	67.63
内蒙古	7	0.51	58.82	58.68	3.81	11.46	53.23	64.69
辽宁	23	1.68	58.67	58.67	3.60	12.58	52.67	65.25
吉林	12	0.88	60.26	60.48	3.38	12.58	54.68	67.26
黑龙江	8	0.59	56.05	55.53	3.75	10.58	51.84	62.42
上海	148	10.83	59.62	59.48	3.79	21.04	50.84	71.87
江苏	106	7.76	59.75	59.50	4.03	19.77	50.01	69.77
浙江	171	12.52	59.38	59.20	3.15	14.65	52.16	66.81
安徽	40	2.93	59.63	59.40	4.56	16.70	52.67	69.37
福建	75	5.49	58.94	58.43	4.05	23.79	50.84	74.62
江西	18	1.32	58.86	58.45	4.04	14.70	51.56	66.26
山东	72	5.27	60.30	60.30	3.63	17.09	51.11	68.20
河南	40	2.93	59.40	59.32	4.24	21.25	51.11	72.36
湖北	34	2.49	59.33	59.06	3.67	13.24	54.27	67.51
湖南	27	1.98	59.20	60.20	3.72	11.97	52.71	64.68
广东	187	13.69	60.52	60.52	3.65	17.60	52.16	69.75
广西	15	1.10	59.31	59.97	3.77	12.05	52.16	64.21
海南	14	1.02	59.68	59.27	3.53	11.71	54.55	66.25
重庆	21	1.54	59.51	58.24	4.40	15.12	53.72	68.83
四川	35	2.56	59.74	59.48	3.52	16.63	51.56	68.20
贵州	13	0.95	59.63	59.35	5.06	17.28	53.40	70.68
云南	20	1.46	60.69	61.56	3.52	14.68	51.11	65.80

地区	数目（家）	比例（%）	平均值	中位数	标准差	极差	最小值	最大值
西藏	5	0.37	59.89	60.03	2.59	6.51	56.34	62.85
陕西	17	1.24	59.25	59.43	2.44	7.78	55.32	63.10
甘肃	6	0.44	61.98	62.88	4.15	11.46	53.95	65.41
青海	5	0.37	58.12	58.15	4.64	13.13	51.56	64.69
宁夏	6	0.44	58.26	57.38	3.85	10.53	53.72	64.25
新疆	21	1.54	59.23	58.45	4.20	15.42	52.40	67.81
开曼群岛	3	0.22	60.27	61.01	3.11	6.09	56.86	62.95
合计	1366	100.00	59.72	59.51	3.75	24.62	50.01	74.62

资料来源：南开大学上市公司绿色治理数据库。

由表5-28中国上市公司绿色治理责任各要素分地区描述性统计中可以看出，在绿色公益要素方面，海南、广东和云南上市公司的平均值较高，内蒙古、江西和吉林上市公司的平均值较低。在绿色信息披露要素方面，甘肃和云南上市公司的表现较好，而黑龙江和辽宁上市公司在绿色信息披露要素方面的表现不佳。在绿色包容要素方面，甘肃和吉林上市公司的绿色包容水平较高，黑龙江和青海上市公司在这方面的表现较差。

表5-28　　中国上市公司绿色治理责任各要素分地区描述性统计

地区	绿色治理责任	绿色公益	绿色信息披露	绿色包容
北京	60.03	59.96	57.96	63.51
天津	59.79	60.83	57.83	62.50
河北	60.15	58.79	57.55	65.23
山西	60.00	60.51	57.54	63.85
内蒙古	58.82	57.38	56.43	63.57
辽宁	58.67	59.93	55.52	63.26
吉林	60.26	57.92	57.67	65.83
黑龙江	56.05	58.96	52.75	60.00
上海	59.62	59.71	57.31	63.41

续表

地区	绿色治理责任	绿色公益	绿色信息披露	绿色包容
江苏	59.75	60.28	57.53	63.16
浙江	59.38	59.72	56.86	63.39
安徽	59.63	60.29	56.73	64.13
福建	58.94	59.22	55.85	63.93
江西	58.86	57.87	56.33	63.61
山东	60.30	58.96	57.46	65.76
河南	59.40	59.33	56.30	64.63
湖北	59.33	59.12	56.88	63.53
湖南	59.20	60.99	56.37	62.96
广东	60.52	61.06	57.49	65.29
广西	59.31	59.00	57.60	62.33
海南	59.68	61.90	57.29	62.50
重庆	59.51	59.29	57.57	62.86
四川	59.74	59.62	57.23	64.00
贵州	59.63	59.23	57.69	63.08
云南	60.69	61.00	58.75	63.75
西藏	59.89	59.33	57.00	65.00
陕西	59.25	59.90	57.71	61.47
甘肃	61.98	58.33	58.83	69.17
青海	58.12	60.00	55.80	61.00
宁夏	58.26	59.44	55.83	61.67
新疆	59.23	58.97	57.00	63.10
开曼群岛	60.27	60.56	60.33	60.00
合计	59.72	59.88	57.20	63.85

资料来源：南开大学上市公司绿色治理数据库。

第五节　中国上市公司绿色治理分维度评价主要结论

第一，2022 年中国上市公司绿色治理指数各维度的发展仍然呈现不均衡状态：绿色治理责任指数最高，平均值为 59.72；绿色治理效能指数的平均值次之，为 57.97，再次为绿色治理架构，指数平均值为 56.54，绿色治理机制指数的平均值最低，为 56.47。我国上市公司绿色治理总体在 2022 年 1 年取得进展，绿色治理架构和绿色治理机制仍是制约我国上市公司绿色治理水平提升的短板。

第二，从各维度下的具体要素来看，绿色治理架构维度下绿色组织与运行相对欠缺，表现在上市公司在绿色组织结构方面较为薄弱。绿色治理机制维度下，绿色运营水平较高，但绿色考评要素方面有待提升，主要是由于大多数上市公司尚未将绿色环保理念引入员工的绩效考核当中。绿色治理效能方面，绿色循环利用表现较差，而绿色治理责任方面，绿色信息披露仍存在较为明显的不足。

第三，从行业分布情况来看，采矿业上市公司在绿色治理的四个维度都表现较好，平均值均在行业排名前列；教育类上市公司在绿色治理的四个维度都表现较差，平均值均在行业排名后面。

第四，从控股股东性质来看，集体控股和外资控股上市公司表现较好。国有控股上市公司在绿色治理架构、绿色治理机制、绿色治理效能和绿色治理责任四个维度均优于民营控股上市公司，这可能因为国有控股上市公司比民营上市公司面临更强的监管约束，且更加注重绿色环保和社会责任。

第五，从地区分布情况来看，广东省上市公司的绿色治理架构指数最高，同时绿色治理机制和绿色治理责任维度也排名前 3 名之内。而黑龙江省上市公司在四个维度均表现较差，均排在后 3 名；青海省和重庆市上市公司表现也不佳，在两个维度排名行业后 3 名之内，有较大的提升空间。

第六章

2022 年中国上市公司绿色治理分板块评价

第一节　主板上市公司绿色治理评价分析

一、主板上市公司绿色治理总体描述

2022 年度上市公司绿色治理样本中共有 1025 家主板上市公司，其治理指数描述性统计如表 6 - 1 所示。其中，绿色治理指数的平均值为 56.74，比 2021 年略有上升（2021 年绿色治理指数平均值 55.97），中位数为 56.78，最小值为 40.90，最大值为 75.50，标准差为 5.61。

表 6 - 1　　　　　　　主板上市公司绿色治理指数描述性统计

项目	平均值	中位数	标准差	极差	最小值	最大值
绿色治理指数	56.74	56.78	5.61	34.60	40.90	75.50
绿色治理架构	56.72	55.67	5.96	28.87	50.00	78.87
绿色治理机制	56.44	56.15	4.15	23.13	50.01	73.14
绿色治理效能	58.48	57.46	5.28	23.84	51.97	75.81
绿色治理责任	59.69	59.48	3.78	24.62	50.01	74.62

资料来源：南开大学上市公司绿色治理数据库。

从绿色治理评价的四个维度来看，主板上市公司的绿色治理架构、绿色治理机制、绿色治理效能、绿色治理责任治理指数的平均值分别为56.72、56.44、58.48和59.69。与2021年相比，四大维度中绿色治理架构、绿色治理机制、绿色治理效能和绿色治理责任的平均值均有所上升，与2021年相比，分别提高了0.92、0.33、0.72和0.51（2021年四大维度平均值分别为55.80、56.11、57.76和59.18）。从各维度来看，主板上市公司绿色治理责任维度平均值最高，绿色治理效能维度平均值次之，绿色治理架构和绿色治理机制维度平均值相对较低。绿色治理架构指数在主板上市公司中的差异较大，标准差为5.96，极差为28.87。

二、主板上市公司绿色治理分维度比较

（一）主板上市公司绿色治理架构分析

主板上市公司绿色治理架构指数平均值为56.72，与2021年相比有所上升。从两个构成要素来看，绿色理念与战略要素和绿色组织与运行要素的平均值分别为62.27和54.52。其中，绿色理念与战略要素与2021年的60.11相比，平均值上升了2.16，绿色治理组织与运行比2021年的54.09上升了0.43。样本公司在绿色理念与战略要素方面平均值较高，公司间差异也较大，标准差为8.97。绿色治理架构及其要素的描述性统计情况如表6-2所示。

表6-2　　　　　主板上市公司绿色治理架构及其要素描述性统计

项目	平均值	中位数	标准差	极差	最小值	最大值
绿色治理架构	56.72	55.67	5.96	28.87	50.00	78.87
绿色理念与战略	62.27	62.00	8.97	26.00	50.00	76.00
绿色组织与运行	54.52	50.00	6.36	32.00	50.00	82.00

资料来源：南开大学上市公司绿色治理数据库。

（二）主板上市公司绿色治理机制分析

2022年主板上市公司绿色治理机制平均值56.44，比2021年增长了

0.33。从绿色治理机制的四个构成要素来看，样本公司绿色运营、绿色投融资、绿色行政和绿色考评的平均值分别为 59.33、56.43、54.15 和 52.55。与 2021 年相比，除绿色行政的平均值下降了 0.04 以外，绿色运营、绿色投融资和绿色考评的平均值均有所上涨，分别提高了 0.47、0.13 和 1.00。绿色治理机制及其要素的描述性统计情况如表 6-3 所示。

表 6-3　　　　主板上市公司绿色治理机制及其要素描述性统计

项目	平均值	中位数	标准差	极差	最小值	最大值
绿色治理机制	56.44	56.15	4.15	23.13	50.01	73.14
绿色运营	59.33	59.00	6.48	26.00	50.00	76.00
绿色投融资	56.43	54.00	6.99	28.00	50.00	78.00
绿色行政	54.15	50.00	6.18	30.00	50.00	80.00
绿色考评	52.55	50.00	5.83	30.00	50.00	80.00

资料来源：南开大学上市公司绿色治理数据库。

（三）主板上市公司绿色治理效能分析

2022 年主板上市公司绿色治理效能及其要素的描述性统计情况如表 6-4 所示。2022 年主板上市公司绿色治理效能平均值 58.48，比 2021 年增长了 0.72。从绿色治理效能指数的三个构成要素来看，样本公司的绿色减排要素表现最好，平均值为 62.20，但比 2021 年的平均值下降了 0.45；绿色节能要素的平均值较 2021 年同比下降 0.16；绿色循环利用要素的平均值较 2021 年同比上升了 2.60。绿色节能要素是今后主板上市公司绿色治理效能的治理重点。

表 6-4　　　　主板上市公司绿色治理效能及其要素描述性统计表

项目	平均值	中位数	标准差	极差	最小值	最大值
绿色治理效能	58.48	57.46	5.28	23.84	51.97	75.81
绿色节能	55.51	53.00	6.46	29.00	50.00	79.00
绿色减排	62.20	61.00	6.59	26.00	55.00	81.00
绿色循环利用	56.45	56.00	7.24	26.00	50.00	76.00

资料来源：南开大学上市公司绿色治理数据库。

（四）主板上市公司绿色治理责任分析

2022 年主板上市公司绿色治理责任及其要素的描述性统计情况如表 6 - 5 所示。主板上市公司绿色治理责任平均值 59.69，与 2021 年相比略有增长。从绿色治理责任的三个构成要素来看，绿色包容要素平均值最高，为 63.92；绿色公益要素平均值为 59.82，比去年下降了 0.22；绿色信息披露要素的平均值最低，仅为 57.12，但比去年上升了 0.47。在绿色信息披露要素方面，主板上市公司还有待进一步提高。

表 6 - 5　　　主板上市公司绿色治理责任及其要素描述性统计表

项目	平均值	中位数	标准差	极差	最小值	最大值
绿色治理责任	59.69	59.48	3.78	24.62	50.01	74.62
绿色公益	59.82	60.00	4.22	25.00	50.00	75.00
绿色信息披露	57.12	57.00	4.61	25.00	50.00	75.00
绿色包容	63.92	65.00	5.87	30.00	50.00	80.00

资料来源：南开大学上市公司绿色治理数据库。

三、主板上市公司绿色治理评价分组比较

在对我国主板上市公司的绿色治理状况作总体描述和分维度比较之后，为深入考察不同类型公司绿色治理状况的差异，我们分别对行业、控股股东性质、地区等不同类别进行了对比分析。

（一）主板上市公司绿色治理分行业比较

本报告按照 2012 年中国证监会修订的《上市公司行业分类指引》进行行业分类，从主板上市公司按行业性质的分类来看，制造业的公司数目独占鳌头，多达 599 家公司，占据了主板上市公司总数的半壁江山，占比达 58.44%。综观 2022 年绿色治理的各个维度，从行业比较来看，在绿色治理架构方面，采矿业，建筑业以及交通运输、仓储和邮政业位居前三，其平均值分别是 60.69、58.20 和 57.68；而教育，文化、体育和娱乐业以及农、林、牧、渔业表现较弱，其平均值分别为 50.00、51.32 和 53.55。在绿色

治理机制方面，采矿业，制造业以及建筑业表现较好，其平均值分别为57.97、57.07和56.89；住宿和餐饮业，教育以及文化、体育和娱乐业表现较弱，其平均值分别为50.92、52.35和52.51。在绿色治理效能方面，采矿业，综合以及制造业平均值位居行业分类前三，分别为61.86、61.02和59.57；教育，文化、体育和娱乐业以及信息传输、软件和信息技术服务业的平均值水平较低，分别为52.94、53.36和54.33。在绿色治理责任方面，采矿业，水利、环境和公共设施管理业以及交通运输、仓储和邮政业的表现较好，其平均值分别为61.84、61.41和60.62；而文化、体育和娱乐业，租赁和商务服务业以及农、林、牧、渔业表现相对较差，其平均值分别为55.31、57.08和57.09。主板上市公司按行业性质的各分指数统计如表6-6所示。

表6-6　　　　　　　　主板上市公司按行业性质的各分指数统计

行业	数目（家）	比例（%）	绿色治理架构	绿色治理机制	绿色治理效能	绿色治理责任
农、林、牧、渔业	12	1.17	53.55	54.00	55.39	57.09
采矿业	36	3.51	60.69	57.97	61.86	61.84
制造业	599	58.44	57.26	57.07	59.57	59.98
电力、热力、燃气及水生产和供应业	64	6.24	56.64	55.22	57.97	59.41
建筑业	29	2.83	58.20	56.89	58.35	60.11
批发和零售业	53	5.17	55.22	55.82	56.40	59.93
交通运输、仓储和邮政业	54	5.27	57.68	56.56	57.69	60.62
住宿和餐饮业	1	0.10	55.13	50.92	56.80	59.28
信息传输、软件和信息技术服务业	53	5.17	53.61	54.95	54.33	57.86
房地产业	51	4.98	55.28	55.96	56.61	59.53
租赁和商务服务业	13	1.27	55.50	53.07	55.84	57.08
科学研究和技术服务业	8	0.78	56.95	55.39	55.54	58.20
水利、环境和公共设施管理业	12	1.17	56.96	55.52	58.32	61.41
教育	3	0.29	50.00	52.35	52.94	58.38

续表

行业	数目（家）	比例（%）	绿色治理架构	绿色治理机制	绿色治理效能	绿色治理责任
卫生和社会工作	5	0.49	54.67	55.28	55.77	57.60
文化、体育和娱乐业	29	2.83	51.32	52.51	53.36	55.31
综合	3	0.29	56.19	55.28	61.02	59.45
合计	1025	100.00	56.72	56.44	58.48	59.69

资料来源：南开大学上市公司绿色治理数据库。

相比于2021年，2022年的各维度指标平均值整体来看略有上升，采矿业的表现提升明显，而水利、环境和公共设施管理业的绿色治理表现比2021年差。从四个维度来看，绿色治理架构维度平均值提升最高的是科学研究和技术服务业，从2021年的54.10提高到2022年的56.95，提升了2.85，而平均值降低最多的是综合，2022年比2021年下降了3.28。在绿色治理机制维度中，科学研究和技术服务业平均值提升最多，较2021年增加了2.41，而平均值下降最多的是住宿和餐饮业，比2021年下降了9.24。在绿色治理效能维度中，采矿业较2021年涨幅最多，同比增加2.08，而平均值下降最多的行业是水利、环境和公共设施管理业，下降了2.92。绿色治理责任维度平均值呈现上升趋势，其中住宿和餐饮业，批发和零售业上涨较为明显，分别为2.70和1.36，而教育行业在此维度下降较为明显，较2021年降低了2.12。

（二）主板上市公司绿色治理分控股股东性质比较

在1025家主板上市公司中，国有控股公司所占比重最高，其次是民营控股公司，国有控股和民营控股的样本合计占比达88.68%。国有控股上市公司的绿色治理架构、绿色治理机制及绿色治理效能维度均好于民营控股，绿色治理责任维度略低于民营控股上市公司。相比于2021年，2022年国有控股和民营控股上市公司绿色治理各维度平均值均有所上升。国有控股公司在绿色治理架构、绿色治理机制、绿色治理效能和绿色治理责任维度较2021年分别上升了0.84、0.18、0.75和0.31；民营控股公司在各维度上升幅度更大，绿色治理架构、绿色治理机制、绿色治理效能和绿色治理责任的平均值较2021年分别上升了1.09、0.50、0.78和0.94。主板上市公司按控股股东性质的各分指数统计如表6-7所示。

表6-7 主板上市公司按控股股东性质的各分指数统计

控股股东性质	数目（家）	比例（%）	绿色治理架构	绿色治理机制	绿色治理效能	绿色治理责任
国有控股	515	50.24	57.04	56.43	58.61	59.64
集体控股	6	0.59	60.52	57.47	61.34	60.71
民营控股	394	38.44	56.20	56.41	58.18	59.77
社会团体控股	4	0.39	62.56	57.54	60.07	59.49
外资控股	41	4.00	55.85	56.60	58.31	59.27
职工持股会控股	2	0.20	54.27	55.37	56.99	57.76
其他类型	63	6.15	57.25	56.47	59.11	59.94
合计	1025	100.00	56.72	56.44	58.48	59.69

资料来源：南开大学上市公司绿色治理数据库。

（三）主板上市公司绿色治理分地区比较

从地区分布来看，1025家主板上市公司中，浙江、广东和北京最多，分别有136家、133家和107家，占主板上市公司总数量的比例分别为13.27%、12.98%和10.44%，而内蒙古、黑龙江、甘肃、青海、宁夏以及西藏主板上市公司的数量相对较少，分别有6家、5家、5家、5家、5家和4家。主板上市公司按地区的各分指数统计如表6-8所示。

表6-8 主板上市公司按地区的各分指数统计

地区	数目（家）	比例（%）	绿色治理架构	绿色治理机制	绿色治理效能	绿色治理责任
北京	107	10.44	58.10	57.07	58.34	60.22
天津	22	2.15	55.60	56.27	58.36	59.75
河北	20	1.95	57.12	56.88	57.80	60.11
山西	12	1.17	57.38	56.51	60.51	60.18
内蒙古	6	0.59	53.17	55.48	60.97	59.75
辽宁	20	1.95	54.72	55.81	57.31	58.62
吉林	10	0.98	56.66	55.00	58.26	59.84

续表

地区	数目（家）	比例（%）	绿色治理架构	绿色治理机制	绿色治理效能	绿色治理责任
黑龙江	5	0.49	51.13	53.07	57.02	55.12
上海	100	9.76	55.17	56.64	57.90	59.52
江苏	74	7.22	56.41	56.09	57.64	59.42
浙江	136	13.27	56.00	56.55	58.63	59.49
安徽	34	3.32	56.73	56.90	59.00	59.31
福建	62	6.05	54.63	55.92	57.03	58.90
江西	15	1.46	57.25	57.11	58.63	58.92
山东	51	4.98	57.91	56.71	59.48	60.48
河南	32	3.12	56.42	56.21	57.65	59.61
湖北	26	2.54	55.91	55.05	57.32	59.67
湖南	16	1.56	56.38	55.94	57.98	58.44
广东	133	12.98	58.43	57.42	59.66	60.66
广西	14	1.37	57.47	56.01	59.90	59.17
海南	13	1.27	57.44	55.75	58.23	59.30
重庆	16	1.56	54.05	54.81	55.64	58.32
四川	26	2.54	59.10	55.73	59.92	60.29
贵州	10	0.98	56.92	54.62	57.31	58.25
云南	16	1.56	58.75	56.76	61.03	61.22
西藏	4	0.39	59.07	56.99	59.30	60.24
陕西	12	1.17	55.64	56.28	58.79	59.07
甘肃	5	0.49	58.66	57.89	59.53	61.64
青海	5	0.49	57.99	52.74	58.02	58.12
宁夏	5	0.49	58.43	53.38	56.70	58.64
新疆	18	1.76	56.67	55.45	59.15	58.55
合计	1025	100.00	56.72	56.44	58.48	59.69

资料来源：南开大学上市公司绿色治理数据库。

从绿色治理评价的四个分指数来看，在绿色治理架构方面，四川、西藏和云南的公司表现较好，其平均值分别为 59.10、59.07 和 58.75；黑龙江、内蒙古和重庆上市公司表现最差，其平均值分别为 51.13、53.17 和 54.05。在绿色治理机制方面，甘肃和广东的公司表现较好，其平均值分别为 57.89 和 57.42；而青海和黑龙江的公司绿色治理机制相对较差，其平均值分别为 52.74 和 53.07。在绿色治理效能方面，云南和内蒙古的公司表现较好，其平均值分别为 61.03 和 60.97；而重庆和宁夏的公司表现最差，平均值分别为 55.64 和 56.70。在绿色治理责任方面，甘肃、云南和广东的公司表现较好，其平均值分别为 61.64、61.22 和 60.66；而黑龙江、青海和贵州的公司表现相对较差，其平均值分别为 55.12、58.12 和 58.25。

与 2021 年相比，绿色治理架构方面，提升最高的省份为西藏、甘肃和贵州，分别提高了 4.80、3.62 和 3.40；而陕西、内蒙古和重庆下降相对较多，分别下降了 4.02、3.76 和 0.49。绿色治理机制方面，甘肃和西藏上市公司提升幅度最大，分别提高了 4.88 和 2.78，江西和天津也有所提升，分别提升了 2.43 和 1.47；而广西和宁夏的绿色治理机制平均值下降较多，分别降低了 2.32 和 1.75。绿色治理效能维度中提升最高的为甘肃和青海，分别提高了 4.37 和 3.45，重庆和河南下降较为明显，分别下降了 1.86 和 1.56。绿色治理责任维度提升最高的省份为西藏、吉林和甘肃，分别提升了 3.27、2.57 和 2.48，而黑龙江和陕西平均值有所降低，分别降低了 1.80 和 0.84。

第二节　创业板上市公司绿色治理评价分析

一、创业板上市公司绿色治理总体描述

2022 年度上市公司绿色治理样本中共有 146 家创业板上市公司，其治理指数描述性统计如表 6－9 所示。其中，公司绿色治理指数的平均值为 55.62，比 2021 年降低了 1.45，中位数为 55.79，最小值为 42.05，最大值为 66.68，标准差为 4.99。

表6-9　　　　　　　　创业板上市公司绿色治理指数描述性统计

项目	平均值	中位数	标准差	极差	最小值	最大值
绿色治理指数	55.62	55.79	4.99	24.63	42.05	66.68
绿色治理架构	55.76	55.67	4.04	18.83	50.00	68.83
绿色治理机制	56.33	55.90	4.06	18.30	50.01	68.31
绿色治理效能	56.85	56.29	4.60	18.08	51.97	70.04
绿色治理责任	59.94	59.49	3.59	17.49	50.84	68.33

资料来源：南开大学上市公司绿色治理数据库。

从绿色治理评价的四个分指数来看，创业板上市公司的绿色治理架构、绿色治理机制、绿色治理效能、绿色治理责任指数的平均值分别为55.76、56.33、56.85和59.94。与2021年相比，创业板上市公司除绿色治理责任维度有所上升外，其余各维度均有所下降，绿色治理架构、绿色治理机制和绿色治理效能维度分别减少了0.53、0.93和0.05。从各维度来看，创业板上市公司绿色治理责任指数最高，绿色治理效能指数较高，而绿色治理机制指数较低，绿色治理架构指数最低。绿色治理架构和绿色治理机制成为创业板上市公司绿色治理水平提升的短板。绿色治理效能标准差最大，为4.60，绿色治理架构的极差最大，为18.83。

二、创业板上市公司绿色治理分维度比较

（一）创业板上市公司绿色治理架构分析

创业板上市公司绿色治理架构指数为55.76，比2021年减少了0.53。从两个构成要素来看，绿色理念与战略要素和绿色组织与运行要素的平均值分别为64.73和52.22。其中，绿色理念与战略要素比2021年的65.31下降了0.58，绿色治理组织与运行比2021年的52.73降低了0.51。样本公司绿色理念与战略要素方面平均值较高，公司间差异也较大，标准差为8.70，极差为26.00。绿色治理架构及其要素的描述性统计情况如表6-10所示。

表 6－10　　　　创业板上市公司绿色治理架构及其要素描述性统计

项目	平均值	中位数	标准差	极差	最小值	最大值
绿色治理架构	55.76	55.67	4.04	18.83	50.00	68.83
绿色理念与战略	64.73	68.00	8.70	26.00	50.00	76.00
绿色组织与运行	52.22	50.00	3.57	16.00	50.00	66.00

资料来源：南开大学上市公司绿色治理数据库。

（二）创业板上市公司绿色治理机制分析

绿色治理机制 2022 年平均值为 56.33，比 2021 年的 57.26 下降了 0.93。从绿色治理机制的四个构成要素来看，样本公司绿色运营、绿色投融资、绿色行政、绿色考评要素的平均值分别为 58.23、54.97、57.74 和 51.30。与 2021 年相比，创业板上市公司绿色治理机制在各维度略有变化，绿色运营维度平均值下降了 3.43，而绿色运营、绿色投融资、绿色行政、绿色考评要素的平均值分别增加了 0.65、0.52 和 0.19。绿色治理机制及其要素的描述性统计情况如表 6－11 所示。

表 6－11　　　　创业板上市公司绿色治理机制及其要素描述性统计

项目	平均值	中位数	标准差	极差	最小值	最大值
绿色治理机制	56.33	55.90	4.06	18.30	50.01	68.31
绿色运营	58.23	57.75	6.11	22.00	50.00	72.00
绿色投融资	54.97	50.00	7.18	24.00	50.00	74.00
绿色行政	57.74	55.00	6.84	30.00	50.00	80.00
绿色考评	51.30	50.00	4.28	20.00	50.00	70.00

资料来源：南开大学上市公司绿色治理数据库。

（三）创业板上市公司绿色治理效能分析

绿色治理效能 2022 年平均值为 56.85，比 2021 年的 56.90 下降了 0.05。从绿色治理效能指数的三个构成要素来看，样本公司的绿色减排要素表现最好，平均值为 61.07，与 2021 年相比提升了 2.86；绿色节能要素的平均值 54.81，与 2021 年相比下降了 0.82；而绿色循环利用要素最低，平均值只有 53.63，与 2021 年相比下降了 2.69。绿色循环利用要素是今后中国创业板上市公司绿色治理效能的治理重点。2022年创业板上市公司绿色治理效能及其要素的描述性统计情况如表6-12所示。

表6-12　　　创业板上市公司绿色治理效能及其要素描述性统计表

项目	平均值	中位数	标准差	极差	最小值	最大值
绿色治理效能	56.85	56.29	4.60	18.08	51.97	70.04
绿色节能	54.81	52.00	6.21	24.00	50.00	74.00
绿色减排	61.07	57.25	7.21	26.00	55.00	81.00
绿色循环利用	53.63	50.00	5.70	26.00	50.00	76.00

资料来源：南开大学上市公司绿色治理数据库。

（四）创业板上市公司绿色治理责任分析

2022年创业板上市公司绿色治理责任及其要素的描述性统计情况如表6-13所示。从绿色治理责任的三个构成要素来看，绿色包容要素平均值为66.47，表现最好，相比2021年有所提升，增加了1.62。创业板上市公司的绿色公益要素平均值为59.43，比2021年降低了2.56。而绿色信息披露要素的平均值最低，只有56.19，比2021年提高了0.09。在绿色信息披露要素方面，创业板上市公司还有待进一步提高。

表6-13　　　创业板上市公司绿色治理责任及其要素描述性统计表

项目	平均值	中位数	标准差	极差	最小值	最大值
绿色治理责任	59.94	59.49	3.59	17.49	50.84	68.33
绿色公益	59.43	60.00	4.05	21.67	50.00	71.67
绿色信息披露	56.19	56.00	3.76	14.00	50.00	64.00
绿色包容	66.47	65.00	6.16	30.00	50.00	80.00

资料来源：南开大学上市公司绿色治理数据库。

三、创业板上市公司绿色治理评价分组比较

在对我国创业板上市公司的绿色治理状况作总体描述和分维度比较之后，为了更进一步深入考察不同类型公司绿色治理状况的差异，我们分别对

行业、控股股东性质、地区等不同类别进行了对比分析。

（一）创业板上市公司绿色治理分行业比较

从创业板上市公司按行业性质的分类来看，制造业的上市公司共94家，占比达64.38%。综观绿色治理的各个维度，从行业比较来看，科学研究和技术服务业的表现较好，而文化、体育和娱乐业的表现较差。在绿色治理架构方面，科学研究和技术服务业，水利、环境和公共设施管理业以及制造业位居前三，其平均值分别是60.68、57.48和56.53；而文化、体育和娱乐业的指标平均值最低，为51.42。在绿色治理机制方面，科学研究和技术服务业，卫生和社会工作以及水利、环境和公共设施管理业都表现较好，其平均值分别为60.69、57.59和57.30；而租赁和商务服务业表现较差，其平均值为51.46。在绿色治理效能方面，农、林、牧、渔业，科学研究和技术服务业以及制造业平均值水平位居行业分类前三，分别为62.75、60.18和57.82；而文化、体育和娱乐业的平均值水平较低，仅为52.17。在绿色治理责任方面，科学研究和技术服务业，卫生和社会工作以及制造业的表现较好，其平均值分别为63.13、61.89和60.64；而文化、体育和娱乐业表现相对较差，其平均值为56.95（见表6-14）。

表6-14　　　　　创业板上市公司按行业性质的各分指数统计

行业	数目（家）	比例（%）	绿色治理架构	绿色治理机制	绿色治理效能	绿色治理责任
农、林、牧、渔业	3	2.05	54.93	56.73	62.75	60.53
制造业	94	64.38	56.53	57.08	57.82	60.64
批发零售业	2	1.37	51.70	52.10	52.22	57.14
住宿和餐饮业	1	0.68	53.40	52.64	53.20	59.16
信息传输、软件和信息技术服务业	23	15.75	52.87	53.84	53.16	57.15
租赁和商务服务业	1	0.68	53.40	51.46	54.85	59.82
科学研究和技术服务业	4	2.74	60.68	60.69	60.18	63.13
水利、环境和公共设施管理业	9	6.16	57.48	57.30	57.14	60.22
卫生和社会工作	3	2.05	56.07	57.59	57.62	61.89

行业	数目（家）	比例（%）	绿色治理架构	绿色治理机制	绿色治理效能	绿色治理责任
文化、体育和娱乐业	6	4.11	51.42	51.90	52.17	56.95
合计	146	100.00	55.76	56.33	56.85	59.94

资料来源：南开大学上市公司绿色治理数据库。

（二）创业板上市公司绿色治理分控股股东性质比较

从控股股东看，社会团体控股和职工持股会控股公司不涉及创业板上市公司，因此这里不做讨论。在146家创业板上市公司中，民营控股公司占比72.60%，有106家。国有控股、集体控股、外资控股和其他类型的控股公司占比相对较低，分别有14家、1家、7家和18家（见表6-15）。

表6-15　　　　创业板上市公司按控股股东性质的各分指数统计

控股股东性质	数目（家）	比例（%）	绿色治理架构	绿色治理机制	绿色治理效能	绿色治理责任
国有控股	14	9.59	55.74	55.93	55.99	59.33
集体控股	1	0.68	56.27	58.08	57.45	60.52
民营控股	106	72.60	55.66	56.24	56.82	59.91
外资控股	7	4.79	59.15	57.21	57.96	61.92
其他类型	18	12.33	55.03	56.73	57.19	59.78
合计	146	100.00	55.76	56.33	56.85	59.94

资料来源：南开大学上市公司绿色治理数据库。

从绿色治理评价的四个维度来看，在绿色治理架构方面，外资控股公司表现最好，其指数为59.15；其次是集体控股公司，为56.27；而国有控股、民营控股和其他类型控股公司表现相对较差，指数分别为55.74、55.66和55.03。在绿色治理机制方面，集体控股公司表现最好，指数为58.08，而国有控股公司相对较低，指数仅有55.93。在绿色治理效能方面，外资控股公司表现较好，指数为57.96，国有控股公司指数最低，为55.99。在绿色治理责任方面，外资控股公司表现最好，其指数为61.92，民营控股公司次之，指数为59.91，国有控股公司指数最低，为59.33。整体上看，2022年外资控股在创业板上市公司中除绿色治理机制外的各项指数均是最高。

（三）创业板上市公司绿色治理分地区比较

从地区分布来看，2022年，天津、山西、内蒙古、吉林、黑龙江、广西、西藏、青海、新疆这9个地区不涉及创业板上市公司，因此这里不做讨论。146家创业板上市公司中，广东数量最多，北京和浙江公司数量次之，分别有34家、18家和18家，占创业板上市公司总数量的比例分别为23.29%、12.33%和12.33%；上海、江苏、山东和福建创业板上市公司的数量都相对较多，分别有11家、11家、10家和9家；河南、安徽、湖南、四川、辽宁、湖北、江西、重庆和云南创业板上市公司的数量都相对较少，分别有5家、4家、4家、4家、3家、3家、2家、2家和2家；河北、海南、贵州、陕西、甘肃和宁夏的数量最少，仅有1家（见表6-16）。

表6-16　　　　　　　　创业板上市公司按地区的各分指数统计

地区	数目（家）	比例（%）	绿色治理架构	绿色治理机制	绿色治理效能	绿色治理责任
北京	18	12.33	53.80	54.48	55.78	58.52
河北	1	0.68	55.10	54.41	51.97	60.99
辽宁	3	2.05	56.91	54.98	53.41	59.05
上海	11	7.53	53.79	55.87	55.13	58.97
江苏	11	7.53	57.08	57.34	58.95	61.61
浙江	18	12.33	55.70	55.88	55.30	59.68
安徽	4	2.74	57.17	59	58.68	60.49
福建	9	6.16	55.97	55.45	55.14	58.12
江西	2	1.37	56.68	61.43	59.93	61.54
山东	10	6.85	57.93	58.63	58.88	61.03
河南	5	3.42	52.27	54.86	53.12	58.87
湖北	3	2.05	57.02	54.15	53.85	58.50
湖南	4	2.74	55.10	56.13	58.32	62.19
广东	34	23.29	56.59	56.85	58.05	60.02
海南	1	0.68	55.73	56.56	61.59	64.71

续表

地区	数目（家）	比例（%）	绿色治理架构	绿色治理机制	绿色治理效能	绿色治理责任
重庆	2	1.37	58.12	59.25	62.92	65.48
四川	4	2.74	52.97	53.33	55.55	58.54
贵州	1	0.68	55.13	54.33	56.61	63.12
云南	2	1.37	58.53	56.57	60.75	63.94
陕西	1	0.68	57.70	58.59	51.97	60.52
甘肃	1	0.68	53.40	68.31	58.65	63.64
宁夏	1	0.68	55.67	52.55	61.15	56.36
合计	146	100.00	55.76	56.33	56.85	59.94

资料来源：南开大学上市公司绿色治理数据库。

从绿色治理评价的四个分指数来看，在绿色治理架构方面，云南、重庆、山东和陕西的公司表现较好，其指数分别为58.53、58.12、57.93和57.70；河南、四川、甘肃和上海公司表现较差，其平均值分别为52.27、52.97、53.40和53.79。在绿色治理机制方面，甘肃、江西和重庆的公司表现较好，其指数分别为68.31、61.43和59.25；而宁夏、四川和湖北的公司绿色治理机制相对较差，其指数分别为52.55、53.33和54.15。在绿色治理效能方面，重庆、海南和宁夏的公司表现较好，其指数分别为62.92、61.59和61.15；而陕西、河北和河南的公司表现相对较差，其平均值分别为51.97、51.97和53.12。在绿色治理责任方面，重庆、海南和云南的公司表现较好，其指数分别为65.48、64.71和63.94；而宁夏和福建的公司表现相对较差，其指数分别为56.36和58.12。

第三节　科创板上市公司绿色治理评价分析

一、科创板上市公司绿色治理总体描述

2022年上市公司绿色治理样本中共有84家科创板上市公司，其治理指

数描述性统计如表 6 – 17 所示。其中，公司绿色治理指数的平均值为 56.79，比 2021 年提高了 0.34，中位数为 56.38，最小值为 42.25，最大值为 67.19，标准差为 3.84。

表 6 – 17   科创板上市公司绿色治理指数描述性统计

项目	平均值	中位数	标准差	极差	最小值	最大值
绿色治理指数	56.79	56.38	3.84	24.94	42.25	67.19
绿色治理架构	55.67	54.30	5.93	26.00	50.00	76.00
绿色治理机制	56.29	55.95	3.89	16.01	50.01	66.02
绿色治理效能	58.01	57.43	4.52	17.26	51.97	69.23
绿色治理责任	59.71	59.88	3.27	19.56	51.11	70.68

资料来源：南开大学上市公司绿色治理数据库。

从绿色治理评价的四个分指数来看，科创板上市公司的绿色治理架构、绿色治理机制、绿色治理效能、绿色治理责任治理指数的平均值分别为 55.67、56.29、58.01 和 59.71。相比于 2021 年，绿色治理架构、绿色治理效能均有显著提高，平均值分别增加了 1.62、1.10，而绿色治理机制、绿色治理责任维度分别仅提高了 0.27、0.40。从各维度来看，科创板上市公司绿色治理责任指数最高，绿色治理效能指数较高，而绿色治理机制指数较低，绿色治理架构水平最低。绿色治理架构和机制成为科创板上市公司绿色治理水平需要补齐的短板。绿色治理架构指数在科创板上市公司中的差异较大，标准差为 5.93，极差为 26.00。

二、科创板上市公司绿色治理分维度比较

（一）科创板上市公司绿色治理架构分析

科创板上市公司绿色治理架构指数为 55.67，比 2021 年有所增长。从两个构成要素来看，绿色理念与战略要素、绿色组织与运行要素的平均值分别为 56.02 和 55.52。其中，绿色理念与战略要素与 2021 年的 55.14 相比增加了 0.88，绿色治理组织与运行比 2021 年的 53.62 增加了 1.90。样本公司

绿色理念与战略要素方面平均值较高，公司间差异也较大，标准差为8.05。绿色治理架构及其要素的描述性统计情况如表6－18所示。

表6－18   科创板上市公司绿色治理架构及其要素描述性统计

项目	平均值	中位数	标准差	极差	最小值	最大值
绿色治理架构	55.67	54.30	5.93	26.00	50.00	76.00
绿色理念与战略	56.02	50.00	8.05	26.00	50.00	76.00
绿色组织与运行	55.52	54.00	6.12	26.00	50.00	76.00

资料来源：南开大学上市公司绿色治理数据库。

（二）科创板上市公司绿色治理机制分析

科创板上市公司绿色治理机制平均值为56.29，比2021年有所提升。从绿色治理机制的四个构成要素来看，样本公司绿色运营要素的平均值最高，为59.73；其次为绿色行政要素，平均值为55.86；绿色投融资和绿色考评要素的平均值较低，分别为54.71和50.71。与2021年相比，绿色投融资、绿色行政要素的平均值分别上升了1.09和0.98，绿色运营、绿色考评要素的平均值分别下降了0.63和0.24。绿色治理机制及其要素的描述性统计情况如表6－19所示。

表6－19   科创板上市公司绿色治理机制及其要素描述性统计

项目	平均值	中位数	标准差	极差	最小值	最大值
绿色治理机制	56.29	55.95	3.89	16.01	50.01	66.02
绿色运营	59.73	59.50	6.07	23.50	50.00	73.50
绿色投融资	54.71	50.00	6.03	20.00	50.00	70.00
绿色行政	55.86	51.25	7.91	30.00	50.00	80.00
绿色考评	50.71	50.00	3.02	20.00	50.00	70.00

资料来源：南开大学上市公司绿色治理数据库。

（三）科创板上市公司绿色治理效能分析

2022年科创板上市公司绿色治理效能及其要素的描述性统计情况如表6－20所示。从绿色治理效能指数的三个构成要素来看，样本公司的绿色减排要素表现最好，平均值为 63.30，与 2021 年相比上升了 0.49；绿色节能要素的平均值为 54.73，与 2021 年相比上升了 1.56；而绿色循环利用要素最低，平均值只有 54.48，比 2021 年上升了 1.43。绿色循环利用要素是今后中国科创板上市公司绿色治理效能的治理重点。

表 6 – 20   科创板上市公司绿色治理效能及其要素描述性统计表

项目	平均值	中位数	标准差	极差	最小值	最大值
绿色治理效能	58.01	57.43	4.52	17.26	51.97	69.23
绿色节能	54.73	53.00	5.71	24.00	50.00	74.00
绿色减排	63.30	63.00	6.77	26.00	55.00	81.00
绿色循环利用	54.48	50.00	6.09	20.00	50.00	70.00

资料来源：南开大学上市公司绿色治理数据库。

（四）科创板上市公司绿色治理责任分析

2022 年科创板上市公司绿色治理责任及其要素的描述性统计情况如表 6 – 21 所示。从绿色治理责任的三个构成要素来看，绿色包容要素平均值为 63.21，表现最好，比 2021 年提高了 0.83。科创板上市公司的绿色公益要素平均值为 59.29，比 2021 年降低了 0.71；而绿色信息披露要素的平均值最低，只有 57.75，比 2021 年提高了 0.51。在绿色信息披露要素方面，科创板上市公司还有待进一步提高。

表 6 – 21   科创板上市公司绿色治理责任及其要素描述性统计表

项目	平均值	中位数	标准差	极差	最小值	最大值
绿色治理责任	59.71	59.88	3.27	19.56	51.11	70.68
绿色公益	59.29	59.17	3.77	21.67	50.00	71.67
绿色信息披露	57.75	58.00	4.60	25.00	50.00	75.00
绿色包容	63.21	65.00	5.07	25.00	50.00	75.00

资料来源：南开大学上市公司绿色治理数据库。

三、科创板上市公司绿色治理评价分组比较

在对我国科创板上市公司的绿色治理状况作总体描述和分维度比较之

后，为了更进一步深入考察不同类型公司绿色治理状况的差异，我们分别对行业、控股股东性质、地区等不同类别进行了对比分析。

（一）科创板上市公司绿色治理分行业比较

从科创板上市公司按行业性质的分类来看，84家上市公司分布在4个行业。综观绿色治理的各个维度，从行业比较来看制造业的表现相对较好，而信息传输、软件和信息技术服务业的表现相对较差。在绿色治理架构方面，制造业位居第一，其平均值为56.40；而科学研究和技术服务业的平均值最低，为52.15。在绿色治理机制方面，制造业、科学研究和技术服务业都表现较好，其平均值分别为56.62和56.09；而水利、环境和公共设施管理业表现较差，其平均值为50.01。在绿色治理效能方面，制造业、科学研究和技术服务业表现较好，分别为59.00和56.03；而水利、环境和公共设施管理业的平均值水平较低，为53.45。在绿色治理责任方面，制造业、科学研究和技术服务业的表现较好，其平均值分别为60.12和60.10；而信息传输、软件和信息技术服务业表现相对较差，其平均值为57.94（见表6－22）。

表6－22   科创板上市公司按行业性质的各分指数统计

行业	数目（家）	比例（%）	绿色治理架构	绿色治理机制	绿色治理效能	绿色治理责任
制造业	66	78.57	56.40	56.62	59.00	60.12
信息传输、软件和信息技术服务业	15	17.86	53.06	55.28	54.25	57.94
科学研究和技术服务业	2	2.38	52.15	56.09	56.03	60.10
水利、环境和公共设施管理业	1	1.19	53.40	50.01	53.45	58.64
合计	84	100.00	55.67	56.29	58.01	59.71

资料来源：南开大学上市公司绿色治理数据库。

（二）科创板上市公司绿色治理分控股股东性质比较

从控股股东来看，社会团体控股和职工持股会控股的公司不涉及科创板上市公司，因此这里不做讨论。在 84 家科创板上市公司中，民营控股公司占比为 55.95%，共有 47 家，国有控股公司 11 家，集体控股公司 1 家，外资控股公司 8 家，其他类型控股的公司 17 家（见表 6-23）。

表 6-23　　　　科创板上市公司按控股股东性质的各分指数统计

控股股东性质	数目（家）	比例（%）	绿色治理架构	绿色治理机制	绿色治理效能	绿色治理责任
国有控股	11	13.10	59.98	57.51	61.63	60.76
集体控股	1	1.19	62.00	58.00	64.88	61.52
民营控股	47	55.95	54.26	55.69	56.82	59.29
外资控股	8	9.52	56.33	56.48	58.05	59.61
其他控股	17	20.24	56.07	56.94	58.54	60.15
合计	84	100.00	55.67	56.29	58.01	59.71

资料来源：南开大学上市公司绿色治理数据库。

从绿色治理评价的四个维度来看，在绿色治理架构方面，集体控股公司和国有控股公司表现较好，其平均值分别为 62.00 和 59.98，民营控股公司的表现较差，其平均值为 54.26。在绿色治理机制方面，集体控股公司和国有控股公司的表现较好，其平均值分别为 58.00 和 57.51，而民营控股公司的表现较差，其平均值为 55.69。在绿色治理效能方面，集体控股公司和国有控股公司的表现较好，其平均值分别为 64.88 和 61.63，而民营控股公司的表现较差，其平均值为 56.82。在绿色治理责任方面，集体控股公司和国有控股公司的表现较好，其平均值分别为 61.52 和 60.76，而民营控股公司的表现较差，其平均值为 59.29。

（三）科创板上市公司绿色治理分地区比较

从地区分布来看，2022 年，除北京、天津、吉林、黑龙江、上海、江苏、浙江、福建、山东、湖北、湖南、广东、四川、贵州、陕西和新疆之外，其他大陆地区不涉及科创板上市公司，因此这里不做讨论。在 84 家科创板上市公司中，上海有 20 家，北京有 14 家，广东有 10 家，另有 3 家科创板上市公司所在地区为开曼群岛（见表 6-24）。

表6-24　　　　　　　　科创板上市公司按地区的各分指数统计

地区	数目（家）	比例（%）	绿色治理架构	绿色治理机制	绿色治理效能	绿色治理责任
北京	14	16.67	53.96	55.12	58.17	58.55
天津	2	2.38	55.73	59.24	57.64	60.26
吉林	1	1.19	52.87	57.14	60.48	61.53
黑龙江	1	1.19	50.00	51.91	53.15	55.55
上海	20	23.81	56.25	57.12	58.63	60.31
江苏	8	9.52	57.28	56.59	57.70	59.77
浙江	7	8.33	54.80	56.44	56.05	58.96
福建	1	1.19	56.27	55.10	55.63	59.71
山东	6	7.14	53.52	57.21	58.00	57.97
湖北	2	2.38	55.38	53.03	57.04	57.48
湖南	4	4.76	57.64	55.43	59.09	61.64
广东	10	11.90	54.37	55.60	56.55	59.35
四川	2	2.38	51.43	55.75	56.29	58.28
贵州	1	1.19	76.00	62.40	62.43	70.68
陕西	1	1.19	54.30	53.35	58.34	63.10
新疆	1	1.19	57.70	59.59	62.18	67.81
开曼群岛	3	3.57	62.00	56.54	62.69	60.27
合计	84	100.00	55.67	56.29	58.01	59.71

资料来源：南开大学上市公司绿色治理数据库。

　　从绿色治理评价的四个分指数来看，在绿色治理架构方面，除开曼群岛外，贵州、新疆和湖南的公司表现较好，其平均值分别为76.00、57.70和57.64；黑龙江和四川表现较差，其平均值分别为50.00和51.43。在绿色治理机制方面，贵州、新疆和天津的公司表现较好，其平均值分别为62.40、59.59和59.24；而黑龙江的公司绿色治理机制相对较差，其指数为51.91。在绿色治理效能方面，除开曼群岛外，贵州、新疆和吉林的公司表现较好，其指数分别为62.43、62.18和60.48；而黑龙江的公司表现相对较差，其平均值为53.15。在绿色治理责任方面，贵州、新疆和陕西的公司表现较好，其指数分别为70.68、67.81和63.10；而黑龙江的公司表现相对较差，其指数为55.55。

第四节　上市金融机构绿色治理评价分析

一、上市金融机构绿色治理总体描述

2022年度上市公司绿色治理样本中共有111家上市金融机构。表6-25给出了上市金融机构绿色治理指数及各分指数的描述性统计指标，可以看出，2022年度金融行业的公司绿色治理指数平均值为56.28，比2021年有所提升（2021年绿色治理指数平均值为54.92），中位数为56.72，标准差为4.90，比2021年的标准差4.95稍有降低，最小值为41.83，最大值为66.10。

表6-25　　　　　上市金融机构绿色治理指数描述性统计

项目	平均值	中位数	标准差	极差	最小值	最大值
绿色治理指数	56.28	56.72	4.90	24.27	41.83	66.10
绿色治理架构	56.52	55.67	5.78	27.17	50.00	77.17
绿色治理机制	57.08	57.07	4.32	18.80	50.01	68.81
绿色治理效能	54.64	53.93	3.00	13.26	51.97	65.23
绿色治理责任	59.71	59.97	4.07	17.72	51.11	68.83

资料来源：南开大学上市公司绿色治理数据库。

从绿色治理评价的四个维度来看，上市金融机构的绿色治理架构、绿色治理效能和绿色治理责任治理指数的平均值分别为56.52、54.64和59.71，较2021年均有所提高，其中，绿色治理架构指数提高幅度较大，比2021年提高了2.65。而绿色治理机制指数的平均值为57.08，较2021年的平均值有所下降。绿色治理架构和绿色治理效能的治理水平相对不高，国内上市金融机构在以上层面还需要继续提升。

二、上市金融机构绿色治理分维度比较

（一）上市金融机构绿色治理架构分析

从绿色治理架构评价的两个构成要素来看，绿色理念与战略要素和绿色组织与运行要素的平均值分别为 62.07 和 54.32。其中，绿色理念与战略要素比 2021 年的 57.55 提高了 4.52，绿色治理组织与运行比 2021 年的 52.41 提高了 1.91。另外，样本公司绿色理念与战略要素方面标准差为 8.73，公司间差异较大。绿色治理架构及其要素的描述性统计情况如表 6-26 所示。

表 6-26   上市金融机构绿色治理架构及其要素描述性统计

项目	平均值	中位数	标准差	极差	最小值	最大值
绿色治理架构	56.52	55.67	5.78	27.17	50.00	77.17
绿色理念与战略	62.07	62.00	8.73	26.00	50.00	76.00
绿色组织与运行	54.32	50.00	6.21	30.00	50.00	80.00

资料来源：南开大学上市公司绿色治理数据库。

（二）上市金融机构绿色治理机制分析

从绿色治理机制的四个构成要素来看，样本公司绿色运营、绿色投融资和绿色考评要素的平均值较 2021 年均有所提升，而绿色行政要素的平均值较 2021 年降低了 3.46。其中，绿色行政要素的平均值为 60.16，在绿色治理机制各要素中表现最好，值得注意的是，该要素的标准差较高，说明不同企业之间的绿色行政水平差异较大。绿色投融资要素和绿色运营要素相对较高，分别为 58.36 和 56.25。绿色考评要素的平均值为 51.26，在各要素中相对最低。绿色治理机制及其要素的描述性统计情况如表 6-27 所示。

表 6-27   上市金融机构绿色治理机制及其要素描述性统计

项目	平均值	中位数	标准差	极差	最小值	最大值
绿色治理机制	57.08	57.07	4.32	18.80	50.01	68.81
绿色运营	56.25	55.75	5.48	19.50	50.00	69.50

续表

项目	平均值	中位数	标准差	极差	最小值	最大值
绿色投融资	58.36	58.00	6.52	24.00	50.00	74.00
绿色行政	60.16	60.00	8.61	30.00	50.00	80.00
绿色考评	51.26	50.00	3.72	15.00	50.00	65.00

资料来源：南开大学上市公司绿色治理数据库。

（三）上市金融机构绿色治理效能分析

2022 年上市金融机构绿色治理效能及其要素的描述性统计情况如表 6 - 28 所示。从绿色治理效能指数的三个构成要素来看，样本公司的绿色减排要素相对表现较好，平均值为 57.28，但相较于 2021 年有所下降；而绿色节能和绿色循环利用要素水平相对较低，平均值分别为 54.18 和 52.05，但相对于 2021 年都有所上升。

表 6 - 28　　　　上市金融机构绿色治理效能及其要素描述性统计表

项目	平均值	中位数	标准差	极差	最小值	最大值
绿色治理效能	54.64	53.93	3.00	13.26	51.97	65.23
绿色节能	54.18	50.00	5.68	24.00	50.00	74.00
绿色减排	57.28	55.00	3.88	15.00	55.00	70.00
绿色循环利用	52.05	50.00	4.06	20.00	50.00	70.00

资料来源：南开大学上市公司绿色治理数据库。

（四）上市金融机构绿色治理责任分析

2022 年上市金融机构绿色治理责任及其要素的描述性统计情况如表 6 - 29 所示。从绿色治理责任的三个构成要素来看，绿色公益要素平均值为 61.53，表现最好，但比 2021 年下降了 0.10。上市金融机构的绿色包容要素为 60.18，比 2021 年上升了 0.96。绿色信息披露要素的平均值最低，只有 58.83，在绿色信息披露要素方面，上市金融机构还有待进一步提高。

表 6 - 29　　　　上市金融机构绿色治理责任及其要素描述性统计表

项目	平均值	中位数	标准差	极差	最小值	最大值
绿色治理责任	59.71	59.97	4.07	17.72	51.11	68.83
绿色公益	61.53	60.00	4.50	20.00	55.00	75.00
绿色信息披露	58.83	58.00	5.87	22.00	50.00	72.00
绿色包容	60.18	60.00	4.95	20.00	50.00	70.00

资料来源：南开大学上市公司绿色治理数据库。

三、上市金融机构绿色治理评价分组比较

在对我国上市金融机构的绿色治理状况作总体描述和分维度比较之后，为了更进一步深入考察不同类型公司绿色治理状况的差异，我们分别对业务、控股股东性质、地区等不同类别进行了对比分析。

（一）上市金融机构绿色治理分行业比较

按照金融机构不同业务性质分组，金融机构可以分为银行、证券公司、保险公司以及包括信托和投资公司在内的其他金融机构等。表 6 - 30 给出了这四类金融机构公司绿色治理指数的描述性统计。从绿色治理的四个维度来看，在绿色治理架构方面，保险类金融机构的表现相对较好，其指数平均值为 58.02；而其他类金融机构指数平均值最低，仅为 54.50。在绿色治理机制方面，银行类金融机构表现最好，其平均值为 59.34；其他类金融机构的表现最差，平均值为 55.20。在绿色治理效能方面，保险类金融机构表现最好，指数为 55.50；而其他类金融机构平均值水平最低，平均值为 54.18。在绿色治理责任方面，银行类和保险类金融机构的表现较好，其平均值分别为 61.56 和 61.09；其他类型金融机构表现相对较差，其平均值为 56.40。综合来看，银行业和保险业表现更为出众，在四大维度的表现均有明显优势。

表 6 – 30 上市金融机构按行业性质的各分指数统计

行业	数目（家）	比例（％）	绿色治理架构	绿色治理机制	绿色治理效能	绿色治理责任
银行	41	36.94	56.30	59.34	55.17	61.56
证券	51	45.95	56.96	55.77	54.20	58.80
保险	7	6.31	58.02	56.64	55.50	61.09
其他	12	10.81	54.50	55.20	54.18	56.40
总计	111	100.00	56.52	57.08	54.64	59.71

资料来源：南开大学上市公司绿色治理数据库。

（二）上市金融机构绿色治理分控股股东性质比较

按照控股性质分组，上市金融机构的控股性质可以分为四种：国有控股、民营控股、社会团体控股和其他类型。表 6 – 31 给出了按最终控制人性质分组的金融机构绿色治理指数统计指标对比，从绿色治理的四个维度来看，在绿色治理架构方面，国有控股上市公司表现最好，其次是其他类型控股和民营控股上市公司，社会团体控股上市公司表现最差。在绿色治理机制方面，其他类型控股上市公司表现较好，而民营控股上市公司相对较低。在绿色治理效能方面，国有控股和其他类型控股上市公司指数较高，社会团体控股上市公司的指数相对较低。在绿色治理责任方面，国有控股和其他类型控股上市公司表现较好，民营控股上市公司表现次之，社会团体控股上市公司表现相对较差。整体上看，2022 年国有控股和其他类型控股上市金融机构优势较为明显，国有控股上市金融机构在绿色治理架构、绿色治理效能和绿色治理责任方面的表现最优，而国有控股在绿色治理机制方面的表现仅次于其他类型控股。

表 6 – 31 上市金融机构按控股股东性质的各分指数统计

控股股东性质	数目（家）	比例（％）	绿色治理架构	绿色治理机制	绿色治理效能	绿色治理责任
国有控股	73	65.77	57.28	57.46	54.99	60.48
民营控股	13	11.71	51.92	53.47	52.77	55.28

续表

控股股东性质	数目（家）	比例（%）	绿色治理架构	绿色治理机制	绿色治理效能	绿色治理责任
社会团体控股	1	0.90	50.00	54.10	52.75	52.16
其他类型	24	21.62	56.96	58.04	54.65	60.06
合计	111	100.00	56.52	57.08	54.64	59.71

资料来源：南开大学上市公司绿色治理数据库。

（三）上市金融机构绿色治理分地区比较

按照金融机构所属地区分组，上市金融机构集中分布于北京、上海、江苏、浙江和广东等经济发达地区，占比62.16%，所以我们仅比较这五个省市上市金融机构的治理状况（见表6-32）。

表6-32　　　　　　上市金融机构按地区的各分指数统计

地区	数目（家）	比例（%）	绿色治理架构	绿色治理机制	绿色治理效能	绿色治理责任
北京	19	17.12	56.86	58.39	55.57	61.45
上海	17	15.32	55.37	56.67	55.22	59.76
江苏	13	11.71	53.72	58.61	54.49	60.00
浙江	10	9.01	54.46	56.36	53.74	57.55
广东	10	9.01	60.69	58.54	55.95	61.47

资料来源：南开大学上市公司绿色治理数据库。

从绿色治理评价的四个维度来看，在绿色治理架构方面，广东的金融机构表现最好，其平均值为60.69；北京、上海和浙江的表现次之，其平均值分别为56.86、55.37和54.46；而江苏的表现最差，其指数为53.72。在绿色治理机制方面，江苏、广东和北京的公司表现较好，其指数分别为58.61、58.54和58.39；上海和浙江的表现次之，其平均值分别为56.67和56.36。在绿色治理效能方面，广东、北京和上海的公司表现较好，其指数分别为55.95、55.57和55.22；江苏的表现次之，其平均值为54.49；而浙江的表现最差，其指数为53.74。在绿色治理责任方面，广东和北京的公司表现最好，其指数分别为61.47和61.45；江苏和上海的表现次之，其平均值分别为60.00和59.76；而浙江的表现最差，其指数为57.55。整体上看，2022年，广东的上市金融机构在绿色治理架构、绿色治理效能和绿色治理责任方面均具有优势，江苏的上市金融机构在绿色治理机制方面具有优势。

第五节　中国上市公司绿色治理分板块评价主要结论

第一，从绿色治理指数来看，主板上市公司、创业板上市公司、科创板上市公司以及上市金融机构的平均值分别为56.74、55.62、56.79和56.28。科创板上市公司绿色治理水平最高，创业板上市公司绿色治理指数平均值最低。与2021年相比，除创业板以外，各板块的绿色治理水平都有不同程度的提升。其中，上市金融机构提升程度最大，2022年比2021年提高了1.36，主要由绿色治理架构维度提升推动。主板提升程度次之，比2021年平均值提高了0.77。科创板提升程度相对较小，仅比2021年提高了0.34。而创业板下降幅度相对较大，比2021年下降了1.45。

第二，从绿色治理指数的四个维度来看，在绿色治理架构维度中，主板上市公司的平均值最高，为56.72，其次为上市金融机构，平均值为56.52，创业板上市公司平均值为55.76，科创板上市公司指数平均值最低，仅为55.67。与2021年相比，绿色治理架构指标提升幅度最高的为上市金融机构，提高了2.65，而创业板上市公司的平均值与2021年相比下降了0.53。在绿色治理机制维度中，上市金融机构指数在各板块中平均值最高，为57.08，其次为主板上市公司，平均值为56.44，创业板上市公司为56.33，最低的为科创板上市公司，平均值为56.29。与2021年相比，主板上市公司提升最多，提高了0.33。在绿色治理效能维度中，主板上市公司平均值最高，为58.48，其次为科创板上市公司，平均值为58.01，创业板上市公司平均值为56.85，最后为上市金融机构，只有54.64。与2021年相比，除创业板上市公司略有下降，其余板块在绿色治理效能维度均有不同幅度提升。其中，科创板提升最多，提高了1.01。在绿色治理责任维度中，创业板上市公司平均值最高，为59.94，其次为科创板和上市金融机构，为59.71，主板上市公司绿色治理责任指数水平最低，为59.69。与2021年相比，上市金融机构提高了1.24，科创板、主板和创业板上市公司分别提升了 0.40、0.51 和 0.13。

第三，从控股股东性质来看，国有控股和外资控股上市公司绿色治理水平相对较高，且在不同板块的表现存在差异。具体而言，在主板上市公司中，国有控股上市公司的优势在于绿色治理效能；在创业板上市公司中，外资控股在绿色治理架构、绿色治理机制、绿色治理效能和绿色治理责任四个维度上均优于民营控股和国有控股；在科创板上市公司和上市金融机构中，国有控股上市公司在绿色治理架构、绿色治理机制、绿色治理效能和绿色治理责任维度均表现较好。与 2021 年相比，外资控股上市公司积极构建绿色治理架构和机制，注重绿色治理效能，绿色治理水平始终处于相对领先地位，而 2022 年国有控股上市公司的绿色治理水平也有很大提高。

第四，从地区分布来看，2022 年中国上市公司绿色治理评价样本中的主板上市公司、创业板上市公司、科创板上市公司和上市金融机构多分布在中国东部沿海等经济发达地区，且这些地区的上市公司绿色治理表现相对较好。具体而言，在主板上市公司中，山东的上市公司在绿色治理架构、绿色治理机制、绿色治理效能和绿色治理责任四个维度均高于平均水平；在创业板上市公司中，江苏的上市公司在绿色治理效能和绿色治理责任方面具有明显优势；在科创板上市公司中，上海的上市公司在绿色治理机制和绿色治理责任维度表现较好；在上市金融机构中，北京和广东的上市金融机构在四个维度均表现较好，绿色治理水平相对较高。

第七章

2023 年中国上市公司绿色治理总体评价

第一节　中国上市公司绿色治理评价样本情况

一、样本来源及选取

本次编制中国上市公司绿色治理指数的样本是截至 2023 年 4 月 30 日在巨潮资讯网上披露 2022 年社会责任报告的上市公司，剔除 2023 年新上市的公司，最终确定有效样本为 1738 家，其中主板 1269 家，创业板 220 家，科创板 130 家，北交所 3 家，金融机构 116 家。样本公司的行业、控股股东性质及地区构成如表 7 - 1、表 7 - 2 和表 7 - 3 所示。需要说明的是，考虑到创业板和科创板上市公司治理的特殊性，我们对这些板块的公司进行了单独分析；同时还考虑到金融机构治理的特殊性，将各板块中的金融机构抽取出来单独组成一个板块，即除主板、创业板、科创板和北交所外，还有一个金融机构板块。各板块详细分析见本报告第九章。

二、样本行业分布情况

从样本行业分布情况来看，制造业上市公司数目最多，为 1001 家，样本的比例最高，占 57.59%；在制造业的细分行业中，计算机、通信和其他电子设备制造业上市公司数量最多，有 148 家，占全部样本的 8.52%，化学原料及化学制品制造业有 106 家，占全部样本的 6.10%，医药制造业有105 家，占全部样本的 6.04%。其次是金融业和信息传输、软件和信息技术服务业，分别为 116 家和 113 家，占样本公司的 6.67% 和 6.50%。而教育、住宿和餐饮业以及综合等行业上市公司比例较小，均不足 5 家（见表 7-1）。

表 7-1　　　　　　　　　　样本公司的行业构成

行业	公司数（家）	比例（%）
农、林、牧、渔业	17	0.98
采矿业	48	2.76
制造业（合计）	1001	57.59
农副食品加工业	21	1.21
食品制造业	28	1.61
酒、饮料和精制茶制造业	29	1.67
纺织业	14	0.81
纺织服装、服饰业	19	1.09
皮革、毛皮、羽毛及其制品和制鞋业	3	0.17
木材加工及木、竹、藤、棕、草制品业	2	0.12
家具制造业	12	0.69
造纸及纸制品业	22	1.27
印刷和记录媒介复制业	3	0.17
文教、工美、体育和娱乐用品制造业	4	0.23
石油加工、炼焦及核燃料加工业	8	0.46
化学原料及化学制品制造业	106	6.10
医药制造业	105	6.04
化学纤维制造业	14	0.81
橡胶和塑料制品业	33	1.90
非金属矿物制品业	41	2.36
黑色金属冶炼及压延加工业	26	1.50

续表

行业	公司数（家）	比例（%）
有色金属冶炼及压延加工业	39	2.24
金属制品业	16	0.92
通用设备制造业	43	2.47
专用设备制造业	81	4.66
汽车制造业	47	2.70
铁路、船舶、航空航天和其他运输设备制造业	25	1.44
电气机械及器材制造业	93	5.35
计算机、通信和其他电子设备制造业	148	8.52
仪器仪表制造业	13	0.75
其他制造业	1	0.06
废弃资源综合利用业	5	0.29
电力、热力、燃气及水生产和供应业	80	4.60
建筑业	40	2.30
批发和零售业	68	3.91
交通运输、仓储和邮政业	65	3.74
住宿和餐饮业	2	0.12
信息传输、软件和信息技术服务业	113	6.50
金融业	116	6.67
房地产业	58	3.34
租赁和商务服务业	17	0.98
科学研究和技术服务业	28	1.61
水利、环境和公共设施管理业	30	1.73
教育	3	0.17
卫生和社会工作	11	0.63
文化、体育和娱乐业	38	2.19
综合	3	0.17
合计	1738	100.00

资料来源：南开大学上市公司绿色治理数据库。

三、样本控股股东分布情况

按控股股东性质分组样本中，国有控股和民营控股占比较大，分别为787 家和 713 家，占 45.28% 和 41.02%；无实际控制人控股占比 8.23%，为 143 家；外资控股 54 家、其他类型 32 家、集体控股 7 家、社会团体控股2 家，这些类型的上市公司占比相对较小（见表 7-2）。

表 7-2　　　　　　　　　样本公司的控股股东构成

控股股东性质	公司数（家）	比例（%）
国有控股	787	45.28
集体控股	7	0.40
民营控股	713	41.02
社会团体控股	2	0.12
外资控股	54	3.11
无实际控制人	143	8.23
其他类型	32	1.84
合计	1738	100.00

资料来源：南开大学上市公司绿色治理数据库。

四、样本地区分布情况

如表 7-3 所示，从不同地区数量、占样本比例看，沿海经济发达地区广东、浙江、北京、上海、江苏、山东占比较高。其中，广东 262 家，占15.07%；浙江 196 家，占 11.28%；北京 185 家，占 10.64%；上海 181家，占 10.41%；江苏 143 家，占 8.23%；山东 93 家，占 5.35%。而欠发达地区的样本量少，西藏仅有 5 家，青海的样本量只有 6 家。除此之外，2023 年评价样本中还存在 2 家注册地为我国香港的上市公司和 5 家注册地为开曼群岛的上市公司，但考虑到以上地区治理环境的特殊性，分地区评价分析并未将其列入比较对象。区域分布如表 7-3 所示。

表7－3　　　　　　　　　　样本公司的地区构成

地区	公司数（家）	比例（%）	地区	公司数（家）	比例（%）
北京	185	10.64	湖南	41	2.36
天津	30	1.73	广东	262	15.07
河北	29	1.67	广西	16	0.92
山西	15	0.86	海南	19	1.09
内蒙古	12	0.69	重庆	32	1.84
辽宁	34	1.96	四川	52	2.99
吉林	18	1.04	贵州	15	0.86
黑龙江	8	0.46	云南	25	1.44
上海	181	10.41	西藏	5	0.29
江苏	143	8.23	陕西	26	1.50
浙江	196	11.28	甘肃	11	0.63
安徽	50	2.88	青海	6	0.35
福建	87	5.01	宁夏	9	0.52
江西	25	1.44	新疆	24	1.38
山东	93	5.35	中国香港	2	0.12
河南	45	2.59	开曼群岛	5	0.29
湖北	37	2.13	合计	1738	100.00

资料来源：南开大学上市公司绿色治理数据库。

五、样本市场板块分布情况

2023年的评价对样本公司按照市场板块类型进行详细划分，其中73.01%的样本公司来自主板，共1269家；创业板上市公司220家，占12.66%；科创板上市公司130家，占7.48%；上市金融机构116家，占6.67%；北交所上市公司3家，占0.17%（见表7－4）。

表7-4	样本公司的市场板块构成	
市场板块类型	公司数（家）	比例（%）
主板	1269	73.01
创业板	220	12.66
科创板	130	7.48
北交所	3	0.17
金融机构	116	6.67
合计	1738	100.00

资料来源：南开大学上市公司绿色治理数据库。

第二节　中国上市公司绿色治理总体分析

一、上市公司绿色治理总体描述

如表7-5所示，在2023年评价样本中，上市公司绿色治理指数平均值为57.44，较2022年的56.58提高了0.86；中位数为57.73，比2022年的56.59提高了1.14。2023年上市公司绿色治理指数最大值为75.43，最小值为40.83，样本的标准差为6.76。指数分布情况如图7-1所示。

表7-5	公司绿色治理指数描述性统计
统计指标	绿色治理指数
平均值	57.44
中位数	57.73
标准差	6.76
偏度	-0.24
峰度	2.71
极差	34.59
最小值	40.83
最大值	75.43

资料来源：南开大学上市公司绿色治理数据库。

图 7 - 1 上市公司绿色治理指数分布图

资料来源：南开大学上市公司绿色治理数据库。

2023 年中国上市公司绿色治理指数平均值为 57. 44，从指数来看，上市公司绿色治理仍有比较大的改善空间。绿色治理指数的标准差为 6. 76，比 2022 年的 5. 40 有所增加，表明治理水平整体差异有所扩大。从绿色治理四大维度来看，绿色治理责任平均值最高，为 61. 29，说明上市公司在绿色公益等外部性绿色活动中表现较好，社会责任感和包容性较强；绿色治理效能维度次高，为 59. 80，说明上市公司在节能减排和循环利用方面表现也相对良好；而绿色治理架构和绿色治理机制的平均值相对较低，仅为 57. 80 和 56. 98，反映出上市公司在绿色治理机制和架构顶层设计方面较为薄弱，还有很大的进步空间。与 2022 年各维度平均值相比，四个维度均有所提升，其中绿色治理效能提升明显，提升了 1. 83，绿色治理架构、绿色治理机制、绿色治理责任分别提升了 1. 26、0. 51、1. 57。各维度绿色治理指数如表 7 - 6 所示。

表 7 - 6　　　　　　　上市公司绿色治理指数各维度描述性统计

项目	平均值	中位数	标准差	极差	最小值	最大值
绿色治理指数	57. 44	57. 73	6. 76	34. 59	40. 83	75. 43
绿色治理架构	57. 80	57. 17	6. 40	28. 87	50. 00	78. 87

续表

项目	平均值	中位数	标准差	极差	最小值	最大值
绿色治理机制	56.98	56.52	4.22	20.56	50.01	70.57
绿色治理效能	59.80	59.12	5.84	24.82	51.97	76.79
绿色治理责任	61.29	61.44	3.81	22.61	50.01	72.62

资料来源：南开大学上市公司绿色治理数据库。

二、上市公司绿色治理分行业分析

从行业分布平均值来看，绿色治理总体状况在行业间存在一定的差异。制造业、建筑业以及电力、热力、燃气及水生产和供应业等行业绿色治理指数平均值较高，依次为 58.90、58.50 和 58.48；教育，文化、体育和娱乐业以及住宿和餐饮业等行业绿色治理指数平均值较低，分别为 48.92、50.18 和 52.41。就行业内绿色治理表现差异而言，租赁和商务服务业，农、林、牧、渔业，住宿和餐饮业等行业内部差异较小，综合，卫生和社会工作和房地产业等行业绿色治理表现行业差异较大（见表 7－7）。

表7－7　　　　按行业分组的样本公司绿色治理指数描述性统计

行业	数目（家）	比例（%）	平均值	中位数	标准差	极差	最小值	最大值
农、林、牧、渔业	17	0.98	52.46	52.92	4.82	19.19	43.93	63.13
采矿业	48	2.76	57.35	57.51	6.62	26.42	44.08	70.51
制造业	1001	57.59	58.90	58.96	6.48	34.17	41.26	75.43
电力、热力、燃气及水生产和供应业	80	4.60	58.48	59.24	6.45	28.12	42.56	70.68
建筑业	40	2.30	58.50	59.45	6.69	28.28	42.51	70.80
批发和零售业	68	3.91	55.63	55.61	5.68	25.35	43.75	69.10
交通运输、仓储和邮政业	65	3.74	58.09	58.78	5.67	26.11	43.46	69.57
住宿和餐饮业	2	0.12	52.41	52.41	5.51	7.80	48.51	56.31
信息传输、软件和信息技术服务业	113	6.50	53.09	53.99	6.12	29.25	41.14	70.39

续表

行业	数目 （家）	比例 （%）	平均值	中位数	标准差	极差	最小值	最大值
金融业	116	6.67	53.46	52.80	6.29	28.22	40.90	69.12
房地产业	58	3.34	55.48	56.77	6.84	26.84	41.64	68.49
租赁和商务服务业	17	0.98	55.38	54.53	4.80	22.18	46.86	69.04
科学研究和技术服务业	28	1.61	57.26	57.93	6.00	24.48	43.46	67.95
水利、环境和公共设施管理业	30	1.73	58.13	60.03	6.77	26.02	43.21	69.23
教育	3	0.17	48.92	51.85	6.05	10.99	41.96	52.95
卫生和社会工作	11	0.63	55.39	56.24	7.40	22.20	42.64	64.84
文化、体育和娱乐业	38	2.19	50.18	51.67	5.58	22.01	40.83	62.84
综合	3	0.17	58.28	55.94	8.46	16.42	51.24	67.66
合计	1738	100.00	57.44	57.73	6.76	34.59	40.83	75.43

资料来源：南开大学上市公司绿色治理数据库。

三、上市公司绿色治理分控股股东性质分析

表 7-8 的描述性统计显示，就样本平均值而言，集体控股上市公司绿色治理指数平均值最高，为 61.37；其次为社会团体控股和国有控股上市公司，分别为 58.73 和 57.86；外资控股上市公司指数平均值为 57.81，民营控股上市公司绿色治理指数平均值为 57.21，无实际控制人上市公司绿色治理指数平均值为 55.88，其他类型上市公司绿色治理指数平均值为 57.72。国有控股上市公司绿色治理指数平均值继续高于民营控股上市公司。

表 7-8　　按控股股东性质分组的样本公司绿色治理指数描述性统计

最终控制人性质	数目 （家）	比例 （%）	平均值	中位数	标准差	极差	最小值	最大值
国有控股	787	45.28	57.86	58.11	6.59	32.53	40.83	73.36
集体控股	7	0.40	61.37	62.87	5.03	14.75	53.16	67.92
民营控股	713	41.02	57.21	57.49	6.82	34.53	40.90	75.43

续表

最终控制人性质	数目（家）	比例（%）	平均值	中位数	标准差	极差	最小值	最大值
社会团体控股	2	0.12	58.73	58.73	9.90	14.00	51.73	65.73
外资控股	54	3.11	57.81	57.56	7.01	29.38	42.61	71.98
无实际控制人	143	8.23	55.88	55.84	7.18	31.68	41.48	73.16
其他类型	32	1.84	57.72	57.57	6.10	25.99	43.62	69.61
合计	1738	100.00	57.44	57.73	6.76	34.59	40.83	75.43

资料来源：南开大学上市公司绿色治理数据库。

四、上市公司绿色治理分地区分析

各地区公司绿色治理指数描述性统计结果如表7-9所示。就样本绿色治理指数平均值而言，内蒙古、山东、河北、四川、宁夏、天津等地区上市公司绿色治理指数较高，分别为60.71、59.56、59.27、59.19、58.77和58.47；青海、辽宁、海南、陕西、吉林和重庆等地区上市公司绿色治理指数较低，分别为51.23、53.14、54.19、55.22、55.84和56.01。此外，还有广西、广东、浙江、江苏、江西和安徽上市公司绿色治理指数平均值高于全国平均值（57.44），剩余其他省份平均值低于全国平均值。

表7-9　　　　　按地区分组的样本公司绿色治理指数描述性统计

地区	数目（家）	比例（%）	平均值	中位数	标准差	极差	最小值	最大值
北京	185	10.64	57.08	57.92	6.48	29.49	41.31	70.80
天津	30	1.73	58.47	59.15	6.77	26.29	43.40	69.69
河北	29	1.67	59.27	58.02	7.23	30.45	42.70	73.16
山西	15	0.86	56.28	57.30	4.85	17.60	45.73	63.33
内蒙古	12	0.69	60.71	63.18	6.91	19.75	48.78	68.54
辽宁	34	1.96	53.14	54.55	7.88	28.96	41.64	70.60
吉林	18	1.04	55.84	56.10	5.76	21.98	44.65	66.63
黑龙江	8	0.46	56.24	53.80	6.74	19.67	50.94	70.60

地区	数目 （家）	比例 （％）	平均值	中位数	标准差	极差	最小值	最大值
上海	181	10.41	56.32	57.33	6.48	32.53	40.83	73.36
江苏	143	8.23	57.80	58.07	5.72	29.65	41.48	71.13
浙江	196	11.28	58.28	58.67	6.61	34.03	41.14	75.17
安徽	50	2.88	57.44	57.33	7.32	27.63	41.96	69.59
福建	87	5.01	56.08	56.00	7.37	30.15	42.03	72.18
江西	25	1.44	57.52	56.58	8.12	34.53	40.90	75.43
山东	93	5.35	59.56	59.40	6.19	30.75	42.61	73.35
河南	45	2.59	56.82	57.31	6.93	27.18	41.50	68.68
湖北	37	2.13	56.79	56.77	7.62	27.83	43.07	70.90
湖南	41	2.36	56.78	56.94	7.04	28.55	41.64	70.19
广东	262	15.07	58.29	58.89	6.50	32.02	41.14	73.16
广西	16	0.92	58.42	58.86	6.74	22.15	45.51	67.66
海南	19	1.09	54.19	52.34	7.05	27.69	44.08	71.77
重庆	32	1.84	56.01	56.06	6.93	24.97	43.81	68.77
四川	52	2.99	59.19	59.13	6.41	26.84	43.87	70.72
贵州	15	0.86	56.23	56.60	6.91	23.25	42.71	65.96
云南	25	1.44	56.96	57.53	6.05	25.04	43.06	68.10
西藏	5	0.29	57.37	58.34	7.34	19.27	48.32	67.59
陕西	26	1.50	55.22	53.96	5.87	23.44	44.23	67.67
甘肃	11	0.63	56.96	58.23	7.92	23.70	41.70	65.40
青海	6	0.35	51.23	53.21	6.44	15.76	41.26	57.02
宁夏	9	0.52	58.77	60.70	8.80	24.30	42.62	66.91
新疆	24	1.38	57.19	59.07	9.00	30.11	42.14	72.25
中国香港	2	0.12	66.45	66.45	5.73	8.10	62.40	70.51
开曼群岛	5	0.29	60.62	64.81	8.46	21.23	47.17	68.40
合计	1738	100	57.44	57.73	6.76	34.59	40.83	75.43

资料来源：南开大学上市公司绿色治理数据库。

五、上市公司绿色治理分市场板块分析

在 2023 年上市公司绿色治理评价中，按照市场板块对样本公司进行划分，科创板上市公司绿色治理指数居首位，平均值达到 59.29，其次为主板上市公司，绿色治理指数平均值为 57.82；创业板上市公司绿色治理指数平均值为 56.31；北交所上市公司绿色治理指数平均值为 54.75；金融机构上市公司绿色治理指数平均值为 53.46。科创板和主板上市公司绿色治理指数高于全国平均水平，而其他三个板块上市公司绿色治理指数均低于全国平均水平，有待提升（见表 7 - 10）。

表 7 - 10　　　　　　按市场板块分组的样本公司绿色治理指数描述性统计

板块类型	数目（家）	比例（%）	平均值	中位数	标准差	极差	最小值	最大值
主板	1269	73.01	57.82	58.04	6.75	34.33	40.83	75.17
创业板	220	12.66	56.31	56.51	6.76	32.21	41.14	73.35
科创板	130	7.48	59.29	59.02	5.68	31.90	43.53	75.43
北交所	3	0.17	54.75	55.05	4.32	8.63	50.28	58.91
金融机构	116	6.67	53.46	52.80	6.29	28.22	40.90	69.12
合计	1738	100	57.44	57.73	6.76	34.59	40.83	75.43

资料来源：南开大学上市公司绿色治理数据库。

第三节　中国上市公司绿色治理总体评价主要结论

第一，2023 年评价样本中，上市公司绿色治理指数平均值为 57.44。从四大维度来看，绿色治理责任平均值最高，绿色治理效能维度次高，而绿色治理架构和绿色治理机制的平均值相对较低，反映出上市公司在绿色治理发展中仍然存在重行为而轻结构机制建设的情况，需要绿色行为"倒逼"上市公司强化绿色治理架构和机制。

第二，从行业比较分析来看，2023 年评价排名中，制造业的公司绿色

治理指数位居第一，建筑业和电力、热力、燃气及水生产和供应业较高；而教育，文化、体育和娱乐业以及住宿和餐饮业等行业绿色治理指数相对较低；综合，卫生和社会工作和房地产业等行业指数标准差较大，显示绿色治理表现行业内部差异较大。

第三，从控股股东性质比较分析来看，集体控股上市公司表现最优，其次为社会团体控股和国有控股上市公司。国有控股上市公司绿色治理指数平均值继续高于民营控股上市公司。

第四，从地区比较分析来看，内蒙古、山东、河北、四川、宁夏、天津、广西、广东、浙江、江苏、江西和安徽等地区指数平均值高于全国平均水平；而青海、辽宁、海南、陕西、吉林和重庆指数平均值相对较低。

第五，从市场板块来看，科创板上市公司绿色治理指数位居首位；主板上市公司绿色治理指数高于全部公司平均值，创业板和北交所上市公司治理指数低于全部公司平均值；金融机构的绿色治理指数最低，为 53.46。

第八章

2023 年中国上市公司绿色
治理分维度评价

第一节　中国上市公司绿色治理架构分析

一、上市公司绿色治理架构总体描述

2023 年中国上市公司绿色治理评价的样本量为 1738 家，绿色治理架构指数的平均值为 57.80，中位数为 57.17，标准差为 6.40。从绿色治理架构的两个构成要素来看，绿色理念与战略要素较高，平均值为 59.47；绿色组织与运行要素的平均值较低，为 57.15。从绿色治理架构各要素的公司间差异情况来看，上市公司在绿色理念与战略要素方面的差异程度较大，其标准差为 9.20。在绿色组织与运行要素方面，上市公司之间的差异程度相对较小，其标准差为 7.37（见表 8-1）。

表 8-1　　中国上市公司绿色治理架构总体状况描述性统计

项目	平均值	中位数	标准差	极差	最小值	最大值
绿色治理架构	57.80	57.17	6.40	28.87	50.00	78.87
绿色理念与战略	59.47	58.00	9.20	26.00	50.00	76.00
绿色组织与运行	57.15	56.00	7.37	32.00	50.00	82.00

资料来源：南开大学上市公司绿色治理数据库。

二、上市公司绿色治理架构分行业评价

我们以证监会制定的行业分类标准为依据，对行业间的绿色治理架构状况进行分析，以探究不同行业之间绿色治理架构的差异。从表 8 − 2 中国上市公司绿色治理架构分行业描述性统计中可以看出，采矿业，建筑业，水利、环境和公共设施管理业的绿色治理架构指数的平均水平较高，分别为 61.55、59.29 和 58.89，高于全行业平均值 57.80。教育，文化、体育和娱乐业，信息传输、软件和信息技术服务业等行业绿色治理架构指数的平均水平较低，分别为 50.00、51.42 和 53.89。从标准差来看，综合业，租赁和商务服务业，科学研究和技术服务业的公司间差距较大，其标准差分别为 7.45、6.64 和 6.61；教育，住宿和餐饮业，文化、体育和娱乐业等行业上市公司在绿色治理架构方面的差异较小，分别为 0、2.40 和 2.74。从各行业的绿色治理架构指数的平均值以及各行业数量综合来看，制造业上市公司对拉高绿色治理架构指数的影响较大；而文化、体育和娱乐业以及信息传输、软件和信息技术服务业对拉低绿色治理架构指数的影响较大，这些行业绿色治理架构水平有待进一步提升。

表 8 − 2　　　　中国上市公司绿色治理架构分行业描述性统计

行业	数目（家）	比例（％）	平均值	中位数	标准差	极差	最小值	最大值
农、林、牧、渔业	17	0.98	54.04	52.87	5.16	14.33	50.00	64.33
采矿业	48	2.76	61.55	60.68	6.42	26.00	50.00	76.00
制造业	1001	57.59	58.66	57.70	6.44	28.87	50.00	78.87
电力、热力、燃气及水生产和供应业	80	4.60	58.74	58.53	5.53	22.87	50.00	72.87
建筑业	40	2.30	59.29	57.27	6.56	27.43	50.00	77.43
批发和零售业	68	3.91	55.76	54.30	6.41	24.57	50.00	74.57
交通运输、仓储和邮政业	65	3.74	57.84	56.27	6.16	26.00	50.00	76.00
住宿和餐饮业	2	0.12	54.57	54.57	2.40	3.40	52.87	56.27
信息传输、软件和信息技术服务业	113	6.50	53.89	52.27	4.58	17.73	50.00	67.73

续表

行业	数目（家）	比例（%）	平均值	中位数	标准差	极差	最小值	最大值
金融业	116	6.67	57.07	56.57	5.94	22.87	50.00	72.87
房地产业	58	3.34	55.32	53.40	6.05	21.43	50.00	71.43
租赁和商务服务业	17	0.98	55.47	55.67	6.64	27.17	50.00	77.17
科学研究和技术服务业	28	1.61	57.65	57.53	6.61	21.70	50.00	71.70
水利、环境和公共设施管理业	30	1.73	58.89	59.00	5.16	24.57	50.00	74.57
教育	3	0.17	50.00	50.00	0.00	0.00	50.00	50.00
卫生和社会工作	11	0.63	57.41	55.73	5.84	20.00	50.00	70.00
文化、体育和娱乐业	38	2.19	51.42	50.00	2.74	11.47	50.00	61.47
综合	3	0.17	55.89	53.40	7.45	14.27	50.00	64.27
合计	1738	100.00	57.80	57.17	6.40	28.87	50.00	78.87

资料来源：南开大学上市公司绿色治理数据库。

从表 8-3 中国上市公司绿色治理架构各要素分行业描述性统计可以看出，水利、环境和公共设施管理业上市公司在绿色理念与战略要素方面居行业首位，其绿色理念与战略要素的平均值为 64.67，高于行业的平均值59.47；采矿业上市公司在绿色组织与运行要素方面居行业首位，其绿色组织与运行要素的平均值为 60.63，高于行业的平均值 57.15。教育行业上市公司在绿色理念与战略要素方面表现相对较差，其绿色理念与战略要素平均值为 50.00；教育行业上市公司在绿色组织与运行要素方面也有较大提升空间，其绿色组织与运行要素的平均值为 50.00。

表 8-3   中国上市公司绿色治理架构各要素分行业描述性统计

行业	绿色治理架构	绿色理念与战略	绿色组织与运行
农、林、牧、渔业	54.04	53.53	54.24
采矿业	61.55	63.88	60.63
制造业	58.66	60.24	58.03

续表

行业	绿色治理架构	绿色理念与战略	绿色组织与运行
电力、热力、燃气及水生产和供应业	58.74	62.00	57.45
建筑业	59.29	63.55	57.60
批发和零售业	55.76	57.76	54.97
交通运输、仓储和邮政业	57.84	59.60	57.14
住宿和餐饮业	54.57	56.00	54.00
信息传输、软件和信息技术服务业	53.89	54.78	53.54
金融业	57.07	56.59	57.26
房地产业	55.32	58.03	54.24
租赁和商务服务业	55.47	61.88	52.94
科学研究和技术服务业	57.65	56.57	58.07
水利、环境和公共设施管理业	58.89	64.67	56.60
教育	50.00	50.00	50.00
卫生和社会工作	57.41	55.45	58.18
文化、体育和娱乐业	51.42	53.42	50.63
综合	55.89	60.67	54.00
合计	57.80	59.47	57.15

资料来源：南开大学上市公司绿色治理数据库。

三、上市公司绿色治理架构分控股股东性质评价

从表8-4中国上市公司绿色治理架构分控股股东性质描述性统计可以看出，集体控股上市公司绿色治理架构指数平均值最高；其他类型、国有控股和外资控股上市公司的绿色治理架构的平均值水平位居中间。无实际控制人、民营控股、社会团体控股上市公司的绿色治理架构水平相对较低。从相同控股股东类型内部公司间的差异程度来说，社会团体控股上市公司的差异程度较大，其标准差为8.06，而集体控股上市公司在绿色治理架构方面的差异较小。国有控股对提高绿色治理架构指标的影响较大，民营控股上市公司虽然数量也相对较大，但却在一定程度上拉低了整体的绿色治理架构水平，有待进一步改进。

表 8 - 4　　　　中国上市公司绿色治理架构分控股股东性质描述性统计

控股股东性质	数目（家）	比例（%）	平均值	中位数	标准差	极差	最小值	最大值
国有控股	787	45.28	58.20	57.37	6.48	28.60	50.00	78.60
集体控股	7	0.40	59.59	58.53	5.38	15.17	53.40	68.57
民营控股	713	41.02	57.33	56.27	6.26	28.87	50.00	78.87
社会团体控股	2	0.12	55.70	55.70	8.06	11.40	50.00	61.40
外资控股	54	3.11	57.80	56.87	6.79	22.87	50.00	72.87
无实际控制人	143	8.23	57.63	56.27	6.28	26.00	50.00	76.00
其他类型	32	1.84	59.31	58.53	7.05	22.87	50.00	72.87
合计	1738	100.00	57.80	57.17	6.40	28.87	50.00	78.87

资料来源：南开大学上市公司绿色治理数据库。

从表 8 - 5 中国上市公司绿色治理架构各要素分控股股东性质描述性统计可以看出，在绿色理念与战略要素方面，集体控股的上市公司表现最好，其平均值为 61.43，其他类型上市公司表现最差，其平均值为 57.88；从绿色组织与运行要素来看，其他类型上市公司平均值最高，为 59.88，社会团体控股上市公司平均值最低，为 54.00。

表 8 - 5　　　　中国上市公司绿色治理架构各要素分控股股东性质描述性统计

控股股东性质	绿色治理架构	绿色理念与战略	绿色组织与运行
国有控股	58.20	59.51	57.67
集体控股	59.59	61.43	58.86
民营控股	57.33	59.53	56.46
社会团体控股	55.70	60.00	54.00
外资控股	57.80	58.52	57.52
无实际控制人	57.63	59.52	56.88
其他类型	59.31	57.88	59.88
合计	57.80	59.47	57.15

资料来源：南开大学上市公司绿色治理数据库。

四、上市公司绿色治理架构分地区评价

上市公司的绿色治理架构指标在各地区之间具有明显的差异。由表 8 - 6 可知，西藏、宁夏和内蒙古的上市公司绿色治理架构指标的平均水平较高，分别为 64.14、61.96 和 61.91；辽宁、福建、黑龙江上市公司的绿色治理架构指标平均值仍位于地区后三名，分别为 56.35、56.28 和 55.68。从绿色治理架构水平在公司间的差异程度来说，青海、西藏、内蒙古上市公司在绿色治理架构方面的差异程度较大；河南、甘肃和陕西上市公司绿色治理架构水平的差异程度较小。

表 8 - 6　　　　　中国上市公司绿色治理架构分地区描述性统计

地区	数目（家）	比例（%）	平均值	中位数	标准差	极差	最小值	最大值
北京	185	10.64	57.59	56.27	6.24	27.43	50.00	77.43
天津	30	1.73	58.75	57.98	6.74	24.57	50.00	74.57
河北	29	1.67	58.68	58.53	6.04	20.27	50.00	70.27
山西	15	0.86	58.10	57.70	4.99	14.27	52.87	67.13
内蒙古	12	0.69	61.91	61.12	8.44	26.00	50.00	76.00
辽宁	34	1.96	56.35	55.67	6.34	21.50	50.00	71.50
吉林	18	1.04	56.58	55.67	6.08	20.27	50.00	70.27
黑龙江	8	0.46	55.68	53.85	6.46	14.87	50.00	64.87
上海	181	10.41	57.16	56.27	6.00	26.00	50.00	76.00
江苏	143	8.23	57.05	55.73	6.14	28.60	50.00	78.60
浙江	196	11.28	57.90	57.17	6.47	28.60	50.00	78.60
安徽	50	2.88	57.59	58.12	5.72	26.00	50.00	76.00
福建	87	5.01	56.28	55.67	6.09	28.60	50.00	78.60
江西	25	1.44	57.97	55.67	8.13	28.87	50.00	78.87
山东	93	5.35	59.02	57.37	7.34	28.60	50.00	78.60
河南	45	2.59	56.70	56.27	4.75	17.40	50.00	67.40
湖北	37	2.13	57.68	57.17	6.05	20.00	50.00	70.00
湖南	41	2.36	56.99	57.37	5.66	18.63	50.00	68.63

续表

地区	数目（家）	比例（%）	平均值	中位数	标准差	极差	最小值	最大值
广东	262	15.07	57.91	57.17	6.25	27.17	50.00	77.17
广西	16	0.92	57.19	56.12	6.46	16.57	50.00	66.57
海南	19	1.09	57.98	57.17	7.66	24.30	50.00	74.30
重庆	32	1.84	57.31	58.57	5.68	18.83	50.00	68.83
四川	52	2.99	60.40	60.13	6.82	26.00	50.00	76.00
贵州	15	0.86	59.20	60.87	6.97	20.90	50.00	70.90
云南	25	1.44	59.30	57.70	6.77	21.70	50.00	71.70
西藏	5	0.29	64.14	67.20	9.73	22.87	50.00	72.87
陕西	26	1.50	57.59	57.27	4.91	21.70	50.00	71.70
甘肃	11	0.63	57.72	57.37	4.78	14.87	50.00	64.87
青海	6	0.35	59.43	54.57	11.69	25.73	50.00	75.73
宁夏	9	0.52	61.96	62.00	8.11	22.87	50.00	72.87
新疆	24	1.38	58.32	56.52	7.72	24.57	50.00	74.57
中国香港	2	0.12	63.88	63.88	3.42	4.83	61.47	66.30
开曼群岛	5	0.29	66.75	68.57	7.86	20.00	55.73	75.73
合计	1738	100.00	57.80	57.17	6.40	28.87	50.00	78.87

资料来源：南开大学上市公司绿色治理数据库。

　　由表8-7中国上市公司绿色治理架构各要素分地区描述性统计中可以看出，宁夏、甘肃和河北上市公司在绿色理念与战略要素方面表现仍然较好，其绿色理念与战略要素的平均值分别为63.56、63.45和62.48，黑龙江、西藏和辽宁上市公司在绿色理念与战略要素方面表现相对较差，其绿色理念与战略要素平均值分别为55.50、56.00和57.24。在绿色组织与运行要素方面，西藏、内蒙古和宁夏上市公司表现较佳，平均值分别为67.20、62.00和61.33；而福建、吉林和甘肃上市公司表现较差，其绿色组织与运行要素的平均值分别为55.15、55.44和55.45。

表 8 - 7 　　　中国上市公司绿色治理架构各要素分地区描述性统计

地区	绿色治理架构	绿色理念与战略	绿色组织与运行
北京	57.59	58.57	57.20
天津	58.75	59.13	58.60
河北	58.68	62.48	57.17
山西	58.10	58.00	58.13
内蒙古	61.91	61.67	62.00
辽宁	56.35	57.24	56.00
吉林	56.58	59.44	55.44
黑龙江	55.68	55.50	55.75
上海	57.16	58.31	56.71
江苏	57.05	59.02	56.27
浙江	57.90	61.18	56.60
安徽	57.59	59.80	56.72
福建	56.28	59.15	55.15
江西	57.97	58.72	57.68
山东	59.02	60.47	58.45
河南	56.70	59.60	55.56
湖北	57.68	57.68	57.68
湖南	56.99	58.39	56.44
广东	57.91	59.47	57.30
广西	57.19	60.50	55.88
海南	57.98	58.74	57.68
重庆	57.31	58.88	56.69
四川	60.40	59.85	60.62
贵州	59.20	58.53	59.47
云南	59.30	60.96	58.64
西藏	64.14	56.40	67.20
陕西	57.59	59.85	56.69

续表

地区	绿色治理架构	绿色理念与战略	绿色组织与运行
甘肃	57.72	63.45	55.45
青海	59.43	59.67	59.33
宁夏	61.96	63.56	61.33
新疆	58.32	61.67	57.00
中国香港	63.88	56.00	67.00
开曼群岛	66.75	63.60	68.00
合计	57.80	59.47	57.15

资料来源：南开大学上市公司绿色治理数据库。

第二节　中国上市公司绿色治理机制分析

一、上市公司绿色治理机制总体描述

2023 年中国上市公司绿色治理研究的样本量为 1738 家，绿色治理机制指数的平均值为 56.98，标准差为 4.22。从绿色治理机制的四个构成要素来看，绿色运营要素的表现最好，平均值为 59.05；绿色行政要素次之，平均值为 56.99；绿色投融资要素的平均值为 56.30；绿色考评要素平均值最小，仅为 52.57。从绿色治理机制各要素的公司间差异情况来看，上市公司在投融资要素方面的差异程度较大，其标准差为 7.26；而在绿色考评要素方面，上市公司之间差异程度较小，其标准差为 5.61，说明中国上市公司整体在绿色考评方面的表现有待提升（见表 8-8）。

表 8-8　　中国上市公司绿色治理机制总体状况描述性统计

项目	平均值	中位数	标准差	极差	最小值	最大值
绿色治理机制	56.98	56.52	4.22	20.56	50.01	70.57
绿色运营	59.05	58.25	6.03	27.00	50.00	77.00

续表

项目	平均值	中位数	标准差	极差	最小值	最大值
绿色投融资	56.30	54.00	7.26	30.00	50.00	80.00
绿色行政	56.99	55.00	6.80	30.00	50.00	80.00
绿色考评	52.57	50.00	5.61	30.00	50.00	80.00

资料来源：南开大学上市公司绿色治理数据库。

二、上市公司绿色治理机制分行业评价

我们以证监会制定的行业分类标准为依据，对行业间的绿色治理机制状况进行分析，以探究不同行业之间绿色治理机制的差异。从表 8-9 中国上市公司绿色治理机制分行业描述性统计中可以看出，采矿业，制造业，金融业等行业上市公司的绿色治理机制平均水平较高，租赁和商务服务业，教育业，文化、体育和娱乐业等行业上市公司的绿色治理机制指数较低。从标准差来看，综合行业上市公司在绿色治理机制方面的差异较大；住宿和餐饮业上市公司的标准差较小。

表 8-9　　　　中国上市公司绿色治理机制分行业描述性统计

行业	数目（家）	比例（%）	平均值	中位数	标准差	极差	最小值	最大值
农、林、牧、渔业	17	0.98	55.04	53.46	3.83	12.76	50.01	62.77
采矿业	48	2.76	57.82	57.46	4.39	18.30	50.01	68.31
制造业	1001	57.59	57.65	57.32	4.28	20.56	50.01	70.57
电力、热力、燃气及水生产和供应业	80	4.60	56.88	57.22	4.00	15.27	50.01	65.28
建筑业	40	2.30	57.34	56.68	3.59	13.41	52.23	65.65
批发和零售业	68	3.91	55.54	54.68	4.22	17.93	50.01	67.94
交通运输、仓储和邮政业	65	3.74	55.86	55.59	3.60	13.11	50.01	63.12
住宿和餐饮业	2	0.12	57.03	57.03	0.42	0.60	56.73	57.33
信息传输、软件和信息技术服务业	113	6.50	54.51	54.59	2.83	16.54	50.01	66.55

续表

行业	数目（家）	比例（%）	平均值	中位数	标准差	极差	最小值	最大值
金融业	116	6.67	57.50	57.66	3.78	16.42	50.01	66.43
房地产业	58	3.34	56.03	55.27	3.61	15.22	50.01	65.23
租赁和商务服务业	17	0.98	54.31	53.54	3.78	13.79	50.01	63.80
科学研究和技术服务业	28	1.61	56.76	55.80	4.65	16.81	51.10	67.91
水利、环境和公共设施管理业	30	1.73	57.38	57.83	4.00	16.08	50.46	66.55
教育	3	0.17	52.32	51.19	2.49	4.58	50.60	55.17
卫生和社会工作	11	0.63	56.01	56.34	5.00	13.79	50.01	63.80
文化、体育和娱乐业	38	2.19	52.26	51.80	2.09	7.44	50.01	57.45
综合	3	0.17	56.58	54.35	6.79	13.02	51.19	64.21
合计	1738	100.00	56.98	56.52	4.22	20.56	50.01	70.57

资料来源：南开大学上市公司绿色治理数据库。

　　从表8-10中国上市公司绿色治理机制各要素分行业描述性统计表中可以看出，在绿色运营要素方面，水利、环境和公共设施管理业上市公司的表现最好，而教育业上市公司的表现较差。采矿业在绿色投融资要素方面表现为最佳，教育行业在绿色投融资要素方面的表现最差，平均值只达到了50.00。在绿色行政要素方面，住宿和餐饮业表现居首位，采矿业上市公司在这方面的表现较差。最后，绿色考评要素方面表现最好的是综合业上市公司，教育业，文化、体育和娱乐业的上市公司表现较差，平均值均只有50.00。

表8-10　　　中国上市公司绿色治理机制各要素分行业描述性统计

行业	绿色治理机制	绿色运营	绿色投融资	绿色行政	绿色考评
农、林、牧、渔业	55.04	58.37	53.53	53.09	52.35
采矿业	57.82	61.41	59.58	52.40	53.96
制造业	57.65	60.67	56.98	56.30	53.04

续表

行业	绿色治理机制	绿色运营	绿色投融资	绿色行政	绿色考评
电力、热力、燃气及水生产和供应业	56.88	57.48	58.98	55.75	52.94
建筑业	57.34	60.04	56.30	56.75	53.00
批发和零售业	55.54	56.11	54.53	57.98	51.62
交通运输、仓储和邮政业	55.86	57.12	56.28	55.65	51.85
住宿和餐饮业	57.03	55.63	54.00	63.75	55.00
信息传输、软件和信息技术服务业	54.51	54.47	50.81	60.80	50.88
金融业	57.50	55.88	58.74	61.83	51.68
房地产业	56.03	57.77	54.34	58.32	50.52
租赁和商务服务业	54.31	54.15	51.65	58.97	51.76
科学研究和技术服务业	56.76	58.40	55.43	57.41	53.75
水利、环境和公共设施管理业	57.38	61.76	54.47	56.83	52.17
教育	52.32	50.42	50.00	59.17	50.00
卫生和社会工作	56.01	55.09	54.00	60.00	55.45
文化、体育和娱乐业	52.26	52.35	50.11	55.79	50.00
综合	56.58	56.50	58.00	55.00	56.67
合计	56.98	59.05	56.30	56.99	52.57

资料来源：南开大学上市公司绿色治理数据库。

三、上市公司绿色治理机制分控股股东性质评价

从表 8-11 中国上市公司绿色治理机制分控股股东性质描述性统计中可以看出，集体控股上市公司绿色治理机制指数平均值最高；其他类型、无实际控制人和国有控股上市公司的绿色治理机制的平均值也高于全样本的平均水平；民营控股、外资控股和社会团体控股的上市公司的绿色治理机制质量相对较差。从相同控股股东类型内部公司间的差异程度来说，社会团体控股上市公司的差异程度较大；而无实际控制人类型上市公司的差异程度较小。从绿色治理机制指标的平均值以及各类型控股股东的数量综合来看，民营控

股上市公司在绿色治理机制方面的表现欠佳，是拉低绿色治理机制指标数值的主要因素。

表8-11　　中国上市公司绿色治理机制分控股股东性质描述性统计

控股股东性质	数目（家）	比例（%）	平均值	中位数	标准差	极差	最小值	最大值
国有控股	787	45.28	57.04	56.68	4.25	19.53	50.01	69.54
集体控股	7	0.40	61.05	61.54	4.19	13.17	54.07	67.23
民营控股	713	41.02	56.77	56.24	4.24	20.56	50.01	70.57
社会团体控股	2	0.12	55.03	55.03	6.46	9.13	50.46	59.60
外资控股	54	3.11	56.50	56.38	4.01	16.38	50.46	66.84
无实际控制人	143	8.23	57.44	57.36	3.91	19.35	50.01	69.36
其他类型	32	1.84	57.96	57.81	4.22	17.49	50.01	67.50
合计	1738	100.00	56.98	56.52	4.22	20.56	50.01	70.57

资料来源：南开大学上市公司绿色治理数据库。

从绿色运营要素来看，集体控股上市公司仍为最高，社会团体控股上市公司表现较差。从绿色投融资要素来看，集体控股上市公司表现最好，外资控股上市公司表现最差。从绿色行政要素来看，无实际控制人上市公司的表现仍为最优，社会团体控股上市公司表现较差。在绿色考评要素方面，社会团体控股上市公司表现较好，无实际控制人上市公司表现较差（见表8-12）。

表8-12　　中国上市公司绿色治理机制各要素分控股股东性质描述性统计

控股股东性质	绿色治理机制	绿色运营	绿色投融资	绿色行政	绿色考评
国有控股	57.04	59.02	57.38	56.10	52.52
集体控股	61.05	66.43	58.00	60.00	54.29
民营控股	56.77	59.04	55.27	57.21	52.72
社会团体控股	55.03	55.13	56.00	53.75	55.00
外资控股	56.50	59.56	54.04	56.81	52.50
无实际控制人	57.44	58.43	56.45	60.26	51.61

续表

控股股东性质	绿色治理机制	绿色运营	绿色投融资	绿色行政	绿色考评
其他类型	57.96	60.29	55.50	59.14	54.38
合计	56.98	59.05	56.30	56.99	52.57

资料来源：南开大学上市公司绿色治理数据库。

四、上市公司绿色治理机制分地区评价

2023 年中国上市公司的绿色治理机制状况在各地区之间具有明显的差异。由表 8-13 可知，云南、内蒙古和西藏上市公司绿色治理机制的平均水平较高，位居地区前三名；吉林、黑龙江和山西上市公司的绿色治理机制平均值位于地区最后三名。从绿色治理机制在公司间的差异程度来说，西藏、青海和黑龙江上市公司绿色治理机制水平的差异程度较大；山西、陕西和吉林上市公司绿色治理机制水平的差异程度较小。

表 8-13 中国上市公司绿色治理机制分地区描述性统计

地区	数目（家）	比例（%）	平均值	中位数	标准差	极差	最小值	最大值
北京	185	10.64	57.08	56.46	4.14	17.90	50.01	67.91
天津	30	1.73	57.22	57.06	4.13	17.93	50.01	67.94
河北	29	1.67	57.80	56.94	4.57	15.69	50.74	66.43
山西	15	0.86	55.86	55.41	3.03	11.66	50.01	61.67
内蒙古	12	0.69	57.96	57.77	4.33	14.83	50.01	64.84
辽宁	34	1.96	56.83	54.78	4.28	13.50	51.19	64.68
吉林	18	1.04	55.17	55.70	3.41	11.90	50.01	61.91
黑龙江	8	0.46	55.29	53.69	5.94	16.26	50.01	66.27
上海	181	10.41	56.57	56.00	3.76	16.72	50.01	66.73
江苏	143	8.23	57.24	56.90	3.98	17.21	50.01	67.22
浙江	196	11.28	57.16	56.99	4.26	18.95	50.01	68.96
安徽	50	2.88	56.83	56.22	4.91	20.29	50.28	70.57
福建	87	5.01	56.25	54.93	4.47	17.67	50.01	67.68

续表

地区	数目（家）	比例（%）	平均值	中位数	标准差	极差	最小值	最大值
江西	25	1.44	57.46	56.44	5.37	19.85	50.01	69.86
山东	93	5.35	57.38	57.53	4.22	16.77	50.46	67.23
河南	45	2.59	56.68	56.63	4.11	17.42	50.01	67.43
湖北	37	2.13	57.31	57.63	4.88	16.12	50.60	66.72
湖南	41	2.36	56.31	55.63	4.02	14.29	50.46	64.75
广东	262	15.07	57.31	56.59	4.25	19.53	50.01	69.54
广西	16	0.92	57.42	56.59	4.59	16.73	50.01	66.73
海南	19	1.09	56.08	55.82	4.02	15.38	50.01	65.39
重庆	32	1.84	56.01	55.42	4.70	15.79	50.01	65.80
四川	52	2.99	57.26	57.40	3.72	15.38	50.01	65.39
贵州	15	0.86	57.68	56.78	4.98	15.42	51.46	66.89
云南	25	1.44	58.00	58.11	4.03	13.49	51.99	65.49
西藏	5	0.29	57.81	56.99	6.52	17.30	51.01	68.31
陕西	26	1.50	56.09	55.49	3.25	11.61	50.74	62.34
甘肃	11	0.63	57.00	57.95	4.74	11.50	50.28	61.79
青海	6	0.35	55.90	55.65	6.05	12.20	50.01	62.21
宁夏	9	0.52	57.15	53.88	5.09	12.77	51.54	64.30
新疆	24	1.38	55.99	54.85	4.53	14.94	50.01	64.95
中国香港	2	0.12	57.50	57.50	4.32	6.11	54.45	60.56
开曼群岛	5	0.29	57.14	56.27	4.04	9.52	52.10	61.61
合计	1738	100.00	56.98	56.52	4.22	20.56	50.01	70.57

资料来源：南开大学上市公司绿色治理数据库。

　　从表8-14中国上市公司绿色治理机制各要素分地区描述性统计中可以看出，在绿色运营要素方面，河北、西藏和山东上市公司的表现比较出色，而黑龙江、吉林和青海上市公司的表现较差。在绿色投融资要素方面，表现较好的有内蒙古、云南和甘肃上市公司，而上海、海南和湖南上市公司在绿色投融资要素方面的表现位于后三名。在绿色行政要素方面，上海、江苏和云南上市公司的表现较为出色，而青海、山西和吉林上市公司的表现较差。在绿色考评要素方面，青海、贵州和广西上市公司的表现较好，而陕西、河北和重庆上市公司在绿色考评要素的表现欠佳。

表 8－14　　　　中国上市公司绿色治理机制各要素分地区描述性统计

地区	绿色治理机制	绿色运营	绿色投融资	绿色行政	绿色考评
北京	57.08	59.07	56.31	57.22	52.86
天津	57.22	58.56	57.07	57.00	54.17
河北	57.80	61.11	57.38	56.72	51.38
山西	55.86	58.18	56.80	53.33	52.00
内蒙古	57.96	60.02	59.33	56.25	52.50
辽宁	56.83	58.21	57.29	56.99	51.76
吉林	55.17	56.50	56.44	53.61	51.67
黑龙江	55.29	54.03	57.75	55.94	52.50
上海	56.57	58.25	55.04	58.49	51.55
江苏	57.24	59.23	56.15	58.09	52.38
浙江	57.16	59.72	55.98	56.85	53.04
安徽	56.83	58.73	55.76	57.50	52.50
福建	56.25	58.07	55.91	56.32	51.72
江西	57.46	60.33	57.28	55.80	52.80
山东	57.38	60.38	56.80	55.73	53.23
河南	56.68	59.59	56.27	55.50	51.56
湖北	57.31	58.20	58.32	57.57	52.30
湖南	56.31	57.93	55.56	56.10	53.66
广东	57.31	59.73	56.05	57.64	52.58
广西	57.42	57.77	58.25	56.72	55.94
海南	56.08	58.62	55.05	55.53	52.11
重庆	56.01	57.66	55.81	56.25	51.41
四川	57.26	58.93	57.35	56.25	54.23
贵州	57.68	59.12	58.13	55.83	56.00

续表

地区	绿色治理机制	绿色运营	绿色投融资	绿色行政	绿色考评
云南	58.00	59.08	58.96	57.80	53.40
西藏	57.81	60.75	57.20	55.50	55.00
陕西	56.09	57.88	55.92	56.25	51.15
甘肃	57.00	58.16	58.73	56.14	51.82
青海	55.90	56.92	56.67	52.50	57.50
宁夏	57.15	59.42	57.56	55.28	53.33
新疆	55.99	58.19	56.25	54.69	51.67
中国香港	57.50	61.75	62.00	50.00	50.00
开曼群岛	57.14	59.15	53.20	62.50	50.00
合计	56.98	59.05	56.30	56.99	52.57

资料来源：南开大学上市公司绿色治理数据库。

第三节　中国上市公司绿色治理效能分析

一、上市公司绿色治理效能总体描述

2023年中国上市公司绿色治理评价样本量为1738家，绿色治理效能指数的平均值为59.80，标准差为5.84。从绿色治理效能的三个构成要素来看，绿色减排水平最高，平均值为63.59；绿色节能的平均值次之；绿色循环利用的平均值最低，为57.16。从绿色治理效能各要素的公司间差异情况来看，上市公司在绿色节能方面的差异程度较大，其标准差为7.76（见表8-15）。

表8-15　　中国上市公司绿色治理效能总体状况描述性统计

项目	平均值	中位数	标准差	极差	最小值	最大值
绿色治理效能	59.80	59.12	5.84	24.82	51.97	76.79
绿色节能	57.60	55.00	7.76	29.00	50.00	79.00

续表

项目	平均值	中位数	标准差	极差	最小值	最大值
绿色减排	63.59	64.00	7.34	26.00	55.00	81.00
绿色循环利用	57.16	56.00	7.45	26.00	50.00	76.00

资料来源：南开大学上市公司绿色治理数据库。

二、上市公司绿色治理效能分行业评价

我们以证监会制定的行业分类标准为依据，对行业间的绿色治理效能状况进行分析，以探究不同行业之间绿色治理效能的差异。从表 8 – 16 中国上市公司绿色治理效能分行业描述性统计中可以看出，采矿业，制造业以及水利、环境和公共设施管理业的绿色治理效能指数平均值较高，教育，文化、体育和娱乐业以及信息传输、软件和信息技术服务业上市公司的绿色治理效能指数平均值较低。从标准差来看，综合类上市公司在绿色治理效能方面的差异程度较大，教育行业上市公司在绿色治理效能方面的差异程度较小。

表 8 – 16　　　　中国上市公司绿色治理效能分行业描述性统计

行业	数目（家）	比例（%）	平均值	中位数	标准差	极差	最小值	最大值
农、林、牧、渔业	17	0.98	58.22	58.28	4.41	13.51	51.97	65.48
采矿业	48	2.76	62.70	62.49	4.88	19.83	51.97	71.79
制造业	1001	57.59	61.28	61.15	5.82	24.82	51.97	76.79
电力、热力、燃气及水生产和供应业	80	4.60	60.25	59.22	5.55	20.77	51.97	72.73
建筑业	40	2.30	59.74	60.41	4.98	16.58	51.97	68.55
批发和零售业	68	3.91	57.00	55.67	4.81	17.06	51.97	69.03
交通运输、仓储和邮政业	65	3.74	59.32	59.87	5.21	20.57	51.97	72.54
住宿和餐饮业	2	0.12	57.64	57.64	3.61	5.10	55.09	60.19
信息传输、软件和信息技术服务业	113	6.50	54.99	53.45	4.06	20.40	51.97	72.37
金融业	116	6.67	56.47	55.73	4.24	18.62	51.97	70.59

续表

行业	数目（家）	比例（%）	平均值	中位数	标准差	极差	最小值	最大值
房地产业	58	3.34	57.83	56.84	4.46	19.35	51.97	71.31
租赁和商务服务业	17	0.98	55.26	54.13	4.04	14.79	51.97	66.75
科学研究和技术服务业	28	1.61	59.04	58.18	5.57	20.64	51.97	72.61
水利、环境和公共设施管理业	30	1.73	60.74	61.25	5.89	17.92	51.97	69.89
教育	3	0.17	51.97	51.97	0.00	0.00	51.97	51.97
卫生和社会工作	11	0.63	58.30	56.48	5.21	17.20	51.97	69.17
文化、体育和娱乐业	38	2.19	53.33	51.97	2.42	8.49	51.97	60.46
综合	3	0.17	57.58	55.47	6.91	13.32	51.97	65.29
合计	1738	100.00	59.80	59.12	5.84	24.82	51.97	76.79

资料来源：南开大学上市公司绿色治理数据库。

从表8-17中国上市公司绿色治理效能各要素分行业描述性统计中可以看出，交通运输、仓储和邮政业上市公司在绿色节能要素方面表现较好，而教育类上市公司在绿色节能方面表现相对较差。在绿色减排方面，采矿业和制造业的平均值较高，教育，文化、体育和娱乐业上市公司在绿色减排方面的平均值较低。采矿业和建筑业在绿色循环利用方面表现较好，而教育，文化、体育和娱乐业上市公司在绿色循环利用方面则表现欠佳。

表8-17　　中国上市公司绿色治理效能各要素分行业描述性统计

行业	绿色治理效能	绿色节能	绿色减排	绿色循环利用
农、林、牧、渔业	58.22	53.29	61.18	58.35
采矿业	62.70	58.91	67.08	60.50
制造业	61.28	58.37	65.86	58.27
电力、热力、燃气及水生产和供应业	60.25	58.48	64.05	57.30
建筑业	59.74	56.95	61.60	59.60
批发和零售业	57.00	55.30	59.70	55.21

续表

行业	绿色治理效能	绿色节能	绿色减排	绿色循环利用
交通运输、仓储和邮政业	59.32	59.81	61.98	56.06
住宿和餐饮业	57.64	58.00	60.75	54.00
信息传输、软件和信息技术服务业	54.99	54.00	57.33	53.12
金融业	56.47	57.68	58.14	53.81
房地产业	57.83	56.96	59.88	56.17
租赁和商务服务业	55.26	52.29	57.09	55.29
科学研究和技术服务业	59.04	57.95	63.09	55.36
水利、环境和公共设施管理业	60.74	56.97	64.33	59.40
教育	51.97	50.00	55.00	50.00
卫生和社会工作	58.30	57.32	64.18	52.55
文化、体育和娱乐业	53.33	51.36	55.87	51.89
综合	57.58	57.33	61.00	54.00
合计	59.80	57.60	63.59	57.16

资料来源：南开大学上市公司绿色治理数据库。

三、上市公司绿色治理效能分控股股东性质评价

从表 8 - 18 中国上市公司绿色治理效能分控股股东性质描述性统计中可以看出，集体控股上市公司绿色治理效能指数平均值最高，为 65.70；其他类型、外资控股、国有控股上市公司次之，均高于全样本绿色治理效能指数的平均水平（59.80）。社会团体控股、民营控股、无实际控制人上市公司的绿色治理效能指数相对较低。从相同控股股东类型内部公司间的差异程度来说，社会团体控股上市公司的差异程度较大，其他类型上市公司差异程度最小。

表 8 - 18　　　中国上市公司绿色治理效能分控股股东性质描述性统计

控股股东性质	数目（家）	比例（%）	平均值	中位数	标准差	极差	最小值	最大值
国有控股	787	45.28	60.17	59.63	5.98	24.82	51.97	76.79
集体控股	7	0.40	65.70	63.64	5.55	15.49	58.09	73.58
民营控股	713	41.02	59.60	59.03	5.66	23.08	51.97	75.05
社会团体控股	2	0.12	59.72	59.72	10.96	15.51	51.97	67.47
外资控股	54	3.11	60.38	59.66	6.09	22.74	51.97	74.71
无实际控制人	143	8.23	57.98	56.54	5.57	23.18	51.97	75.15
其他类型	32	1.84	60.78	61.68	5.04	16.70	51.97	68.67
合计	1738	100.00	59.80	59.12	5.84	24.82	51.97	76.79

资料来源：南开大学上市公司绿色治理数据库。

　　从绿色节能要素来看，集体控股上市公司表现较好，外资控股上市公司表现欠佳；从绿色减排要素来看，集体控股上市公司表现最好，无实际控制人上市公司表现较差；从绿色循环利用要素来看，集体控股上市公司的平均值最高，无实际控制人上市公司平均值最低（见表 8 - 19）。

表 8 - 19　　　中国上市公司绿色治理效能各要素分控股股东性质描述性统计

控股股东性质	绿色治理效能	绿色节能	绿色减排	绿色循环利用
国有控股	60.17	58.39	64.13	57.08
集体控股	65.70	61.64	69.00	64.86
民营控股	59.60	56.69	63.41	57.42
社会团体控股	59.72	61.50	62.00	56.00
外资控股	60.38	56.53	64.00	59.07
无实际控制人	57.98	57.69	60.81	55.09
其他类型	60.78	58.80	64.97	57.56
合计	59.80	57.60	63.59	57.16

资料来源：南开大学上市公司绿色治理数据库。

四、上市公司绿色治理效能分地区评价

　　2023 年中国上市公司的绿色治理效能状况在各地区之间具有明显的差

异。内蒙古、西藏和宁夏上市公司的绿色治理效能平均值较高；黑龙江、陕西和贵州上市公司在绿色治理效能方面的表现较差。从绿色治理效能水平在公司间的差异程度来说，青海、云南和新疆上市公司在绿色治理效能方面的差异程度较大，山西、西藏和江苏的上市公司在绿色治理效能方面的差异程度较小。详细情况如表 8－20 所示。

表 8－20　　　　中国上市公司绿色治理效能分地区描述性统计

地区	数目（家）	比例（%）	平均值	中位数	标准差	极差	最小值	最大值
北京	185	10.64	58.75	57.84	5.60	20.04	51.97	72.01
天津	30	1.73	60.55	61.14	6.44	23.18	51.97	75.15
河北	29	1.67	60.24	58.80	6.29	20.66	51.97	72.63
山西	15	0.86	58.76	59.63	4.41	15.92	51.97	67.89
内蒙古	12	0.69	63.56	63.41	5.53	22.02	51.97	73.99
辽宁	34	1.96	59.64	58.28	6.07	20.48	51.97	72.45
吉林	18	1.04	59.83	58.26	5.99	20.77	51.97	72.73
黑龙江	8	0.46	56.71	54.83	6.16	17.62	51.97	69.59
上海	181	10.41	58.66	57.66	5.42	22.74	51.97	74.71
江苏	143	8.23	59.18	58.70	5.36	21.82	51.97	73.79
浙江	196	11.28	60.33	59.95	5.86	22.08	51.97	74.04
安徽	50	2.88	60.16	59.78	5.91	20.77	51.97	72.74
福建	87	5.01	58.46	57.52	5.54	22.36	51.97	74.33
江西	25	1.44	60.21	60.41	6.11	18.65	51.97	70.62
山东	93	5.35	61.55	61.79	6.04	23.97	51.97	75.93
河南	45	2.59	59.65	59.39	5.74	21.09	51.97	73.05
湖北	37	2.13	59.32	59.49	5.78	19.36	51.97	71.32
湖南	41	2.36	58.88	56.78	5.84	17.29	51.97	69.26
广东	262	15.07	60.62	60.20	5.80	23.08	51.97	75.05
广西	16	0.92	61.26	61.12	6.00	20.36	51.97	72.33
海南	19	1.09	59.72	60.83	5.95	24.82	51.97	76.79
重庆	32	1.84	59.36	58.64	5.51	21.39	51.97	73.36

续表

地区	数目（家）	比例（%）	平均值	中位数	标准差	极差	最小值	最大值
四川	52	2.99	61.10	60.84	6.21	20.29	51.97	72.25
贵州	15	0.86	58.31	57.97	5.69	18.12	51.97	70.09
云南	25	1.44	60.76	60.95	7.26	23.36	51.97	75.33
西藏	5	0.29	63.21	64.23	4.84	13.29	55.34	68.63
陕西	26	1.50	57.69	55.75	5.67	18.95	51.97	70.92
甘肃	11	0.63	60.23	60.64	6.30	20.66	51.97	72.63
青海	6	0.35	59.61	57.62	8.80	19.83	51.97	71.80
宁夏	9	0.52	62.30	63.60	5.93	18.15	51.97	70.12
新疆	24	1.38	60.75	61.46	6.93	24.10	51.97	76.07
中国香港	2	0.12	67.65	67.65	2.32	3.28	66.01	69.29
开曼群岛	5	0.29	62.62	62.72	4.10	10.95	56.05	67.00
合计	1738	100.00	59.80	59.12	5.84	24.82	51.97	76.79

资料来源：南开大学上市公司绿色治理数据库。

　　由表 8－21 中国上市公司绿色治理效能各要素分地区描述性统计中可以看出，在绿色节能要素方面，西藏、内蒙古和广西上市公司的表现较好，陕西、山西和贵州上市公司的表现较差。宁夏、内蒙古和江西上市公司的绿色减排水平较高，黑龙江、青海和贵州上市公司的绿色减排水平较低。在绿色循环利用要素方面，西藏、内蒙古和宁夏上市公司的表现较好，而黑龙江、陕西和湖南上市公司则表现较差。

表 8－21　　中国上市公司绿色治理效能各要素分地区描述性统计

地区	绿色治理效能	绿色节能	绿色减排	绿色循环利用
北京	58.75	57.69	61.81	56.12
天津	60.55	58.58	65.08	56.93
河北	60.24	58.14	63.98	57.59
山西	58.76	55.30	63.20	56.27
内蒙古	63.56	60.79	66.42	62.33

续表

地区	绿色治理效能	绿色节能	绿色减排	绿色循环利用
辽宁	59.64	57.32	65.22	55.12
吉林	59.83	56.14	64.33	57.44
黑龙江	56.71	58.75	60.19	51.50
上海	58.66	56.93	62.28	55.89
江苏	59.18	57.36	63.03	56.22
浙江	60.33	57.42	64.27	58.02
安徽	60.16	57.92	64.48	56.96
福建	58.46	56.09	62.22	55.98
江西	60.21	57.18	65.68	56.32
山东	61.55	59.31	65.44	58.84
河南	59.65	57.30	64.21	56.27
湖北	59.32	56.27	64.27	56.00
湖南	58.88	58.39	62.72	55.02
广东	60.62	57.97	64.19	58.53
广西	61.26	59.75	64.84	58.38
海南	59.72	58.29	63.34	56.74
重庆	59.36	56.56	63.39	56.88
四川	61.10	58.49	64.58	59.08
贵州	58.31	55.60	61.63	56.53
云南	60.76	56.18	65.28	58.96
西藏	63.21	62.70	63.90	62.80
陕西	57.69	54.79	61.98	55.00
甘肃	60.23	59.00	63.86	57.09
青海	59.61	57.00	61.50	59.33
宁夏	62.30	58.06	66.44	60.67
新疆	60.75	57.58	64.02	59.33
中国香港	67.65	79.00	62.00	66.00
开曼群岛	62.62	66.60	64.70	57.60
合计	59.80	57.60	63.59	57.16

资料来源：南开大学上市公司绿色治理数据库。

第四节   中国上市公司绿色治理责任分析

一、上市公司绿色治理责任总体描述

2023 年中国上市公司绿色治理责任指数的平均值为 61.29，标准差为 3.81。从绿色治理责任的三个构成要素来看，绿色包容要素的平均值最高，为 64.96；绿色公益要素次之，平均值为 61.66；绿色信息披露要素的平均值最低，为 58.96。从绿色治理责任各要素的公司间差异情况来看，上市公司在绿色包容要素方面的差异程度最大，其标准差为 5.27，而在绿色公益要素方面，上市公司之间的差异程度最小，其标准差为 4.40（见表 8 – 22）。

表 8 – 22   中国上市公司绿色治理责任总体状况描述性统计

项目	平均值	中位数	标准差	极差	最小值	最大值
绿色治理责任	61.29	61.44	3.81	22.61	50.01	72.62
绿色公益	61.66	60.00	4.40	25.00	50.00	75.00
绿色信息披露	58.96	58.00	5.00	25.00	50.00	75.00
绿色包容	64.96	65.00	5.27	25.00	50.00	75.00

资料来源：南开大学上市公司绿色治理数据库。

二、上市公司绿色治理责任分行业评价

从表 8 – 23 中国上市公司绿色治理责任分行业描述性统计中可以看出，采矿业，电力、热力、燃气及水生产和供应业以及科学研究和技术服务业上市公司的绿色治理责任水平较高，文化、体育和娱乐业，教育和综合类上市公司绿色治理责任指数较低。从标准差来看，综合类，金融业上市公司在绿色治理责任方面的差异程度较大，教育，住宿和餐饮业上市公司在绿色治理责任方面的差异程度较小。

表 8–23　　　　　　中国上市公司绿色治理责任分行业描述性统计

行业	数目（家）	比例（%）	平均值	中位数	标准差	极差	最小值	最大值
农、林、牧、渔业	17	0.98	58.94	58.92	3.46	11.28	52.95	64.23
采矿业	48	2.76	62.81	63.13	4.12	18.28	52.67	70.95
制造业	1001	57.59	61.61	61.80	3.75	20.78	51.84	72.62
电力、热力、燃气及水生产和供应业	80	4.60	62.40	62.12	3.75	19.14	53.20	72.34
建筑业	40	2.30	61.45	60.52	3.20	13.07	56.32	69.39
批发和零售业	68	3.91	60.64	60.52	2.89	13.41	54.78	68.20
交通运输、仓储和邮政业	65	3.74	61.52	61.56	3.48	14.74	55.00	69.74
住宿和餐饮业	2	0.12	59.93	59.93	2.79	3.95	57.96	61.91
信息传输、软件和信息技术服务业	113	6.50	59.40	59.48	3.24	18.37	50.01	68.38
金融业	116	6.67	61.54	61.56	4.18	18.10	52.40	70.50
房地产业	58	3.34	60.96	60.95	3.32	18.89	52.95	71.84
租赁和商务服务业	17	0.98	58.98	58.43	3.75	12.04	54.23	66.27
科学研究和技术服务业	28	1.61	62.08	62.08	3.11	12.99	55.21	68.20
水利、环境和公共设施管理业	30	1.73	61.96	62.09	3.94	15.23	55.55	70.78
教育	3	0.17	57.44	57.11	1.79	3.54	55.83	59.37
卫生和社会工作	11	0.63	60.13	60.53	3.17	9.10	55.32	64.41
文化、体育和娱乐业	38	2.19	56.21	55.47	2.95	10.62	51.84	62.46
综合	3	0.17	58.71	58.48	6.43	12.86	52.40	65.25
合计	1738	100.00	61.29	61.44	3.81	22.61	50.01	72.62

资料来源：南开大学上市公司绿色治理数据库。

从表 8–24 中国上市公司绿色治理责任各要素分行业描述性统计表中可以看出，在绿色公益要素方面，住宿和餐饮业，水利、环境和公共设施管理业上市公司表现较好，排在行业的前两位，而教育，农、林、牧、渔业上市公司在绿色公益方面表现较差，居行业排名的后两位。在绿色信息披露要素方面，采矿业和金融业上市公司的绿色信息披露水平较高，而教育，文化、体育和娱乐业上市公司在绿色信息披露要素方面的表现较差。在绿色包容要素方面，位居行业前三名的分别是科学研究和技术服务业，制造业以及房地产业，而综合类，文化、体育和娱乐业以及住宿和餐饮业在绿色包容要素方面的表现较差。

表8－24　　中国上市公司绿色治理责任各要素分行业描述性统计

行业	绿色治理责任	绿色公益	绿色信息披露	绿色包容
农、林、牧、渔业	58.94	58.82	56.24	63.53
采矿业	62.81	62.47	61.85	64.58
制造业	61.61	61.44	59.25	65.64
电力、热力、燃气及水生产和供应业	62.40	63.71	60.23	65.31
建筑业	61.45	61.33	59.95	64.00
批发和零售业	60.64	61.74	57.54	65.22
交通运输、仓储和邮政业	61.52	61.31	59.28	65.38
住宿和餐饮业	59.93	65.83	58.00	60.00
信息传输、软件和信息技术服务业	59.40	61.19	56.35	63.54
金融业	61.54	62.34	60.59	62.67
房地产业	60.96	63.71	57.41	65.43
租赁和商务服务业	58.98	60.88	56.35	62.35
科学研究和技术服务业	62.08	61.43	60.11	65.71
水利、环境和公共设施管理业	61.96	64.50	59.23	65.17
教育	57.44	56.11	53.33	65.00
卫生和社会工作	60.13	60.76	58.36	62.73
文化、体育和娱乐业	56.21	59.21	53.37	59.34
综合	58.71	60.56	58.33	58.33
合计	61.29	61.66	58.96	64.96

资料来源：南开大学上市公司绿色治理数据库。

三、上市公司绿色治理责任分控股股东性质评价

从表8-25中国上市公司绿色治理责任分控股股东性质描述性统计中可以看出，社会团体控股、集体控股、无实际控制人、其他类型、国有控股上市公司绿色治理责任表现较好，高于全样本绿色治理责任指数的平均水平。外资控股、民营控股上市公司的绿色治理责任指数相对较低。从相同控股股东类型内部公司间的差异程度来说，社会团体控股上市公司的差异程度较大，国有控股上市公司在绿色治理责任方面的差异程度较小。

表8-25　　　　中国上市公司绿色治理责任分控股股东性质描述性统计

控股股东性质	数目（家）	比例（%）	平均值	中位数	标准差	极差	最小值	最大值
国有控股	787	45.28	61.35	61.56	3.66	22.34	50.01	72.34
集体控股	7	0.40	63.17	63.68	4.15	12.51	56.87	69.38
民营控股	713	41.02	61.06	61.04	3.78	20.12	52.40	72.51
社会团体控股	2	0.12	64.31	64.31	8.99	12.71	57.96	70.67
外资控股	54	3.11	61.02	61.29	4.55	20.21	52.40	72.61
无实际控制人	143	8.23	61.98	61.63	4.03	18.00	52.95	70.95
其他类型	32	1.84	61.44	62.08	4.82	19.67	52.95	72.62
合计	1738	100.00	61.29	61.44	3.81	22.61	50.01	72.62

资料来源：南开大学上市公司绿色治理数据库。

从绿色公益要素来看，无实际控制人上市公司表现最好，其次是其他类型上市公司，社会团体控股和集体控股上市公司的绿色公益水平较低。从绿色信息披露要素来看，社会团体控股上市公司表现较好，民营控股上市公司表现较差。从绿色包容要素来看，集体控股上市公司的平均值最高，其他类型上市公司的平均值最低（见表8-26）。

表 8-26   中国上市公司绿色治理责任各要素分控股股东性质描述性统计

控股股东性质	绿色治理责任	绿色公益	绿色信息披露	绿色包容
国有控股	61.35	61.56	59.37	64.53
集体控股	63.17	61.19	60.57	68.57
民营控股	61.06	61.56	58.27	65.46
社会团体控股	64.31	60.83	65.00	65.00
外资控股	61.02	61.45	58.78	64.54
无实际控制人	61.98	62.72	60.02	64.86
其他类型	61.44	62.19	59.34	64.53
合计	61.29	61.66	58.96	64.96

资料来源：南开大学上市公司绿色治理数据库。

四、上市公司绿色治理责任分地区评价

上市公司的绿色治理责任状况在各地区之间具有明显的差异。由表 8-27 可知，西藏、四川和天津上市公司的绿色治理责任水平较高，青海、黑龙江、山西上市公司的绿色治理责任平均值位于地区后三名。从绿色治理责任水平在公司间的差异程度来说，黑龙江上市公司绿色治理责任方面的差异程度最大，宁夏上市公司在绿色治理责任方面的差异程度较小。

表 8-27   中国上市公司绿色治理责任分地区描述性统计

地区	数目（家）	比例（%）	平均值	中位数	标准差	极差	最小值	最大值
北京	185	10.64	61.47	61.56	3.77	19.46	52.88	72.34
天津	30	1.73	62.36	63.04	3.99	15.23	54.51	69.74
河北	29	1.67	61.80	60.53	4.16	16.09	55.80	71.88
山西	15	0.86	59.97	59.97	3.14	12.57	52.67	65.24
内蒙古	12	0.69	60.69	61.23	3.20	9.97	55.27	65.24
辽宁	34	1.96	60.49	60.51	3.35	13.68	52.95	66.63
吉林	18	1.04	60.59	60.80	3.59	9.96	55.50	65.46
黑龙江	8	0.46	59.73	58.60	6.21	19.38	52.95	72.33

续表

地区	数目（家）	比例（%）	平均值	中位数	标准差	极差	最小值	最大值
上海	181	10.41	61.02	61.07	3.43	18.62	52.16	70.78
江苏	143	8.23	61.40	61.29	3.78	22.51	50.01	72.51
浙江	196	11.28	61.28	61.07	3.68	17.72	53.23	70.95
安徽	50	2.88	61.38	61.85	4.17	15.71	54.23	69.94
福建	87	5.01	60.34	60.52	4.34	20.22	52.40	72.62
江西	25	1.44	61.42	62.08	5.39	18.11	52.67	70.78
山东	93	5.35	62.28	62.12	3.79	17.75	53.20	70.95
河南	45	2.59	60.75	61.03	3.61	16.05	53.23	69.27
湖北	37	2.13	61.12	60.20	3.79	15.90	55.05	70.95
湖南	41	2.36	60.49	59.52	3.63	14.86	52.96	67.82
广东	262	15.07	61.39	61.46	3.71	20.77	51.84	72.61
广西	16	0.92	60.74	60.82	4.00	15.21	52.95	68.16
海南	19	1.09	60.53	61.53	3.64	14.34	53.48	67.82
重庆	32	1.84	61.25	61.83	3.82	13.41	54.23	67.64
四川	52	2.99	62.46	62.23	3.81	17.30	54.76	72.06
贵州	15	0.86	61.98	62.09	4.22	14.72	54.51	69.22
云南	25	1.44	61.98	63.12	4.07	14.40	54.80	69.20
西藏	5	0.29	64.96	64.16	5.01	12.31	58.64	70.95
陕西	26	1.50	60.57	59.53	2.94	11.31	55.32	66.63
甘肃	11	0.63	60.79	60.52	3.57	11.84	54.23	66.07
青海	6	0.35	59.73	59.64	3.89	11.59	53.65	65.24
宁夏	9	0.52	61.33	61.57	2.85	9.23	55.00	64.23
新疆	24	1.38	60.65	60.01	4.16	14.46	55.32	69.77
中国香港	2	0.12	68.10	68.10	0.39	0.55	67.82	68.38
开曼群岛	5	0.29	61.21	60.91	3.36	8.52	58.30	66.83
合计	1738	100.00	61.29	61.44	3.81	22.61	50.01	72.62

资料来源：南开大学上市公司绿色治理数据库。

由表8-28中国上市公司绿色治理责任各要素分地区描述性统计中可以看出，在绿色公益要素方面，云南、新疆和黑龙江上市公司的平均值较高，青海、吉林和宁夏上市公司的平均值较低。在绿色信息披露要素方面，西藏和贵州上市公司的表现较好，而黑龙江和福建上市公司在绿色信息披露要素方面的表现不佳。在绿色包容要素方面，西藏和山东上市公司的绿色包容水平较高，海南和内蒙古上市公司在这方面的表现较差。

表8-28 中国上市公司绿色治理责任各要素分地区描述性统计

地区	绿色治理责任	绿色公益	绿色信息披露	绿色包容
北京	61.47	62.03	59.60	64.30
天津	62.36	61.78	60.17	66.33
河北	61.80	61.72	60.21	64.48
山西	59.97	60.22	58.27	62.67
内蒙古	60.69	61.81	59.25	62.50
辽宁	60.49	61.03	57.88	64.56
吉林	60.59	59.54	57.94	65.56
黑龙江	59.73	62.71	56.00	64.38
上海	61.02	61.57	58.70	64.59
江苏	61.40	61.47	59.26	64.93
浙江	61.28	61.62	58.48	65.77
安徽	61.38	61.33	58.92	65.50
福建	60.34	61.34	57.71	64.20
江西	61.42	60.80	59.00	65.80
山东	62.28	61.54	59.92	66.61
河南	60.75	61.41	57.73	65.44
湖北	61.12	60.90	58.70	65.27
湖南	60.49	61.54	57.88	64.27
广东	61.39	61.73	58.99	65.19
广西	60.74	62.50	58.38	63.75
海南	60.53	61.05	59.26	62.37

续表

地区	绿色治理责任	绿色公益	绿色信息披露	绿色包容
重庆	61.25	62.45	58.63	65.00
四川	62.46	62.66	60.46	65.67
贵州	61.98	61.89	60.60	64.33
云南	61.98	63.60	59.76	64.80
西藏	64.96	60.33	64.60	68.00
陕西	60.57	62.12	58.58	63.08
甘肃	60.79	61.36	57.82	65.45
青海	59.73	58.89	57.83	63.33
宁夏	61.33	60.00	59.22	65.56
新疆	60.65	63.12	58.00	63.75
中国香港	68.10	61.67	69.00	70.00
开曼群岛	61.21	65.33	61.20	59.00
合计	61.29	61.66	58.96	64.96

资料来源：南开大学上市公司绿色治理数据库。

第五节　中国上市公司绿色治理分维度评价主要结论

第一，2023 年中国上市公司绿色治理指数各维度的发展仍然呈现不均衡状态：绿色治理责任指数最高，平均值为 61.29；绿色治理效能指数的平均值次之，为 59.80，再次为绿色治理架构，指数平均值为 57.80，绿色治理机制指数的平均值最低，为 56.98。我国上市公司绿色治理总体在 2022 年 1 年取得进展，绿色治理架构和绿色治理机制仍是制约我国上市公司绿色治理水平提升的短板。

第二，从各维度下的具体要素来看，绿色治理架构维度下绿色组织与运行相对欠缺，表现在上市公司在绿色组织结构方面较为薄弱。绿色治理机制维度下，绿色运营水平较高，但绿色考评要素方面有待提升，主要是由于大多数上市公司尚未将绿色环保理念引入员工的绩效考核当中。绿色治理效能方面，绿色循环利用表现较差，而绿色治理责任方面，绿色信息披露仍存在较为明显的不足。

第三，从行业分布情况来看，采矿业上市公司在绿色治理的四个维度都表现较好，平均值均在行业排名前列；教育行业与文化、体育和娱乐业上市公司在绿色治理的四个维度都表现较差，平均值排名均位居后列。

第四，从控股股东性质来看，集体控股上市公司表现较好。国有控股上市公司在绿色治理架构、绿色治理机制、绿色治理效能和绿色治理责任四个维度均优于民营控股上市公司，这可能因为国有控股上市公司比民营上市公司面临更强的监管约束，更加注重环境保护和社会责任。

第五，从地区分布情况来看，西藏上市公司在绿色治理的四个维度都表现较好，平均值均在行业前3名。而黑龙江上市公司在四个维度均表现较差，均排在后3名；山西上市公司表现也不佳，在两个维度排名行业后3名，有较大的提升空间。

第九章

2023 年中国上市公司绿色
治理分板块评价

第一节　主板上市公司绿色治理评价分析

一、主板上市公司绿色治理总体描述

2023 年度上市公司绿色治理样本中共有 1269 家主板上市公司，其治理指数描述性统计如表 9 – 1 所示。其中，绿色治理指数的平均值为 57.82，比 2022 年略有上升（2022 年绿色治理指数平均值 56.74），中位数为58.04，最小值为 40.83，最大值为 75.17，标准差为 6.75。

表 9 – 1　　　　主板上市公司绿色治理指数描述性统计

项目	平均值	中位数	标准差	极差	最小值	最大值
绿色治理指数	57.82	58.04	6.75	34.33	40.83	75.17
绿色治理架构	57.84	57.17	6.36	28.60	50.00	78.60
绿色治理机制	56.94	56.50	4.34	20.56	50.01	70.57
绿色治理效能	60.33	59.81	6.07	24.82	51.97	76.79
绿色治理责任	61.32	61.56	3.83	22.51	50.01	72.51

资料来源：南开大学上市公司绿色治理数据库。

　　从绿色治理评价的四个维度来看，主板上市公司的绿色治理架构、绿色治理机制、绿色治理效能、绿色治理责任治理指数的平均值分别为 57.84、56.94、60.33 和 61.32。与 2022 年相比，四大维度中绿色治理架构、绿色治理机制、绿色治理效能和绿色治理责任的平均值均有所上升，与 2022 年相比，分别提高了 1.12、0.50、1.85 和 1.63（2022 年四大维度平均值分别为 56.72、56.44、58.48 和 59.69）。从各维度来看，主板上市公司绿色治理责任维度平均值最高，绿色治理效能维度平均值次之，绿色治理架构和绿色治理机制维度平均值相对较低。绿色治理架构指数在主板上市公司中的差异较大，标准差为 6.36，极差为 28.60。

二、主板上市公司绿色治理分维度比较

（一）主板上市公司绿色治理架构分析

　　主板上市公司绿色治理架构指数平均值为 57.84，与 2022 年相比有所上升。从两个构成要素来看，绿色理念与战略要素和绿色组织与运行要素的平均值分别为 60.26 和 56.88。其中，绿色理念与战略要素与 2022 年的 62.27 相比，平均值下降了 2.01，绿色治理组织与运行比 2022 年的 54.52 上升了 2.36。样本公司绿色理念与战略要素方面平均值较高，公司间差异也较大，标准差为 9.35。绿色治理架构及其要素的描述性统计情况如表 9-2 所示。

表 9-2　　　　主板上市公司绿色治理架构及其要素描述性统计

项目	平均值	中位数	标准差	极差	最小值	最大值
绿色治理架构	57.84	57.17	6.36	28.60	50.00	78.60
绿色理念与战略	60.26	62.00	9.35	26.00	50.00	76.00
绿色组织与运行	56.88	54.00	7.32	32.00	50.00	82.00

资料来源：南开大学上市公司绿色治理数据库。

（二）主板上市公司绿色治理机制分析

　　2023 年主板上市公司绿色治理机制平均值 56.94，比 2022 年增长了 0.50。从绿色治理机制的四个构成要素来看，样本公司绿色运营、绿色投融

资、绿色行政和绿色考评的平均值分别为 59.37、56.62、56.01 和 52.50。与 2022 年相比，除绿色考评的平均值下降了 0.05 以外，绿色运营、绿色投融资和绿色行政的平均值均有所上涨，分别提高了 0.04、0.19 和 1.86。绿色治理机制及其要素的描述性统计情况如表 9 - 3 所示。

表 9 - 3　　　　　主板上市公司绿色治理机制及其要素描述性统计

项目	平均值	中位数	标准差	极差	最小值	最大值
绿色治理机制	56.94	56.50	4.34	20.56	50.01	70.57
绿色运营	59.37	59.00	6.21	27.00	50.00	77.00
绿色投融资	56.62	54.00	7.50	30.00	50.00	80.00
绿色行政	56.01	55.00	6.38	30.00	50.00	80.00
绿色考评	52.50	50.00	5.56	30.00	50.00	80.00

资料来源：南开大学上市公司绿色治理数据库。

（三）主板上市公司绿色治理效能分析

2023 年主板上市公司绿色治理效能及其要素的描述性统计情况如表 9 - 4 所示。2023 年主板上市公司绿色治理效能平均值 60.33，比 2022 年增长了 1.85。从绿色治理效能指数的三个构成要素来看，样本公司的绿色减排要素表现最好，平均值为 64.15，比 2022 年的平均值上升了 1.95；绿色节能要素的平均值较 2022 年同比上升 2.56；绿色循环利用要素的平均值较 2022 年同比上升了 1.24。绿色循环利用要素是今后中国主板上市公司绿色治理效能的治理重点。

表 9 - 4　　　　　主板上市公司绿色治理效能及其要素描述性统计表

项目	平均值	中位数	标准差	极差	最小值	最大值
绿色治理效能	60.33	59.81	6.07	24.82	51.97	76.79
绿色节能	58.07	56.00	7.93	29.00	50.00	79.00
绿色减排	64.15	64.00	7.50	26.00	55.00	81.00
绿色循环利用	57.69	56.00	7.64	26.00	50.00	76.00

资料来源：南开大学上市公司绿色治理数据库。

（四）主板上市公司绿色治理责任分析

2023 年主板上市公司绿色治理责任及其要素的描述性统计情况如表 9 – 5 所示。主板上市公司绿色治理责任平均值 61.32，与 2022 年相比增长了 1.63。从绿色治理责任的三个构成要素来看，绿色包容要素平均值最高，有 65.12。绿色公益要素平均值为 61.51，比 2022 年增加了 1.69；绿色信息披露要素的平均值最低，只有 58.99，但比 2022 年上升了 1.87。在绿色信息披露要素方面，主板上市公司还有待进一步提高。

表 9 – 5　　主板上市公司绿色治理责任及其要素描述性统计表

项目	平均值	中位数	标准差	极差	最小值	最大值
绿色治理责任	61.32	61.56	3.83	22.51	50.01	72.51
绿色公益	61.51	60.00	4.48	25.00	50.00	75.00
绿色信息披露	58.99	58.00	4.98	25.00	50.00	75.00
绿色包容	65.12	65.00	5.32	25.00	50.00	75.00

资料来源：南开大学上市公司绿色治理数据库。

三、主板上市公司绿色治理评价分组比较

在对我国主板上市公司的绿色治理状况作总体描述和分维度比较之后，为深入考察不同类型公司绿色治理状况的差异，我们分别对行业、控股股东性质、地区等不同类别进行了对比分析。

（一）主板上市公司绿色治理分行业比较

本报告按照中国证监会 2012 年修订的《上市公司行业分类指引》进行行业分类，从主板上市公司按行业性质的分类来看，制造业的公司数目独占鳌头，达 747 家公司，占据了主板上市公司总数的半壁江山，占比达 58.87%。综观 2023 年绿色治理的各个维度，从行业比较来看，在绿色治理架构方面，采矿业、建筑业和电力、热力、燃气及水生产和供应业位居前三，其平均值分别是 61.55、59.35 和 58.74；而农、林、牧、渔业、文化、体育和娱乐业以及教育行业表现较弱，其平均值分别为 53.77、51.74 和 50.00。在绿色治理机制方面，采矿业，制造业以及建筑业表现较好，其平

均值分别为 57. 82、57. 69 和 57. 40；卫生和社会工作，文化、体育和娱乐业以及教育行业表现较弱，其平均值分别为 54. 15、52. 37 和 52. 32。在绿色治理效能方面，采矿业，制造业以及水利、环境和公共设施管理业平均值水平位居行业分类前三，分别为 62. 70、61. 70 和 61. 43；信息传输、软件和信息技术服务业，文化、体育和娱乐业以及教育业的平均值水平较低，分别为 55. 08、53. 39 和 51. 97。在绿色治理责任方面，采矿业，电力、热力、燃气及水生产和供应业，以及水利、环境和公共设施管理业的表现较好，其平均值分别为 62. 81、62. 40 和 62. 13；而卫生和社会工作，教育行业以及文化、体育和娱乐业表现相对较差，其平均值分别为 58. 53、57. 44 和 56. 21（见表 9 - 6）。

表 9 - 6　　　　　　　　　主板上市公司按行业性质的各分指数统计

行业	数目（家）	比例（%）	绿色治理架构	绿色治理机制	绿色治理效能	绿色治理责任
农、林、牧、渔业	14	1. 10	53. 77	54. 47	57. 90	58. 57
采矿业	48	3. 78	61. 55	57. 82	62. 70	62. 81
制造业	747	58. 87	58. 53	57. 69	61. 70	61. 65
电力、热力、燃气及水生产和供应业	80	6. 30	58. 74	56. 88	60. 25	62. 40
建筑业	38	2. 99	59. 35	57. 40	59. 96	61. 55
批发和零售业	63	4. 96	56. 12	55. 70	57. 08	60. 84
交通运输、仓储和邮政业	65	5. 12	57. 84	55. 86	59. 32	61. 52
住宿和餐饮业	2	0. 16	54. 57	57. 03	57. 64	59. 93
信息传输、软件和信息技术服务业	65	5. 12	54. 33	54. 33	55. 08	59. 74
房地产业	57	4. 49	55. 28	56. 02	57. 90	60. 92
租赁和商务服务业	15	1. 18	55. 50	54. 38	55. 23	58. 77
科学研究和技术服务业	13	1. 02	55. 64	56. 51	60. 05	60. 76
水利、环境和公共设施管理业	19	1. 50	58. 50	57. 39	61. 43	62. 13
教育	3	0. 24	50. 00	52. 32	51. 97	57. 44
卫生和社会工作	6	0. 47	57. 23	54. 15	56. 34	58. 53

续表

行业	数目（家）	比例（%）	绿色治理架构	绿色治理机制	绿色治理效能	绿色治理责任
文化、体育和娱乐业	31	2.44	51.74	52.37	53.39	56.21
综合	3	0.24	55.89	56.58	57.58	58.71
合计	1269	100.00	57.84	56.94	60.33	61.32

资料来源：南开大学上市公司绿色治理数据库。

相比于2022年，2023年的各维度指标平均值整体来看略有上升，电力、热力、燃气及水生产和供应业的表现提升明显，而教育行业的绿色治理表现比2022年要差。从四个维度来看，绿色治理架构维度平均值提升最高的是卫生和社会工作业，从2022年的54.67提高到2023年的57.23，提升了2.56，而平均值降低最多的是科学研究和技术服务业，2023年比2022年下降了1.31。在绿色治理机制维度中，住宿和餐饮业平均值提升最多，较2022年增加了6.11，而平均值下降最多的是卫生和社会工作，比2022年下降了1.13。在绿色治理效能维度中，科学研究和技术服务业较2022年涨幅最多，同比增加4.51，而平均值下降最多的行业是综合，下降了3.44。绿色治理责任维度平均值呈现上升趋势，其中电力、热力、燃气及水生产和供应业和科学研究和技术服务业上涨较为明显，分别为2.99和2.56，而教育行业在此维度下降较为明显，较2022年降低了0.94。

（二）主板上市公司绿色治理分控股股东性质比较

在1269家主板上市公司中，国有控股公司所占比重最高，其次是民营控股，而国有控股和民营控股的样本合计占90.46%。国有控股上市公司绿色治理的绿色治理架构、绿色治理机制及绿色治理效能维度均好于民营控股，绿色治理责任维度略低于民营控股。相比于2022年，2023年国有控股和民营控股绿色治理各维度平均值均有所上升。国有控股公司在绿色治理架构、绿色治理机制、绿色治理效能和绿色治理责任维度较2022年分别上升了1.06、0.52、1.84和1.66；民营控股公司在各维度上升幅度更大，绿色治理架构、绿色治理机制、绿色治理效能和绿色治理责任的平均值较2022年分别上升了1.28、0.4、1.92和1.56（见表9-7）。

表9-7　　　　　主板上市公司按控股股东性质的各分指数统计

控股股东性质	数量（家）	比例（%）	绿色治理架构	绿色治理机制	绿色治理效能	绿色治理责任
国有控股	665	52.40	58.10	56.95	60.45	61.30
集体控股	5	0.39	56.67	60.41	66.52	63.18
民营控股	483	38.06	57.48	56.81	60.10	61.33
社会团体控股	1	0.08	61.40	59.60	67.47	70.67
外资控股	37	2.92	57.41	56.77	61.48	60.51
无实际控制人	64	5.04	57.37	57.27	59.27	61.67
其他类型	14	1.10	61.51	58.46	61.41	61.60
合计	1269	100.00	57.84	56.94	60.33	61.32

资料来源：南开大学上市公司绿色治理数据库。

（三）主板上市公司绿色治理分地区比较

从地区分布来看，1269家主板上市公司中，广东、浙江、北京和上海最多，分别有177家、154家、122家和122家，占主板上市公司总数量的比例分别为13.95%、12.14%、9.61%和9.61%，而甘肃、宁夏、黑龙江、青海和西藏主板上市公司的数量相对较少，分别有9家、8家、6家、6家和4家（见表9-8）。

表9-8　　　　　主板上市公司按地区的各分指数统计

地区	数量（家）	比例（%）	绿色治理架构	绿色治理机制	绿色治理效能	绿色治理责任
北京	122	9.61	58.02	57.12	59.66	61.48
天津	25	1.97	58.21	56.99	60.42	62.19
河北	24	1.89	58.40	57.26	59.81	61.63
山西	14	1.10	57.96	55.95	59.20	59.89
内蒙古	12	0.95	61.91	57.96	63.56	60.69
辽宁	27	2.13	55.90	57.01	59.85	60.25
吉林	15	1.18	56.39	55.15	60.11	60.08
黑龙江	6	0.47	56.00	54.66	57.42	59.26

续表

地区	数量 （家）	比例 （%）	绿色治理架构	绿色治理机制	绿色治理效能	绿色治理责任
上海	122	9.61	56.33	56.56	59.08	61.07
江苏	92	7.25	56.94	57.20	59.23	61.25
浙江	154	12.14	58.52	57.37	61.08	61.68
安徽	40	3.15	56.62	56.57	60.23	60.63
福建	70	5.52	55.94	56.11	58.86	60.29
江西	17	1.34	57.50	57.12	58.86	61.65
山东	65	5.12	58.64	57.09	61.99	62.11
河南	34	2.68	57.24	56.75	60.26	61.31
湖北	28	2.21	58.25	56.96	59.36	61.86
湖南	28	2.21	56.40	56.01	59.00	60.23
广东	177	13.95	58.52	57.53	61.70	61.67
广西	15	1.18	56.60	57.42	61.08	60.79
海南	16	1.26	57.14	56.00	59.86	60.18
重庆	27	2.13	56.65	55.22	59.34	60.36
四川	39	3.07	61.76	57.79	62.72	62.98
贵州	12	0.95	58.31	56.59	57.67	61.39
云南	20	1.58	59.75	58.08	61.36	62.06
西藏	4	0.32	65.53	58.69	65.18	66.53
陕西	18	1.42	57.83	56.37	58.82	60.90
甘肃	9	0.71	57.53	56.15	60.58	60.91
青海	6	0.47	59.43	55.90	59.61	59.73
宁夏	8	0.63	63.46	57.66	62.73	61.56
新疆	21	1.65	57.31	55.24	60.53	60.33
中国香港	2	0.16	63.88	57.50	67.65	68.10
合计	1269	100.00	57.84	56.94	60.33	61.32

资料来源：南开大学上市公司绿色治理数据库。

从绿色治理评价的四个分指数来看，在绿色治理架构方面，西藏、宁夏和内蒙古的公司表现较好，其平均值分别为 65.53、63.46 和 61.91；黑龙江、福建、辽宁上市公司表现最差，其平均值分别为 56.00、55.94 和 55.90。在绿色治理机制方面，西藏和云南的公司表现较好，其平均值分别为 58.69 和 58.08；而吉林和黑龙江的公司绿色治理机制相对较差，其平均值分别为 55.15 和 54.66。在绿色治理效能方面，西藏和内蒙古的公司表现较好，其平均值分别为 65.18 和 63.56；而贵州和黑龙江的公司表现最差，平均值分别为 57.67 和 57.42。在绿色治理责任方面，西藏、四川和天津的公司表现较好，其平均值分别为 66.53、62.98 和 62.19；而山西、青海和黑龙江的公司表现相对较差，其平均值分别为 59.89、59.73 和 59.26。

与 2022 年相比，绿色治理架构方面，提升最高的省份为内蒙古、西藏和宁夏，分别提高了 8.74、6.46 和 5.03；而海南、广西和甘肃下降相对较多，分别下降了 0.30、0.87 和 1.13。绿色治理机制方面，宁夏和青海上市公司提升幅度最大，分别提高了 4.28 和 3.16，内蒙古和四川也有所提升，分别提升了 2.48 和 2.06；而山西和甘肃的绿色治理机制平均值下降较多，分别降低了 0.56 和 1.74。绿色治理效能维度中提升最高的为宁夏和西藏，分别提高了 6.03 和 5.88，仅山西平均值有所下降，下降了 1.31。绿色治理责任维度提升最高的省份为西藏、黑龙江和贵州，分别提升了 6.29、4.14 和 3.14，而山西和甘肃平均值有所降低，分别降低了 0.29 和 0.73。

第二节　创业板上市公司绿色治理评价分析

一、创业板上市公司绿色治理总体描述

2023 年度上市公司绿色治理样本中共有 220 家创业板上市公司，其治理指数描述性统计如表 9 - 9 所示。其中，公司绿色治理指数的平均值为 56.31，比 2022 年升高了 0.69，中位数为 56.51，最小值为 41.14，最大值为 73.35，标准差为 6.76。

表9-9　　　　　　　创业板上市公司绿色治理指数描述性统计

项目	平均值	中位数	标准差	极差	最小值	最大值
绿色治理指数	56.31	56.51	6.76	32.21	41.14	73.35
绿色治理架构	56.08	54.30	5.94	27.43	50.00	77.43
绿色治理机制	56.62	55.81	4.11	18.19	50.01	68.20
绿色治理效能	58.56	58.11	5.06	19.41	51.97	71.37
绿色治理责任	60.64	60.05	3.79	20.22	52.40	72.62

资料来源：南开大学上市公司绿色治理数据库。

从绿色治理评价的四个分指数来看，创业板上市公司的绿色治理架构、绿色治理机制、绿色治理效能、绿色治理责任指数的平均值分别为56.08、56.62、58.56和60.64。与2022年相比，创业板上市公司各维度均有所上升，绿色治理架构、绿色治理机制、绿色治理效能和绿色治理责任维度分别增加了0.32、0.29、1.71和0.70。从各维度来看，创业板上市公司绿色治理责任指数最高，绿色治理效能指数较高，而绿色治理机制指数较低，绿色治理架构的治理水平最低。绿色治理架构和绿色治理机制成为创业板上市公司绿色治理水平提升的短板。绿色治理架构的标准差最大，为5.94，绿色治理架构的极差最大，为27.43。

二、创业板上市公司绿色治理分维度比较

（一）创业板上市公司绿色治理架构分析

创业板上市公司绿色治理架构指数为56.08，比2022年提升了0.32。从两个构成要素来看，绿色理念与战略要素和绿色组织与运行要素的平均值分别为55.02和56.50。其中，绿色理念与战略要素比2022年的64.73下降了9.71，绿色治理组织与运行比2022年的52.22提升了4.28。样本公司绿色组织与运行方面平均值较高，公司间差异也较大，标准差为7.00，极差为30.00。绿色治理架构及其要素的描述性统计情况如表9-10所示。

表 9 – 10 创业板上市公司绿色治理架构及其要素描述性统计

项目	平均值	中位数	标准差	极差	最小值	最大值
绿色治理架构	56.08	54.30	5.94	27.43	50.00	77.43
绿色理念与战略	55.02	50.00	7.62	26.00	50.00	76.00
绿色组织与运行	56.50	55.00	7.00	30.00	50.00	80.00

资料来源：南开大学上市公司绿色治理数据库。

（二）创业板上市公司绿色治理机制分析

绿色治理机制 2023 年平均值为 56.62，比 2022 年的 56.33 提升了 0.29。从绿色治理机制的四个构成要素来看，样本公司绿色运营、绿色投融资、绿色行政、绿色考评要素的平均值分别为 58.56、55.23、56.82 和 53.68。与 2022 年相比，创业板上市公司绿色治理机制在各维度略有变化，绿色行政维度平均值下降了 0.92，而绿色运营、绿色投融资、绿色考评要素的平均值分别提升了 0.33、0.26 和 2.38。绿色治理机制及其要素的描述性统计情况如表 9 – 11 所示。

表 9 – 11 创业板上市公司绿色治理机制及其要素描述性统计

项目	平均值	中位数	标准差	极差	最小值	最大值
绿色治理机制	56.62	55.81	4.11	18.19	50.01	68.20
绿色运营	58.56	58.25	6.00	23.00	50.00	73.00
绿色投融资	55.23	54.00	6.70	24.00	50.00	74.00
绿色行政	56.82	55.00	6.24	25.00	50.00	75.00
绿色考评	53.68	50.00	6.45	25.00	50.00	75.00

资料来源：南开大学上市公司绿色治理数据库。

（三）创业板上市公司绿色治理效能分析

绿色治理效能 2023 年平均值为 58.56，比 2022 年的 56.85 提升了 1.71。从绿色治理效能指数的三个构成要素来看，样本公司的绿色减排要素表现最好，平均值为 63.67，与 2022 年相比提升了 2.60；绿色循环利用要素平均值为 56.05，与 2022 年相比提升了 2.42。而绿色节能要素最低，绿色节能要素的平均值为 54.08，与 2022 年相比下降了 0.73；绿色节能要素是今后中国创业板上市公司绿色治理效能的治理重点。2023 年创业板上市公司绿色治理效能及其要素的描述性统计情况如表 9 – 12 所示。

表 9 – 12　　　创业板上市公司绿色治理效能及其要素描述性统计表

项目	平均值	中位数	标准差	极差	最小值	最大值
绿色治理效能	58.56	58.11	5.06	19.41	51.97	71.37
绿色节能	54.08	50.00	5.83	29.00	50.00	79.00
绿色减排	63.67	64.00	7.22	26.00	55.00	81.00
绿色循环利用	56.05	56.00	6.89	26.00	50.00	76.00

资料来源：南开大学上市公司绿色治理数据库。

（四）创业板上市公司绿色治理责任分析

2023 年创业板上市公司绿色治理责任及其要素的描述性统计情况如表 9 – 13 所示。从绿色治理责任的三个构成要素来看，绿色包容要素平均值为 65.14，表现最好，但相比 2022 年有所降低，降低了 1.33。创业板上市公司的绿色公益要素平均值为 61.44，比 2022 年提升了 2.01。而绿色信息披露要素的平均值最低，只有 57.70，比 2022 年提高了 1.51。在绿色信息披露要素方面，创业板上市公司还有待进一步提高。

表 9 – 13　　　创业板上市公司绿色治理责任及其要素描述性统计表

项目	平均值	中位数	标准差	极差	最小值	最大值
绿色治理责任	60.64	60.05	3.79	20.22	52.40	72.62
绿色公益	61.44	60.00	3.81	20.00	55.00	75.00
绿色信息披露	57.70	58.00	4.82	25.00	50.00	75.00
绿色包容	65.14	65.00	5.14	25.00	50.00	75.00

资料来源：南开大学上市公司绿色治理数据库。

三、创业板上市公司绿色治理评价分组比较

在对我国创业板上市公司的绿色治理状况作总体描述和分维度比较之后，为了更进一步深入考察不同类型公司绿色治理状况的差异，我们分别对

行业、控股股东性质、地区等不同类别进行了对比分析。

（一）创业板上市公司绿色治理分行业比较

从创业板上市公司按行业性质的分类来看，制造业的上市公司共144家，占比达65.45%。综观绿色治理的各个维度，从行业比较来看，卫生和社会工作以及科学研究和技术服务业的表现较好，而文化、体育和娱乐业的表现较差。在绿色治理架构方面，水利、环境和公共设施管理业，建筑业以及卫生和社会工作位居前三，其平均值分别是60.51、58.15和57.62；而文化、体育和娱乐业的指标平均值最低，为50.00。在绿色治理机制方面，卫生和社会工作，农、林、牧、渔业以及制造业都表现较好，其平均值分别为58.25、57.70和57.47；而文化、体育和娱乐业表现较差，其平均值为51.76。在绿色治理效能方面，卫生和社会工作，制造业以及农、林、牧、渔业平均值水平位居行业分类前三，分别为60.65、59.78和59.71；而文化、体育和娱乐业的平均值水平较低，仅为53.06。在绿色治理责任方面，房地产业，科学研究和技术服务业以及水利、环境和公共设施管理业的表现较好，其平均值分别为63.68、62.49和62.20；而文化、体育和娱乐业表现相对较差，其平均值为56.19（见表9－14）。

表9－14　　　　　　创业板上市公司按行业性质的各分指数统计

行业	数目（家）	比例（%）	绿色治理架构	绿色治理机制	绿色治理效能	绿色治理责任
农、林、牧、渔业	3	1.36	55.26	57.70	59.71	60.71
制造业	144	65.45	56.94	57.47	59.78	61.15
建筑业	2	0.91	58.15	56.12	55.50	59.50
批发和零售业	5	2.27	51.31	53.48	56.03	58.12
信息传输、软件和信息技术服务业	32	14.55	52.38	53.88	54.58	58.46
房地产业	1	0.45	57.17	56.36	53.93	63.68
租赁和商务服务业	2	0.91	55.28	53.75	55.50	60.56
科学研究和技术服务业	9	4.09	57.00	57.03	58.36	62.49
水利、环境和公共设施管理业	10	4.55	60.51	57.33	59.24	62.20

续表

行业	数目（家）	比例（%）	绿色治理架构	绿色治理机制	绿色治理效能	绿色治理责任
卫生和社会工作	5	2.27	57.62	58.25	60.65	62.05
文化、体育和娱乐业	7	3.18	50.00	51.76	53.06	56.19
合计	220	100.00	56.08	56.62	58.56	60.64

资料来源：南开大学上市公司绿色治理数据库。

（二）创业板上市公司绿色治理分控股股东性质比较

从控股股东看，社会团体控股公司不涉及创业板上市公司，因此这里不做讨论。在 220 家创业板上市公司中，民营控股公司占比 68.18%，有 150 家。国有控股、无实际控制人、其他类型、外资控股和集体控股公司占比相对较低，分别有 41 家、12 家、9 家、7 家和 1 家（见表 9-15）。

表 9-15　　创业板上市公司按控股股东性质的各分指数统计

控股股东性质	数量（家）	比例（%）	绿色治理架构	绿色治理机制	绿色治理效能	绿色治理责任
国有控股	41	18.64	56.42	57.08	58.86	60.77
集体控股	1	0.45	65.17	63.80	69.17	63.68
民营控股	150	68.18	55.97	56.47	58.33	60.51
外资控股	7	3.18	57.84	55.96	59.23	62.42
无实际控制人	12	5.45	55.54	55.90	58.14	60.41
其他类型	9	4.09	54.78	57.65	59.90	60.85
合计	220	100.00	56.08	56.62	58.56	60.64

资料来源：南开大学上市公司绿色治理数据库。

从绿色治理评价的四个维度来看，在绿色治理架构方面，集体控股公司表现最好，其指数为 65.17；其次是外资控股公司，其指数为 57.84；而国有控股、民营控股、无实际控制人和其他类型公司表现相对较差，指数分别为 56.42、55.97、55.54 和 54.78。在绿色治理机制方面，集体控股公司表现最好，指数为 63.80，而无实际控制人公司相对较低，指数仅有 55.90。在绿色治理效能方面，集体控股公司表现较好，指数为 69.17，无实际控制人公司指数最低，为58.14。在绿色治理责任方面，集体控股公司表现最好，其指数为63.68，外资控股公司次之，指数为62.42，无实际控制人的公司指数最低，为60.41。整体上看，2023年，集体控股在创业板上市公司中的各项指数均是最高。

（三）创业板上市公司绿色治理分地区比较

从地区分布来看，2023年，山西、内蒙古、黑龙江、广西、西藏、青海、新疆这7个地区不涉及创业板上市公司，因此这里不做讨论。220家创业板上市公司中，广东数量最多，浙江和北京公司数量次之，分别有56家、24家和23家，占创业板上市公司总数量的比例分别为25.45%、10.91%和10.45%；江苏、山东、上海和福建创业板上市公司的数量都相对较多，分别有19家、16家、15家和12家；安徽、河南、四川、辽宁、江西、湖南、湖北、河北、云南、天津、海南、重庆和陕西创业板上市公司的数量都相对较少，分别有6家、6家、6家、5家、5家、5家、4家、3家、3家、2家、2家、2家和2家；吉林、贵州和甘肃和宁夏的数量最少，仅有1家（见表9－16）。

表9－16　　　　创业板上市公司按地区的各分指数统计

地区	数量（家）	比例（%）	绿色治理架构	绿色治理机制	绿色治理效能	绿色治理责任
北京	23	10.45	55.21	55.54	56.68	60.16
天津	2	0.91	62.18	58.89	64.09	64.72
河北	3	1.36	57.23	60.04	59.12	63.65
辽宁	5	2.27	57.91	56.30	58.45	61.37
吉林	1	0.45	55.67	53.55	57.46	64.70
上海	15	6.82	55.32	55.39	57.51	59.03
江苏	19	8.64	56.63	58.23	59.67	61.46
浙江	24	10.91	54.99	55.16	56.96	59.82
安徽	6	2.73	58.22	59.08	60.10	65.35
福建	12	5.45	54.16	55.85	55.46	59.18
江西	5	2.27	55.04	56.07	63.21	60.55

续表

地区	数量（家）	比例（%）	绿色治理架构	绿色治理机制	绿色治理效能	绿色治理责任
山东	16	7.27	60.52	58.33	62.74	62.15
河南	6	2.73	54.57	57.40	57.05	59.04
湖北	4	1.82	55.38	58.13	61.98	58.63
湖南	5	2.27	55.16	54.98	58.31	59.98
广东	56	25.45	55.17	56.47	58.56	60.18
海南	2	0.91	57.88	55.37	57.04	59.72
重庆	2	0.91	60.30	61.28	60.48	66.25
四川	6	2.73	53.09	54.94	55.66	60.77
贵州	1	0.45	70.90	63.76	66.36	66.25
云南	3	1.36	61.72	59.93	62.63	65.70
陕西	2	0.91	59.00	55.79	53.98	57.66
甘肃	1	0.45	64.87	61.79	63.43	64.19
宁夏	1	0.45	50.00	53.01	58.80	59.48
合计	220	100.00	56.08	56.62	58.56	60.64

资料来源：南开大学上市公司绿色治理数据库。

从绿色治理评价的四个分指数来看，在绿色治理架构方面，贵州、甘肃、天津和云南的公司表现较好，其指数分别为70.90、64.87、62.18和61.72；宁夏、四川、福建和河南公司表现较差，其平均值分别为50.00、53.09、54.16和54.57。在绿色治理机制方面，贵州、甘肃和重庆的公司表现较好，其指数分别为63.76、61.79和61.28；而宁夏、吉林和四川的公司绿色治理机制相对较差，其指数分别为53.01、53.55和54.94。在绿色治理效能方面，贵州、天津和甘肃的公司表现较好，其指数分别为66.36、64.09和63.43；而陕西、福建和四川的公司表现相对较差，其平均值分别为53.98、55.46和55.66。在绿色治理责任方面，重庆、贵州和云南的公司表现较好，其指数分别为66.25、66.25和65.70；而陕西和湖北的公司表现相对较差，其指数分别为57.66和58.63。

第三节 科创板上市公司绿色治理评价分析

一、科创板上市公司绿色治理总体描述

2023 年上市公司绿色治理样本中共有 130 家科创板上市公司，其治理指数描述性统计如表 9 - 17 所示。其中，公司绿色治理指数的平均值为59.29，比 2022 年提高了 2.50，中位数为 59.02，最小值为 43.53，最大值为 75.43，标准差为 5.68。

表 9 - 17 科创板上市公司绿色治理指数描述性统计

项目	平均值	中位数	标准差	极差	最小值	最大值
绿色治理指数	59.29	59.02	5.68	31.90	43.53	75.43
绿色治理架构	60.98	60.13	6.72	28.87	50.00	78.87
绿色治理机制	57.50	57.09	3.54	18.67	51.19	69.86
绿色治理效能	59.79	59.48	4.68	18.27	51.97	70.24
绿色治理责任	61.76	62.08	3.13	15.18	54.76	69.94

资料来源：南开大学上市公司绿色治理数据库。

从绿色治理评价的四个分指数来看，科创板上市公司的绿色治理架构、绿色治理机制、绿色治理效能、绿色治理责任治理指数的平均值分别为60.98、57.50、59.79 和 61.76。相比于 2022 年，绿色治理架构指数提高了5.31，绿色治理机制、绿色治理效能、绿色治理责任也分别提高了 1.21、1.78 和 2.05。从各维度来看，科创板上市公司绿色治理责任指数最高，绿色治理责任指数较高，而绿色治理效能指数较低，绿色治理机制水平最低。绿色治理效能和机制成为科创板上市公司绿色治理水平提升的短板。绿色治理架构指数在科创板上市公司中的差异较大，标准差为 6.72，极差为28.87。

二、科创板上市公司绿色治理分维度比较

（一）科创板上市公司绿色治理架构分析

科创板上市公司绿色治理架构指数为 60.98，比 2022 年有所增长。从两个构成要素来看，绿色理念与战略要素、绿色组织与运行要素的平均值分别为 61.83 和 60.65，相比 2022 年有较大提升。其中，绿色理念与战略要素与 2022 年的 56.02 相比增加了 5.81，绿色治理组织与运行比 2022 年的 55.52 增加了 5.13。样本公司绿色理念与战略要素方面平均值较高，公司间差异也较大，标准差为 8.07。绿色治理架构及其要素的描述性统计情况如表 9 - 18 所示。

表 9 - 18　　科创板上市公司绿色治理架构及其要素描述性统计

项目	平均值	中位数	标准差	极差	最小值	最大值
绿色治理架构	60.98	60.13	6.72	28.87	50.00	78.87
绿色理念与战略	61.83	60.00	8.07	26.00	50.00	76.00
绿色组织与运行	60.65	60.00	7.96	32.00	50.00	82.00

资料来源：南开大学上市公司绿色治理数据库。

（二）科创板上市公司绿色治理机制分析

科创板上市公司绿色治理机制平均值为 57.50，比 2022 年有所提升。从绿色治理机制的四个构成要素来看，样本公司绿色行政要素的平均值最高，为 62.44；其次为绿色运营要素，平均值为 59.58；绿色投融资和绿色考评要素的平均值较低，分别为 52.89 和 52.23。与 2022 年相比，绿色行政、绿色考评要素的平均值分别上升了 6.58 和 1.52，绿色运营、绿色投融资要素的平均值分别下降了 0.15 和 1.82。绿色治理机制及其要素的描述性统计情况如表 9 - 19 所示。

表9-19 科创板上市公司绿色治理机制及其要素描述性统计

项目	平均值	中位数	标准差	极差	最小值	最大值
绿色治理机制	57.50	57.09	3.54	18.67	51.19	69.86
绿色运营	59.58	59.50	5.54	23.00	50.00	73.00
绿色投融资	52.89	50.00	5.18	24.00	50.00	74.00
绿色行政	62.44	62.50	6.21	30.00	50.00	80.00
绿色考评	52.23	50.00	5.21	25.00	50.00	75.00

资料来源：南开大学上市公司绿色治理数据库。

（三）科创板上市公司绿色治理效能分析

2023年科创板上市公司绿色治理效能及其要素的描述性统计情况如表9-20所示。从绿色治理效能指数的三个构成要素来看，样本公司的绿色减排要素表现最好，平均值为62.98，但是与2022年相比下降了0.32；绿色节能要素的平均值为58.84，与2022年相比上升了4.11；而绿色循环利用要素最低，平均值只有56.95，比2022年上升了2.47。绿色循环利用要素仍然是今后中国科创板上市公司绿色治理效能的治理重点。

表9-20 科创板上市公司绿色治理效能及其要素描述性统计表

项目	平均值	中位数	标准差	极差	最小值	最大值
绿色治理效能	59.79	59.48	4.68	18.27	51.97	70.24
绿色节能	58.84	58.00	6.89	29.00	50.00	79.00
绿色减排	62.98	64.00	5.68	23.00	55.00	78.00
绿色循环利用	56.95	56.00	6.81	26.00	50.00	76.00

资料来源：南开大学上市公司绿色治理数据库。

（四）科创板上市公司绿色治理责任分析

2023年科创板上市公司绿色治理责任及其要素的描述性统计情况如表9-21所示。从绿色治理责任的三个构成要素来看，绿色包容要素平均值为65.00，表现最好，比2022年提高了1.79。科创板上市公司的绿色公益要素平均值为62.79，比2022年提高了3.50；而绿色信息披露要素的平均值最低，只有59.48，比2022年提高了1.73。在绿色信息披露要素方面，科创板上市公司还有待进一步提高。

表9-21 科创板上市公司绿色治理责任及其要素描述性统计表

项目	平均值	中位数	标准差	极差	最小值	最大值
绿色治理责任	61.76	62.08	3.13	15.18	54.76	69.94
绿色公益	62.79	60.00	4.26	18.33	56.67	75.00
绿色信息披露	59.48	59.00	4.18	20.00	52.00	72.00
绿色包容	65.00	65.00	4.49	15.00	55.00	70.00

资料来源：南开大学上市公司绿色治理数据库。

三、科创板上市公司绿色治理评价分组比较

在对我国科创板上市公司的绿色治理状况作总体描述和分维度比较之后，为了更进一步深入考察不同类型公司绿色治理状况的差异，我们分别对行业、控股股东性质、地区等不同类别进行了对比分析。

（一）科创板上市公司绿色治理分行业比较

从科创板上市公司按行业性质的分类来看，130家上市公司分布在4个行业。综观绿色治理的各个维度，从行业比较来看制造业的表现相对较好，而信息传输、软件和信息技术服务业的表现相对较差。在绿色治理架构方面，科学研究和技术服务业位居第一，其平均值为62.53；而水利、环境和公共设施管理业的平均值最低，为50.00。在绿色治理机制方面，制造业，科学研究和技术服务业，水利、环境和公共设施管理业都表现较好，其平均值分别为57.65、57.35和57.63；而信息传输、软件和信息技术服务业表现较差，其平均值为56.51。在绿色治理效能方面，制造业，水利、环境和公共设施管理业都表现较好，分别为60.48和62.59；而信息传输、软件和信息技术服务业的平均值水平较低，为55.46。在绿色治理责任方面，制造业，科学研究和技术服务业的表现较好，其平均值分别为61.94和64.70；而水利、环境和公共设施管理业表现相对较差，其平均值为56.38（见表9-22）。

表 9 – 22 　　　　　科创板上市公司按行业性质的各分指数统计

行业	数目（家）	比例（%）	绿色治理架构	绿色治理机制	绿色治理效能	绿色治理责任
制造业	108	83.08	61.88	57.65	60.48	61.94
信息传输、软件和信息技术服务业	16	12.31	55.13	56.51	55.46	59.93
科学研究和技术服务业	5	3.85	62.53	57.35	58.25	64.70
水利、环境和公共设施管理业	1	0.76	50.00	57.63	62.59	56.38
合计	130	100.00	60.98	57.50	59.79	61.76

资料来源：南开大学上市公司绿色治理数据库。

（二）科创板上市公司绿色治理分控股股东性质比较

从控股股东看，社会团体控股和职工持股会控股的公司不涉及科创板上市公司，因此这里不做讨论。在 130 家科创板上市公司中，民营控股公司占比为 52.31%，共有 68 家，国有控股公司 24 家，集体控股公司 1 家，外资控股公司 10 家，其他类型控股的公司 19 家，无实际控制人公司 8 家（见表 9 – 23）。

表 9 – 23 　　　　　科创板上市公司按控股股东性质的各分指数统计

控股股东性质	数量（家）	比例（%）	绿色治理架构	绿色治理机制	绿色治理效能	绿色治理责任
国有控股	24	18.46	63.15	57.50	60.68	62.80
集体控股	1	0.77	68.57	61.54	58.09	62.63
民营控股	68	52.31	60.22	57.80	59.95	61.20
外资控股	10	7.69	59.23	55.88	57.15	61.93
无实际控制人	19	14.62	61.18	57.22	59.19	62.53
其他类型	8	6.15	61.72	57.06	60.71	61.15
合计	130	100.00	60.98	57.50	59.79	61.76

资料来源：南开大学上市公司绿色治理数据库。

从绿色治理评价的四个维度来看，在绿色治理架构方面，集体控股公司和国有控股公司表现较好，其平均值分别为68.57和63.15，外资控股公司的表现较差，其平均值为59.23。在绿色治理机制方面，集体控股公司表现最好，其平均值为61.54，国有控股、民营控股、无实际控制人和其他类型公司的表现较好，其平均值分别为57.50、57.80、57.18和57.06，外资控股公司的表现相对较差，其平均值为55.88。在绿色治理效能方面，国有控股、民营控股、无实际控制人和其他类型公司的表现较好，其平均值分别为60.68、59.95、59.19和60.71，而集体控股和外资控股公司的表现较差，其平均值分别为58.09和57.15。在绿色治理责任方面，国有控股公司、集体控股公司和其他类型公司的表现较好，其平均值分别为62.80、62.63和62.53，而民营控股公司和其他类型公司的表现较差，其平均值为61.20和61.15。

（三）科创板上市公司绿色治理分地区比较

从地区分布来看，2023年，除北京、天津、辽宁、吉林、上海、江苏、浙江、安徽、福建、江西、山东、河南、湖北、湖南、广东、海南、四川、贵州、陕西、新疆之外，其他大陆地区不涉及科创板上市公司，因此这里不做讨论。在130家科创板上市公司中，上海有27家，北京有20家，广东有17家，江苏有16家，另有5家科创板上市公司所在地区为开曼群岛（见表9-24）。

表9-24　　　　　　　科创板上市公司按地区的各分指数统计

地区	数量（家）	比例（%）	绿色治理架构	绿色治理机制	绿色治理效能	绿色治理责任
北京	20	15.38	58.50	56.73	57.06	61.20
天津	3	2.31	60.97	58.03	59.27	62.20
辽宁	2	1.54	58.57	55.79	59.67	61.58
吉林	1	0.77	59.13	55.94	58.27	63.64
上海	27	20.77	60.69	56.96	59.33	61.28
江苏	16	12.31	60.70	57.35	60.54	62.60
浙江	8	6.15	58.62	58.97	62.33	60.31
安徽	2	1.54	68.43	54.34	59.98	62.06

续表

地区	数量（家）	比例（%）	绿色治理架构	绿色治理机制	绿色治理效能	绿色治理责任
福建	2	1.54	68.87	59.06	62.39	63.67
江西	2	1.54	73.30	67.50	68.36	66.05
山东	7	5.38	63.15	58.17	59.86	62.39
河南	2	1.54	57.55	56.00	61.29	58.35
湖北	2	1.54	57.13	58.01	61.75	59.23
湖南	5	3.85	62.74	58.77	61.24	63.68
广东	17	13.08	59.35	56.96	58.40	61.17
海南	1	0.77	71.70	58.72	62.89	67.82
四川	4	3.08	63.37	57.75	58.48	63.02
贵州	1	0.77	65.17	63.27	64.29	68.34
陕西	2	1.54	58.42	56.63	58.61	60.45
新疆	1	0.77	63.43	59.83	70.24	63.46
开曼群岛	5	3.85	66.75	57.14	62.62	61.21
合计	130	100.00	60.98	57.50	59.79	61.76

资料来源：南开大学上市公司绿色治理数据库。

从绿色治理评价的四个分指数来看，在绿色治理架构方面，江西和海南的公司表现较好，其平均值分别为73.30和71.70；河南和湖北表现较差，其平均值分别为57.55和57.13。在绿色治理机制方面，江西和贵州的公司表现较好，其平均值分别为67.50和63.27；而安徽的公司绿色治理机制相对较差，其指数为54.34。在绿色治理效能方面，新疆和江西的公司表现较好，其指数分别为70.24和68.36；而吉林、广东和四川的公司表现相对较差，其平均值分别为58.27、58.40和58.48。在绿色治理责任方面，贵州和江西的公司表现较好，其指数分别为68.34和66.05；而河南和湖北的公司表现相对较差，其指数分别为58.35和59.23。

第四节　北交所上市公司绿色治理评价分析

一、北交所上市公司绿色治理总体描述

2023 年上市公司绿色治理样本中共有 3 家北交所上市公司，其治理指数描述性统计如表 9－25 所示。其中，公司绿色治理指数的平均值为 54.75，中位数为 55.05，最小值为 50.28，最大值为 58.91，标准差为 4.32。

表 9 – 25　　　　　　　北交所上市公司绿色治理指数描述性统计

项目	平均值	中位数	标准差	极差	最小值	最大值
绿色治理指数	54.75	55.05	4.32	8.63	50.28	58.91
绿色治理架构	59.62	63.73	8.36	15.13	50.00	65.13
绿色治理机制	55.10	54.77	2.43	4.82	52.85	57.68
绿色治理效能	54.59	54.69	1.39	2.78	53.15	55.92
绿色治理责任	61.97	62.43	1.80	3.51	59.99	63.50

资料来源：南开大学上市公司绿色治理数据库。

从绿色治理评价的四个分指数来看，北交所上市公司的绿色治理架构、绿色治理机制、绿色治理效能、绿色治理责任治理指数的平均值分别为 59.62、55.10、54.59 和 61.97。从各维度来看，北交所上市公司绿色治理责任指数最高，绿色治理架构指数较高，而绿色治理机制指数较低，绿色治理效能水平最低。绿色治理机制和效能成为北交所上市公司绿色治理水平提升的短板。绿色治理架构指数在北交所上市公司中的差异较大，标准差为8.36，极差为15.13。

二、北交所上市公司绿色治理分维度比较

（一）北交所上市公司绿色治理架构分析

北交所上市公司绿色治理架构指数为59.62。从两个构成要素来看，绿

色理念与战略要素、绿色组织与运行要素的平均值分别为 58.67 和 60.00。其中，样本公司绿色组织运行要素方面平均值较高，公司间差异较小，标准差为 8.72。绿色治理架构及其要素的描述性统计情况如表 9-26 所示。

表 9-26　　　北交所上市公司绿色治理架构及其要素描述性统计

项目	平均值	中位数	标准差	极差	最小值	最大值
绿色治理架构	59.62	63.73	8.36	15.13	50.00	65.13
绿色理念与战略	58.67	58.00	9.02	18.00	50.00	68.00
绿色组织与运行	60.00	64.00	8.72	16.00	50.00	66.00

资料来源：南开大学上市公司绿色治理数据库。

（二）北交所上市公司绿色治理机制分析

北交所上市公司绿色治理机制平均值为 55.10。从绿色治理机制的四个构成要素来看，样本公司绿色行政要素的平均值最高，为 59.17；其次为绿色运营要素，平均值为 57.08；绿色投融资和绿色考评要素的平均值较低，分别为 51.33 和 50.00。绿色治理机制及其要素的描述性统计情况如表 9-27 所示。

表 9-27　　　北交所上市公司绿色治理机制及其要素描述性统计

项目	平均值	中位数	标准差	极差	最小值	最大值
绿色治理机制	55.10	54.77	2.43	4.82	52.85	57.68
绿色运营	57.08	55.00	5.20	9.75	53.25	63.00
绿色投融资	51.33	50.00	2.31	4.00	50.00	54.00
绿色行政	59.17	62.50	5.77	10.00	52.50	62.50
绿色考评	50.00	50.00	0.00	0.00	50.00	50.00

资料来源：南开大学上市公司绿色治理数据库。

（三）北交所上市公司绿色治理效能分析

2023 年北交所上市公司绿色治理效能及其要素的描述性统计情况如表 9-28 所示。从绿色治理效能指数的三个构成要素来看，样本公司的绿色节能要素表现最好，平均值为 59.00，绿色减排要素的平均值为 56.00；而绿色循环利用要素最低，平均值只有 50.00。绿色循环利用要素是今后北交所上市公司绿色治理效能的治理重点。

表9-28   科创板上市公司绿色治理效能及其要素描述性统计表

项目	平均值	中位数	标准差	极差	最小值	最大值
绿色治理效能	54.59	54.69	1.39	2.78	53.15	55.92
绿色节能	59.00	61.00	8.19	16.00	50.00	66.00
绿色减排	56.00	55.00	1.73	3.00	55.00	58.00
绿色循环利用	50.00	50.00	0.00	0.00	50.00	50.00

资料来源：南开大学上市公司绿色治理数据库。

（四）北交所上市公司绿色治理责任分析

2023 年北交所上市公司绿色治理责任及其要素的描述性统计情况如表9-29 所示。从绿色治理责任的三个构成要素来看，绿色包容要素平均值为 68.33，表现最好。北交所上市公司的绿色公益要素较高，平均值为 66.67；而绿色信息披露要素的平均值最低，只有 56.67。在绿色信息披露要素方面，北交所上市公司还有待进一步提高。

表9-29   北交所上市公司绿色治理责任及其要素描述性统计表

项目	平均值	中位数	标准差	极差	最小值	最大值
绿色治理责任	61.97	62.43	1.80	3.51	59.99	63.50
绿色公益	66.67	68.33	6.01	11.67	60.00	71.67
绿色信息披露	56.67	57.00	2.52	5.00	54.00	59.00
绿色包容	68.33	70.00	2.89	5.00	65.00	70.00

资料来源：南开大学上市公司绿色治理数据库。

三、北交所上市公司绿色治理评价分组比较

在对我国北交所上市公司的绿色治理状况作总体描述和分维度比较之后，为了更进一步深入考察不同类型公司绿色治理状况的差异，我们分别对行业、控股股东性质、地区等不同类别进行了对比分析。

（一）北交所上市公司绿色治理分行业比较

从北交所上市公司按行业性质的分类来看，2 家上市公司分布在制造业，1 家上市公司为专业技术服务业。综观绿色治理的各个维度，从行业比较来看专业技术制造业的表现相对较好，而纺织业的表现相对较差。在绿色治理架构方面，专业技术服务业位居第一，其平均值为 65.13；而纺织业的平均值最低，为 50.00。在绿色治理机制方面，纺织业和专业技术服务业都表现较好，其平均值分别为 57.68 和 54.77；而计算机、通信和其他电子设备制造业表现较差，其平均值为 52.85。在绿色治理效能方面，专业技术服务业和纺织业表现较好，分别为 55.92 和 54.69；而计算机、通信和其他电子设备制造业的平均值水平较低，为 53.15。在绿色治理责任方面，计算机、通信和其他电子设备制造业和专业技术服务业表现较好，其平均值分别为 63.50 和 62.43；而纺织业表现相对较差，其平均值为 59.99（见表 9 - 30）。

表 9 - 30　　　　　　　北交所上市公司按行业性质的各分指数统计

行业	数目（家）	比例（%）	绿色治理架构	绿色治理机制	绿色治理效能	绿色治理责任
纺织业	1	33.33	50.00	57.68	54.69	59.99
计算机、通信和其他电子设备制造业	1	33.33	63.73	52.85	53.15	63.50
专业技术服务业	1	33.33	65.13	54.77	55.92	62.43
合计	3	100.00	59.62	55.10	54.59	61.97

资料来源：南开大学上市公司绿色治理数据库。

（二）北交所上市公司绿色治理分控股股东性质比较

从控股股东看，集体控股、社会团体控股、外资控股、无实际控制人控股和其他类型的公司不涉及北交所上市公司，因此这里不做讨论。在 3 家北交所上市公司中，民营控股公司占比为 33.33%，共有 1 家，国有控股公司占比 66.67%，共有 2 家（见表 9 - 31）。

表9-31   北交所上市公司按控股股东性质的各分指数统计

按控股股东性质	数目（家）	比例（%）	绿色治理架构	绿色治理机制	绿色治理效能	绿色治理责任
国有控股	2	66.67	64.43	53.81	54.54	62.96
民营控股	1	33.33	50.00	57.68	54.69	59.99
合计	3	100.00	59.62	55.10	54.59	61.97

资料来源：南开大学上市公司绿色治理数据库。

从绿色治理评价的四个维度来看，在绿色治理架构方面，国有控股公司表现较好，其平均值为64.43，民营控股公司的表现较差，其平均值为50.00。在绿色治理机制方面，民营控股公司的表现较好，其平均值为57.68，而国有控股公司的表现较差，其平均值为53.81。在绿色治理效能方面，民营国有控股公司的表现较好，其平均值为54.69，而国有控股公司的表现较差，其平均值为54.54。在绿色治理责任方面，国有控股公司的表现较好，其平均值为62.96，而民营控股公司的表现较差，其平均值为59.99。

（三）北交所上市公司绿色治理分地区比较

从地区分布来看，2023年，北交所上市公司仅涉及江苏、广东和陕西三个省份。每个省份各有1家（见表9-32）。

表9-32   北交所上市公司按地区的各分指数统计

地区	数量（家）	比例（%）	绿色治理架构	绿色治理机制	绿色治理效能	绿色治理责任
江苏	1	33.33	50.00	57.68	54.69	59.99
广东	1	33.33	65.13	54.77	55.92	62.43
陕西	1	33.33	63.73	52.85	53.15	63.50
合计	3	100.00	59.62	55.10	54.59	61.97

资料来源：南开大学上市公司绿色治理数据库。

从绿色治理评价的四个分指数来看，在绿色治理架构方面，陕西的公司表现较好，其平均值为65.13；广东表现次之，其平均值为63.73；江苏表现相对较差，平均值为50.00。在绿色治理机制方面，江苏的公司表现最好，其平均值为 57.68；而广东的公司绿色治理机制相对较差，其指数为 52.85。在绿色治理效能方面，陕西的公司表现较好，其指数分别为 55.92；而广东的公司表现相对较差，其平均值为 53.15。在绿色治理责任方面，广东的公司表现最好，其指数分别为 63.50；而江苏的公司表现相对较差，其指数为 59.99。

第五节　上市金融机构绿色治理评价分析

一、上市金融机构绿色治理总体描述

2023 年度上市公司绿色治理样本中共有 116 家上市金融机构。表 9 - 33 给出了上市金融机构绿色治理指数及各分指数的描述性统计指标，可以看出，2023 年度金融行业的公司绿色治理指数平均值为 53.46，比 2022 年有所下降（2022 年绿色治理指数平均值为 56.28），中位数为 52.80，标准差为 6.29，比 2022 年的标准差 4.90 有所增加，最小值为 40.90，最大值为 69.12。

表 9 - 33　　　　　　上市金融机构绿色治理指数描述性统计

项目	平均值	中位数	标准差	极差	最小值	最大值
绿色治理指数	53.46	52.80	6.29	28.22	40.90	69.12
绿色治理架构	57.07	56.57	5.94	22.87	50.00	72.87
绿色治理机制	57.50	57.66	3.78	16.42	50.01	66.43
绿色治理效能	56.47	55.73	4.24	18.62	51.97	70.59
绿色治理责任	61.54	61.56	4.18	18.10	52.40	70.50

资料来源：南开大学上市公司绿色治理数据库。

从绿色治理评价的四个维度来看，上市金融机构的绿色治理架构、绿色治理机制、绿色治理效能和绿色治理责任指数的平均值分别为 57.07、57.50、56.47 和 61.54，较 2022 年均有所提高，其中，绿色治理效能和绿

色治理责任的提高幅度较大，均比 2022 年提高了 1.83。而绿色治理架构指数的平均值为 57.07，较 2022 年的平均值有所下降。尽管绿色治理效能的治理水平对比 2022 年已经有较大进步，但是仍然相对不高，国内上市金融机构在该层面还需要继续提升。

二、上市金融机构绿色治理分维度比较

（一）上市金融机构绿色治理架构分析

从绿色治理架构评价的两个构成要素来看，绿色理念与战略要素和绿色组织与运行要素的平均值分别为 56.59 和 57.26。其中，绿色理念与战略要素比 2022 年的 62.07 降低了 5.48，绿色组织与运行比 2022 年的 52.41 提高了 2.94。另外，样本公司绿色理念与战略要素方面标准差为 8.31，公司间差异较大。绿色治理架构及其要素的描述性统计情况如表 9－34 所示。

表 9－34　　　　上市金融机构绿色治理架构及其要素描述性统计

项目	平均值	中位数	标准差	极差	最小值	最大值
绿色治理架构	57.07	56.57	5.94	22.87	50.00	72.87
绿色理念与战略	56.59	50.00	8.31	26.00	50.00	76.00
绿色组织与运行	57.26	56.00	7.00	28.00	50.00	78.00

资料来源：南开大学上市公司绿色治理数据库。

（二）上市金融机构绿色治理机制分析

从绿色治理机制的四个构成要素来看，样本公司绿色投融资、绿色行政和绿色考评要素的平均值较 2022 年均有所提升，而绿色运营要素的平均值较 2022 年降低了 0.37。其中，绿色行政要素的平均值为 61.83，在绿色治理机制各要素中表现最好，与 2022 年相同的是，该要素的标准差较高，说明不同企业之间的绿色行政水平差异较大。绿色投融资要素和绿色运营要素相对较高，分别为 58.74 和 55.88。绿色考评要素的平均值为 51.68，在各要素中相对最低。绿色治理机制及其要素的描述性统计情况如表 9－35 所示。

表9－35　　　　上市金融机构绿色治理机制及其要素描述性统计

项目	平均值	中位数	标准差	极差	最小值	最大值
绿色治理机制	57.50	57.66	3.78	16.42	50.01	66.43
绿色运营	55.88	56.25	3.00	14.25	50.00	64.25
绿色投融资	58.74	58.00	5.96	24.00	50.00	74.00
绿色行政	61.83	61.25	7.92	30.00	50.00	80.00
绿色考评	51.68	50.00	4.66	25.00	50.00	75.00

资料来源：南开大学上市公司绿色治理数据库。

（三）上市金融机构绿色治理效能分析

2023年上市金融机构绿色治理效能及其要素的描述性统计情况如表9－36所示。从绿色治理效能指数的三个构成要素来看，样本公司的绿色减排要素相对表现较好，平均值为58.14，相较于2022年也有所提升；而绿色节能和绿色循环利用要素水平相对较低，平均值分别为57.68和53.81，但相对于2022年都有所上升。

表9－36　　　　上市金融机构绿色治理效能及其要素描述性统计表

项目	平均值	中位数	标准差	极差	最小值	最大值
绿色治理效能	56.47	55.73	4.24	18.62	51.97	70.59
绿色节能	57.68	55.00	8.29	29.00	50.00	79.00
绿色减排	58.14	55.00	4.67	26.00	55.00	81.00
绿色循环利用	53.81	50.00	5.75	26.00	50.00	76.00

资料来源：南开大学上市公司绿色治理数据库。

（四）上市金融机构绿色治理责任分析

2023年上市金融机构绿色治理责任及其要素的描述性统计情况如表9－37所示。从绿色治理责任的三个构成要素来看，绿色包容要素平均值为62.67，表现最好，相比2022年提升了2.49。上市金融机构的绿色公益要素为62.34，比2022年上升了0.81。绿色信息披露要素的平均值最低，只有60.59，在绿色信息披露要素方面，上市金融机构还有待进一步提高。

表9-37　　　上市金融机构绿色治理责任及其要素描述性统计表

项目	平均值	中位数	标准差	极差	最小值	最大值
绿色治理责任	61.54	61.56	4.18	18.10	52.40	70.50
绿色公益	62.34	60.00	4.44	25.00	50.00	75.00
绿色信息披露	60.59	60.00	5.79	22.00	50.00	72.00
绿色包容	62.67	65.00	5.37	25.00	50.00	75.00

资料来源：南开大学上市公司绿色治理数据库。

三、上市金融机构绿色治理评价分组比较

在对我国上市金融机构的绿色治理状况作总体描述和分维度比较之后，为了更进一步深入考察不同类型公司绿色治理状况的差异，我们分别对业务、控股股东性质、地区等不同类别进行了对比分析。

（一）上市金融机构绿色治理分行业比较

按照金融机构不同业务性质分组，金融机构可以分为银行、证券公司、保险公司以及包括信托和投资公司在内的其他金融机构等。表9-38给出了这四类金融机构公司绿色治理指数的描述性统计。从绿色治理的四个维度来看，在绿色治理架构方面，证券类金融机构的表现相对较好，其指数平均值为58.12；而保险类金融机构指数平均值最低，仅为55.01。在绿色治理机制方面，银行类金融机构表现最好，其平均值为58.61；其他类金融机构的表现最差，平均值为56.18。在绿色治理效能方面，保险类金融机构表现最好，指数为58.70；而银行类金融机构平均值水平最低，平均值为55.98。在绿色治理责任方面，银行类和保险类金融机构的表现较好，其平均值分别为63.32和64.38；其他类型金融机构表现相对较差，其平均值为57.84。综合来看，银行业和保险业表现更为出众，在四大维度的表现均有明显优势（见表9-38）。

表9-38　　　上市金融机构按行业性质的各分指数统计

行业	数目（家）	比例（%）	绿色治理架构	绿色治理机制	绿色治理效能	绿色治理责任
银行	43	37.07	55.88	58.61	55.98	63.32

续表

行业	数目（家）	比例（%）	绿色治理架构	绿色治理机制	绿色治理效能	绿色治理责任
证券	53	45.69	58.12	56.87	56.54	60.75
保险	6	5.17	55.01	58.24	58.70	64.38
其他	14	12.07	57.61	56.18	56.77	57.84
总计	116	100.00	57.07	57.50	56.47	61.54

资料来源：南开大学上市公司绿色治理数据库。

（二）上市金融机构绿色治理分控股股东性质比较

按照控股性质分组，上市金融机构的控股性质可以分为五种：国有控股、民营控股、社会团体控股、无实际控制人和其他类型。表 9-39 给出了按最终控制人性质分组的金融机构绿色治理指数统计指标对比，从绿色治理的四个维度来看，在绿色治理架构方面，国有控股上市公司表现最好，其指数平均值为 58.32；其次是无实际控制人控股公司，其指数平均值为 57.09；社会团体控股和其他类型上市公司表现最差，其平均指数仅为 50.00。在绿色治理机制方面，国有控股、无实际控制人和其他类型上市公司表现较好，指数平均值分别为 58.06、58.18 和 60.92；而民营控股和社会团体控股上市公司相对较低，指数平均值分别为 52.34 和 50.46。在绿色治理效能方面，国有控股、无实际控制人和其他类型上市公司指数较高，指数平均值分别为 57.75、55.76 和 60.54；社会团体控股上市公司的指数相对较低，其指数平均值为 51.97。在绿色治理责任方面，国有控股、无实际控制人和其他类型上市公司表现较好，民营控股和社会团体控股上市公司表现相对较差。整体上看，2023 年国有控股上市金融机构优势较为明显，国有控股上市金融机构在绿色治理架构表现最优，而国有控股上市金融机构在绿色治理机制和绿色治理责任方面的表现也相当优异。

表 9-39　　　上市金融机构按控股股东性质的各分指数统计

控股股东性质	数量（家）	比例（%）	绿色治理架构	绿色治理机制	绿色治理效能	绿色治理责任
国有控股	55	47.41	58.32	58.06	57.75	61.67
民营控股	11	9.48	52.00	52.34	53.26	56.15

续表

控股股东性质	数量（家）	比例（%）	绿色治理架构	绿色治理机制	绿色治理效能	绿色治理责任
社会团体控股	1	0.86	50.00	50.46	51.97	57.96
无实际控制人	48	41.38	57.09	58.12	55.76	62.58
其他类型	1	0.86	50.00	60.92	60.54	66.82
合计	116	100.00	57.07	57.50	56.47	61.54

资料来源：南开大学上市公司绿色治理数据库。

（三）上市金融机构绿色治理分地区比较

按照金融机构所属地区分组，上市金融机构集中分布于北京、上海、江苏、浙江和广东等经济发达地区，占比62.93%，所以我们仅比较这五个省市上市金融机构的治理状况，如表9-40所示。

表9-40　　　　　　　上市金融机构按地区的各分指数统计

地区	数量（家）	比例（%）	绿色治理架构	绿色治理机制	绿色治理效能	绿色治理责任
北京	20	17.24	56.76	58.92	57.24	63.22
上海	17	14.66	59.12	57.03	55.63	61.98
江苏	15	12.93	54.82	56.07	57.14	61.05
浙江	10	8.62	54.74	57.34	55.35	59.41
广东	11	9.48	59.23	58.96	57.50	63.27

资料来源：南开大学上市公司绿色治理数据库。

从绿色治理评价的四个维度来看，在绿色治理架构方面，广东的金融机构表现最好，其平均值为59.23；北京和上海的表现次之，其平均值分别为56.76和59.12；而江苏和浙江的表现较差，其指数分别为54.82和54.74。在绿色治理机制方面，北京和广东的公司表现较好，其指数分别为58.92和58.96；上海和浙江的表现次之，其平均值分别为58.92和57.34；而江苏的表现较差，其指数为56.07。在绿色治理效能方面，北京、江苏和广东的公司表现较好，其指数分别为57.24、57.14和57.50；上海和浙江的表现次之，其平均值分别为55.63和55.35。在绿色治理责任方面，广东和北京的公司表现最好，其指数分别为 63.27 和 63.22；上海和江苏的表现次之，其平均值分别为 61.98 和 61.05；而浙江的表现最差，其指数为 59.41。整体上看，2023 年，广东的上市金融机构在绿色治理架构、绿色治理机制、绿色治理效能和绿色治理责任方面均具有优势。

第六节　中国上市公司绿色治理分板块评价主要结论

第一，从绿色治理指数来看，主板上市公司、创业板上市公司、科创板上市公司、北交所上市公司以及上市金融机构的平均值分别为 57.82、56.31、59.29、54.75 和 53.46。科创板上市公司绿色治理水平最高，上市金融机构绿色治理指数平均值最低。与 2022 年相比，除上市金融机构和北交所上市公司以外，各板块的绿色治理水平都有不同程度的提升。其中，科创板提升程度最高，比 2022 年平均值提高了 2.50，主板提升程度次之，比 2022 年平均值提高了 1.08。创业板提升程度相对较小，仅比 2022 年提高了 0.69，主要由绿色效能维度推动。

第二，从绿色治理指数的四个维度来看，在绿色治理架构维度中，科创板上市公司的平均值最高，为 60.98，其次为北交所上市公司，平均值为 59.62，主板上市公司平均值 57.84，上市金融机构平均值为 57.07，创业板上市公司指数平均值最低，仅为 56.08。与 2022 年相比，各板块除北交所上市公司外，绿色治理架构指标均有所提升，其中提升幅度最高的为科创板，提高了 5.31。在绿色治理机制维度中，科创板和上市金融机构指数在各板块中平均值最高，为 57.50，其次为主板上市公司，平均值为 56.94，创业板上市公司为 56.62，最低的为北交所上市公司，平均值为 55.10。与 2022 年相比，科创板上市公司提升最多，提高了 1.21。在绿色治理效能维度中，主板上市公司平均值最高，为 60.33，其次为科创板上市公司，平均值为 59.79，创业板上市公司平均值为 58.56，上市金融机构的平均值为 56.47，最后为北交所上市公司，只有 54.59。与 2022 年相比，各板块在绿色治理效能维度均有不同幅度提升。其中，主板提升最多，提高了 1.85。在绿色治理责任维度中，北交所上市公司平均值最高，为 61.97，其次为科创板，为 61.76，创业上市公司绿色治理责任指数水平最低，为 60.64。与 2022 年相比，创业板上市公司提升幅度最小，为 0.70。

　　第三，从控股股东性质来看，国有控股和外资控股上市公司绿色治理水平相对较高，且在不同板块的表现存在差异。具体而言，在主板上市公司中，国有控股上市公司的优势在于绿色治理架构；在创业板上市公司中，国有控股在绿色治理架构、绿色治理机制、绿色治理效能和绿色治理责任四个维度上均优于民营控股，在绿色治理架构和绿色治理机制两个维度上均优于外资控股；在科创板上市公司和上市金融机构中，国有控股上市公司在绿色治理架构、绿色治理机制、绿色治理效能和绿色治理责任维度均表现较好。与2022年相比，国有控股上市公司的绿色治理水平也有很大提高。外资控股上市公司积极构建绿色治理架构和机制，注重绿色治理效能，绿色治理水平始终处于相对领先地位。

　　第四，从地区分布来看，2023年中国上市公司绿色治理评价样本中的主板上市公司、创业板上市公司、科创板上市公司、北交所上市公司和上市金融机构多分布在中国东部沿海等经济发达地区，且这些地区的上市公司绿色治理表现相对较好。具体而言，在主板上市公司中，山东的上市公司在绿色治理架构、绿色治理机制、绿色治理效能和绿色治理责任四个维度均高于平均水平；在创业板上市公司中，天津和山东的上市公司在绿色治理架构和绿色治理效能方面具有明显优势；在科创板上市公司中，江西的上市公司在绿色治理架构、绿色治理机制、绿色治理效能和绿色治理责任四个维度表现均较好；在北交所上市公司中，广东的上市公司在绿色治理架构、绿色治理效能和绿色治理责任方面均高于平均水平；上市金融机构中，北京和广东的上市金融机构在四个维度均有较好表现。

参 考 文 献

[1] 毕茜，于连超. 环境税的企业绿色投资效应研究——基于面板分位数回归的实证研究 [J]. 中国人口·资源与环境，2016，26（3）：76-82.

[2] 曹洪军，陈好孟. 不确定环境下我国绿色信贷交易行为的博弈分析 [J]. 金融理论与实践，2010（2）：17-22.

[3] 曾贤刚. 中国区域环境效率及其影响因素 [J]. 经济理论与经济管理，2011（10）：107-110.

[4] 陈海若. 绿色信贷研究综述与展望 [J]. 金融理论与实践，2010（8）：90-93.

[5] 陈宏辉，贾生华. 企业社会责任观的演进与发展：基于综合性社会契约的理解 [J]. 中国工业经济，2003（12）：89-92.

[6] 大卫·皮尔斯，等. 绿色经济的蓝图 [M]. 何晓军，译. 北京：北京师范大学出版社，1996.

[7] 丁祖荣，陈舜友，李娟. 绿色管理内涵拓展及其构建 [J]. 科技进步与对策，2008，25（9）：18-17.

[8] 方丽娟，钟田丽，耿闪清. 企业环境绩效评价指标体系构建及应用 [J]. 统计与决策，2013（21）：179-181.

[9] 方先明，胡丁. 企业ESG表现与创新——来自A股上市公司的证据 [J]. 经济研究，2023，58（2）：91-106.

[10] 高汉祥，郑济孝. 公司治理与企业社会责任：同源、分流与融合 [J]. 会计研究，2010（6）：32-36.

[11] 郝珍珍，李健，韩海彬. 中国工业行业环境绩效测度与实证研究 [J]. 系统工程，2014，32（7）：1-11.

[12] 胡鞍钢，周绍杰. 绿色发展：功能界定、机制分析与发展战略 [J]. 中国人口·资源与环境，2014，24（1）：18-20.

[13] 胡美琴，骆守俭. 基于制度与技术情境的企业绿色管理战略研究

[J]. 中国人口资源与环境，2009，19（6）：79.

[14] 胡美琴，骆守俭. 企业绿色管理战略选择——基于制度压力与战略反应的视角 [J]. 工业技术经济，2008，27（2）：11-14.

[15] 黄珺，周春娜. 股权结构、管理层行为对环境信息披露影响的实证研究——来自沪市重污染行业的经验证据 [J]. 中国软科学，2012（1）：137-143.

[16] 黄晓春. 非协同治理与策略性对应——社会组织自主性研究的一个理论框架 [J]. 社会学研究，2014（6）：99-123.

[17] 纪莺莺. 当代中国的社会组织：理论视角与经验研究 [J]. 社会学研究，2013（5）：219-241.

[18] 贾生华，郑海东. 企业社会责任：从单一视角到协同视角 [J]. 浙江大学学报（人文社会科学版），2007，37（2）：79-87.

[19] 姜广省，卢建词. 逻辑兼容性：绿色投资者、环境规制与企业绿色创新 [J]. 经济管理，2023，45（9）：68-87.

[20] 蒋德权，蓝梦. 企业社会责任与产品市场表现 [J]. 财经研究，2022，48（2）：109-122.

[21] 蒋洪伟，韩文秀. 绿色供应链管理：企业经营管理的趋势 [J]. 中国人口·资源与环境，2000，10（4）：90-92.

[22] 焦俊，李垣. 基于联盟的企业绿色战略导向与绿色创新 [J]. 研究与发展管理，2011，23（1）：88-89.

[23] 颉茂华，刘艳霞，王晶. 企业环境管理信息披露现状、评价与建议——基于72家上市公司2010年报环境管理信息披露的分析 [J]. 中国人口·资源与环境，2013，23（2）：136-141.

[24] 肯尼思·鲍尔丁. 一门科学 [J]. 生态经济学，1966.

[25] 黎文靖，路晓燕. 机构投资者关注企业的环境绩效吗？——来自我国重污染行业上市公司的经验证据 [J]. 金融研究，2015（12）：97-112.

[26] 李碧珍. 企业社会责任缺失：现状、根源、对策——以构建和谐社会为视角的解读 [J]. 企业经济，2006（6）：12-15.

[27] 李立清，李燕凌. 企业社会责任研究 [M]. 北京：人民出版社，2005.

[28] 李姝，谢晓嫣. 民营企业的社会责任、政治关联与债务融资——来

自中国资本市场的经验证据 [J]. 南开管理评论, 2014, 17 (6): 30 - 40.

[29] 李婉红, 毕克新, 孙冰. 环境规制强度对污染密集行业绿色技术创新的影响研究——基于 2003—2010 年面板数据的实证检验 [J]. 研究与发展管理, 2013, 25 (6): 72 - 81.

[30] 李维安, 徐建, 姜广省. 绿色治理准则: 实现人与自然的包容性发展 [J]. 南开管理评论, 2017, 20 (5): 27 - 28.

[31] 李维安, 张耀伟, 郑敏娜, 等. 中国上市公司绿色治理及其评价研究 [J]. 管理世界, 2019, 35 (5): 126 - 133, 160.

[32] 李维安. "绿色管理": 后金融危机时代管理新趋势 [J]. 南开管理评论, 2009 (6): 1.

[33] 李维安. 非营利组织管理学 [M]. 北京: 高等教育出版社, 2013.

[34] 李维安. 绿色治理: 超越国别的治理观 [J]. 南开管理评论, 2016 (6): 1.

[35] 李维安. 社会组织治理转型: 从行政型到社会型 [J]. 南开管理评论, 2015 (4): 1.

[36] 李维安, 等. 绿色治理准则与国际规则比较 [M]. 北京: 科学出版社, 2018.

[37] 李伟阳, 肖红军. 企业社会责任的逻辑 [J]. 中国工业经济, 2011 (10): 87 - 97.

[38] 李卫宁, 吴坤津. 企业利益相关者、绿色管理行为与企业绩效 [J]. 科学学与科学技术管理, 2013, 34 (5): 89 - 96.

[39] 李晓西, 赵峥, 李卫锋. 完善国家生态治理体系和治理能力现代化的四大关系——基于实地调研及微观数据的分析 [J]. 管理世界, 2015 (5): 1 - 5.

[40] 李怡娜, 叶飞. 制度压力、绿色环保创新实践与企业绩效关系——基于新制度主义理论和生态现代化理论视角 [J]. 科学学研究, 2011 (12): 1888 - 1893.

[41] 厉以宁, 朱善利, 罗来军, 等. 低碳发展作为宏观经济目标的理论探讨——基于中国情形 [J]. 管理世界, 2017 (6): 1 - 8.

[42] 联合国: 我国希望的未来, 2012 年 7 月 12 日.

[43] 刘刚, 唐寅, 殷建瓴. 分析师关注度视角下企业社会责任对绩效

的影响机理：基于机器学习与文本分析的研究［J］.中国软科学，2024（2）：156－166.

［44］刘林艳，宋华."绿色"公司作用于企业绩效吗？——基于美国和中国的一项对比研究［J］.科学学与科学技术管理，2012，33（2）：108－114.

［45］刘亚莉，王新，魏倩.慈善组织财务信息披露质量的影响因素与后果研究［J］.会计研究.2013（1）：76－83.

［46］罗文恩，周延风.中国慈善组织市场化研究——背景、模式与路径［J］.管理世界，2010（12）：69－89.

［47］马骏.论构建中国绿色金融体系［J］.金融论坛，2015（5）：18－27.

［48］欧阳瑞.从生态经济学的发展谈绿色金融［J］.金融与经济，2005（6）：58－55.

［49］彭满如，金友良，范态.基于雾霾治理的企业环境绩效指标构建［J］.中南大学学报（社会科学版），2017，23（5）：118－121.

［50］秦颖，武春友，翟鲁宁.企业环境绩效与经济绩效关系的理论研究与模型构建［J］.系统工程理论与实践，2004（8）：111－117.

［51］任辉.环境保护，可持续发展与绿色金融体系构建［J］.现代经济探讨，2009（10）：89－88.

［52］沈灏，魏泽龙，苏中锋.绿色管理研究前沿探析与未来展望［J］.外国经济与管理，2010（11）：18－25.

［53］沈红波，谢越，陈峥嵘.企业的环境保护、社会责任及其市场效应——基于紫金矿业环境污染事件的案例研究［J］.中国工业经济，2012（1）：141－151.

［54］沈洪涛，黄珍，郭肪汝.告白还是辩白——企业环境表现与环境信息披露关系研究［J］.南开管理评论，2014，17（2）：56－63.

［55］沈奇泰松，葛笑春，宋程成.合法性视角下制度压力对CSR的影响机制研究［J］.科研管理，2014，35（1）：127－130.

［56］石军伟，胡立君，付海艳.企业社会责任，社会资本与组织竞争优势：一个战略互动视角——基于中国转型期经验的实证研究［J］.中国工业经济，2009（11）：87－98.

［57］舒绍福.绿色发展的环境政策革新：国际镜鉴与启示［J］.改革，

2016（3）：102－109.

［58］宋建波，李爱华. 企业社会责任的公司治理因素研究［J］. 财经问题研究，2010（5）：27－29.

［59］宋建波，盛春艳. 基于利益相关者的企业社会责任评价研究——以制造业上市公司为例［J］. 中国软科学，2009（10）：157－163.

［60］孙文祥，王武魁. 绿色管理——企业可持续发展的必然选择［J］. 北京林业大学学报：社会科学版，2002，1（1）：62－66.

［61］唐国平，李龙会，吴德军. 环境管制、行业属性与企业环保投资［J］. 会计研究，2013（6）：87－89.

［62］唐松莲，顾倩，文雯等. "安则兼善天下"：董责险与企业社会责任履行［J］. 管理评论，2023，35（9）：205－221.

［63］田虹，潘楚林. 前瞻型环境战略对企业绿色形象的影响研究［J］. 管理学报，2015，12（7）：1068－1071.

［64］汪波，白彦壮，李敏. 企业可持续发展的绿色供应链管理研究［J］. 科学管理研究，2004，22（1）：9－9.

［65］汪应洛，王能民，孙林岩. 绿色供应链管理的基本原理［J］. 中国工程科学，2003，5（11）：82－87.

［66］王锋正，陈方圆. 董事会治理、环境规制与绿色技术创新——基于我国重污染行业上市公司的实证检验［J］. 科学学研究，2018，36（2）：361－369.

［67］王名，贾西津. 中国NGO的发展分析［J］. 管理世界，2002（9）：30－45.

［68］王能民，孙林岩，汪应洛. 绿色供应链管理［M］. 北京：清华大学出版社，2005.

［69］王能民，汪应洛，杨彤. 绿色供应链管理的研究进展及趋势［J］. 管理工程学报，2007，21（2）：118－122.

［70］王书斌，徐盈之. 环境规制与雾霾脱钩效应——基于企业投资偏好的视角［J］. 中国工业经济，2015（4）：18－30.

［71］王晓岭，武春友，于文嵩. 绿色增长驱动因素的国际比较研究——基于"20国集团（G20）"面板数据的实证检验［J］. 北京理工大学学报（社会科学版），2015，17（6）：12－20.

［72］王晓巍，陈慧. 基于利息相关者的企业社会责任与企业价值关系

研究［J］. 管理科学，2011，24（6）：29 – 37.

［73］吴德军，唐国平. 环境会计与企业社会责任研究——中国会计学会环境会计专业委员会 2011 年年会综述［J］. 会计研究，2012（1）：97 – 96.

［74］吴利华，陈瑜. 全过程视角下企业环境管理绩效评价［J］. 中国人口·资源与环境，2014，24（S1）：46 – 50.

［75］武春友，朱庆华，耿勇. 绿色供应链管理与企业可持续发展［J］. 中国软科学，2001（3）：67 – 70.

［76］武剑锋，叶陈刚，刘猛. 环境绩效、政治关联与环境信息披露——来自沪市 A 股重污染行业的经验证据［J］. 山西财经大学学报，2015，37（7）：99 – 110.

［77］夏光."绿色经济"新解［J］. 环境保护，2010，（7）：8 – 10.

［78］薛军堂，王嘉. 基于绿色管理视角的政府管理创新［J］. 科技管理研究，2008，28（6）：22 – 24.

［79］薛求知，高广阔. 跨国公司生态态度和绿色管理行为的实证分析——以上海部分跨国公司为例［J］. 管理世界，2004（6）：106 – 112.

［80］薛求知，李茜. 跨国公司绿色管理研究脉络梳理［J］. 经济管理，2012（12）：188 – 193.

［81］严若森. 中国非营利组织的政府性异化及其适应性治理［J］. 管理世界，2010（7）：167 – 168.

［82］杨静，刘秋华，施建军. 企业绿色创新战略的价值研究［J］. 科研管理，2015，36（1）：18 – 25.

［83］杨俊，邵汉华，胡军. 中国环境效率评价及其影响因素实证研究［J］. 中国人口·资源与环境，2010，20（2）：49 – 55.

［84］杨立华. 构建多元协作性社区治理机制解决集体行动困境——一个"产品—制度"分析（PIA）框架［J］. 公共管理学报，2007，4（2）：6 – 23.

［85］原毅军，孔繁彬. 中国地方财政环保支出、企业环保投资与工业技术升级［J］. 中国软科学，2015（5）：139 – 148.

［86］张兵生. 政府绿色管理：基本依据，构建路径和战略着力点［J］. 中国行政管理，2007（4）：8 – 11.

［87］张成，陆旸，郭路，等. 环境规制强度和生产技术进步［J］. 经济研究，2011（2）：117 – 124.

[88] 张功富. 政府干预、环境污染与企业环保投资 [J]. 经济与管理研究, 2013 (9): 38 - 44.

[89] 赵胜民, 于星慧. 企业社会责任对企业创新的影响研究——来自中国上市公司的经验证据 [J]. 科研管理, 2023, 44 (4): 144 - 153.

[90] 赵曙明. 企业社会责任的要素、模式与战略最新研究综述 [J]. 外国经济与管理, 2009, 31 (1): 2 - 8.

[91] 郑迎飞, 赵旭. 我国企业的环保战略选择——绿色供应链管理 [J]. 环境保护, 2002 (6): 42 - 44.

[92] 中国公司治理评价课题组. 2019 中国公司治理评价报告 [J]. 中国公司治理研究院, 2019.

[93] 中国公司治理研究院绿色治理评价课题组. 2018 中国上市公司绿色治理评价报告 [J]. 中国公司治理研究院, 2018.

[94] 周中胜, 何德旭, 李正. 制度环境与企业社会责任履行: 来自中国上市公司的经验证据 [J]. 中国软科学, 2012 (10): 59 - 68.

[95] 朱庆华, 窦一杰. 基于政府补贴分析的绿色供应链管理博弈模型 [J]. 管理科学学报, 2011, 14 (6): 86 - 95.

[96] 朱庆华, 窦一杰. 绿色供应链中政府与核心企业进化博弈模型 [J]. 系统工程理论与实践, 2007, 12 (12): 89 - 89.

[97] 朱庆华, 赵清华. 绿色供应链管理及其绩效评价研究述评 [J]. 科研管理, 2005, 26 (4): 97 - 98.

[98] 朱庆华. 绿色供应链管理 [M]. 北京: 化学工业出版社, 2004.

[99] 朱焱, 李怀遇, 王司尧. 税收激励如何促进企业社会责任履行? ——基于前瞻性有效税率的实证检验 [J]. 会计研究, 2023 (4): 88 - 101.

[100] 朱有明, 杨金石. 中国社会组织协同治理模式研究 [M]. 上海: 上海交通大学出版社, 2016.

[101] 邹伟进, 裴宏伟, 王进. 基于委托代理模型的企业环境行为研究 [J]. 中国人口·资源与环境, 2014, 24 (163): 60 - 63.

[102] Alsayegh, Maha Faisal; Abdul Rahman, Rashidah; Homayoun, Saeid. Corporate Economic, Environmental, and Social Sustainability Performance Transformation through ESG Disclosure [J]. *Sustainability*, 2020, 12 (9): 3910.

［103］ Baboukardos D. The valuation relevance of environmental performance revisited: The moderating role of environmental provisions ［J］. *The British Accounting Review*, 2018, 50（1）: 32 – 47.

［104］ Bansal, P. Building Sustainable Value through Fiscal and Social Responsibility ［J］. *IVEY Business Journal*, 2005, 1（11）: 1 – 8.

［105］ Bansal, P. R. , Roth. K. B. P. Why Companies Go Green: A Model of Ecological Responsiveness ［J］. *Academy of Management Journal*, 2000, 43（4）: 717 – 736.

［106］ Bing T, Li M. Does CSR Signal the Firm Value? Evidence from China ［J］. *Sustainability*, 2019, 11（15）: 4255.

［107］ Buysse, K, Verbeke. A. Proactive environmental strategies: A stakeholder management perspective ［J］. *Strategic Management Journal*, 2003, 24（5）: 435 ~ 470

［108］ Calza F, Profumo G, Tutore I. Corporate Ownership and Environmental Proactivity ［J］. *Business Strategy & the Environment*, 2016, 25（6）: 369 – 389.

［109］ Carroll A B. A three-dimensional conceptual model of corporate performance ［J］. *Academy of management review*, 1979, 4（4）: 497 – 505.

［110］ Carver J. *Boards that Make a Difference: A New Design for Leadership in Nonprofit and Public Organization* ［M］. San Francisco: Jossey-bass, 1990.

［111］ Changhong Z, Yu G, Jiahai Y, et al. ESG and Corporate Financial Performance: Empirical Evidence from China's Listed Power Generation Companies ［J］. *Sustainability*, 2018, 10（8）: 2607

［112］ Christmann P. Effects of "best practices" of environmental management on cost advantage: The role of complementary assets ［J］. *Academy of Management journal*, 2000, 43（4）: 667 – 680.

［113］ Clarkson P M, Li Y, Richardson G D, et al. Revisiting the relation between environmental performance and environmental disclosure: An empirical analysis ［J］. *Accounting, organizations and society*, 2008, 33（8 – 5）: 307 – 327.

［114］ Clyde E H, Brain H. Innovation in Non-profit and For-profit Organizations: Visionary, Strategic, and Financial Considerations ［J］. *Journal of Change*

Management, 2006, 6 (1): 57 – 65

[115] Crifo P, Escrig – Olmedo E, Mottis N. Corporate Governance as a Key Driver of Corporate Sustainability in France: The Role of Board Members and Investor Relations [J]. *Journal of Business Ethics*, 2019, 159 (1): 1 – 20.

[116] Cucari, Nicola, De, et al. Diversity of Board of Directors and Environmental Social Governance: Evidence from Italian Listed Companies [J]. *Corporate Social Responsibility and Environmental Management*, 2018, 25 (3): 250 – 266.

[117] Darnall, N., Henriques, I., Sadorsky, P. Adopting Proactive Environmental Strategy: The Influence of Stakeholders and Firm Size [J]. *Journal of Management Studies*, 2010, 47 (6): 1072 – 1094.

[118] Davis K. Can business afford to ignore social responsibilities? [J]. *California management review*, 1960, 2 (3): 70 – 76.

[119] Dees J G. Enterprising nonprofit [J]. *Harvard Business Review*, 1998, 76 (1): 59 – 67

[120] Dodd Jr E M. For whom are corporate managers trustees [J]. *Harv. L. Rev.*, 1931, 45: 1145.

[121] Duque – Grisales E, Aguilera – Caracuel J. Environmental, Social and Governance (ESG) Scores and Financial Performance of Multilatinas: Moderating Effects of Geographic International Diversification and Financial Slack [J]. *Journal of Business Ethics*, 2021, 168 (2): 319 – 334.

[122] Fineman, S., Clarke, K. Green Stakeholders: Industry Interpretations and Response [J]. *Journal of Management Studies*, 1996, 33 (6): 719 – 730.

[123] Freeman, R. E., Evan, W. M. Corporate Governance: A Stakeholder Interpretation [J]. *Journal of Behavioral Economics*, 1990, 19 (4): 337 – 359.

[124] Giese G, Lee L E, Melas D, et al. Foundations of ESG Investing: How ESG Affects Equity Valuation, Risk, and Performance [J]. *The Journal of Portfolio Management*, 2019, 45 (5): 69 – 83.

[125] Goldsmith, S., Eggers, W. D. Governing by Network: The New Shape of the Public Sector. Brookings Institution Press and the Innovations in American Government Program at the John F. Kennedy School of Government at

Harvard University, 2005.

［126］Govindan K, Kilic M, Uyar A, et al. Drivers and value-relevance of CSR performance in the logistics sector: A cross-country firm-level investigation ［J］. *International Journal of Production Economics*, 2021, 231.

［127］GRI. Sustainability reporting guidelines – G3 sustainability reporting guidelines. Amsterdam, 2006.

［128］Gu J. Investor attention and ESG performance: Lessons from China's manufacturing industry ［J］. *Journal of Environmental Management*, 2024, 355: 120483.

［129］Gurol B, Lagasio V. Women board members' impact on ESG disclosure with environment and social dimensions: evidence from the European banking sector ［J］. *Social Responsibility Journal*, 2022, 19（1）: 211 – 228.

［130］Hart S L, Ahuja G. Does it pay to be green? An empirical examination of the relationship between emission reduction and firm performance ［J］. *Business strategy and the Environment*, 1996, 5（1）: 30 – 37.

［131］Hart, S. L. A Natural-resource-based View of the Firm ［J］. Academy of Management Review, 1995, 20（4）: 986 – 1014.

［132］Heinkel R, Kraus A, Zechner J. The effect of green investment on corporate behavior ［J］. *Journal of financial and quantitative analysis*, 2001, 36（4）: 431 – 449.

［133］Henriques, I. , Sodorsky, P. . The Relationship between Environmental Commitment and Managerial Perceptions of Stakeholder Importance ［J］. *Academy of Management Journal*, 1999, 42（1）: 87 – 99.

［134］Huang Q, Li Y, Lin M, et al. Natural disasters, risk salience, and corporate ESG disclosure ［J］. *Journal of Corporate Finance*, 2022, 72, 102152.

［135］Husted B W, De Sousa – Filho J M. Board structure and environmental, social, and governance disclosure in Latin America ［J］. *Journal of Business Research*, 2019, 102（SEP. ）: 220 – 227.

［136］Ilinitch, A. Y. , Soderstrom, N. S. , Thomas, T. E. . Measuring Corporate Environmental Performance ［J］. *Journal of Accounting and Public Policy*, 1998（17）: 387 – 408.

[137] Ilinitch, A. Y., Soderstrom, N. S., Thomas, T. E.. Revising the Relation between Environmental Perforamnce and Environmental Disclosure: An Empirical Analysis [J]. *Accounting, Organization, and Society*, 2008 (1): 201 – 226.

[138] ISO. ISO 14031: Environmental performance evaluation: Guidelines. Geneva ISO, 1995.

[139] Jennings, P. D., Zandbergen, P. A.. Ecologically Sustain Able Organizations: An Institutional Approach [J]. *Academy of Management Review*, 1995, 4 (20): 1019 – 1052.

[140] Jensen, M. C. The Takeover Controversy: The Restructuring of Corporate America [J]. *Social Science Electronic Publishing*, 1987.

[141] Jensen, M. C., Meckling, W. H. Theory of the Firm: Managerial Behavior, Agency Costs and Ownership Structure [J]. *Journal of Financial Economics*, 1976 (3): 309 – 360.

[142] Jensen, M. C.. The Takeover Controversy: The Restructuring of Corporate America [J]. *Social Science Electronic Publishing*, 1987.

[143] Jesus Munoz – Torres M, Angeles Fernandez-Izquierdo M, Rivera – Lirio J M, et al. Can environmental, social, and governance rating agencies favor business models that promote a more sustainable development? [J]. *Corporate Social Responsibility and Environmental* Management, 2019, 26 (2): 439 – 452.

[144] Kassinis G, Vafeas N. Stakeholder pressures and environmental performance [J]. *Academy of Management Journal*, 2006, 49 (1): 149 – 159.

[145] Klassen R D, McLaughlin C P. The impact of environmental management on firm performance [J]. *Management science*, 1996, 42 (8): 1199 – 1214.

[146] Klassen R D, Whybark D C. The impact of environmental technologies on manufacturing performance [J]. *Academy of Management Journal*, 1999, 42 (6): 599 – 615.

[147] Konar S, Cohen M A. Does the market value environmental performance? [J]. *Review of Economics and Statistics*, 2001, 83 (2): 281 – 289.

[148] Kong T, Feng T, Ye C. Advanced manufacturing technologies and

green innovation: The role of internal environmental collaboration [J]. *Sustainability*, 2016, 8 (10): 1056.

[149] Kuntz L, Pulm J, Wittland M. Hospital Governance and the Structure of German Hospital Supervisory Boards [J]. *Gesundheitswesen*, 2014, 76 (6): 392 –398.

[150] Liao L, Luo L, Tang Q. Gender diversity, board independence, environmental committee and greenhouse gas disclosure [J]. *The British Accounting Review*, 2015, 47 (4): 409 –424.

[151] Lin H, Zeng S X, Ma H Y, et al. Can political capital drive corporate green innovation? Lessons from China [J]. *Journal of cleaner production*, 2014, 64: 67 –72.

[152] Martin P R, Moser D V. Managers' green investment disclosures and investors' reaction [J]. *Journal of Accounting and Economics*, 2016, 61 (1): 239 –254.

[153] McWilliams A, Siegel D. Corporate social responsibility and financial performance: correlation or misspecification? [J]. *Strategic Management Journal*, 2000, 21 (5): 607 –609.

[154] Melnyk S A, Sroufe R P, Calantone R. Assessing the impact of environmental management systems on corporate and environmental performance [J]. *Journal of Operations Management*, 2003, 21 (3): 329 –351.

[155] Meng X H, Zeng S X, Shi J J, et al. The relationship between corporate environmental performance and environmental disclosure: An empirical study in China [J]. *Journal of Environmental Management*, 2014, 145: 357 –367.

[156] Moerth U. Organizational Legitimation in the Age of Governing by Numbers: The Case of Regulatory Partnerships on ESG Issues and Financial Decisions [J]. *Globalizations*, 2014, 11 (3): 369 –384.

[157] OECD. Towards Green Growth: Monitoring Progress – OECD Indicators. 2012.

[158] Ostrom, E. Governing the Commons: The Evolution of Institutions For Collective Action. 1990.

[159] Pástor L', Stambaugh R F, & Taylor L A. Dissecting green returns

[J]. *Journal of Financial Economics*, 2022, 146 (2): 403 – 424.

[160] Pástor L, Stambaugh R F, & Taylor L A. Sustainable investing in equilibrium [J]. *Journal of Financial Economics*, 2021, 142 (2): 550 – 571.

[161] Peng, P. Harmony between Human Being and Nature, Dao Obeys Nature: Analyze the Philosophic Thinking and the Cultural Spirit that Implicate in the Classical Landscape Gardening Art and The Enlightenment to the Modern Design. Art & Design, 2007.

[162] Post C, Rahman N, Rubow E. Green governance: Boards of directors' composition and environmental corporate social responsibility [J]. *Business & Society*, 2011, 50 (1): 189 – 223.

[163] Provan, K. G., Milward, H. B. Do Networks Really Work? A Framework for Evaluating Public – Sector Organizational Networks [J]. *Public Administration Review*, 2001, 61 (4): 414 – 423.

[164] Reber B, Gold A, & Gold S. ESG disclosure and idiosyncratic risk in initial public offerings [J]. *Journal of Business Ethics*, 2022, 179: 867 – 886.

[165] Rogers, E. M. *Diffusion of Innovations* [M]. Fifth Edition. New York: Free press, 2003.

[166] Roy P P, Rao S, & Zhu M. Mandatory CSR expenditure and stock market liquidity [J]. *Journal of Corporate Finance*, 2022, 72: 102158.

[167] Rugman, A. M., Verbeke, A. Corporate Strategy and International Environmental Policy [J]. *Journal of International Business Studies*, 1998, 29 (4): 819 – 833.

[168] Russo M V, Fouts P A. A resource-based perspective on corporate environmental performance and profitability [J]. *Academy of management Journal*, 1997, 40 (3): 538 – 559.

[169] S. V. Puyvelde, R. Caers and C. D. Bois. The Governance of Nonprofit Organizations: Integrating Agency Theory with Stakeholder and Stewardship Theories [J]. *Nonprofit and Voluntary Sector Quarterly*, 2012, 41 (3): 431 – 451.

[170] Sarkisa, J., Gonzalez – Torreb, P., Adenso – Diazb, B.. Stakeholder Pressure and the Adoption of Environmental Practices: The Mediating Effect

of Training [J]. *Journal of Operations Management*, 2010, 28 (2): 167 – 176.

[171] Saunila M, Ukko J, Rantala T. Sustainability as a driver of green innovation investment and exploitation [J]. *Journal of cleaner production*, 2018, 179: 631 – 641.

[172] Schmidheiny, S. *Changing Course: A Global Business Perspective on Development and The Environment* [M]. Massachusetts: MIT press, 1992.

[173] Shakil M H. Environmental, social and governance performance and financial risk: Moderating role of ESG controversies and board gender diversity [J]. *Resources Policy*, 2021 (72): 102144.

[174] Sharma, S., Verdenburg, H. Proactive Corporate Environmental Strategy and The Development of Competitively Valuable Organizational Capabilities [J]. *Strategic Management Journal*, 1998, 8 (19): 729 – 753

[175] Shrivastava, P., Hart, S. Creating Sustainable Corporations [J]. *Business Strategy and Environment*, 1995, 4 (3): 158 – 165.

[176] Simpson, S. N. Y., Aboagye – Otchere, F., & Ahadzie, R. Assurance of environmental, social and governance disclosures in a developing country: perspectives of regulators and quasi-regulators [J]. *Accounting Forum*, 2021: 1 – 25.

[177] Smart, B. *Beyond Compliance: A New Industry View of The Environment* [M]. Washington, DC: World Resources Institute, 1992.

[178] Takahashi H, Yamada K. When the Japanese Stock Market Meets COVID – 19: Impact of Ownership, China and US Exposure, and ESG Channels [J]. *International Review of Financial Analysis*, 2021 (74): 101670.

[179] Tang M, Walsh G, Lerner D, et al. Green innovation, managerial concern and firm performance: An empirical study [J]. *Business Strategy and the Environment*, 2018, 27 (1): 39 – 51.

[180] Theyel, G. Management Practices for Environmental Innovation and Performance [J]. *International Journal of Operations & Production Management*, 2010, 20 (2): 249 – 266.

[181] Thomas, P. G. Accountability: Introduction, In: Peters B. G., Jon Pierre (eds), Handbook of Public Administration, London: SAGE Publications, 2003.

［182］Wasiuzzaman S, Mohammad W M W. Board gender diversity and transparency of environmental, social and governance disclosure: Evidence from Malaysia ［J］. *Managerial and Decision Economics*, 2020, 41 (1): 149 – 156.

［183］Wei F, Ding B, Kong Y. Female directors and corporate social responsibility: Evidence from the environmental investment of Chinese listed companies ［J］. *Sustainability*, 2017, 9 (12): 2292.

［184］World Bank. Inclusive Green Growth: The Pathway to Sustainable Development. 2012.

［185］Yu E P, Van Luu B. International variations in ESG disclosure – Do cross-listed companies care more? ［J］. *International Review of Financial Analysis*, 2021, 75: 101731.

［186］Zhang F, Qin X, Liu L. The Interaction Effect between ESG and Green Innovation and Its Impact on Firm Value from the Perspective of Information Disclosure ［J］. *Sustainability*, 2020, 12 (5): 1866.

［187］Zhang L, Shan Y G, & Chang M. Can CSR disclosure protect firm reputation during financial restatements? ［J］. *Journal of Business Ethics*, 2021, 173: 157 – 184.

［188］Zsolnail. Environmental ethics for business sustainability ［J］. *International Journal of Social Economics*, 2011, 38 (11): 892 – 899.

附录

《中华人民共和国环境保护法》

（1989 年 12 月 26 日第七届全国人民代表大会常务委员会
第十一次会议通过，2014 年 4 月 24 日第十二届全国人民
代表大会常务委员会第八次会议修订，全文如下）

第一章 总 则

第一条 为保护和改善环境，防治污染和其他公害，保障公众健康，推进生态文明建设，促进经济社会可持续发展，制定本法。

第二条 本法所称环境，是指影响人类生存和发展的各种天然的和经过人工改造的自然因素的总体，包括大气、水、海洋、土地、矿藏、森林、草原、湿地、野生生物、自然遗迹、人文遗迹、自然保护区、风景名胜区、城市和乡村等。

第三条 本法适用于中华人民共和国领域和中华人民共和国管辖的其他海域。

第四条 保护环境是国家的基本国策。

国家采取有利于节约和循环利用资源、保护和改善环境、促进人与自然和谐的经济、技术政策和措施，使经济社会发展与环境保护相协调。

第五条 环境保护坚持保护优先、预防为主、综合治理、公众参与、损害担责的原则。

第六条 一切单位和个人都有保护环境的义务。

地方各级人民政府应当对本行政区域的环境质量负责。

企业事业单位和其他生产经营者应当防止、减少环境污染和生态破坏，对所造成的损害依法承担责任。

公民应当增强环境保护意识，采取低碳、节俭的生活方式，自觉履行环境保护义务。

第七条 国家支持环境保护科学技术研究、开发和应用，鼓励环境保护

产业发展，促进环境保护信息化建设，提高环境保护科学技术水平。

第八条　各级人民政府应当加大保护和改善环境、防治污染和其他公害的财政投入，提高财政资金的使用效益。

第九条　各级人民政府应当加强环境保护宣传和普及工作，鼓励基层群众性自治组织、社会组织、环境保护志愿者开展环境保护法律法规和环境保护知识的宣传，营造保护环境的良好风气。

教育行政部门、学校应当将环境保护知识纳入学校教育内容，培养学生的环境保护意识。

新闻媒体应当开展环境保护法律法规和环境保护知识的宣传，对环境违法行为进行舆论监督。

第十条　国务院环境保护主管部门，对全国环境保护工作实施统一监督管理；县级以上地方人民政府环境保护主管部门，对本行政区域环境保护工作实施统一监督管理。

县级以上人民政府有关部门和军队环境保护部门，依照有关法律的规定对资源保护和污染防治等环境保护工作实施监督管理。

第十一条　对保护和改善环境有显著成绩的单位和个人，由人民政府给予奖励。

第十二条　每年 6 月 5 日为环境日。

第二章　监　督　管　理

第十三条　县级以上人民政府应当将环境保护工作纳入国民经济和社会发展规划。

国务院环境保护主管部门会同有关部门，根据国民经济和社会发展规划编制国家环境保护规划，报国务院批准并公布实施。

县级以上地方人民政府环境保护主管部门会同有关部门，根据国家环境保护规划的要求，编制本行政区域的环境保护规划，报同级人民政府批准并公布实施。

环境保护规划的内容应当包括生态保护和污染防治的目标、任务、保障措施等，并与主体功能区规划、土地利用总体规划和城乡规划等相衔接。

第十四条　国务院有关部门和省、自治区、直辖市人民政府组织制定经济、技术政策，应当充分考虑对环境的影响，听取有关方面和专家的意见。

第十五条　国务院环境保护主管部门制定国家环境质量标准。

省、自治区、直辖市人民政府对国家环境质量标准中未作规定的项目，可以制定地方环境质量标准；对国家环境质量标准中已作规定的项目，可以制定严于国家环境质量标准的地方环境质量标准。地方环境质量标准应当报国务院环境保护主管部门备案。

国家鼓励开展环境基准研究。

第十六条 国务院环境保护主管部门根据国家环境质量标准和国家经济、技术条件，制定国家污染物排放标准。

省、自治区、直辖市人民政府对国家污染物排放标准中未作规定的项目，可以制定地方污染物排放标准；对国家污染物排放标准中已作规定的项目，可以制定严于国家污染物排放标准的地方污染物排放标准。地方污染物排放标准应当报国务院环境保护主管部门备案。

第十七条 国家建立、健全环境监测制度。国务院环境保护主管部门制定监测规范，会同有关部门组织监测网络，统一规划国家环境质量监测站（点）的设置，建立监测数据共享机制，加强对环境监测的管理。

有关行业、专业等各类环境质量监测站（点）的设置应当符合法律法规规定和监测规范的要求。

监测机构应当使用符合国家标准的监测设备，遵守监测规范。监测机构及其负责人对监测数据的真实性和准确性负责。

第十八条 省级以上人民政府应当组织有关部门或者委托专业机构，对环境状况进行调查、评价，建立环境资源承载能力监测预警机制。

第十九条 编制有关开发利用规划，建设对环境有影响的项目，应当依法进行环境影响评价。

未依法进行环境影响评价的开发利用规划，不得组织实施；未依法进行环境影响评价的建设项目，不得开工建设。

第二十条 国家建立跨行政区域的重点区域、流域环境污染和生态破坏联合防治协调机制，实行统一规划、统一标准、统一监测、统一的防治措施。

前款规定以外的跨行政区域的环境污染和生态破坏的防治，由上级人民政府协调解决，或者由有关地方人民政府协商解决。

第二十一条 国家采取财政、税收、价格、政府采购等方面的政策和措施，鼓励和支持环境保护技术装备、资源综合利用和环境服务等环境保护产业的发展。

第二十二条　企业事业单位和其他生产经营者，在污染物排放符合法定要求的基础上，进一步减少污染物排放的，人民政府应当依法采取财政、税收、价格、政府采购等方面的政策和措施予以鼓励和支持。

第二十三条　企业事业单位和其他生产经营者，为改善环境，依照有关规定转产、搬迁、关闭的，人民政府应当予以支持。

第二十四条　县级以上人民政府环境保护主管部门及其委托的环境监察机构和其他负有环境保护监督管理职责的部门，有权对排放污染物的企业事业单位和其他生产经营者进行现场检查。被检查者应当如实反映情况，提供必要的资料。实施现场检查的部门、机构及其工作人员应当为被检查者保守商业秘密。

第二十五条　企业事业单位和其他生产经营者违反法律法规规定排放污染物，造成或者可能造成严重污染的，县级以上人民政府环境保护主管部门和其他负有环境保护监督管理职责的部门，可以查封、扣押造成污染物排放的设施、设备。

第二十六条　国家实行环境保护目标责任制和考核评价制度。县级以上人民政府应当将环境保护目标完成情况纳入对本级人民政府负有环境保护监督管理职责的部门及其负责人和下级人民政府及其负责人的考核内容，作为对其考核评价的重要依据。考核结果应当向社会公开。

第二十七条　县级以上人民政府应当每年向本级人民代表大会或者人民代表大会常务委员会报告环境状况和环境保护目标完成情况，对发生的重大环境事件应当及时向本级人民代表大会常务委员会报告，依法接受监督。

第三章　保护和改善环境

第二十八条　地方各级人民政府应当根据环境保护目标和治理任务，采取有效措施，改善环境质量。

未达到国家环境质量标准的重点区域、流域的有关地方人民政府，应当制定限期达标规划，并采取措施按期达标。

第二十九条　国家在重点生态功能区、生态环境敏感区和脆弱区等区域划定生态保护红线，实行严格保护。

各级人民政府对具有代表性的各种类型的自然生态系统区域，珍稀、濒危的野生动植物自然分布区域，重要的水源涵养区域，具有重大科学文化价值的地质构造、著名溶洞和化石分布区、冰川、火山、温泉等自然遗迹，以及人文遗迹、古树名木，应当采取措施予以保护，严禁破坏。

第三十条　开发利用自然资源，应当合理开发，保护生物多样性，保障生态安全，依法制定有关生态保护和恢复治理方案并予以实施。

引进外来物种以及研究、开发和利用生物技术，应当采取措施，防止对生物多样性的破坏。

第三十一条　国家建立、健全生态保护补偿制度。

国家加大对生态保护地区的财政转移支付力度。有关地方人民政府应当落实生态保护补偿资金，确保其用于生态保护补偿。

国家指导受益地区和生态保护地区人民政府通过协商或者按照市场规则进行生态保护补偿。

第三十二条　国家加强对大气、水、土壤等的保护，建立和完善相应的调查、监测、评估和修复制度。

第三十三条　各级人民政府应当加强对农业环境的保护，促进农业环境保护新技术的使用，加强对农业污染源的监测预警，统筹有关部门采取措施，防治土壤污染和土地沙化、盐渍化、贫瘠化、石漠化、地面沉降以及防治植被破坏、水土流失、水体富营养化、水源枯竭、种源灭绝等生态失调现象，推广植物病虫害的综合防治。

县级、乡级人民政府应当提高农村环境保护公共服务水平，推动农村环境综合整治。

第三十四条　国务院和沿海地方各级人民政府应当加强对海洋环境的保护。向海洋排放污染物、倾倒废弃物，进行海岸工程和海洋工程建设，应当符合法律法规规定和有关标准，防止和减少对海洋环境的污染损害。

第三十五条　城乡建设应当结合当地自然环境的特点，保护植被、水域和自然景观，加强城市园林、绿地和风景名胜区的建设与管理。

第三十六条　国家鼓励和引导公民、法人和其他组织使用有利于保护环境的产品和再生产品，减少废弃物的产生。

国家机关和使用财政资金的其他组织应当优先采购和使用节能、节水、节材等有利于保护环境的产品、设备和设施。

第三十七条　地方各级人民政府应当采取措施，组织对生活废弃物的分类处置、回收利用。

第三十八条　公民应当遵守环境保护法律法规，配合实施环境保护措施，按照规定对生活废弃物进行分类放置，减少日常生活对环境造成的损害。

第三十九条　国家建立、健全环境与健康监测、调查和风险评估制度；鼓励和组织开展环境质量对公众健康影响的研究，采取措施预防和控制与环境污染有关的疾病。

第四章　防治污染和其他公害

第四十条　国家促进清洁生产和资源循环利用。

国务院有关部门和地方各级人民政府应当采取措施，推广清洁能源的生产和使用。

企业应当优先使用清洁能源，采用资源利用率高、污染物排放量少的工艺、设备以及废弃物综合利用技术和污染物无害化处理技术，减少污染物的产生。

第四十一条　建设项目中防治污染的设施，应当与主体工程同时设计、同时施工、同时投产使用。防治污染的设施应当符合经批准的环境影响评价文件的要求，不得擅自拆除或者闲置。

第四十二条　排放污染物的企业事业单位和其他生产经营者，应当采取措施，防治在生产建设或者其他活动中产生的废气、废水、废渣、医疗废物、粉尘、恶臭气体、放射性物质以及噪声、振动、光辐射、电磁辐射等对环境的污染和危害。

排放污染物的企业事业单位，应当建立环境保护责任制度，明确单位负责人和相关人员的责任。

重点排污单位应当按照国家有关规定和监测规范安装使用监测设备，保证监测设备正常运行，保存原始监测记录。

严禁通过暗管、渗井、渗坑、灌注或者篡改、伪造监测数据，或者不正常运行防治污染设施等逃避监管的方式违法排放污染物。

第四十三条　排放污染物的企业事业单位和其他生产经营者，应当按照国家有关规定缴纳排污费。排污费应当全部专项用于环境污染防治，任何单位和个人不得截留、挤占或者挪作他用。

依照法律规定征收环境保护税的，不再征收排污费。

第四十四条　国家实行重点污染物排放总量控制制度。重点污染物排放总量控制指标由国务院下达，省、自治区、直辖市人民政府分解落实。企业事业单位在执行国家和地方污染物排放标准的同时，应当遵守分解落实到本单位的重点污染物排放总量控制指标。

对超过国家重点污染物排放总量控制指标或者未完成国家确定的环境质量目标的地区，省级以上人民政府环境保护主管部门应当暂停审批其新增重点污染物排放总量的建设项目环境影响评价文件。

第四十五条　国家依照法律规定实行排污许可管理制度。

实行排污许可管理的企业事业单位和其他生产经营者应当按照排污许可证的要求排放污染物；未取得排污许可证的，不得排放污染物。

第四十六条　国家对严重污染环境的工艺、设备和产品实行淘汰制度。任何单位和个人不得生产、销售或者转移、使用严重污染环境的工艺、设备和产品。

禁止引进不符合我国环境保护规定的技术、设备、材料和产品。

第四十七条　各级人民政府及其有关部门和企业事业单位，应当依照《中华人民共和国突发事件应对法》的规定，做好突发环境事件的风险控制、应急准备、应急处置和事后恢复等工作。

县级以上人民政府应当建立环境污染公共监测预警机制，组织制定预警方案；环境受到污染，可能影响公众健康和环境安全时，依法及时公布预警信息，启动应急措施。

企业事业单位应当按照国家有关规定制定突发环境事件应急预案，报环境保护主管部门和有关部门备案。在发生或者可能发生突发环境事件时，企业事业单位应当立即采取措施处理，及时通报可能受到危害的单位和居民，并向环境保护主管部门和有关部门报告。

突发环境事件应急处置工作结束后，有关人民政府应当立即组织评估事件造成的环境影响和损失，并及时将评估结果向社会公布。

第四十八条　生产、储存、运输、销售、使用、处置化学物品和含有放射性物质的物品，应当遵守国家有关规定，防止污染环境。

第四十九条　各级人民政府及其农业等有关部门和机构应当指导农业生产经营者科学种植和养殖，科学合理施用农药、化肥等农业投入品，科学处置农用薄膜、农作物秸秆等农业废弃物，防止农业面源污染。

禁止将不符合农用标准和环境保护标准的固体废物、废水施入农田。施用农药、化肥等农业投入品及进行灌溉，应当采取措施，防止重金属和其他有毒有害物质污染环境。

畜禽养殖场、养殖小区、定点屠宰企业等的选址、建设和管理应当符合有关法律法规规定。从事畜禽养殖和屠宰的单位和个人应当采取措施，对畜禽粪便、尸体和污水等废弃物进行科学处置，防止污染环境。

县级人民政府负责组织农村生活废弃物的处置工作。

第五十条　各级人民政府应当在财政预算中安排资金，支持农村饮用水水源地保护、生活污水和其他废弃物处理、畜禽养殖和屠宰污染防治、土壤污染防治和农村工矿污染治理等环境保护工作。

第五十一条　各级人民政府应当统筹城乡建设污水处理设施及配套管网，固体废物的收集、运输和处置等环境卫生设施，危险废物集中处置设施、场所以及其他环境保护公共设施，并保障其正常运行。

第五十二条　国家鼓励投保环境污染责任保险。

第五章　信息公开和公众参与

第五十三条　公民、法人和其他组织依法享有获取环境信息、参与和监督环境保护的权利。

各级人民政府环境保护主管部门和其他负有环境保护监督管理职责的部门，应当依法公开环境信息、完善公众参与程序，为公民、法人和其他组织参与和监督环境保护提供便利。

第五十四条　国务院环境保护主管部门统一发布国家环境质量、重点污染源监测信息及其他重大环境信息。省级以上人民政府环境保护主管部门定期发布环境状况公报。

县级以上人民政府环境保护主管部门和其他负有环境保护监督管理职责的部门，应当依法公开环境质量、环境监测、突发环境事件以及环境行政许可、行政处罚、排污费的征收和使用情况等信息。

县级以上地方人民政府环境保护主管部门和其他负有环境保护监督管理职责的部门，应当将企业事业单位和其他生产经营者的环境违法信息记入社会诚信档案，及时向社会公布违法者名单。

第五十五条　重点排污单位应当如实向社会公开其主要污染物的名称、排放方式、排放浓度和总量、超标排放情况，以及防治污染设施的建设和运行情况，接受社会监督。

第五十六条　对依法应当编制环境影响报告书的建设项目，建设单位应当在编制时向可能受影响的公众说明情况，充分征求意见。

负责审批建设项目环境影响评价文件的部门在收到建设项目环境影响报告书后，除涉及国家秘密和商业秘密的事项外，应当全文公开；发现建设项目未充分征求公众意见的，应当责成建设单位征求公众意见。

第五十七条　公民、法人和其他组织发现任何单位和个人有污染环境和破坏生态行为的，有权向环境保护主管部门或者其他负有环境保护监督管理职责的部门举报。

公民、法人和其他组织发现地方各级人民政府、县级以上人民政府环境保护主管部门和其他负有环境保护监督管理职责的部门不依法履行职责的，有权向其上级机关或者监察机关举报。

接受举报的机关应当对举报人的相关信息予以保密，保护举报人的合法权益。

第五十八条　对污染环境、破坏生态，损害社会公共利益的行为，符合下列条件的社会组织可以向人民法院提起诉讼：

（一）依法在设区的市级以上人民政府民政部门登记；

（二）专门从事环境保护公益活动连续五年以上且无违法记录。

符合前款规定的社会组织向人民法院提起诉讼，人民法院应当依法受理。

提起诉讼的社会组织不得通过诉讼牟取经济利益。

第六章　法　律　责　任

第五十九条　企业事业单位和其他生产经营者违法排放污染物，受到罚款处罚，被责令改正，拒不改正的，依法作出处罚决定的行政机关可以自责令改正之日的次日起，按照原处罚数额按日连续处罚。

前款规定的罚款处罚，依照有关法律法规按照防治污染设施的运行成本、违法行为造成的直接损失或者违法所得等因素确定的规定执行。

地方性法规可以根据环境保护的实际需要，增加第一款规定的按日连续处罚的违法行为的种类。

第六十条　企业事业单位和其他生产经营者超过污染物排放标准或者超过重点污染物排放总量控制指标排放污染物的，县级以上人民政府环境保护主管部门可以责令其采取限制生产、停产整治等措施；情节严重的，报经有批准权的人民政府批准，责令停业、关闭。

第六十一条　建设单位未依法提交建设项目环境影响评价文件或者环境影响评价文件未经批准，擅自开工建设的，由负有环境保护监督管理职责的部门责令停止建设，处以罚款，并可以责令恢复原状。

第六十二条　违反本法规定，重点排污单位不公开或者不如实公开环境信息的，由县级以上地方人民政府环境保护主管部门责令公开，处以罚款，并予以公告。

第六十三条　企业事业单位和其他生产经营者有下列行为之一，尚不构成犯罪的，除依照有关法律法规规定予以处罚外，由县级以上人民政府环境保护主管部门或者其他有关部门将案件移送公安机关，对其直接负责的主管人员和其他直接责任人员，处十日以上十五日以下拘留；情节较轻的，处五日以上十日以下拘留：

（一）建设项目未依法进行环境影响评价，被责令停止建设，拒不执行的；

（二）违反法律规定，未取得排污许可证排放污染物，被责令停止排污，拒不执行的；

（三）通过暗管、渗井、渗坑、灌注或者篡改、伪造监测数据，或者不正常运行防治污染设施等逃避监管的方式违法排放污染物的；

（四）生产、使用国家明令禁止生产、使用的农药，被责令改正，拒不改正的。

第六十四条　因污染环境和破坏生态造成损害的，应当依照《中华人民共和国侵权责任法》的有关规定承担侵权责任。

第六十五条　环境影响评价机构、环境监测机构以及从事环境监测设备和防治污染设施维护、运营的机构，在有关环境服务活动中弄虚作假，对造成的环境污染和生态破坏负有责任的，除依照有关法律法规规定予以处罚外，还应当与造成环境污染和生态破坏的其他责任者承担连带责任。

第六十六条　提起环境损害赔偿诉讼的时效期间为三年，从当事人知道或者应当知道其受到损害时起计算。

第六十七条　上级人民政府及其环境保护主管部门应当加强对下级人民政府及其有关部门环境保护工作的监督。发现有关工作人员有违法行为，依法应当给予处分的，应当向其任免机关或者监察机关提出处分建议。

依法应当给予行政处罚，而有关环境保护主管部门不给予行政处罚的，上级人民政府环境保护主管部门可以直接作出行政处罚的决定。

第六十八条　地方各级人民政府、县级以上人民政府环境保护主管部门和其他负有环境保护监督管理职责的部门有下列行为之一的，对直接负责的主管人员和其他直接责任人员给予记过、记大过或者降级处分；造成严重后果的，给予撤职或者开除处分，其主要负责人应当引咎辞职：

（一）不符合行政许可条件准予行政许可的；

（二）对环境违法行为进行包庇的；

（三）依法应当作出责令停业、关闭的决定而未作出的；

（四）对超标排放污染物、采用逃避监管的方式排放污染物、造成环境事故以及不落实生态保护措施造成生态破坏等行为，发现或者接到举报未及时查处的；

（五）违反本法规定，查封、扣押企业事业单位和其他生产经营者的设施、设备的；

（六）篡改、伪造或者指使篡改、伪造监测数据的；

（七）应当依法公开环境信息而未公开的；

（八）将征收的排污费截留、挤占或者挪作他用的；

（九）法律法规规定的其他违法行为。

第六十九条　违反本法规定，构成犯罪的，依法追究刑事责任。

第七章　附　　则

第七十条　本法自 2015 年 1 月 1 日起施行。

《中共中央、国务院关于加快推进生态文明建设的意见》

（2015 年 4 月 25 日中共中央、国务院发布，全文如下）

生态文明建设是中国特色社会主义事业的重要内容，关系人民福祉，关乎民族未来，事关"两个一百年"奋斗目标和中华民族伟大复兴中国梦的实现。党中央、国务院高度重视生态文明建设，先后出台了一系列重大决策部署，推动生态文明建设取得了重大进展和积极成效。但总体上看我国生态文明建设水平仍滞后于经济社会发展，资源约束趋紧，环境污染严重，生态系统退化，发展与人口资源环境之间的矛盾日益突出，已成为经济社会可持续发展的重大瓶颈制约。

加快推进生态文明建设是加快转变经济发展方式、提高发展质量和效益的内在要求，是坚持以人为本、促进社会和谐的必然选择，是全面建成小康社会、实现中华民族伟大复兴中国梦的时代抉择，是积极应对气候变化、维护全球生态安全的重大举措。要充分认识加快推进生态文明建设的极端重要性和紧迫性，切实增强责任感和使命感，牢固树立尊重自然、顺应自然、保护自然的理念，坚持绿水青山就是金山银山，动员全党、全社会积极行动、深入持久地推进生态文明建设，加快形成人与自然和谐发展的现代化建设新格局，开创社会主义生态文明新时代。

一、总体要求

（一）指导思想。以邓小平理论、"三个代表"重要思想、科学发展观为指导，全面贯彻党的十八大和十八届二中、三中、四中全会精神，深入贯彻习近平总书记系列重要讲话精神，认真落实党中央、国务院的决策部署，坚持以人为本、依法推进，坚持节约资源和保护环境的基本国策，把生态文明建设放在突出的战略位置，融入经济建设、政治建设、文化建设、社会建设各方面和全过程，协同推进新型工业化、信息化、城镇化、农业现代化和绿色化，以健全生态文明制度体系为重点，优化国土空间开发格局，全面促进资源节约利用，加大自然生态系统和环境保护力度，大力推进绿色发展、循环发展、低碳发展，弘扬生态文化，倡导绿色生活，加快建设美丽中国，使蓝天常在、青山常在、绿水常在，实现中华民族永续发展。

（二）基本原则

坚持把节约优先、保护优先、自然恢复为主作为基本方针。在资源开发与节约中，把节约放在优先位置，以最少的资源消耗支撑经济社会持续发展；在环境保护与发展中，把保护放在优先位置，在发展中保护、在保护中发展；在生态建设与修复中，以自然恢复为主，与人工修复相结合。

坚持把绿色发展、循环发展、低碳发展作为基本途径。经济社会发展必须建立在资源得到高效循环利用、生态环境受到严格保护的基础上，与生态文明建设相协调，形成节约资源和保护环境的空间格局、产业结构、生产方式。

坚持把深化改革和创新驱动作为基本动力。充分发挥市场配置资源的决定性作用和更好发挥政府作用，不断深化制度改革和科技创新，建立系统完整的生态文明制度体系，强化科技创新引领作用，为生态文明建设注入强大动力。

坚持把培育生态文化作为重要支撑。将生态文明纳入社会主义核心价值体系，加强生态文化的宣传教育，倡导勤俭节约、绿色低碳、文明健康的生活方式和消费模式，提高全社会生态文明意识。

坚持把重点突破和整体推进作为工作方式。既立足当前，着力解决对经济社会可持续发展制约性强、群众反映强烈的突出问题，打好生态文明建设攻坚战；又着眼长远，加强顶层设计与鼓励基层探索相结合，持之以恒全面推进生态文明建设。

（三）主要目标

到 2020 年，资源节约型和环境友好型社会建设取得重大进展，主体功能区布局基本形成，经济发展质量和效益显著提高，生态文明主流价值观在全社会得到推行，生态文明建设水平与全面建成小康社会目标相适应。

——国土空间开发格局进一步优化。经济、人口布局向均衡方向发展，陆海空间开发强度、城市空间规模得到有效控制，城乡结构和空间布局明显优化。

——资源利用更加高效。单位国内生产总值二氧化碳排放强度比 2005 年下降 40%—45%，能源消耗强度持续下降，资源产出率大幅提高，用水总量力争控制在 6700 亿立方米以内，万元工业增加值用水量降低到 65 立方米以下，农田灌溉水有效利用系数提高到 0.55 以上，非化石能源占一次能源消费比重达到 15% 左右。

——生态环境质量总体改善。主要污染物排放总量继续减少，大气环境质量、重点流域和近岸海域水环境质量得到改善，重要江河湖泊水功能区水质达标率提高到 80% 以上，饮用水安全保障水平持续提升，土壤环境质量总体保持稳定，环境风险得到有效控制。森林覆盖率达到 23% 以上，草原综合植被覆盖度达到 56%，湿地面积不低于 8 亿亩，50% 以上可治理沙化土地得到治理，自然岸线保有率不低于 35%，生物多样性丧失速度得到基本控制，全国生态系统稳定性明显增强。

——生态文明重大制度基本确立。基本形成源头预防、过程控制、损害赔偿、责任追究的生态文明制度体系，自然资源资产产权和用途管制、生态保护红线、生态保护补偿、生态环境保护管理体制等关键制度建设取得决定性成果。

二、强化主体功能定位，优化国土空间开发格局

国土是生态文明建设的空间载体。要坚定不移地实施主体功能区战略，健全空间规划体系，科学合理布局和整治生产空间、生活空间、生态空间。

（四）积极实施主体功能区战略。全面落实主体功能区规划，健全财政、投资、产业、土地、人口、环境等配套政策和各有侧重的绩效考核评价体系。推进市县落实主体功能定位，推动经济社会发展、城乡、土地利用、生态环境保护等规划"多规合一"，形成一个市县一本规划、一张蓝图。区域规划编制、重大项目布局必须符合主体功能定位。对不同主体功能区的产业项目实行差别化市场准入政策，明确禁止开发区域、限制开发区域准入事项，明确优化开发区域、重点开发区域禁止和限制发展的产业。编制实施全国国土规划纲要，加快推进国土综合整治。构建平衡适宜的城乡建设空间体系，适当增加生活空间、生态用地，保护和扩大绿地、水域、湿地等生态空间。

（五）大力推进绿色城镇化。认真落实《国家新型城镇化规划（2014—2020 年）》，根据资源环境承载能力，构建科学合理的城镇化宏观布局，严格控制特大城市规模，增强中小城市承载能力，促进大中小城市和小城镇协调发展。尊重自然格局，依托现有山水脉络、气象条件等，合理布局城镇各类空间，尽量减少对自然的干扰和损害。保护自然景观，传承历史文化，提倡城镇形态多样性，保持特色风貌，防止"千城一面"。科学确定城镇开发强度，提高城镇土地利用效率、建成区人口密度，划定城镇开发边界，从严供给城市建设用地，推动城镇化发展由外延扩张式向内涵提升式转变。严格新城、新区设立条件和程序。强化城镇化过程中的节能理念，大力发展绿色建筑和低碳、便捷的交通体系，推进绿色生态城区建设，提高城镇供排水、防涝、雨水收集利用、供热、供气、环境等基础设施建设水平。所有县城和重点镇都要具备污水、垃圾处理能力，提高建设、运行、管理水平。加强城乡规划"三区四线"（禁建区、限建区和适建区，绿线、蓝线、紫线和黄线）管理，维护城乡规划的权威性、严肃性，杜绝大拆大建。

（六）加快美丽乡村建设。完善县域村庄规划，强化规划的科学性和约束力。加强农村基础设施建设，强化山水林田路综合治理，加快农村危旧房改造，支持农村环境集中连片整治，开展农村垃圾专项治理，加大农村污水处理和改厕力度。加快转变农业发展方式，推进农业结构调整，大力发展农业循环经济，治理农业污染，提升农产品质量安全水平。依托乡村生态资源，在保护生态环境的前提下，加快发展乡村旅游休闲业。引导农民在房前屋后、道路两旁植树护绿。加强农村精神文明建设，以环境整治和民风建设为重点，扎实推进文明村镇创建。

（七）加强海洋资源科学开发和生态环境保护。根据海洋资源环境承载力，科学编制海洋功能区划，确定不同海域主体功能。坚持"点上开发、面上保护"，控制海洋开发强度，在适宜开发的海洋区域，加快调整经济结构和产业布局，积极发展海洋战略性新兴产业，严格生态环境评价，提高资源集约节约利用和综合开发水平，最大程度减少对海域生态环境的影响。严格控制陆源污染物排海总量，建立并实施重点海域排污总量控制制度，加强海洋环境治理、海域海岛综合整治、生态保护修复，有效保护重要、敏感和脆弱海洋生态系统。加强船舶港口污染控制，积极治理船舶污染，增强港口码头污染防治能力。控制发展海水养殖，科学养护海洋渔业资源。开展海洋资源和生态环境综合评估。实施严格的围填海总量控制制度、自然岸线控制制度，建立陆海统筹、区域联动的海洋生态环境保护修复机制。

三、推动技术创新和结构调整，提高发展质量和效益

从根本上缓解经济发展与资源环境之间的矛盾，必须构建科技含量高、资源消耗低、环境污染少的产业结构，加快推动生产方式绿色化，大幅提高经济绿色化程度，有效降低发展的资源环境代价。

（八）推动科技创新。结合深化科技体制改革，建立符合生态文明建设领域科研活动特点的管理制度和运行机制。加强重大科学技术问题研究，开展能源节约、资源循环利用、新能源开发、污染治理、生态修复等领域关键技术攻关，在基础研究和前沿技术研发方面取得突破。强化企业技术创新主体地位，充分发挥市场对绿色产业发展方向和技术路线选择的决定性作用。完善技术创新体系，提高综合集成创新能力，加强工艺创新与试验。支持生态文明领域工程技术类研究中心、实验室和实验基地建设，完善科技创新成果转化机制，形成一批成果转化平台、中介服务机构，加快成熟适用技术的示范和推广。加强生态文明基础研究、试验研发、工程应用和市场服务等科技人才队伍建设。

（九）调整优化产业结构。推动战略性新兴产业和先进制造业健康发展，采用先进适用节能低碳环保技术改造提升传统产业，发展壮大服务业，合理布局建设基础设施和基础产业。积极化解产能严重过剩矛盾，加强预警调控，适时调整产能严重过剩行业名单，严禁核准产能严重过剩行业新增产能项目。加快淘汰落后产能，逐步提高淘汰标准，禁止落后产能向中西部地区转移。做好化解产能过剩和淘汰落后产能企业职工安置工作。推动要素资源全球配置，鼓励优势产业走出去，提高参与国际分工的水平。调整能源结构，推动传统能源安全绿色开发和清洁低碳利用，发展清洁能源、可再生能源，不断提高非化石能源在能源消费结构中的比重。

（十）发展绿色产业。大力发展节能环保产业，以推广节能环保产品拉动消费需求，以增强节能环保工程技术能力拉动投资增长，以完善政策机制释放市场潜在需求，推动节能环保技术、装备和服务水平显著提升，加快培育新的经济增长点。实施节能环保产业重大技术装备产业化工程，规划建设产业化示范基地，规范节能环保市场发展，多渠道引导社会资金投入，形成新的支柱产业。加快核电、风电、太阳能光伏发电等新材料、新装备的研发和推广，推进生物质发电、生物质能源、沼气、地热、浅层地温能、海洋能等应用，发展分布式能源，建设智能电网，完善运行管理体系。大力发展节能与新能源汽车，提高创新能力和产业化水平，加强配套基础设施建设，加大推广普及力度。发展有机农业、生态农业，以及特色经济林、林下经济、森林旅游等林产业。

四、全面促进资源节约循环高效使用，推动利用方式根本转变

节约资源是破解资源瓶颈约束、保护生态环境的首要之策。要深入推进全社会节能减排，在生产、流通、消费各环节大力发展循环经济，实现各类资源节约高效利用。

（十一）推进节能减排。发挥节能与减排的协同促进作用，全面推动重点领域节能减排。开展重点用能单位节能低碳行动，实施重点产业能效提升计划。严格执行建筑节能标准，加快推进既有建筑节能和供热计量改造，从标准、设计、建设等方面大力推广可再生能源在建筑上的应用，鼓励建筑工业化等建设模式。优先发展公共交通，优化运输方式，推广节能与新能源交通运输装备，发展甩挂运输。鼓励使用高效节能农业生产设备。开展节约型公共机构示范创建活动。强化结构、工程、管理减排，继续削减主要污染物排放总量。

（十二）发展循环经济。按照减量化、再利用、资源化的原则，加快建立循环型工业、农业、服务业体系，提高全社会资源产出率。完善再生资源回收体系，实行垃圾分类回收，开发利用"城市矿产"，推进秸秆等农林废弃物以及建筑垃圾、餐厨废弃物资源化利用，发展再制造和再生利用产品，鼓励纺织品、汽车轮胎等废旧物品回收利用。推进煤矸石、矿渣等大宗固体废弃物综合利用。组织开展循环经济示范行动，大力推广循环经济典型模式。推进产业循环式组合，促进生产和生活系统的循环链接，构建覆盖全社会的资源循环利用体系。

（十三）加强资源节约。节约集约利用水、土地、矿产等资源，加强全过程管理，大幅降低资源消耗强度。加强用水需求管理，以水定需、量水而行，抑制不合理用水需求，促进人口、经济等与水资源相均衡，建设节水型社会。推广高效节水技术和产品，发展节水农业，加强城市节水，推进企业节水改造。积极开发利用再生水、矿井水、空中云水、海水等非常规水源，严控无序调水和人造水景工程，提高水资源安全保障水平。按照严控增量、盘活存量、优化结构、提高效率的原则，加强土地利用的规划管控、市场调节、标准控制和考核监管，严格土地用途管制，推广应用节地技术和模式。发展绿色矿业，加快推进绿色矿山建设，促进矿产资源高效利用，提高矿产资源开采回采率、选矿回收率和综合利用率。

五、加大自然生态系统和环境保护力度，切实改善生态环境质量

良好生态环境是最公平的公共产品，是最普惠的民生福祉。要严格源头预防、不欠新账，加快治理突出生态环境问题、多还旧账，让人民群众呼吸新鲜的空气，喝上干净的水，在良好的环境中生产生活。

（十四）保护和修复自然生态系统。加快生态安全屏障建设，形成以青藏高原、黄土高原—川滇、东北森林带、北方防沙带、南方丘陵山地带、近岸近海生态区以及大江大河重要水系为骨架，以其他重点生态功能区为重要支撑，以禁止开发区域为重要组成的生态安全战略格局。实施重大生态修复工程，扩大森林、湖泊、湿地面积，提高沙区、草原植被覆盖率，有序实现休养生息。加强森林保护，将天然林资源保护范围扩大到全国；大力开展植树造林和森林经营，稳定和扩大退耕还林范围，加快重点防护林体系建设；完善国有林场和国有林区经营管理体制，深化集体林权制度改革。严格落实禁牧休牧和草畜平衡制度，加快推进基本草原划定和保护工作；加大退牧还草力度，继续实行草原生态保护补助奖励政策；稳定和完善草原承包经营制度。启动湿地生态效益补偿和退耕还湿。加强水生生物保护，开展重要水域增殖放流活动。继续推进京津风沙源治理、黄土高原地区综合治理、石漠化综合治理，开展沙化土地封禁保护试点。加强水土保持，因地制宜推进小流域综合治理。实施地下水保护和超采漏斗区综合治理，逐步实现地下水采补平衡。强化农田生态保护，实施耕地质量保护与提升行动，加大退化、污染、损毁农田改良和修复力度，加强耕地质量调查监测与评价。实施生物多样性保护重大工程，建立监测评估与预警体系，健全国门生物安全查验机制，有效防范物种资源丧失和外来物种入侵，积极参加生物多样性国际公约谈判和履约工作。加强自然保护区建设与管理，对重要生态系统和物种资源实施强制性保护，切实保护珍稀濒危野生动植物、古树名木及自然生境。建立国家公园体制，实行分级、统一管理，保护自然生态和自然文化遗产原真性、完整性。研究建立江河湖泊生态水量保障机制。加快灾害调查评价、监测预警、防治和应急等防灾减灾体系建设。

（十五）全面推进污染防治。按照以人为本、防治结合、标本兼治、综合施策的原则，建立以保障人体健康为核心、以改善环境质量为目标、以防控环境风险为基线的环境管理体系，健全跨区域污染防治协调机制，加快解决人民群众反映强烈的大气、水、土壤污染等突出环境问题。继续落实大气污染防治行动计划，逐渐消除重污染天气，切实改善大气环境质量。实施水污染防治行动计划，严格饮用水源保护，全面推进涵养区、源头区等水源地环境整治，加强供水全过程管理，确保饮用水安全；加强重点流域、区域、近岸海域水污染防治和良好湖泊生态环境保护，控制和规范淡水养殖，严格入河（湖、海）排污管理；推进地下水污染防治。制定实施土壤污染防治行动计划，优先保护耕地土壤环境，强化工业污染场地治理，开展土壤污染治理与修复试点。加强农业面源污染防治，加大种养业特别是规模化畜禽养殖污染防治力度，科学施用化肥、农药，推广节能环保型炉灶，净化农产品产地和农村居民生活环境。加大城乡环境综合整治力度。推进重金属污染治理。开展矿山地质环境恢复和综合治理，推进尾矿安全、环保存放，妥善处理处置矿渣等大宗固体废物。建立健全化学品、持久性有机污染物、危险废物等环境风险防范与应急管理工作机制。切实加强核设施运行监管，确保核安全万无一失。

（十六）积极应对气候变化。坚持当前长远相互兼顾、减缓适应全面推进，通过节约能源和提高能效，优化能源结构，增加森林、草原、湿地、海洋碳汇等手段，有效控制二氧化碳、甲烷、氢氟碳化物、全氟化碳、六氟化硫等温室气体排放。提高适应气候变化特别是应对极端天气和气候事件能力，加强监测、预警和预防，提高农业、林业、水资源等重点领域和生态脆弱地区适应气候变化的水平。扎实推进低碳省区、城市、城镇、产业园区、社区试点。坚持共同但有区别的责任原则、公平原则、各自能力原则，积极建设性地参与应对气候变化国际谈判，推动建立公平合理的全球应对气候变化格局。

六、健全生态文明制度体系

加快建立系统完整的生态文明制度体系，引导、规范和约束各类开发、利用、保护自然资源的行为，用制度保护生态环境。

（十七）健全法律法规。全面清理现行法律法规中与加快推进生态文明建设不相适应的内容，加强法律法规间的衔接。研究制定节能评估审查、节水、应对气候变化、生态补偿、湿地保护、生物多样性保护、土壤环境保护等方面的法律法规，修订土地管理法、大气污染防治法、水污染防治法、节约能源法、循环经济促进法、矿产资源法、森林法、草原法、野生动物保护法等。

（十八）完善标准体系。加快制定修订一批能耗、水耗、地耗、污染物排放、环境质量等方面的标准，实施能效和排污强度"领跑者"制度，加快标准升级步伐。提高建筑物、道路、桥梁等建设标准。环境容量较小、生态环境脆弱、环境风险高的地区要执行污染物特别排放限值。鼓励各地区依法制定更加严格的地方标准。建立与国际接轨、适应我国国情的能效和环保标识认证制度。

（十九）健全自然资源资产产权制度和用途管制制度。对水流、森林、山岭、草原、荒地、滩涂等自然生态空间进行统一确权登记，明确国土空间的自然资源资产所有者、监管者及其责任。完善自然资源资产用途管制制度，明确各类国土空间开发、利用、保护边界，实现能源、水资源、矿产资源按质量分级、梯级利用。严格节能评估审查、水资源论证和取水许可制度。坚持并完善最严格的耕地保护和节约用地制度，强化土地利用总体规划和年度计划管控，加强土地用途转用许可管理。完善矿产资源规划制度，强化矿产开发准入管理。有序推进国家自然资源资产管理体制改革。

（二十）完善生态环境监管制度。建立严格监管所有污染物排放的环境保护管理制度。完善污染物排放许可证制度，禁止无证排污和超标准、超总量排污。违法排放污染物、造成或可能造成严重污染的，要依法查封扣押排放污染物的设施设备。对严重污染环境的工艺、设备和产品实行淘汰制度。实行企事业单位污染物排放总量控制制度，适时调整主要污染物指标种类，纳入约束性指标。健全环境影响评价、清洁生产审核、环境信息公开等制度。建立生态保护修复和污染防治区域联动机制。

（二十一）严守资源环境生态红线。树立底线思维，设定并严守资源消耗上限、环境质量底线、生态保护红线，将各类开发活动限制在资源环境承载能力之内。合理设定资源消耗"天花板"，加强能源、水、土地等战略性资源管控，强化能源消耗强度控制，做好能源消费总量管理。继续实施水资源开发利用控制、用水效率控制、水功能区限制纳污三条红线管理。划定永久基本农田，严格实施永久保护，对新增建设用地占用耕地规模实行总量控制，落实耕地占补平衡，确保耕地数量不下降、质量不降低。严守环境质量底线，将大气、水、土壤等环境质量"只能更好、不能变坏"作为地方各级政府环保责任红线，相应确定污染物排放总量限值和环境风险防控措施。在重点生态功能区、生态环境敏感区和脆弱区等区域划定生态红线，确保生态功能不降低、面积不减少、性质不改变；科学划定森林、草原、湿地、海洋等领域生态红线，严格自然生态空间征（占）用管理，有效遏制生态系统退化的趋势。探索建立资源环境承载能力监测预警机制，对资源消耗和环境容量接近或超过承载能力的地区，及时采取区域限批等限制性措施。

（二十二）完善经济政策。健全价格、财税、金融等政策，激励、引导各类主体积极投身生态文明建设。深化自然资源及其产品价格改革，凡是能由市场形成价格的都交给市场，政府定价要体现基本需求与非基本需求以及资源利用效率高低的差异，体现生态环境损害成本和修复效益。进一步深化矿产资源有偿使用制度改革，调整矿业权使用费征收标准。加大财政资金投入，统筹有关资金，对资源节约和循环利用、新能源和可再生能源开发利用、环境基础设施建设、生态修复与建设、先进适用技术研发示范等给予支持。将高耗能、高污染产品纳入消费税征收范围。推动环境保护费改税。加快资源税从价计征改革，清理取消相关收费基金，逐步将资源税征收范围扩展到占用各种自然生态空间。完善节能环保、新能源、生态建设的税收优惠政策。推广绿色信贷，支持符合条件的项目通过资本市场融资。探索排污权抵押等融资模式。深化环境污染责任保险试点，研究建立巨灾保险制度。

（二十三）推行市场化机制。加快推行合同能源管理、节能低碳产品和有机产品认证、能效标识管理等机制。推进节能发电调度，优先调度可再生能源发电资源，按机组能耗和污染物排放水平依次调用化石类能源发电资源。建立节能量、碳排放权交易制度，深化交易试点，推动建立全国碳排放权交易市场。加快水权交易试点，培育和规范水权市场。全面推进矿业权市场建设。扩大排污权有偿使用和交易试点范围，发展排污权交易市场。积极推进环境污染第三方治理，引入社会力量投入环境污染治理。

（二十四）健全生态保护补偿机制。科学界定生态保护者与受益者权利义务，加快形成生态损害者赔偿、受益者付费、保护者得到合理补偿的运行机制。结合深化财税体制改革，完善转移支付制度，归并和规范现有生态保护补偿渠道，加大对重点生态功能区的转移支付力度，逐步提高其基本公共服务水平。建立地区间横向生态保护补偿机制，引导生态受益地区与保护地区之间、流域上游与下游之间，通过资金补助、产业转移、人才培训、共建园区等方式实施补偿。建立独立公正的生态环境损害评估制度。

（二十五）健全政绩考核制度。建立体现生态文明要求的目标体系、考核办法、奖惩机制。把资源消耗、环境损害、生态效益等指标纳入经济社会发展综合评价体系，大幅增加考核权重，强化指标约束，不唯经济增长论英雄。完善政绩考核办法，根据区域主体功能定位，实行差别化的考核制度。对限制开发区域、禁止开发区域和生态脆弱的国家扶贫开发工作重点县，取消地区生产总值考核；对农产品主产区和重点生态功能区，分别实行农业优先和生态保护优先的绩效评价；对禁止开发的重点生态功能区，重点评价其自然文化资源的原真性、完整性。根据考核评价结果，对生态文明建设成绩突出的地区、单位和个人给予表彰奖励。探索编制自然资源资产负债表，对领导干部实行自然资源资产和环境责任离任审计。

（二十六）完善责任追究制度。建立领导干部任期生态文明建设责任制，完善节能减排目标责任考核及问责制度。严格责任追究，对违背科学发展要求、造成资源环境生态严重破坏的要记录在案，实行终身追责，不得转任重要职务或提拔使用，已经调离的也要问责。对推动生态文明建设工作不力的，要及时诫勉谈话；对不顾资源和生态环境盲目决策、造成严重后果的，要严肃追究有关人员的领导责任；对履职不力、监管不严、失职渎职的，要依纪依法追究有关人员的监管责任。

七、加强生态文明建设统计监测和执法监督

坚持问题导向，针对薄弱环节，加强统计监测、执法监督，为推进生态文明建设提供有力保障。

（二十七）加强统计监测。建立生态文明综合评价指标体系。加快推进对能源、矿产资源、水、大气、森林、草原、湿地、海洋和水土流失、沙化土地、土壤环境、地质环境、温室气体等的统计监测核算能力建设，提升信息化水平，提高准确性、及时性，实现信息共享。加快重点用能单位能源消耗在线监测体系建设。建立循环经济统计指标体系、矿产资源合理开发利用评价指标体系。利用卫星遥感等技术手段，对自然资源和生态环境保护状况开展全天候监测，健全覆盖所有资源环境要素的监测网络体系。提高环境风险防控和突发环境事件应急能力，健全环境与健康调查、监测和风险评估制度。定期开展全国生态状况调查和评估。加大各级政府预算内投资等财政性资金对统计监测等基础能力建设的支持力度。

（二十八）强化执法监督。加强法律监督、行政监察，对各类环境违法违规行为实行"零容忍"，加大查处力度，严厉惩处违法违规行为。强化对浪费能源资源、违法排污、破坏生态环境等行为的执法监察和专项督察。资源环境监管机构独立开展行政执法，禁止领导干部违法违规干预执法活动。健全行政执法与刑事司法的衔接机制，加强基层执法队伍、环境应急处置救援队伍建设。强化对资源开发和交通建设、旅游开发等活动的生态环境监管。

八、加快形成推进生态文明建设的良好社会风尚

生态文明建设关系各行各业、千家万户。要充分发挥人民群众的积极性、主动性、创造性，凝聚民心、集中民智、汇集民力，实现生活方式绿色化。

（二十九）提高全民生态文明意识。积极培育生态文化、生态道德，使生态文明成为社会主流价值观，成为社会主义核心价值观的重要内容。从娃娃和青少年抓起，从家庭、学校教育抓起，引导全社会树立生态文明意识。把生态文明教育作为素质教育的重要内容，纳入国民教育体系和干部教育培训体系。将生态文化作为现代公共文化服务体系建设的重要内容，挖掘优秀传统生态文化思想和资源，创作一批文化作品，创建一批教育基地，满足广大人民群众对生态文化的需求。通过典型示范、展览展示、岗位创建等形式，广泛动员全民参与生态文明建设。组织好世界地球日、世界环境日、世界森林日、世界水日、世界海洋日和全国节能宣传周等主题宣传活动。充分发挥新闻媒体作用，树立理性、积极的舆论导向，加强资源环境国情宣传，普及生态文明法律法规、科学知识等，报道先进典型，曝光反面事例，提高公众节约意识、环保意识、生态意识，形成人人、事事、时时崇尚生态文明的社会氛围。

（三十）培育绿色生活方式。倡导勤俭节约的消费观。广泛开展绿色生活行动，推动全民在衣、食、住、行、游等方面加快向勤俭节约、绿色低碳、文明健康的方式转变，坚决抵制和反对各种形式的奢侈浪费、不合理消费。积极引导消费者购买节能与新能源汽车、高能效家电、节水型器具等节

能环保低碳产品，减少一次性用品的使用，限制过度包装。大力推广绿色低碳出行，倡导绿色生活和休闲模式，严格限制发展高耗能、高耗水服务业。在餐饮企业、单位食堂、家庭全方位开展反食品浪费行动。党政机关、国有企业要带头厉行勤俭节约。

（三十一）鼓励公众积极参与。完善公众参与制度，及时准确披露各类环境信息，扩大公开范围，保障公众知情权，维护公众环境权益。健全举报、听证、舆论和公众监督等制度，构建全民参与的社会行动体系。建立环境公益诉讼制度，对污染环境、破坏生态的行为，有关组织可提起公益诉讼。在建设项目立项、实施、后评价等环节，有序增强公众参与程度。引导生态文明建设领域各类社会组织健康有序发展，发挥民间组织和志愿者的积极作用。

九、切实加强组织领导

健全生态文明建设领导体制和工作机制，勇于探索和创新，推动生态文明建设蓝图逐步成为现实。

（三十二）强化统筹协调。各级党委和政府对本地区生态文明建设负总责，要建立协调机制，形成有利于推进生态文明建设的工作格局。各有关部门要按照职责分工，密切协调配合，形成生态文明建设的强大合力。

（三十三）探索有效模式。抓紧制定生态文明体制改革总体方案，深入开展生态文明先行示范区建设，研究不同发展阶段、资源环境禀赋、主体功能定位地区生态文明建设的有效模式。各地区要抓住制约本地区生态文明建设的瓶颈，在生态文明制度创新方面积极实践，力争取得重大突破。及时总结有效做法和成功经验，完善政策措施，形成有效模式，加大推广力度。

（三十四）广泛开展国际合作。统筹国内国际两个大局，以全球视野加快推进生态文明建设，树立负责任大国形象，把绿色发展转化为新的综合国力、综合影响力和国际竞争新优势。发扬包容互鉴、合作共赢的精神，加强与世界各国在生态文明领域的对话交流和务实合作，引进先进技术装备和管理经验，促进全球生态安全。加强南南合作，开展绿色援助，对其他发展中国家提供支持和帮助。

（三十五）抓好贯彻落实。各级党委和政府及中央有关部门要按照本意见要求，抓紧提出实施方案，研究制定与本意见相衔接的区域性、行业性和专题性规划，明确目标任务、责任分工和时间要求，确保各项政策措施落到实处。各地区各部门贯彻落实情况要及时向党中央、国务院报告，同时抄送国家发展改革委。中央就贯彻落实情况适时组织开展专项监督检查。

《生态文明体制改革总体方案》

（2015 年 9 月 21 日中共中央、国务院发布，全文如下）

为加快建立系统完整的生态文明制度体系，加快推进生态文明建设，增强生态文明体制改革的系统性、整体性、协同性，制定本方案。

一、生态文明体制改革的总体要求

（一）生态文明体制改革的指导思想。全面贯彻党的十八大和十八届二中、三中、四中全会精神，以邓小平理论、"三个代表"重要思想、科学发展观为指导，深入贯彻落实习近平总书记系列重要讲话精神，按照党中央、国务院决策部署，坚持节约资源和保护环境基本国策，坚持节约优先、保护优先、自然恢复为主方针，立足我国社会主义初级阶段的基本国情和新的阶段性特征，以建设美丽中国为目标，以正确处理人与自然关系为核心，以解决生态环境领域突出问题为导向，保障国家生态安全，改善环境质量，提高资源利用效率，推动形成人与自然和谐发展的现代化建设新格局。

（二）生态文明体制改革的理念

树立尊重自然、顺应自然、保护自然的理念，生态文明建设不仅影响经济持续健康发展，也关系政治和社会建设，必须放在突出地位，融入经济建设、政治建设、文化建设、社会建设各方面和全过程。

树立发展和保护相统一的理念，坚持发展是硬道理的战略思想，发展必须是绿色发展、循环发展、低碳发展，平衡好发展和保护的关系，按照主体功能定位控制开发强度，调整空间结构，给子孙后代留下天蓝、地绿、水净的美好家园，实现发展与保护的内在统一、相互促进。

树立绿水青山就是金山银山的理念，清新空气、清洁水源、美丽山川、肥沃土地、生物多样性是人类生存必需的生态环境，坚持发展是第一要务，必须保护森林、草原、河流、湖泊、湿地、海洋等自然生态。

树立自然价值和自然资本的理念，自然生态是有价值的，保护自然就是增值自然价值和自然资本的过程，就是保护和发展生产力，就应得到合理回报和经济补偿。

树立空间均衡的理念，把握人口、经济、资源环境的平衡点推动发展，人口规模、产业结构、增长速度不能超出当地水土资源承载能力和环境容量。

树立山水林田湖是一个生命共同体的理念，按照生态系统的整体性、系统性及其内在规律，统筹考虑自然生态各要素、山上山下、地上地下、陆地海洋以及流域上下游，进行整体保护、系统修复、综合治理，增强生态系统循环能力，维护生态平衡。

（三）生态文明体制改革的原则

坚持正确改革方向，健全市场机制，更好发挥政府的主导和监管作用，发挥企业的积极性和自我约束作用，发挥社会组织和公众的参与和监督作用。

坚持自然资源资产的公有性质，创新产权制度，落实所有权，区分自然资源资产所有者权利和管理者权力，合理划分中央地方事权和监管职责，保障全体人民分享全民所有自然资源资产收益。

坚持城乡环境治理体系统一，继续加强城市环境保护和工业污染防治，加大生态环境保护工作对农村地区的覆盖，建立健全农村环境治理体制机制，加大对农村污染防治设施建设和资金投入力度。

坚持激励和约束并举，既要形成支持绿色发展、循环发展、低碳发展的利益导向机制，又要坚持源头严防、过程严管、损害严惩、责任追究，形成对各类市场主体的有效约束，逐步实现市场化、法治化、制度化。

坚持主动作为和国际合作相结合，加强生态环境保护是我们的自觉行为，同时要深化国际交流和务实合作，充分借鉴国际上的先进技术和体制机制建设有益经验，积极参与全球环境治理，承担并履行好同发展中大国相适应的国际责任。

坚持鼓励试点先行和整体协调推进相结合，在党中央、国务院统一部署下，先易后难、分步推进，成熟一项推出一项。支持各地区根据本方案确定的基本方向，因地制宜，大胆探索、大胆试验。

（四）生态文明体制改革的目标。到2020年，构建起由自然资源资产产权制度、国土空间开发保护制度、空间规划体系、资源总量管理和全面节约制度、资源有偿使用和生态补偿制度、环境治理体系、环境治理和生态保护市场体系、生态文明绩效评价考核和责任追究制度等八项制度构成的产权清晰、多元参与、激励约束并重、系统完整的生态文明制度体系，推进生态文明领域国家治理体系和治理能力现代化，努力走向社会主义生态文明新时代。

构建归属清晰、权责明确、监管有效的自然资源资产产权制度，着力解决自然资源所有者不到位、所有权边界模糊等问题。

构建以空间规划为基础、以用途管制为主要手段的国土空间开发保护制度，着力解决因无序开发、过度开发、分散开发导致的优质耕地和生态空间占用过多、生态破坏、环境污染等问题。

构建以空间治理和空间结构优化为主要内容，全国统一、相互衔接、分级管理的空间规划体系，着力解决空间性规划重叠冲突、部门职责交叉重复、地方规划朝令夕改等问题。

构建覆盖全面、科学规范、管理严格的资源总量管理和全面节约制度，着力解决资源使用浪费严重、利用效率不高等问题。

构建反映市场供求和资源稀缺程度、体现自然价值和代际补偿的资源有偿使用和生态补偿制度，着力解决自然资源及其产品价格偏低、生产开发成本低于社会成本、保护生态得不到合理回报等问题。

构建以改善环境质量为导向，监管统一、执法严明、多方参与的环境治理体系，着力解决污染防治能力弱、监管职能交叉、权责不一致、违法成本过低等问题。

构建更多运用经济杠杆进行环境治理和生态保护的市场体系，着力解决市场主体和市场体系发育滞后、社会参与度不高等问题。

构建充分反映资源消耗、环境损害和生态效益的生态文明绩效评价考核和责任追究制度，着力解决发展绩效评价不全面、责任落实不到位、损害责任追究缺失等问题。

二、健全自然资源资产产权制度

（五）建立统一的确权登记系统。坚持资源公有、物权法定，清晰界定全部国土空间各类自然资源资产的产权主体。对水流、森林、山岭、草原、荒地、滩涂等所有自然生态空间统一进行确权登记，逐步划清全民所有和集体所有之间的边界，划清全民所有、不同层级政府行使所有权的边界，划清不同集体所有者的边界。推进确权登记法治化。

（六）建立权责明确的自然资源产权体系。制定权利清单，明确各类自然资源产权主体权利。处理好所有权与使用权的关系，创新自然资源全民所有权和集体所有权的实现形式，除生态功能重要的外，可推动所有权和使用权相分离，明确占有、使用、收益、处分等权利归属关系和权责，适度扩大使用权的出让、转让、出租、抵押、担保、入股等权能。明确国有农场、林场和牧场土地所有者与使用者权能。全面建立覆盖各类全民所有自然资源资产的有偿出让制度，严禁无偿或低价出让。统筹规划，加强自然资源资产交易平台建设。

（七）健全国家自然资源资产管理体制。按照所有者和监管者分开和一件事情由一个部门负责的原则，整合分散的全民所有自然资源资产所有者职责，组建对全民所有的矿藏、水流、森林、山岭、草原、荒地、海域、滩涂等各类自然资源统一行使所有权的机构，负责全民所有自然资源的出让等。

（八）探索建立分级行使所有权的体制。对全民所有的自然资源资产，按照不同资源种类和在生态、经济、国防等方面的重要程度，研究实行中央和地方政府分级代理行使所有权职责的体制，实现效率和公平相统一。分清全民所有中央政府直接行使所有权、全民所有地方政府行使所有权的资源清单和空间范围。中央政府主要对石油天然气、贵重稀有矿产资源、重点国有林区、大江大河大湖和跨境河流、生态功能重要的湿地草原、海域滩涂、珍稀野生动植物种和部分国家公园等直接行使所有权。

（九）开展水流和湿地产权确权试点。探索建立水权制度，开展水域、岸线等水生态空间确权试点，遵循水生态系统性、整体性原则，分清水资源所有权、使用权及使用量。在甘肃、宁夏等地开展湿地产权确权试点。

三、建立国土空间开发保护制度

（十）完善主体功能区制度。统筹国家和省级主体功能区规划，健全基于主体功能区的区域政策，根据城市化地区、农产品主产区、重点生态功能区的不同定位，加快调整完善财政、产业、投资、人口流动、建设用地、资源开发、环境保护等政策。

（十一）健全国土空间用途管制制度。简化自上而下的用地指标控制体系，调整按行政区和用地基数分配指标的做法。将开发强度指标分解到各县级行政区，作为约束性指标，控制建设用地总量。将用途管制扩大到所有自然生态空间，划定并严守生态红线，严禁任意改变用途，防止不合理开发建设活动对生态红线的破坏。完善覆盖全部国土空间的监测系统，动态监测国土空间变化。

（十二）建立国家公园体制。加强对重要生态系统的保护和永续利用，改革各部门分头设置自然保护区、风景名胜区、文化自然遗产、地质公园、森林公园等的体制，对上述保护地进行功能重组，合理界定国家公园范围。国家公园实行更严格保护，除不损害生态系统的原住民生活生产设施改造和自然观光科研教育旅游外，禁止其他开发建设，保护自然生态和自然文化遗产原真性、完整性。加强对国家公园试点的指导，在试点基础上研究制定建立国家公园体制总体方案。构建保护珍稀野生动植物的长效机制。

（十三）完善自然资源监管体制。将分散在各部门的有关用途管制职责，逐步统一到一个部门，统一行使所有国土空间的用途管制职责。

四、建立空间规划体系

（十四）编制空间规划。整合目前各部门分头编制的各类空间性规划，编制统一的空间规划，实现规划全覆盖。空间规划是国家空间发展的指南、可持续发展的空间蓝图，是各类开发建设活动的基本依据。空间规划分为国家、省、市县（设区的市空间规划范围为市辖区）三级。研究建立统一规范的空间规划编制机制。鼓励开展省级空间规划试点。编制京津冀空间规划。

（十五）推进市县"多规合一"。支持市县推进"多规合一"，统一编制市县空间规划，逐步形成一个市县一个规划、一张蓝图。市县空间规划要统一土地分类标准，根据主体功能定位和省级空间规划要求，划定生产空间、生活空间、生态空间，明确城镇建设区、工业区、农村居民点等的开发边界，以及耕地、林地、草原、河流、湖泊、湿地等的保护边界，加强对城市地下空间的统筹规划。加强对市县"多规合一"试点的指导，研究制定市县空间规划编制指引和技术规范，形成可复制、能推广的经验。

（十六）创新市县空间规划编制方法。探索规范化的市县空间规划编制程序，扩大社会参与，增强规划的科学性和透明度。鼓励试点地区进行规划编制部门整合，由一个部门负责市县空间规划的编制，可成立由专业人员和有关方面代表组成的规划评议委员会。规划编制前应当进行资源环境承载能力评价，以评价结果作为规划的基本依据。规划编制过程中应当广泛征求各方面意见，全文公布规划草案，充分听取当地居民意见。规划经评议委员会论证通过后，由当地人民代表大会审议通过，并报上级政府部门备案。规划成果应当包括规划文本和较高精度的规划图，并在网络和其他本地媒体公布。鼓励当地居民对规划执行进行监督，对违反规划的开发建设行为进行举报。当地人民代表大会及其常务委员会定期听取空间规划执行情况报告，对当地政府违反规划行为进行问责。

五、完善资源总量管理和全面节约制度

（十七）完善最严格的耕地保护制度和土地节约集约利用制度。完善基本农田保护制度，划定永久基本农田红线，按照面积不减少、质量不下降、用途不改变的要求，将基本农田落地到户、上图入库，实行严格保护，除法律规定的国家重点建设项目选址确实无法避让外，其他任何建设不得占用。加强耕地质量等级评定与监测，强化耕地质量保护与提升建设。完善耕地占补平衡制度，对新增建设用地占用耕地规模实行总量控制，严格实行耕地占一补一、先补后占、占优补优。实施建设用地总量控制和减量化管理，建立节约集约用地激励和约束机制，调整结构，盘活存量，合理安排土地利用年度计划。

（十八）完善最严格的水资源管理制度。按照节水优先、空间均衡、系统治理、两手发力的方针，健全用水总量控制制度，保障水安全。加快制定主要江河流域水量分配方案，加强省级统筹，完善省市县三级取用水总量控制指标体系。建立健全节约集约用水机制，促进水资源使用结构调整和优化配置。完善规划和建设项目水资源论证制度。主要运用价格和税收手段，逐步建立农业灌溉用水量控制和定额管理、高耗水工业企业计划用水和定额管理制度。在严重缺水地区建立用水定额准入门槛，严格控制高耗水项目建设。加强水产品产地保护和环境修复，控制水产养殖，构建水生动植物保护机制。完善水功能区监督管理，建立促进非常规水源利用制度。

（十九）建立能源消费总量管理和节约制度。坚持节约优先，强化能耗强度控制，健全节能目标责任制和奖励制。进一步完善能源统计制度。健全重点用能单位节能管理制度，探索实行节能自愿承诺机制。完善节能标准体系，及时更新用能产品能效、高耗能行业能耗限额、建筑物能效等标准。合理确定全国能源消费总量目标，并分解落实到省级行政区和重点用能单位。健全节能低碳产品和技术装备推广机制，定期发布技术目录。强化节能评估审查和节能监察。加强对可再生能源发展的扶持，逐步取消对化石能源的普遍性补贴。逐步建立全国碳排放总量控制制度和分解落实机制，建立增加森林、草原、湿地、海洋碳汇的有效机制，加强应对气候变化国际合作。

（二十）建立天然林保护制度。将所有天然林纳入保护范围。建立国家用材林储备制度。逐步推进国有林区政企分开，完善以购买服务为主的国有林场公益林管护机制。完善集体林权制度，稳定承包权，拓展经营权能，健全林权抵押贷款和流转制度。

（二十一）建立草原保护制度。稳定和完善草原承包经营制度，实现草原承包地块、面积、合同、证书"四到户"，规范草原经营权流转。实行基本草原保护制度，确保基本草原面积不减少、质量不下降、用途不改变。健全草原生态保护补奖机制，实施禁牧休牧、划区轮牧和草畜平衡等制度。加强对草原征用使用审核审批的监管，严格控制草原非牧使用。

（二十二）建立湿地保护制度。将所有湿地纳入保护范围，禁止擅自征用占用国际重要湿地、国家重要湿地和湿地自然保护区。确定各类湿地功能，规范保护利用行为，建立湿地生态修复机制。

（二十三）建立沙化土地封禁保护制度。将暂不具备治理条件的连片沙化土地划为沙化土地封禁保护区。建立严格保护制度，加强封禁和管护基础设施建设，加强沙化土地治理，增加植被，合理发展沙产业，完善以购买服务为主的管护机制，探索开发与治理结合新机制。

（二十四）健全海洋资源开发保护制度。实施海洋主体功能区制度，确定近海海域海岛主体功能，引导、控制和规范各类用海用岛行为。实行围填海总量控制制度，对围填海面积实行约束性指标管理。建立自然岸线保有率控制制度。完善海洋渔业资源总量管理制度，严格执行休渔禁渔制度，推行近海捕捞限额管理，控制近海和滩涂养殖规模。健全海洋督察制度。

（二十五）健全矿产资源开发利用管理制度。建立矿产资源开发利用水平调查评估制度，加强矿产资源查明登记和有偿计时占用登记管理。建立矿产资源集约开发机制，提高矿区企业集中度，鼓励规模化开发。完善重要矿产资源开采回采率、选矿回收率、综合利用率等国家标准。健全鼓励提高矿产资源利用水平的经济政策。建立矿山企业高效和综合利用信息公示制度，建立矿业权人"黑名单"制度。完善重要矿产资源回收利用的产业化扶持机制。完善矿山地质环境保护和土地复垦制度。

（二十六）完善资源循环利用制度。建立健全资源产出率统计体系。实行生产者责任延伸制度，推动生产者落实废弃产品回收处理等责任。建立种养业废弃物资源化利用制度，实现种养业有机结合、循环发展。加快建立垃圾强制分类制度。制定再生资源回收目录，对复合包装物、电池、农膜等低值废弃物实行强制回收。加快制定资源分类回收利用标准。建立资源再生产品和原料推广使用制度，相关原材料消耗企业要使用一定比例的资源再生产品。完善限制一次性用品使用制度。落实并完善资源综合利用和促进循环经济发展的税收政策。制定循环经济技术目录，实行政府优先采购、贷款贴息等政策。

六、健全资源有偿使用和生态补偿制度

（二十七）加快自然资源及其产品价格改革。按照成本、收益相统一的原则，充分考虑社会可承受能力，建立自然资源开发使用成本评估机制，将资源所有者权益和生态环境损害等纳入自然资源及其产品价格形成机制。加强对自然垄断环节的价格监管，建立定价成本监审制度和价格调整机制，完善价格决策程序和信息公开制度。推进农业水价综合改革，全面实行非居民用水超计划、超定额累进加价制度，全面推行城镇居民用水阶梯价格制度。

（二十八）完善土地有偿使用制度。扩大国有土地有偿使用范围，扩大招拍挂出让比例，减少非公益性用地划拨，国有土地出让收支纳入预算管理。改革完善工业用地供应方式，探索实行弹性出让年限以及长期租赁、先租后让、租让结合供应。完善地价形成机制和评估制度，健全土地等级价体系，理顺与土地相关的出让金、租金和税费关系。建立有效调节工业用地和居住用地合理比价机制，提高工业用地出让地价水平，降低工业用地比例。探索通过土地承包经营、出租等方式，健全国有农用地有偿使用制度。

（二十九）完善矿产资源有偿使用制度。完善矿业权出让制度，建立符合市场经济要求和矿业规律的探矿权采矿权出让方式，原则上实行市场化出让，国有矿产资源出让收支纳入预算管理。理清有偿取得、占用和开采中所有者、投资者、使用者的产权关系，研究建立矿产资源国家权益金制度。调整探矿权采矿权使用费标准、矿产资源最低勘查投入标准。推进实现全国统一的矿业权交易平台建设，加大矿业权出让转让信息公开力度。

（三十）完善海域海岛有偿使用制度。建立海域、无居民海岛使用金征收标准调整机制。建立健全海域、无居民海岛使用权招拍挂出让制度。

（三十一）加快资源环境税费改革。理顺自然资源及其产品税费关系，明确各自功能，合理确定税收调控范围。加快推进资源税从价计征改革，逐步将资源税扩展到占用各种自然生态空间，在华北部分地区开展地下水征收资源税改革试点。加快推进环境保护税立法。

（三十二）完善生态补偿机制。探索建立多元化补偿机制，逐步增加对重点生态功能区转移支付，完善生态保护成效与资金分配挂钩的激励约束机制。制定横向生态补偿机制办法，以地方补偿为主，中央财政给予支持。鼓励各地区开展生态补偿试点，继续推进新安江水环境补偿试点，推动在京津冀水源涵养区、广西广东九洲江、福建广东汀江－韩江等开展跨地区生态补

偿试点，在长江流域水环境敏感地区探索开展流域生态补偿试点。

（三十三）完善生态保护修复资金使用机制。按照山水林田湖系统治理的要求，完善相关资金使用管理办法，整合现有政策和渠道，在深入推进国土江河综合整治的同时，更多用于青藏高原生态屏障、黄土高原 – 川滇生态屏障、东北森林带、北方防沙带、南方丘陵山地带等国家生态安全屏障的保护修复。

（三十四）建立耕地草原河湖休养生息制度。编制耕地、草原、河湖休养生息规划，调整严重污染和地下水严重超采地区的耕地用途，逐步将 25 度以上不适宜耕种且有损生态的陡坡地退出基本农田。建立巩固退耕还林还草、退牧还草成果长效机制。开展退田还湖还湿试点，推进长株潭地区土壤重金属污染修复试点、华北地区地下水超采综合治理试点。

七、建立健全环境治理体系

（三十五）完善污染物排放许可制。尽快在全国范围建立统一公平、覆盖所有固定污染源的企业排放许可制，依法核发排污许可证，排污者必须持证排污，禁止无证排污或不按许可证规定排污。

（三十六）建立污染防治区域联动机制。完善京津冀、长三角、珠三角等重点区域大气污染防治联防联控协作机制，其他地方要结合地理特征、污染程度、城市空间分布以及污染物输送规律，建立区域协作机制。在部分地区开展环境保护管理体制创新试点，统一规划、统一标准、统一环评、统一监测、统一执法。开展按流域设置环境监管和行政执法机构试点，构建各流域内相关省级涉水部门参加、多形式的流域水环境保护协作机制和风险预警防控体系。建立陆海统筹的污染防治机制和重点海域污染物排海总量控制制度。完善突发环境事件应急机制，提高与环境风险程度、污染物种类等相匹配的突发环境事件应急处置能力。

（三十七）建立农村环境治理体制机制。建立以绿色生态为导向的农业补贴制度，加快制定和完善相关技术标准和规范，加快推进化肥、农药、农膜减量化以及畜禽养殖废弃物资源化和无害化，鼓励生产使用可降解农膜。完善农作物秸秆综合利用制度。健全化肥农药包装物、农膜回收贮运加工网络。采取财政和村集体补贴、住户付费、社会资本参与的投入运营机制，加强农村污水和垃圾处理等环保设施建设。采取政府购买服务等多种扶持措施，培育发展各种形式的农业面源污染治理、农村污水垃圾处理市场主体。强化县乡两级政府的环境保护职责，加强环境监管能力建设。财政支农资金的使用要统筹考虑增强农业综合生产能力和防治农村污染。

（三十八）健全环境信息公开制度。全面推进大气和水等环境信息公开、排污单位环境信息公开、监管部门环境信息公开，健全建设项目环境影响评价信息公开机制。健全环境新闻发言人制度。引导人民群众树立环保意识，完善公众参与制度，保障人民群众依法有序行使环境监督权。建立环境保护网络举报平台和举报制度，健全举报、听证、舆论监督等制度。

（三十九）严格实行生态环境损害赔偿制度。强化生产者环境保护法律责任，大幅度提高违法成本。健全环境损害赔偿方面的法律制度、评估方法和实施机制，对违反环保法律法规的，依法严惩重罚；对造成生态环境损害的，以损害程度等因素依法确定赔偿额度；对造成严重后果的，依法追究刑事责任。

（四十）完善环境保护管理制度。建立和完善严格监管所有污染物排放的环境保护管理制度，将分散在各部门的环境保护职责调整到一个部门，逐步实行城乡环境保护工作由一个部门进行统一监管和行政执法的体制。有序整合不同领域、不同部门、不同层次的监管力量，建立权威统一的环境执法体制，充实执法队伍，赋予环境执法强制执行的必要条件和手段。完善行政执法和环境司法的衔接机制。

八、健全环境治理和生态保护市场体系

（四十一）培育环境治理和生态保护市场主体。采取鼓励发展节能环保产业的体制机制和政策措施。废止妨碍形成全国统一市场和公平竞争的规定和做法，鼓励各类投资进入环保市场。能由政府和社会资本合作开展的环境治理和生态保护事务，都可以吸引社会资本参与建设和运营。通过政府购买服务等方式，加大对环境污染第三方治理的支持力度。加快推进污水垃圾处理设施运营管理单位向独立核算、自主经营的企业转变。组建或改组设立国有资本投资运营公司，推动国有资本加大对环境治理和生态保护等方面的投入。支持生态环境保护领域国有企业实行混合所有制改革。

（四十二）推行用能权和碳排放权交易制度。结合重点用能单位节能行动和新建项目能评审查，开展项目节能量交易，并逐步改为基于能源消费总量管理下的用能权交易。建立用能权交易系统、测量与核准体系。推广合同能源管理。深化碳排放权交易试点，逐步建立全国碳排放权交易市场，研究制定全国碳排放权交易总量设定与配额分配方案。完善碳交易注册登记系统，建立碳排放权交易市场监管体系。

（四十三）推行排污权交易制度。在企业排污总量控制制度基础上，尽快完善初始排污权核定，扩大涵盖的污染物覆盖面。在现行以行政区为单元层层分解机制基础上，根据行业先进排污水平，逐步强化以企业为单元进行总量控制、通过排污权交易获得减排收益的机制。在重点流域和大气污染重点区域，合理推进跨行政区排污权交易。扩大排污权有偿使用和交易试点，将更多条件成熟地区纳入试点。加强排污权交易平台建设。制定排污权核定、使用费收取使用和交易价格等规定。

（四十四）推行水权交易制度。结合水生态补偿机制的建立健全，合理界定和分配水权，探索地区间、流域间、流域上下游、行业间、用水户间等水权交易方式。研究制定水权交易管理办法，明确可交易水权的范围和类型、交易主体和期限、交易价格形成机制、交易平台运作规则等。开展水权交易平台建设。

（四十五）建立绿色金融体系。推广绿色信贷，研究采取财政贴息等方式加大扶持力度，鼓励各类金融机构加大绿色信贷的发放力度，明确贷款人的尽职免责要求和环境保护法律责任。加强资本市场相关制度建设，研究设立绿色股票指数和发展相关投资产品，研究银行和企业发行绿色债券，鼓励对绿色信贷资产实行证券化。支持设立各类绿色发展基金，实行市场化运作。建立上市公司环保信息强制性披露机制。完善对节能低碳、生态环保项目的各类担保机制，加大风险补偿力度。在环境高风险领域建立环境污染强制责任保险制度。建立绿色评级体系以及公益性的环境成本核算和影响评估体系。积极推动绿色金融领域各类国际合作。

（四十六）建立统一的绿色产品体系。将目前分头设立的环保、节能、节水、循环、低碳、再生、有机等产品统一整合为绿色产品，建立统一的绿色产品标准、认证、标识等体系。完善对绿色产品研发生产、运输配送、购买使用的财税金融支持和政府采购等政策。

九、完善生态文明绩效评价考核和责任追究制度

（四十七）建立生态文明目标体系。研究制定可操作、可视化的绿色发展指标体系。制定生态文明建设目标评价考核办法，把资源消耗、环境损害、生态效益纳入经济社会发展评价体系。根据不同区域主体功能定位，实行差异化绩效评价考核。

（四十八）建立资源环境承载能力监测预警机制。研究制定资源环境承载能力监测预警指标体系和技术方法，建立资源环境监测预警数据库和信息

技术平台，定期编制资源环境承载能力监测预警报告，对资源消耗和环境容量超过或接近承载能力的地区，实行预警提醒和限制性措施。

（四十九）探索编制自然资源资产负债表。制定自然资源资产负债表编制指南，构建水资源、土地资源、森林资源等的资产和负债核算方法，建立实物量核算账户，明确分类标准和统计规范，定期评估自然资源资产变化状况。在市县层面开展自然资源资产负债表编制试点，核算主要自然资源实物量账户并公布核算结果。

（五十）对领导干部实行自然资源资产离任审计。在编制自然资源资产负债表和合理考虑客观自然因素基础上，积极探索领导干部自然资源资产离任审计的目标、内容、方法和评价指标体系。以领导干部任期内辖区自然资源资产变化状况为基础，通过审计，客观评价领导干部履行自然资源资产管理责任情况，依法界定领导干部应当承担的责任，加强审计结果运用。在内蒙古呼伦贝尔市、浙江湖州市、湖南娄底市、贵州赤水市、陕西延安市开展自然资源资产负债表编制试点和领导干部自然资源资产离任审计试点。

（五十一）建立生态环境损害责任终身追究制。实行地方党委和政府领导成员生态文明建设一岗双责制。以自然资源资产离任审计结果和生态环境损害情况为依据，明确对地方党委和政府领导班子主要负责人、有关领导人员、部门负责人的追责情形和认定程序。区分情节轻重，对造成生态环境损害的，予以诫勉、责令公开道歉、组织处理或党纪政纪处分，对构成犯罪的依法追究刑事责任。对领导干部离任后出现重大生态环境损害并认定其需要承担责任的，实行终身追责。建立国家环境保护督察制度。

十、生态文明体制改革的实施保障

（五十二）加强对生态文明体制改革的领导。各地区各部门要认真学习领会中央关于生态文明建设和体制改革的精神，深刻认识生态文明体制改革的重大意义，增强责任感、使命感、紧迫感，认真贯彻党中央、国务院决策部署，确保本方案确定的各项改革任务加快落实。各有关部门要按照本方案要求抓紧制定单项改革方案，明确责任主体和时间进度，密切协调配合，形成改革合力。

（五十三）积极开展试点试验。充分发挥中央和地方两个积极性，鼓励各地区按照本方案的改革方向，从本地实际出发，以解决突出生态环境问题为重点，发挥主动性，积极探索和推动生态文明体制改革，其中需要法律授权的按法定程序办理。将各部门自行开展的综合性生态文明试点统一为国家试点试验，各部门要根据各自职责予以指导和推动。

（五十四）完善法律法规。制定完善自然资源资产产权、国土空间开发保护、国家公园、空间规划、海洋、应对气候变化、耕地质量保护、节水和地下水管理、草原保护、湿地保护、排污许可、生态环境损害赔偿等方面的法律法规，为生态文明体制改革提供法治保障。

（五十五）加强舆论引导。面向国内外，加大生态文明建设和体制改革宣传力度，统筹安排、正确解读生态文明各项制度的内涵和改革方向，培育普及生态文化，提高生态文明意识，倡导绿色生活方式，形成崇尚生态文明、推进生态文明建设和体制改革的良好氛围。

（五十六）加强督促落实。中央全面深化改革领导小组办公室、经济体制和生态文明体制改革专项小组要加强统筹协调，对本方案落实情况进行跟踪分析和督促检查，正确解读和及时解决实施中遇到的问题，重大问题要及时向党中央、国务院请示报告。

《生态环境损害赔偿制度改革试点方案》

（2015 年 12 月 3 日中共中央办公厅、国务院办公厅发布，全文如下）

党中央、国务院高度重视生态环境损害赔偿工作。党的十八届三中全会明确提出对造成生态环境损害的责任者严格实行赔偿制度。为逐步建立生态环境损害赔偿制度，现制定本试点方案。

一、总体要求和目标

通过试点逐步明确生态环境损害赔偿范围、责任主体、索赔主体和损害赔偿解决途径等，形成相应的鉴定评估管理与技术体系、资金保障及运行机制，探索建立生态环境损害的修复和赔偿制度，加快推进生态文明建设。

2015 年至 2017 年，选择部分省份开展生态环境损害赔偿制度改革试点。从 2018 年开始，在全国试行生态环境损害赔偿制度。到 2020 年，力争在全国范围内初步构建责任明确、途径畅通、技术规范、保障有力、赔偿到位、修复有效的生态环境损害赔偿制度。试点省份的确定另行按程序报批。

二、试点原则

——依法推进，鼓励创新。按照相关法律法规规定，立足国情与地方实际，由易到难、稳妥有序开展生态环境损害赔偿制度改革试点工作。对法律未作规定的具体问题，根据需要提出政策和立法建议。

——环境有价，损害担责。体现环境资源生态功能价值，促使赔偿义务人对受损的生态环境进行修复。生态环境损害无法修复的，实施货币赔偿，用于替代修复。赔偿义务人因同一生态环境损害行为需承担行政责任或刑事责任的，不影响其依法承担生态环境损害赔偿责任。

——主动磋商，司法保障。生态环境损害发生后，赔偿权利人组织开展生态环境损害调查、鉴定评估、修复方案编制等工作，主动与赔偿义务人磋商。未经磋商或磋商未达成一致，赔偿权利人可依法提起诉讼。

——信息共享，公众监督。实施信息公开，推进政府及其职能部门共享生态环境损害赔偿信息。生态环境损害调查、鉴定评估、修复方案编制等工作中涉及公共利益的重大事项应当向社会公开，并邀请专家和利益相关的公民、法人和其他组织参与。

三、适用范围

本试点方案所称生态环境损害，是指因污染环境、破坏生态造成大气、地表水、地下水、土壤等环境要素和植物、动物、微生物等生物要素的不利改变，及上述要素构成的生态系统功能的退化。

（一）有下列情形之一的，按本试点方案要求依法追究生态环境损害赔偿责任：

1. 发生较大及以上突发环境事件的；

2. 在国家和省级主体功能区规划中划定的重点生态功能区、禁止开发区发生环境污染、生态破坏事件的；

3. 发生其他严重影响生态环境事件的。

（二）以下情形不适用本试点方案：

1. 涉及人身伤害、个人和集体财产损失要求赔偿的，适用侵权责任法等法律规定；

2. 涉及海洋生态环境损害赔偿的，适用海洋环境保护法等法律规定。

四、试点内容

（一）明确赔偿范围。生态环境损害赔偿范围包括清除污染的费用、生态环境修复费用、生态环境修复期间服务功能的损失、生态环境功能永久性损害造成的损失以及生态环境损害赔偿调查、鉴定评估等合理费用。试点地方可根据生态环境损害赔偿工作进展情况和需要，提出细化赔偿范围的建议。鼓励试点地方开展环境健康损害赔偿探索性研究与实践。

（二）确定赔偿义务人。违反法律法规，造成生态环境损害的单位或个人，应当承担生态环境损害赔偿责任。现行民事法律和资源环境保护法律有相关免除或减轻生态环境损害赔偿责任规定的，按相应规定执行。试点地方可根据需要扩大生态环境损害赔偿义务人范围，提出相关立法建议。

（三）明确赔偿权利人。试点地方省级政府经国务院授权后，作为本行政区域内生态环境损害赔偿权利人，可指定相关部门或机构负责生态环境损害赔偿具体工作。

试点地方省级政府应当制定生态环境损害索赔启动条件、鉴定评估机构选定程序、管辖划分、信息公开等工作规定，明确环境保护、国土资源、住房城乡建设、水利、农业、林业等相关部门开展索赔工作的职责分工。建立对生态环境损害索赔行为的监督机制，赔偿权利人及其指定的相关部门或机构的负责人、工作人员在索赔工作中存在滥用职权、玩忽职守、徇私舞弊的，依纪依法追究责任；涉嫌犯罪的，应当移送司法机关。

对公民、法人和其他组织举报要求提起生态环境损害赔偿的，试点地方政府应当及时研究处理和答复。

（四）开展赔偿磋商。经调查发现生态环境损害需要修复或赔偿的，赔偿权利人根据生态环境损害鉴定评估报告，就损害事实与程度、修复启动时间与期限、赔偿的责任承担方式与期限等具体问题与赔偿义务人进行磋商，统筹考虑修复方案技术可行性、成本效益最优化、赔偿义务人赔偿能力、第三方治理可行性等情况，达成赔偿协议。磋商未达成一致的，赔偿权利人应当及时提起生态环境损害赔偿民事诉讼。赔偿权利人也可以直接提起诉讼。

（五）完善赔偿诉讼规则。试点地方法院要按照有关法律规定、依托现有资源，由环境资源审判庭或指定专门法庭审理生态环境损害赔偿民事案件；根据赔偿义务人主观过错、经营状况等因素试行分期赔付，探索多样化责任承担方式。

试点地方法院要研究符合生态环境损害赔偿需要的诉前证据保全、先予执行、执行监督等制度；可根据试点情况，提出有关生态环境损害赔偿诉讼的立法和制定司法解释建议。鼓励符合条件的社会组织依法开展生态环境损害赔偿诉讼。

（六）加强生态环境修复与损害赔偿的执行和监督。赔偿权利人对磋商或诉讼后的生态环境修复效果进行评估，确保生态环境得到及时有效修复。生态环境损害赔偿款项使用情况、生态环境修复效果要向社会公开，接受公众监督。

（七）规范生态环境损害鉴定评估。试点地方要加快推进生态环境损害鉴定评估专业机构建设，推动组建符合条件的专业评估队伍，尽快形成评估能力。研究制定鉴定评估管理制度和工作程序，保障独立开展生态环境损害鉴定评估，并做好与司法程序的衔接。为磋商提供鉴定意见的鉴定评估机构应当符合国家有关要求；为诉讼提供鉴定意见的鉴定评估机构应当遵守司法行政机关等的相关规定规范。

（八）加强生态环境损害赔偿资金管理。经磋商或诉讼确定赔偿义务人的，赔偿义务人应当根据磋商或判决要求，组织开展生态环境损害的修复。赔偿义务人无能力开展修复工作的，可以委托具备修复能力的社会第三方机构进行修复。修复资金由赔偿义务人向委托的社会第三方机构支付。赔偿义务人自行修复或委托修复的，赔偿权利人前期开展生态环境损害调查、鉴定评估、修复效果后评估等费用由赔偿义务人承担。

赔偿义务人造成的生态环境损害无法修复的，其赔偿资金作为政府非税收入，全额上缴地方国库，纳入地方预算管理。试点地方根据磋商或判决要求，结合本区域生态环境损害情况开展替代修复。

五、保障措施

（一）加强组织领导。试点地方省级政府要加强统一领导，成立生态环境损害赔偿制度改革试点工作领导小组，制定试点实施意见，细化分工，落实责任，并于每年8月底向国务院报告试点工作进展情况。环境保护部要会同相关部门于2017年年底前对试点工作进行全面评估，认真总结试点实践经验，及时提出制定和修改相关法律法规、政策的建议，向国务院报告。

（二）加强业务指导。环境保护部会同相关部门负责指导有关生态环境损害调查、鉴定评估、修复方案编制、修复效果后评估等业务工作。最高人民法院负责指导有关生态环境损害赔偿的审判工作。最高人民检察院负责指导有关生态环境损害赔偿的检察工作。财政部负责指导有关生态环境损害赔偿资金管理工作。国家卫生计生委、环境保护部对试点地方环境健康问题开展或指导地方开展调查研究。

（三）加快技术体系建设。国家建立统一的生态环境损害鉴定评估技术标准体系。环境保护部负责制定生态环境损害鉴定评估技术标准体系框架和技术总纲；会同相关部门出台或修订生态环境损害鉴定评估的专项技术规范；会同相关部门建立服务于生态环境损害鉴定评估的数据平台。相关部门针对基线确定、因果关系判定、损害数额量化等损害鉴定关键环节，组织加强关键技术与标准研究。

（四）加大经费和政策保障。试点工作所需经费由同级财政予以安排。发展改革、科技、国土资源、环境保护、住房城乡建设、农业、林业等有关部门在安排土壤、地下水、森林调查与修复等相关项目时，对试点地方优先考虑、予以倾斜，提供政策和资金支持。

（五）鼓励公众参与。创新公众参与方式，邀请专家和利益相关的公民、法人和其他组织参加生态环境修复或赔偿磋商工作。依法公开生态环境损害调查、鉴定评估、赔偿、诉讼裁判文书和生态环境修复效果报告等信息，保障公众知情权。

《国务院办公厅关于健全生态保护补偿机制的意见》

（2016 年 4 月 28 日国务院办公厅发布，国办发〔2016〕31 号，全文如下）

实施生态保护补偿是调动各方积极性、保护好生态环境的重要手段，是生态文明制度建设的重要内容。近年来，各地区、各有关部门有序推进生态保护补偿机制建设，取得了阶段性进展。但总体看，生态保护补偿的范围仍然偏小、标准偏低，保护者和受益者良性互动的体制机制尚不完善，一定程度上影响了生态环境保护措施行动的成效。为进一步健全生态保护补偿机制，加快推进生态文明建设，经党中央、国务院同意，现提出以下意见：

一、总体要求

（一）指导思想。全面贯彻党的十八大和十八届三中、四中、五中全会精神，深入贯彻习近平总书记系列重要讲话精神，坚持"四个全面"战略布局，牢固树立创新、协调、绿色、开放、共享的发展理念，按照党中央、国务院决策部署，不断完善转移支付制度，探索建立多元化生态保护补偿机制，逐步扩大补偿范围，合理提高补偿标准，有效调动全社会参与生态环境保护的积极性，促进生态文明建设迈上新台阶。

（二）基本原则。

权责统一、合理补偿。谁受益、谁补偿。科学界定保护者与受益者权利义务，推进生态保护补偿标准体系和沟通协调平台建设，加快形成受益者付费、保护者得到合理补偿的运行机制。

政府主导、社会参与。发挥政府对生态环境保护的主导作用，加强制度建设，完善法规政策，创新体制机制，拓宽补偿渠道，通过经济、法律等手段，加大政府购买服务力度，引导社会公众积极参与。

统筹兼顾、转型发展。将生态保护补偿与实施主体功能区规划、西部大开发战略和集中连片特困地区脱贫攻坚等有机结合，逐步提高重点生态功能区等区域基本公共服务水平，促进其转型绿色发展。

试点先行、稳步实施。将试点先行与逐步推广、分类补偿与综合补偿有机结合，大胆探索，稳步推进不同领域、区域生态保护补偿机制建设，不断提升生态保护成效。

（三）目标任务。到 2020 年，实现森林、草原、湿地、荒漠、海洋、水流、耕地等重点领域和禁止开发区域、重点生态功能区等重要区域生态保护补偿全覆盖，补偿水平与经济社会发展状况相适应，跨地区、跨流域补偿试点示范取得明显进展，多元化补偿机制初步建立，基本建立符合我国国情的生态保护补偿制度体系，促进形成绿色生产方式和生活方式。

二、分领域重点任务

（四）森林。健全国家和地方公益林补偿标准动态调整机制。完善以政府购买服务为主的公益林管护机制。合理安排停止天然林商业性采伐补助奖励资金。（国家林业局、财政部、国家发展改革委负责）

（五）草原。扩大退牧还草工程实施范围，适时研究提高补助标准，逐步加大对人工饲草地和牲畜棚圈建设的支持力度。实施新一轮草原生态保护补助奖励政策，根据牧区发展和中央财力状况，合理提高禁牧补助和草畜平衡奖励标准。充实草原管护公益岗位。（农业部、财政部、国家发展改革委负责）

（六）湿地。稳步推进退耕还湿试点，适时扩大试点范围。探索建立湿地生态效益补偿制度，率先在国家级湿地自然保护区、国际重要湿地、国家重要湿地开展补偿试点。（国家林业局、农业部、水利部、国家海洋局、环境保护部、住房城乡建设部、财政部、国家发展改革委负责）

（七）荒漠。开展沙化土地封禁保护试点，将生态保护补偿作为试点重要内容。加强沙区资源和生态系统保护，完善以政府购买服务为主的管护机制。研究制定鼓励社会力量参与防沙治沙的政策措施，切实保障相关权益。（国家林业局、农业部、财政部、国家发展改革委负责）

（八）海洋。完善捕捞渔民转产转业补助政策，提高转产转业补助标准。继续执行海洋伏季休渔渔民低保制度。健全增殖放流和水产养殖生态环境修复补助政策。研究建立国家级海洋自然保护区、海洋特别保护区生态保护补偿制度。（农业部、国家海洋局、水利部、环境保护部、财政部、国家发展改革委负责）

（九）水流。在江河源头区、集中式饮用水水源地、重要河流敏感河段和水生态修复治理区、水产种质资源保护区、水土流失重点预防区和重点治理区、大江大河重要蓄滞洪区以及具有重要饮用水源或重要生态功能的湖泊，全面开展生态保护补偿，适当提高补偿标准。加大水土保持生态效益补偿资金筹集力度。（水利部、环境保护部、住房城乡建设部、农业部、财政部、国家发展改革委负责）

（十）耕地。完善耕地保护补偿制度。建立以绿色生态为导向的农业生态治理补贴制度，对在地下水漏斗区、重金属污染区、生态严重退化地区实施耕地轮作休耕的农民给予资金补助。扩大新一轮退耕还林还草规模，逐步将25度以上陡坡地退出基本农田，纳入退耕还林还草补助范围。研究制定鼓励引导农民施用有机肥料和低毒生物农药的补助政策。（国土资源部、农业部、环境保护部、水利部、国家林业局、住房城乡建设部、财政部、国家发展改革委负责）

三、推进体制机制创新

（十一）建立稳定投入机制。多渠道筹措资金，加大生态保护补偿力度。中央财政考虑不同区域生态功能因素和支出成本差异，通过提高均衡性转移支付系数等方式，逐步增加对重点生态功能区的转移支付。中央预算内投资对重点生态功能区内的基础设施和基本公共服务设施建设予以倾斜。各省级人民政府要完善省以下转移支付制度，建立省级生态保护补偿资金投入机制，加大对省级重点生态功能区域的支持力度。完善森林、草原、海洋、渔业、自然文化遗产等资源收费基金和各类资源有偿使用收入的征收管理办法，逐步扩大资源税征收范围，允许相关收入用于开展相关领域生态保护补偿。完善生态保护成效与资金分配挂钩的激励约束机制，加强对生态保护补偿资金使用的监督管理。（财政部、国家发展改革委会同国土资源部、环境

保护部、住房城乡建设部、水利部、农业部、税务总局、国家林业局、国家海洋局负责）

（十二）完善重点生态区域补偿机制。继续推进生态保护补偿试点示范，统筹各类补偿资金，探索综合性补偿办法。划定并严守生态保护红线，研究制定相关生态保护补偿政策。健全国家级自然保护区、世界文化自然遗产、国家级风景名胜区、国家森林公园和国家地质公园等各类禁止开发区域的生态保护补偿政策。将青藏高原等重要生态屏障作为开展生态保护补偿的重点区域。将生态保护补偿作为建立国家公园体制试点的重要内容。（国家发展改革委、财政部会同环境保护部、国土资源部、住房城乡建设部、水利部、农业部、国家林业局、国务院扶贫办负责）

（十三）推进横向生态保护补偿。研究制定以地方补偿为主、中央财政给予支持的横向生态保护补偿机制办法。鼓励受益地区与保护生态地区、流域下游与上游通过资金补偿、对口协作、产业转移、人才培训、共建园区等方式建立横向补偿关系。鼓励在具有重要生态功能、水资源供需矛盾突出、受各种污染危害或威胁严重的典型流域开展横向生态保护补偿试点。在长江、黄河等重要河流探索开展横向生态保护补偿试点。继续推进南水北调中线工程水源区对口支援、新安江水环境生态补偿试点，推动在京津冀水源涵养区、广西广东九洲江、福建广东汀江—韩江、江西广东东江、云南贵州广西广东西江等开展跨地区生态保护补偿试点。（财政部会同国家发展改革委、国土资源部、环境保护部、住房城乡建设部、水利部、农业部、国家林业局、国家海洋局负责）

（十四）健全配套制度体系。加快建立生态保护补偿标准体系，根据各领域、不同类型地区特点，以生态产品产出能力为基础，完善测算方法，分别制定补偿标准。加强森林、草原、耕地等生态监测能力建设，完善重点生态功能区、全国重要江河湖泊水功能区、跨省流域断面水量水质国家重点监控点位布局和自动监测网络，制定和完善监测评估指标体系。研究建立生态保护补偿统计指标体系和信息发布制度。加强生态保护补偿效益评估，积极培育生态服务价值评估机构。健全自然资源资产产权制度，建立统一的确权登记系统和权责明确的产权体系。强化科技支撑，深化生态保护补偿理论和生态服务价值等课题研究。（国家发展改革委、财政部会同国土资源部、环境保护部、住房城乡建设部、水利部、农业部、国家林业局、国家海洋局、国家统计局负责）

（十五）创新政策协同机制。研究建立生态环境损害赔偿、生态产品市场交易与生态保护补偿协同推进生态环境保护的新机制。稳妥有序开展生态环境损害赔偿制度改革试点，加快形成损害生态者赔偿的运行机制。健全生态保护市场体系，完善生态产品价格形成机制，使保护者通过生态产品的交易获得收益，发挥市场机制促进生态保护的积极作用。建立用水权、排污权、碳排放权初始分配制度，完善有偿使用、预算管理、投融资机制，培育和发展交易平台。探索地区间、流域间、流域上下游等水权交易方式。推进重点流域、重点区域排污权交易，扩大排污权有偿使用和交易试点。逐步建立碳排放权交易制度。建立统一的绿色产品标准、认证、标识等体系，完善落实对绿色产品研发生产、运输配送、购买使用的财税金融支持和政府采购等政策。（国家发展改革委、财政部、环境保护部会同国土资源部、住房城乡建设部、水利部、税务总局、国家林业局、农业部、国家能源局、国家海洋局负责）

（十六）结合生态保护补偿推进精准脱贫。在生存条件差、生态系统重要、需要保护修复的地区，结合生态环境保护和治理，探索生态脱贫新路子。生态保护补偿资金、国家重大生态工程项目和资金按照精准扶贫、精准脱贫的要求向贫困地区倾斜，向建档立卡贫困人口倾斜。重点生态功能区转移支付要考虑贫困地区实际状况，加大投入力度，扩大实施范围。加大贫困地区新一轮退耕还林还草力度，合理调整基本农田保有量。开展贫困地区生态综合补偿试点，创新资金使用方式，利用生态保护补偿和生态保护工程资金使当地有劳动能力的部分贫困人口转为生态保护人员。对在贫困地区开发水电、矿产资源占用集体土地的，试行给原住居民集体股权方式进行补偿。（财政部、国家发展改革委、国务院扶贫办会同国土资源部、环境保护部、水利部、农业部、国家林业局、国家能源局负责）

（十七）加快推进法制建设。研究制定生态保护补偿条例。鼓励各地出台相关法规或规范性文件，不断推进生态保护补偿制度化和法制化。加快推进环境保护税立法。（国家发展改革委、财政部、国务院法制办会同国土资源部、环境保护部、住房城乡建设部、水利部、农业部、税务总局、国家林业局、国家海洋局、国家统计局、国家能源局负责）

四、加强组织实施

（十八）强化组织领导。建立由国家发展改革委、财政部会同有关部门组成的部际协调机制，加强跨行政区域生态保护补偿指导协调，组织开展政策实施效果评估，研究解决生态保护补偿机制建设中的重大问题，加强对各项任务的统筹推进和落实。地方各级人民政府要把健全生态保护补偿机制作为推进生态文明建设的重要抓手，列入重要议事日程，明确目标任务，制定科学合理的考核评价体系，实行补偿资金与考核结果挂钩的奖惩制度。及时总结试点情况，提炼可复制可推广的试点经验。

（十九）加强督促落实。各地区、各有关部门要根据本意见要求，结合实际情况，抓紧制定具体实施意见和配套文件。国家发展改革委、财政部要会同有关部门对落实本意见的情况进行监督检查和跟踪分析，每年向国务院报告。各级审计、监察部门要依法加强审计和监察。切实做好环境保护督察工作，督察行动和结果要同生态保护补偿工作有机结合。对生态保护补偿工作落实不力的，启动追责机制。

（二十）加强舆论宣传。加强生态保护补偿政策解读，及时回应社会关切。充分发挥新闻媒体作用，依托现代信息技术，通过典型示范、展览展示、经验交流等形式，引导全社会树立生态产品有价、保护生态人人有责的意识，自觉抵制不良行为，营造珍惜环境、保护生态的良好氛围。

《关于构建绿色金融体系的指导意见》

（2016 年 8 月 31 日，中国人民银行、财政部、国家发展改革委、
环境保护部、银监会、证监会、保监会印发，
银发〔2016〕228 号，全文如下）

目前，我国正处于经济结构调整和发展方式转变的关键时期，对支持绿色产业和经济、社会可持续发展的绿色金融的需求不断扩大。为全面贯彻《中共中央 国务院关于加快推进生态文明建设的意见》和《生态文明体制改革总体方案》精神，坚持创新、协调、绿色、开放、共享的发展理念，落实政府工作报告部署，从经济可持续发展全局出发，建立健全绿色金融体系，发挥资本市场优化资源配置、服务实体经济的功能，支持和促进生态文明建设，经国务院同意，现提出以下意见。

一、构建绿色金融体系的重要意义

（一）绿色金融是指为支持环境改善、应对气候变化和资源节约高效利用的经济活动，即对环保、节能、清洁能源、绿色交通、绿色建筑等领域的

项目投融资、项目运营、风险管理等所提供的金融服务。

（二）绿色金融体系是指通过绿色信贷、绿色债券、绿色股票指数和相关产品、绿色发展基金、绿色保险、碳金融等金融工具和相关政策支持经济向绿色化转型的制度安排。

（三）构建绿色金融体系主要目的是动员和激励更多社会资本投入到绿色产业，同时更有效地抑制污染性投资。构建绿色金融体系，不仅有助于加快我国经济向绿色化转型，支持生态文明建设，也有利于促进环保、新能源、节能等领域的技术进步，加快培育新的经济增长点，提升经济增长潜力。

（四）建立健全绿色金融体系，需要金融、财政、环保等政策和相关法律法规的配套支持，通过建立适当的激励和约束机制解决项目环境外部性问题。同时，也需要金融机构和金融市场加大创新力度，通过发展新的金融工具和服务手段，解决绿色投融资所面临的期限错配、信息不对称、产品和分析工具缺失等问题。

二、大力发展绿色信贷

（五）构建支持绿色信贷的政策体系。完善绿色信贷统计制度，加强绿色信贷实施情况监测评价。探索通过再贷款和建立专业化担保机制等措施支持绿色信贷发展。对于绿色信贷支持的项目，可按规定申请财政贴息支持。探索将绿色信贷纳入宏观审慎评估框架，并将绿色信贷实施情况关键指标评价结果、银行绿色评价结果作为重要参考，纳入相关指标体系，形成支持绿色信贷等绿色业务的激励机制和抑制高污染、高能耗和产能过剩行业贷款的约束机制。

（六）推动银行业自律组织逐步建立银行绿色评价机制。明确评价指标设计、评价工作的组织流程及评价结果的合理运用，通过银行绿色评价机制引导金融机构积极开展绿色金融业务，做好环境风险管理。对主要银行先行开展绿色信贷业绩评价，在取得经验的基础上，逐渐将绿色银行评价范围扩大至中小商业银行。

（七）推动绿色信贷资产证券化。在总结前期绿色信贷资产证券化业务试点经验的基础上，通过进一步扩大参与机构范围，规范绿色信贷基础资产遴选，探索高效、低成本抵质押权变更登记方式，提升绿色信贷资产证券化市场流动性，加强相关信息披露管理等举措，推动绿色信贷资产证券化业务常态化发展。

（八）研究明确贷款人环境法律责任。依据我国相关法律法规，借鉴环境法律责任相关国际经验，立足国情探索研究明确贷款人尽职免责要求和环境保护法律责任，适时提出相关立法建议。

（九）支持和引导银行等金融机构建立符合绿色企业和项目特点的信贷管理制度，优化授信审批流程，在风险可控的前提下对绿色企业和项目加大支持力度，坚决取消不合理收费，降低绿色信贷成本。

（十）支持银行和其他金融机构在开展信贷资产质量压力测试时，将环境和社会风险作为重要的影响因素，并在资产配置和内部定价中予以充分考虑。鼓励银行和其他金融机构对环境高风险领域的贷款和资产风险敞口进行评估，定量分析风险敞口在未来各种情景下对金融机构可能带来的信用和市场风险。

（十一）将企业环境违法违规信息等企业环境信息纳入金融信用信息基础数据库，建立企业环境信息的共享机制，为金融机构的贷款和投资决策提供依据。

三、推动证券市场支持绿色投资

（十二）完善绿色债券的相关规章制度，统一绿色债券界定标准。研究完善各类绿色债券发行的相关业务指引、自律性规则，明确发行绿色债券筹集的资金专门（或主要）用于绿色项目。加强部门间协调，建立和完善我国统一的绿色债券界定标准，明确发行绿色债券的信息披露要求和监管安排等。支持符合条件的机构发行绿色债券和相关产品，提高核准（备案）效率。

（十三）采取措施降低绿色债券的融资成本。支持地方和市场机构通过专业化的担保和增信机制支持绿色债券的发行，研究制定有助于降低绿色债券融资成本的其他措施。

（十四）研究探索绿色债券第三方评估和评级标准。规范第三方认证机构对绿色债券评估的质量要求。鼓励机构投资者在进行投资决策时参考绿色评估报告。鼓励信用评级机构在信用评级过程中专门评估发行人的绿色信用记录、募投项目绿色程度、环境成本对发行人及债项信用等级的影响，并在信用评级报告中进行单独披露。

（十五）积极支持符合条件的绿色企业上市融资和再融资。在符合发行上市相应法律法规、政策的前提下，积极支持符合条件的绿色企业按照法定程序发行上市。支持已上市绿色企业通过增发等方式进行再融资。

（十六）支持开发绿色债券指数、绿色股票指数以及相关产品。鼓励相关金融机构以绿色指数为基础开发公募、私募基金等绿色金融产品，满足投资者需要。

（十七）逐步建立和完善上市公司和发债企业强制性环境信息披露制度。对属于环境保护部门公布的重点排污单位的上市公司，研究制定并严格执行对主要污染物达标排放情况、企业环保设施建设和运行情况以及重大环境事件的具体信息披露要求。加大对伪造环境信息的上市公司和发债企业的惩罚力度。培育第三方专业机构为上市公司和发债企业提供环境信息披露服务的能力。鼓励第三方专业机构参与采集、研究和发布企业环境信息与分析报告。

（十八）引导各类机构投资者投资绿色金融产品。鼓励养老基金、保险资金等长期资金开展绿色投资，鼓励投资人发布绿色投资责任报告。提升机构投资者对所投资资产涉及的环境风险和碳排放的分析能力，就环境和气候因素对机构投资者（尤其是保险公司）的影响开展压力测试。

四、设立绿色发展基金，通过政府和社会资本合作（PPP）模式动员社会资本

（十九）支持设立各类绿色发展基金，实行市场化运作。中央财政整合现有节能环保等专项资金设立国家绿色发展基金，投资绿色产业，体现国家对绿色投资的引导和政策信号作用。鼓励有条件的地方政府和社会资本共同发起区域性绿色发展基金，支持地方绿色产业发展。支持社会资本和国际资本设立各类民间绿色投资基金。政府出资的绿色发展基金要在确保执行国家绿色发展战略及政策的前提下，按照市场化方式进行投资管理。

（二十）地方政府可通过放宽市场准入、完善公共服务定价、实施特许经营模式、落实财税和土地政策等措施，完善收益和成本风险共担机制，支持绿色发展基金所投资的项目。

（二十一）支持在绿色产业中引入PPP模式，鼓励将节能减排降碳、环保和其他绿色项目与各种相关高收益项目打捆，建立公共物品性质的绿色服务收费机制。推动完善绿色项目PPP相关法规规章，鼓励各地在总结现有PPP项目经验的基础上，出台更加具有操作性的实施细则。鼓励各类绿色发展基金支持以PPP模式操作的相关项目。

五、发展绿色保险

（二十二）在环境高风险领域建立环境污染强制责任保险制度。按程序推动制修订环境污染强制责任保险相关法律或行政法规，由环境保护部门会同保险监管机构发布实施性规章。选择环境风险较高、环境污染事件较为集中的领域，将相关企业纳入应当投保环境污染强制责任保险的范围。鼓励保险机构发挥在环境风险防范方面的积极作用，对企业开展"环保体检"，并将发现的环境风险隐患通报环境保护部门，为加强环境风险监督提供支持。完善环境损害鉴定评估程序和技术规范，指导保险公司加快定损和理赔进度，及时救济污染受害者、降低对环境的损害程度。

（二十三）鼓励和支持保险机构创新绿色保险产品和服务。建立完善与气候变化相关的巨灾保险制度。鼓励保险机构研发环保技术装备保险、针对低碳环保类消费品的产品质量安全责任保险、船舶污染损害责任保险、森林保险和农牧业灾害保险等产品。积极推动保险机构参与养殖业环境污染风险管理，建立农业保险理赔与病死牲畜无害化处理联动机制。

（二十四）鼓励和支持保险机构参与环境风险治理体系建设。鼓励保险机构充分发挥防灾减灾功能，积极利用互联网等先进技术，研究建立面向环境污染责任保险投保主体的环境风险监控和预警机制，实时开展风险监测，定期开展风险评估，及时提示风险隐患，高效开展保险理赔。鼓励保险机构充分发挥风险管理专业优势，开展面向企业和社会公众的环境风险管理知识普及工作。

六、完善环境权益交易市场、丰富融资工具

（二十五）发展各类碳金融产品。促进建立全国统一的碳排放权交易市场和有国际影响力的碳定价中心。有序发展碳远期、碳掉期、碳期权、碳租赁、碳债券、碳资产证券化和碳基金等碳金融产品和衍生工具，探索研究碳排放权期货交易。

（二十六）推动建立排污权、节能量（用能权）、水权等环境权益交易市场。在重点流域和大气污染防治重点领域，合理推进跨行政区域排污权交易，扩大排污权有偿使用和交易试点。加强排污权交易制度建设和政策创新，制定完善排污权核定和市场化价格形成机制，推动建立区域性及全国性排污权交易市场。建立和完善节能量（用能权）、水权交易市场。

（二十七）发展基于碳排放权、排污权、节能量（用能权）等各类环境权益的融资工具，拓宽企业绿色融资渠道。在总结现有试点地区银行开展环境权益抵质押融资经验的基础上，确定抵质押物价值测算方法及抵质押率参考范围，完善市场化的环境权益定价机制，建立高效的抵质押登记及公示系统，探索环境权益回购等模式解决抵质押物处置问题，推动环境权益及其未来收益权切实成为合格抵质押物，进一步降低环境权益抵质押物业务办理的合规风险。发展环境权益回购、保理、托管等金融产品。

七、支持地方发展绿色金融

（二十八）探索通过再贷款、宏观审慎评估框架、资本市场融资工具等支持地方发展绿色金融。鼓励和支持有条件的地方通过专业化绿色担保机制、设立绿色发展基金等手段撬动更多的社会资本投资于绿色产业。支持地方充分利用绿色债券市场为中长期、有稳定现金流的绿色项目提供融资。支持地方将环境效益显著的项目纳入绿色项目库，并在全国性的资产交易中心挂牌，为利用多种渠道融资提供条件。支持国际金融机构和外资机构与地方合作，开展绿色投资。

八、推动开展绿色金融国际合作

（二十九）广泛开展绿色金融领域的国际合作。继续在二十国集团框架下推动全球形成共同发展绿色金融的理念，推广与绿色信贷和绿色投资相关的自愿准则和其他绿色金融领域的最佳经验，促进绿色金融领域的能力建设。通过"一带一路"倡议，上海合作组织、中国－东盟等区域合作机制和南南合作，以及亚洲基础设施投资银行和金砖国家新开发银行撬动民间绿色投资的作用，推动区域性绿色金融国际合作，支持相关国家的绿色投资。

（三十）积极稳妥推动绿色证券市场双向开放。支持我国金融机构和企业到境外发行绿色债券。充分利用双边和多边合作机制，引导国际资金投资于我国的绿色债券、绿色股票和其他绿色金融资产。鼓励设立合资绿色发展基金。支持国际金融组织和跨国公司在境内发行绿色债券、开展绿色投资。

（三十一）推动提升对外投资绿色水平。鼓励和支持我国金融机构、非金融企业和我国参与的多边开发性机构在"一带一路"和其他对外投资项目中加强环境风险管理，提高环境信息披露水平，使用绿色债券等绿色融资工具筹集资金，开展绿色供应链管理，探索使用环境污染责任保险等工具进行环境风险管理。

九、防范金融风险，强化组织落实

（三十二）完善与绿色金融相关监管机制，有效防范金融风险。加强对绿色金融业务和产品的监管协调，综合运用宏观审慎与微观审慎监管工具，统一和完善有关监管规则和标准，强化对信息披露的要求，有效防范绿色信贷和绿色债券的违约风险，充分发挥股权融资作用，防止出现绿色项目杠杆率过高、资本空转和"洗绿"等问题，守住不发生系统性金融风险底线。

（三十三）相关部门要加强协作、形成合力，共同推动绿色金融发展。人民银行、财政部、发展改革委、环境保护部、银监会、证监会、保监会等部门应当密切关注绿色金融业务发展及相关风险，对激励和监管政策进行跟踪评估，适时调整完善。加强金融信息基础设施建设，推动信息和统计数据共享，建立健全相关分析预警机制，强化对绿色金融资金运用的监督和评估。

（三十四）各地区要从当地实际出发，以解决突出的生态环境问题为重点，积极探索和推动绿色金融发展。地方政府要做好绿色金融发展规划，明确分工，将推动绿色金融发展纳入年度工作责任目标。提升绿色金融业务能力，加大人才培养引进力度。

（三十五）加大对绿色金融的宣传力度。积极宣传绿色金融领域的优秀案例和业绩突出的金融机构和绿色企业，推动形成发展绿色金融的广泛共识。在全社会进一步普及环保意识，倡导绿色消费，形成共建生态文明、支持绿色金融发展的良好氛围。

《重点生态功能区产业准入负面清单编制实施办法》

（2016 年 10 月 21 日中国国家发展和改革委员会发布，全文如下）

根据党的十八届五中全会有关要求，为推动重点生态功能区产业准入负面清单（以下简称负面清单）编制实施工作的制度化、规范化，制定本办法。

一、总体考虑和基本原则

在开展资源环境承载能力评价的基础上，遵循"县市制定、省级统筹、国家衔接、对外公布"的工作机制，因地制宜制定限制和禁止发展的产业目录，完善相关配套政策，强化生态环境监管，确保严格按照主体功能定位谋划发展。遵循以下原则：

（一）坚持分工协作。县（市、区）层面根据本地资源禀赋条件和现有产业情况，具体负责拟定负面清单；省级层面负责统筹审定各县（市、区）负面清单，并按照国家层面的衔接审查意见修改完善、公布实施、加强监督；国家层面负责做好对各地负面清单的衔接审查、监督管理和奖惩激励工作。

（二）突出因地制宜。区分水源涵养、水土保持、防风固沙和生物多样性维护等不同类型重点生态功能区的特点和保护需要，形成更具针对性的负面清单，必要时应明确不同类型产业所适用的具体区域范围，避免"一刀切"。

（三）注重衔接协调。加强位于同一重点生态功能区范围内的省（自治区、直辖市）以及县（市、区）之间、资源要素禀赋条件相近区域之间的沟通协调，确保负面清单的协同性。

（四）强化底线约束。将《产业结构调整指导目录》（以下简称《指导目录》）、《市场准入负面清单草案（试点版）》（以下简称《清单草案》）、《关于加快推进生态文明建设的意见》《生态文明体制改革总体方案》和地方性相关规划、意见、方案中已经明确的限制类和禁止类产业作为底线，进一步细化从严提出需要限制、禁止的产业类型，不得擅自放宽或选择性执行国家产业政策的限制性规定。

（五）严格监督考核。实行最严格的产业准入标准，强化对各类开发活动的严格管控。建立健全负面清单实施情况监督检查和问责惩戒机制，建立与重点生态功能区动态调整、配套激励奖惩政策衔接挂钩的协调机制。

二、编制实施程序

（一）摸底研究阶段。各县（市、区）人民政府收集整理与负面清单相关的法律法规、环境政策、产业政策和标准等，全面梳理本行政区域内的产业发展情况，系统评估区域生态环境状况，筛选并提出纳入负面清单的产业类型。

（二）编制起草阶段。各县（市、区）人民政府依据《国民经济行业分类（GB/T 4754—2011）》（以下简称《行业分类》）对产业类型进行规范，针对限制类和禁止类产业分别提出管控要求，编制形成负面清单和相关说明文件。

（三）统筹审核阶段。各省（自治区、直辖市）发展改革委会同有关部门，对各县（市、区）负面清单进行统筹审核，并督促各县（市、区）广泛听取意见、进行修改完善后，汇总报国家发展改革委。国家发展改革委会同有关部门和科研机构，组织开展技术审核论证，形成衔接审查意见，反馈各省（自治区、直辖市）发展改革委。列入负面清单的产业涉及毗邻军事区域的，应通报部队有关部门参与会审。

（四）公布实施阶段。各省（自治区、直辖市）发展改革委会同有关部门，根据国家发展改革委反馈的衔接审查意见，对负面清单进行修改完善，报请省级人民政府批准后公布实施，并报国家发展改革委统筹上报国务院备案。

（五）监督考核阶段。各省（自治区、直辖市）人民政府和国务院有关部门要对负面清单执行情况进行监督检查，每年形成专项报告，作为考核重点生态功能区建设成效、完善配套激励奖惩政策的重要依据。

三、编制规范要求

（一）加强产业梳理筛选。根据不同类型重点生态功能区发展方向和开发管制原则，结合生态环境影响评估结果，将不适宜产业筛选纳入负面清单，第一产业重点针对农、林、牧、渔业等；第二产业重点针对采矿、制造、建筑、电力、热力、燃气及水的生产和供应业等；第三产业重点针对交通运输和仓储、房地产、水利管理业等。属于国家层面规划布局的产业，如核能发电、航空运输、跨流域调水等，不纳入负面清单管理。

（二）标明产业分类代码。按照《行业分类》对筛选纳入负面清单的产业类型及名称进行规范，分别细化至大类、中类和小类，并注明分类代码。

（三）划分产业管控类型。对照《指导目录》中的鼓励类、限制类、淘汰类和《清单草案》中的禁止准入类、限制准入类产业管控类型，结合本地资源禀赋条件和生态保护需要，确定限制、禁止的产业类型和管制空间。

限制类产业，要包括《指导目录》和《清单草案》的限制类产业，以及与所属重点生态功能区发展方向和开发管制原则不相符合的允许类、鼓励类产业。

禁止类产业，要包括《指导目录》和《清单草案》的淘汰类、禁止类产业，以及不具备区域资源禀赋条件、不符合所属重点生态功能区开发管制原则的限制类、允许类、鼓励类产业。

（四）从严提出管控要求。按照不同类型重点生态功能区发展方向和开发管制原则，以及《指导目录》和《清单草案》、各行业规范条件、产业准入条件、地方相关产业准入政策等，从严提出可量化、可操作的管控要求。

对于限制类产业，要对限制的规模（或产量）、区位（或范围）、生产工艺、清洁生产水平等予以明确界定，强化规划选址管理，对不符合要求的现有产业（企业）要提出关停并转或技术改造升级的时限要求（原则上不超过3年，下同）和具体措施。

对于禁止类产业，要在全域范围内禁止发展，现有产业（企业）在《指导目录》和《清单草案》淘汰范围内的要立即关闭，其他现有产业（企业）要提出退出的时限要求和具体措施，对受损企业提供合理的补偿或转移安置费用。

对于本行政区域内的自然保护区、风景名胜区、饮用水水源保护区等由法律法规管控的区域，其管控要求依法执行，不再另行制定。

（五）编制成果要求。各县（市、区）负面清单编制成果，要包括负面清单和编制说明。

四、技术审核要求

按照"客观公正、突出重点、确保底线、科学规范"的原则，对负面清单进行技术审核。主要审核列入负面清单的产业目录中，涵盖范围的全面性、名称及代码的规范性、管控类型的合理性以及管控要求的针对性。同时，结合不同类型重点生态功能区，进行各有侧重的技术审核。

五、加强实施管控

（一）加强动态监控。按照负面清单管理要求，利用对地观测遥感技术和水土环境监测网络等，对各类建设开发活动特别是产业发展行为，以及各类生态系统变化、污染物排放情况等，实施动态监控，及时发现负面清单实施过程中出现的问题和偏差。

（二）加强监督管理。各省（自治区、直辖市）人民政府和国务院有关部门要对各县（市、区）负面清单执行情况进行监督检查，开展负面清单实施成效第三方评估，对实施成效不力的进行通报批评并督促整改，经过整改仍达不到要求的，采取扣减生态补偿资金、实施区域限批等处罚措施，直至调整退出重点生态功能区范围。

（三）加强激励考核。建立符合生态文明建设要求并有利于推动负面清单落地实施的激励考核评价体系，提高其占地方生态环境绩效考核的权重，深入研究相关配套措施和手段，强化负面清单考评结果运用，严格执行生态环境损害责任终身追究制度，加大奖励惩戒力度，有效引导和约束各地按照主体功能定位谋划发展。

《"十三五"生态环境保护规划》

国务院关于印发"十三五"生态保护规划的通知

第一章　全国生态环境保护形势

党中央、国务院高度重视生态环境保护工作。"十二五"以来，坚决向污染宣战，全力推进大气、水、土壤污染防治，持续加大生态环境保护力度，生态环境质量有所改善，完成了"十二五"规划确定的主要目标和任务。"十三五"期间，经济社会发展不平衡、不协调、不可持续的问题仍然突出，多阶段、多领域、多类型生态环境问题交织，生态环境与人民群众需求和期待差距较大，提高环境质量，加强生态环境综合治理，加快补齐生态环境短板，是当前核心任务。

第一节　生态环境保护取得积极进展

生态文明建设上升为国家战略。党中央、国务院高度重视生态文明建设。习近平总书记多次强调，"绿水青山就是金山银山"，"要坚持节约资源和保护环境的基本国策"，"像保护眼睛一样保护生态环境，像对待生命一样对待生态环境"。李克强总理多次指出，要加大环境综合治理力度，提高生态文明水平，促进绿色发展，下决心走出一条经济发展与环境改善双赢之路。党的十八大以来，党中央、国务院把生态文明建设摆在更加重要的战略位置，纳入"五位一体"总体布局，作出一系列重大决策部署，出台《生态文明体制改革总体方案》，实施大气、水、土壤污染防治行动计划。把发展观、执政观、自然观内在统一起来，融入到执政理念、发展理念中，生态文明建设的认识高度、实践深度、推进力度前所未有。

生态环境质量有所改善。2015 年，全国 338 个地级及以上城市细颗粒物（$PM_{2.5}$）年均浓度为 50 微克/立方米，首批开展监测的 74 个城市细颗粒物年均浓度比 2013 年下降 23.6%，京津冀、长三角、珠三角分别下降27.4%、20.9%、27.7%，酸雨区占国土面积比例由历史高峰值的 30% 左右降至 7.6%，大气污染防治初见成效。全国 1940 个地表水国控断面Ⅰ—

Ⅲ类比例提高至66%，劣Ⅴ类比例下降至9.7%，大江大河干流水质明显改善。全国森林覆盖率提高至21.66%，森林蓄积量达到151.4亿立方米，草原综合植被盖度54%。建成自然保护区2740个，占陆地国土面积14.8%，超过90%的陆地自然生态系统类型、89%的国家重点保护野生动植物种类以及大多数重要自然遗迹在自然保护区内得到保护，大熊猫、东北虎、朱鹮、藏羚羊、扬子鳄等部分珍稀濒危物种野外种群数量稳中有升。荒漠化和沙化状况连续三个监测周期实现面积"双缩减"。

治污减排目标任务超额完成。到2015年，全国脱硫、脱硝机组容量占煤电总装机容量比例分别提高到99%、92%，完成煤电机组超低排放改造1.6亿千瓦。全国城市污水处理率提高到92%，城市建成区生活垃圾无害化处理率达到94.1%。7.2万个村庄实施环境综合整治，1.2亿多农村人口直接受益。6.1万家规模化养殖场（小区）建成废弃物处理和资源化利用设施。"十二五"期间，全国化学需氧量和氨氮、二氧化硫、氮氧化物排放总量分别累计下降12.9%、13%、18%、18.6%。

生态保护与建设取得成效。天然林资源保护、退耕还林还草、退牧还草、防护林体系建设、河湖与湿地保护修复、防沙治沙、水土保持、石漠化治理、野生动植物保护及自然保护区建设等一批重大生态保护与修复工程稳步实施。重点国有林区天然林全部停止商业性采伐。全国受保护的湿地面积增加525.94万公顷，自然湿地保护率提高到46.8%。沙化土地治理10万平方公里、水土流失治理26.6万平方公里。完成全国生态环境十年变化（2000—2010年）调查评估，发布《中国生物多样性红色名录》。建立各级森林公园、湿地公园、沙漠公园4300多个。16个省（区、市）开展生态省建设，1000多个市（县、区）开展生态市（县、区）建设，114个市（县、区）获得国家生态建设示范区命名。国有林场改革方案及国有林区改革指导意见印发实施，6个省完成国有林场改革试点任务。

环境风险防控稳步推进。到2015年，50个危险废物、273个医疗废物集中处置设施基本建成，历史遗留的670万吨铬渣全部处置完毕，铅、汞、镉、铬、砷五种重金属污染物排放量比2007年下降27.7%，涉重金属突发环境事件数量大幅减少。科学应对天津港"8·12"特别重大火灾爆炸等事故环境影响。核设施安全水平持续提高，核技术利用管理日趋规范，辐射环境质量保持良好。

生态环境法治建设不断完善。环境保护法、大气污染防治法、放射性废物安全管理条例、环境空气质量标准等完成制修订，生态环境损害责任追究办法等文件陆续出台，生态保护补偿机制进一步健全。深入开展环境保护法实施年活动和环境保护综合督察。全社会生态环境法治观念和意识不断加强。

第二节　生态环境是全面建成小康社会的突出短板

污染物排放量大面广，环境污染重。我国化学需氧量、二氧化硫等主要污染物排放量仍然处于2000万吨左右的高位，环境承载能力超过或接近上限。78.4%的城市空气质量未达标，公众反映强烈的重度及以上污染天数比例占3.2%，部分地区冬季空气重污染频发高发。饮用水水源安全保障水平亟需提升，排污布局与水环境承载能力不匹配，城市建成区黑臭水体大量存在，湖库富营养化问题依然突出，部分流域水体污染依然较重。全国土壤点位超标率16.1%，耕地土壤点位超标率19.4%，工矿废弃地土壤污染问题突出。城乡环境公共服务差距大，治理和改善任务艰巨。

山水林田湖缺乏统筹保护，生态损害大。中度以上生态脆弱区域占全国陆地国土面积的55%，荒漠化和石漠化土地占国土面积的近20%。森林系统低质化、森林结构纯林化、生态功能低效化、自然景观人工化趋势加剧，每年违法违规侵占林地约200万亩，全国森林单位面积蓄积量只有全球平均水平的78%。全国草原生态总体恶化局面尚未根本扭转，中度和重度退化草原面积仍占1/3以上，已恢复的草原生态系统较为脆弱。全国湿地面积近年来每年减少约510万亩，900多种脊椎动物、3700多种高等植物生存受到威胁。资源过度开发利用导致生态破坏问题突出，生态空间不断被蚕食侵占，一些地区生态资源破坏严重，系统保护难度加大。

产业结构和布局不合理，生态环境风险高。我国是化学品生产和消费大国，有毒有害污染物种类不断增加，区域性、结构性、布局性环境风险日益凸显。环境风险企业数量庞大、近水靠城，危险化学品安全事故导致的环境污染事件频发。突发环境事件呈现原因复杂、污染物质多样、影响地域敏感、影响范围扩大的趋势。过去十年年均发生森林火灾7600多起，森林病虫害发生面积1.75亿亩以上。近年来，年均截获有害生物达100万批次，动植物传染及检疫性有害生物从国境口岸传入风险高。

第三节　生态环境保护面临机遇与挑战

"十三五"期间，生态环境保护面临重要的战略机遇。全面深化改革与全面依法治国深入推进，创新发展和绿色发展深入实施，生态文明建设体制机制逐步健全，为环境保护释放政策红利、法治红利和技术红利。经济转型升级、供给侧结构性改革加快化解重污染过剩产能、增加生态产品供给，污染物新增排放压力趋缓。公众生态环境保护意识日益增强，全社会保护生态环境的合力逐步形成。

同时，我国工业化、城镇化、农业现代化的任务尚未完成，生态环境保护仍面临巨大压力。伴随着经济下行压力加大，发展与保护的矛盾更加突出，一些地方环保投入减弱，进一步推进环境治理和质量改善任务艰巨。区域生态环境分化趋势显现，污染点状分布转向面上扩张，部分地区生态系统稳定性和服务功能下降，统筹协调保护难度大。我国积极应对全球气候变化，推进"一带一路"建设，国际社会尤其是发达国家要求我国承担更多环境责任，深度参与全球环境治理挑战大。

"十三五"期间，生态环境保护机遇与挑战并存，既是负重前行、大有作为的关键期，也是实现质量改善的攻坚期、窗口期。要充分利用新机遇新条件，妥善应对各种风险和挑战，坚定推进生态环境保护，提高生态环境质量。

第二章　指导思想、基本原则与主要目标

第一节　指导思想

全面贯彻党的十八大和十八届三中、四中、五中、六中全会精神，以邓小平理论、"三个代表"重要思想、科学发展观为指导，深入贯彻习近平总书记系列重要讲话精神和治国理政新理念新思想新战略，统筹推进"五位一体"总体布局和协调推进"四个全面"战略布局，牢固树立和贯彻落实创新、协调、绿色、开放、共享的发展理念，按照党中央、国务院决策部署，以提高环境质量为核心，实施最严格的环境保护制度，打好大气、水、土壤污染防治三大战役，加强生态保护与修复，严密防控生态环境风险，加快推进生态环境领域国家治理体系和治理能力现代化，不断提高生态环境管理系统化、科学化、法治化、精细化、信息化水平，为人民提供更多优质生态产品，为实现"两个一百年"奋斗目标和中华民族伟大复兴的中国梦作出贡献。

第二节　基本原则

坚持绿色发展、标本兼治。绿色富国、绿色惠民，处理好发展和保护的

关系，协同推进新型工业化、城镇化、信息化、农业现代化与绿色化。坚持立足当前与着眼长远相结合，加强生态环境保护与稳增长、调结构、惠民生、防风险相结合，强化源头防控，推进供给侧结构性改革，优化空间布局，推动形成绿色生产和绿色生活方式，从源头预防生态破坏和环境污染，加大生态环境治理力度，促进人与自然和谐发展。

坚持质量核心、系统施治。以解决生态环境突出问题为导向，分区域、分流域、分阶段明确生态环境质量改善目标任务。统筹运用结构优化、污染治理、污染减排、达标排放、生态保护等多种手段，实施一批重大工程，开展多污染物协同防治，系统推进生态修复与环境治理，确保生态环境质量稳步提升，提高优质生态产品供给能力。

坚持空间管控、分类防治。生态优先，统筹生产、生活、生态空间管理，划定并严守生态保护红线，维护国家生态安全。建立系统完整、责权清晰、监管有效的管理格局，实施差异化管理，分区分类管控，分级分项施策，提升精细化管理水平。

坚持改革创新、强化法治。以改革创新推进生态环境保护，转变环境治理理念和方式，改革生态环境治理基础制度，建立覆盖所有固定污染源的企业排放许可制，实行省以下环保机构监测监察执法垂直管理制度，加快形成系统完整的生态文明制度体系。加强环境立法、环境司法、环境执法，从硬从严，重拳出击，促进全社会遵纪守法。依靠法律和制度加强生态环境保护，实现源头严防、过程严管、后果严惩。

坚持履职尽责、社会共治。建立严格的生态环境保护责任制度，合理划分中央和地方环境保护事权和支出责任，落实生态环境保护"党政同责"、"一岗双责"。落实企业环境治理主体责任，动员全社会积极参与生态环境保护，激励与约束并举，政府与市场"两手发力"，形成政府、企业、公众共治的环境治理体系。

第三节　主　要　目　标

到2020年，生态环境质量总体改善。生产和生活方式绿色、低碳水平上升，主要污染物排放总量大幅减少，环境风险得到有效控制，生物多样性下降势头得到基本控制，生态系统稳定性明显增强，生态安全屏障基本形成，生态环境领域国家治理体系和治理能力现代化取得重大进展，生态文明建设水平与全面建成小康社会目标相适应。

| 专栏 1 | "十三五"生态环境保护主要指标 |

指标		2015 年	2020 年	〔累计〕[1]	属性
生态环境质量					
1. 空气质量	地级及以上城市[2]空气质量优良天数比率（%）	76.7	>80	—	约束性
	细颗粒物未达标地级及以上城市浓度下降（%）	—	—	〔18〕	约束性
	地级及以上城市重度及以上污染天数比例下降（%）	—	—	〔25〕	预期性
2. 水环境质量	地表水质量[3]达到或好于Ⅲ类水体比例（%）	66	>70	—	约束性
	地表水质量劣Ⅴ类水体比例（%）	9.7	<5	—	约束性
	重要江河湖泊水功能区水质达标率（%）	70.8	>80	—	预期性
	地下水质量极差比例（%）	15.7[4]	15 左右	—	预期性
	近岸海域水质优良（一、二类）比例（%）	70.5	70 左右	—	预期性
3. 土壤环境质量	受污染耕地安全利用率（%）	70.6	90 左右	—	约束性
	污染地块安全利用率（%）	—	90 以上	—	约束性
4. 生态状况	森林覆盖率（%）	21.66	23.04	〔1.38〕	约束性
	森林蓄积量（亿立方米）	151	165	〔14〕	约束性
	湿地保有量（亿亩）	—	≥8	—	预期性
	草原综合植被盖度（%）	54	56	—	预期性
	重点生态功能区所属县域生态环境状况指数	60.4	>60.4	—	预期性
污染物排放总量					
5. 主要污染物排放总量减少（%）	化学需氧量	—	—	〔10〕	约束性
	氨氮	—	—	〔10〕	
	二氧化硫	—	—	〔15〕	
	氮氧化物	—	—	〔15〕	

指标		2015 年	2020 年	〔累计〕	属性
污染物排放总量					
6. 区域性污染物排放总量减少（%）	重点地区重点行业挥发性有机物5	—	—	〔10〕	预期性
	重点地区总氮6	—	—	〔10〕	预期性
	重点地区总磷7	—	—	〔10〕	
生态保护修复					
7. 国家重点保护野生动植物保护率（%）		—	＞95	—	预期性
8. 全国自然岸线保有率（%）		—	≥35	—	预期性
9. 新增沙化土地治理面积（万平方公里）		—	—	〔10〕	预期性
10. 新增水土流失治理面积（万平方公里）		—	—	〔27〕	预期性

注：1. 〔〕内为五年累计数。
　　2. 空气质量评价覆盖全国 338 个城市（含地、州、盟所在地及部分省辖县级市，不含三沙和儋州）。
　　3. 水环境质量评价覆盖全国地表水国控断面，断面数量由"十二五"期间的 972 个增加到 1940 个。
　　4. 为 2013 年数据。
　　5. 在重点地区、重点行业推进挥发性有机物总量控制，全国排放总量下降 10% 以上。
　　6. 对沿海 56 个城市及 29 个富营养化湖库实施总氮总量控制。
　　7. 总磷超标的控制单元以及上游相关地区实施总磷总量控制。

第三章　强化源头防控，夯实绿色发展基础

绿色发展是从源头破解我国资源环境约束瓶颈、提高发展质量的关键。要创新调控方式，强化源头管理，以生态空间管控引导构建绿色发展格局，以生态环境保护推进供给侧结构性改革，以绿色科技创新引领生态环境治理，促进重点区域绿色、协调发展，加快形成节约资源和保护环境的空间布局、产业结构和生产生活方式，从源头保护生态环境。

第一节　强化生态空间管控

全面落实主体功能区规划。强化主体功能区在国土空间开发保护中的基础作用，推动形成主体功能区布局。依据不同区域主体功能定位，制定差异化的生态环境目标、治理保护措施和考核评价要求。禁止开发区域实施强制性生态环境保护，严格控制人为因素对自然生态和自然文化遗产原真性、完整性的干扰，严禁不符合主体功能定位的各类开发活动，引导人口逐步有序

转移。限制开发的重点生态功能区开发强度得到有效控制，形成环境友好型的产业结构，保持并提高生态产品供给能力，增强生态系统服务功能。限制开发的农产品主产区着力保护耕地土壤环境，确保农产品供给和质量安全。重点开发区域加强环境管理与治理，大幅降低污染物排放强度，减少工业化、城镇化对生态环境的影响，改善人居环境，努力提高环境质量。优化开发区域引导城市集约紧凑、绿色低碳发展，扩大绿色生态空间，优化生态系统格局。实施海洋主体功能区规划，优化海洋资源开发格局。

划定并严守生态保护红线。2017 年底前，京津冀区域、长江经济带沿线各省（市）划定生态保护红线；2018 年底前，其他省（区、市）划定生态保护红线；2020 年底前，全面完成全国生态保护红线划定、勘界定标，基本建立生态保护红线制度。制定生态保护红线管控措施，建立健全生态保护补偿机制，定期发布生态保护红线保护状况信息。建立监控体系与评价考核制度，对各省（区、市）生态保护红线保护成效进行评价考核。全面保障国家生态安全，保护和提升森林、草原、河流、湖泊、湿地、海洋等生态系统功能，提高优质生态产品供给能力。

推动"多规合一"。以主体功能区规划为基础，规范完善生态环境空间管控、生态环境承载力调控、环境质量底线控制、战略环评与规划环评刚性约束等环境引导和管控要求，制定落实生态保护红线、环境质量底线、资源利用上线和环境准入负面清单的技术规范，强化"多规合一"的生态环境支持。以市县级行政区为单元，建立由空间规划、用途管制、差异化绩效考核等构成的空间治理体系。积极推动建立国家空间规划体系，统筹各类空间规划，推进"多规合一"。研究制定生态环境保护促进"多规合一"的指导意见。自 2018 年起，启动省域、区域、城市群生态环境保护空间规划研究。

第二节　推进供给侧结构性改革

强化环境硬约束推动淘汰落后和过剩产能。建立重污染产能退出和过剩产能化解机制，对长期超标排放的企业、无治理能力且无治理意愿的企业、达标无望的企业，依法予以关闭淘汰。修订完善环境保护综合名录，推动淘汰高污染、高环境风险的工艺、设备与产品。鼓励各地制定范围更宽、标准更高的落后产能淘汰政策，京津冀地区要加大对不能实现达标排放的钢铁等过剩产能淘汰力度。依据区域资源环境承载能力，确定各地区造纸、制革、印染、焦化、炼硫、炼砷、炼油、电镀、农药等行业规模限值。实行新

（改、扩）建项目重点污染物排放等量或减量置换。调整优化产业结构，煤炭、钢铁、水泥、平板玻璃等产能过剩行业实行产能等量或减量置换。

严格环保能耗要求促进企业加快升级改造。实施能耗总量和强度"双控"行动，全面推进工业、建筑、交通运输、公共机构等重点领域节能。严格新建项目节能评估审查，加强工业节能监察，强化全过程节能监管。钢铁、有色金属、化工、建材、轻工、纺织等传统制造业全面实施电机、变压器等能效提升、清洁生产、节水治污、循环利用等专项技术改造，实施系统能效提升、燃煤锅炉节能环保综合提升、绿色照明、余热暖民等节能重点工程。支持企业增强绿色精益制造能力，推动工业园区和企业应用分布式能源。

促进绿色制造和绿色产品生产供给。从设计、原料、生产、采购、物流、回收等全流程强化产品全生命周期绿色管理。支持企业推行绿色设计，开发绿色产品，完善绿色包装标准体系，推动包装减量化、无害化和材料回收利用。建设绿色工厂，发展绿色工业园区，打造绿色供应链，开展绿色评价和绿色制造工艺推广行动，全面推进绿色制造体系建设。增强绿色供给能力，整合环保、节能、节水、循环、低碳、再生、有机等产品认证，建立统一的绿色产品标准、认证、标识体系。发展生态农业和有机农业，加快有机食品基地建设和产业发展，增加有机产品供给。到2020年，创建百家绿色设计示范企业、百家绿色示范园区、千家绿色示范工厂，绿色制造体系基本建立。

推动循环发展。实施循环发展引领计划，推进城市低值废弃物集中处置，开展资源循环利用示范基地和生态工业园区建设，建设一批循环经济领域国家新型工业化产业示范基地和循环经济示范市县。实施高端再制造、智能再制造和在役再制造示范工程。深化工业固体废物综合利用基地建设试点，建设产业固体废物综合利用和资源再生利用示范工程。依托国家"城市矿产"示范基地，培育一批回收和综合利用骨干企业、再生资源利用产业基地和园区。健全再生资源回收利用网络，规范完善废钢铁、废旧轮胎、废旧纺织品与服装、废塑料、废旧动力电池等综合利用行业管理。尝试建立逆向回收渠道，推广"互联网＋回收"、智能回收等新型回收方式，实行生产者责任延伸制度。到2020年，全国工业固体废物综合利用率提高到73%。实现化肥农药零增长，实施循环农业示范工程，推进秸秆高值化和产业化利用。到2020年，秸秆综合利用率达到85%，国家现代农业示范区和粮食主产县基本实现农业资源循环利用。

推进节能环保产业发展。推动低碳循环、治污减排、监测监控等核心环保技术工艺、成套产品、装备设备、材料药剂研发与产业化，尽快形成一批具有竞争力的主导技术和产品。鼓励发展节能环保技术咨询、系统设计、设备制造、工程施工、运营管理等专业化服务。大力发展环境服务业，推进形成合同能源管理、合同节水管理、第三方监测、环境污染第三方治理及环境保护政府和社会资本合作等服务市场，开展小城镇、园区环境综合治理托管服务试点。规范环境绩效合同管理，逐步建立环境服务绩效评价考核机制。发布政府采购环境服务清单。鼓励社会资本投资环保企业，培育一批具有国际竞争力的大型节能环保企业与环保品牌。鼓励生态环保领域大众创业、万众创新。充分发挥环保行业组织、科技社团在环保科技创新、成果转化和产业化过程中的作用。完善行业监管制度，开展环保产业常规调查统计工作，建立环境服务企业诚信档案，发布环境服务业发展报告。

第三节　强化绿色科技创新引领

推进绿色化与创新驱动深度融合。把绿色化作为国家实施创新驱动发展战略、经济转型发展的重要基点，推进绿色化与各领域新兴技术深度融合发展。发展智能绿色制造技术，推动制造业向价值链高端攀升。发展生态绿色、高效安全的现代农业技术，深入开展节水农业、循环农业、有机农业、现代林业和生物肥料等技术研发，促进农业提质增效和可持续发展。发展安全、清洁、高效的现代能源技术，推动能源生产和消费革命。发展资源节约循环利用的关键技术，建立城镇生活垃圾资源化利用、再生资源回收利用、工业固体废物综合利用等技术体系。重点针对大气、水、土壤等问题，形成源头预防、末端治理和生态环境修复的成套技术。

加强生态环保科技创新体系建设。瞄准世界生态环境科技发展前沿，立足我国生态环境保护的战略要求，突出自主创新、综合集成创新，加快构建层次清晰、分工明确、运行高效、支撑有力的国家生态环保科技创新体系。重点建立以科学研究为先导的生态环保科技创新理论体系，以应用示范为支撑的生态环保技术研发体系，以人体健康为目标的环境基准和环境标准体系，以提升竞争力为核心的环保产业培育体系，以服务保障为基础的环保科技管理体系。实施环境科研领军人才工程，加强环保专业技术领军人才和青年拔尖人才培养，重点建设一批创新人才培养基地，打造一批高水平创新团队。支持相关院校开展环保基础科学和应用科学研究。建立健全环保职业荣誉制度。

建设生态环保科技创新平台。统筹科技资源，深化生态环保科技体制改革。加强重点实验室、工程技术中心、科学观测研究站、环保智库等科技创新平台建设，加强技术研发推广，提高管理科学化水平。积极引导企业与科研机构加强合作，强化企业创新主体作用，推动环保技术研发、科技成果转移转化和推广应用。推动建立环保装备与服务需求信息平台、技术创新转化交易平台。依托有条件的科技产业园区，集中打造环保科技创新试验区、环保高新技术产业区、环保综合治理技术服务区、国际环保技术合作区、环保高水平人才培养教育区，建立一批国家级环保高新技术产业开发区。

实施重点生态环保科技专项。继续实施水体污染控制与治理国家科技重大专项，实施大气污染成因与控制技术研究、典型脆弱生态修复与保护研究、煤炭清洁高效利用和新型节能技术研发、农业面源和重金属污染农田综合防治与修复技术研发、海洋环境安全保障等重点研发计划专项。在京津冀地区、长江经济带、"一带一路"沿线省（区、市）等重点区域开展环境污染防治和生态修复技术应用试点示范，提出生态环境治理系统性技术解决方案。打造京津冀等区域环境质量提升协同创新共同体，实施区域环境质量提升创新科技工程。创新青藏高原等生态屏障带保护修复技术方法与治理模式，研发生态环境监测预警、生态修复、生物多样性保护、生态保护红线评估管理、生态廊道构建等关键技术，建立一批生态保护与修复科技示范区。支持生态、土壤、大气、温室气体等环境监测预警网络系统及关键技术装备研发，支持生态环境突发事故监测预警及应急处置技术、遥感监测技术、数据分析与服务产品、高端环境监测仪器等研发。开展重点行业危险废物污染特性与环境效应、危险废物溯源及快速识别、全过程风险防控、信息化管理技术等领域研究，加快建立危险废物技术规范体系。建立化学品环境与健康风险评估方法、程序和技术规范体系。加强生态环境管理决策支撑科学研究，开展多污染物协同控制、生态环境系统模拟、污染源解析、生态环境保护规划、生态环境损害评估、网格化管理、绿色国内生产总值核算等技术方法研究应用。

完善环境标准和技术政策体系。研究制定环境基准，修订土壤环境质量标准，完善挥发性有机物排放标准体系，严格执行污染物排放标准。加快机动车和非道路移动源污染物排放标准、燃油产品质量标准的制修订和实施。发布实施船舶发动机排气污染物排放限值及测量方法（中国第一、二阶段)、轻型汽车和重型汽车污染物排放限值及测量方法(中国第六阶段)、摩托车和轻便摩托车污染物排放限值及测量方法(中国第四阶段)、畜禽养殖污染物排放标准。修订在用机动车排放标准,力争实施非道路移动机械国Ⅳ排放标准。完善环境保护技术政策,建立生态保护红线监管技术规范。健全钢铁、水泥、化工等重点行业清洁生产评价指标体系。加快制定完善电力、冶金、有色金属等重点行业以及城乡垃圾处理、机动车船和非道路移动机械污染防治、农业面源污染防治等重点领域技术政策。建立危险废物利用处置无害化管理标准和技术体系。

第四节　推动区域绿色协调发展

促进四大区域绿色协调发展。西部地区要坚持生态优先,强化生态环境保护,提升生态安全屏障功能,建设生态产品供给区,合理开发石油、煤炭、天然气等战略性资源和生态旅游、农畜产品等特色资源。东北地区要加强大小兴安岭、长白山等森林生态系统保护和北方防沙带建设,强化东北平原湿地和农用地土壤环境保护,推动老工业基地振兴。中部地区要以资源环境承载能力为基础,有序承接产业转移,推进鄱阳湖、洞庭湖生态经济区和汉江、淮河生态经济带建设,研究建设一批流域沿岸及交通通道沿线的生态走廊,加强水环境保护和治理。东部地区要扩大生态空间,提高环境资源利用效率,加快推动产业升级,在生态环境质量改善等方面走在前列。

推进"一带一路"绿色化建设。加强中俄、中哈以及中国—东盟、上海合作组织等现有多双边合作机制,积极开展澜沧江—湄公河环境合作,开展全方位、多渠道的对话交流活动,加强与沿线国家环境官员、学者、青年的交流和合作,开展生态环保公益活动,实施绿色丝路使者计划,分享中国生态文明、绿色发展理念与实践经验。建立健全绿色投资与绿色贸易管理制度体系,落实对外投资合作环境保护指南。开展环保产业技术合作园区及示范基地建设,推动环保产业走出去。树立中国铁路、电力、汽车、通信、新能源、钢铁等优质产能绿色品牌。推进"一带一路"沿线省(区、市)产业结构升级与创新升级,推动绿色产业链延伸;开展重点战略和关键项目环境评估,提高生态环境风险防范与应对能力。编制实施国内"一带一路"沿线区域生态环保规划。

推动京津冀地区协同保护。以资源环境承载能力为基础,优化经济发展和生态环境功能布局,扩大环境容量与生态空间。加快推动天津传统制造业绿色化改造。促进河北有序承接北京非首都功能转移和京津科技成果转化。强化区域环保协作，联合开展大气、河流、湖泊等污染治理，加强区域生态屏障建设，共建坝上高原生态防护区、燕山—太行山生态涵养区，推动光伏等新能源广泛应用。创新生态环境联动管理体制机制，构建区域一体化的生态环境监测网络、生态环境信息网络和生态环境应急预警体系，建立区域生态环保协调机制、水资源统一调配制度、跨区域联合监察执法机制，建立健全区域生态保护补偿机制和跨区域排污权交易市场。到2020年，京津冀地区生态环境保护协作机制有效运行，生态环境质量明显改善。

推进长江经济带共抓大保护。把保护和修复长江生态环境摆在首要位置，推进长江经济带生态文明建设，建设水清地绿天蓝的绿色生态廊道。统筹水资源、水环境、水生态，推动上中下游协同发展、东中西部互动合作，加强跨部门、跨区域监管与应急协调联动，把实施重大生态修复工程作为推动长江经济带发展项目的优先选项，共抓大保护，不搞大开发。统筹江河湖泊丰富多样的生态要素，构建以长江干支流为经络，以山水林田湖为有机整体、江湖关系和谐、流域水质优良、生态流量充足、水土保持有效、生物种类多样的生态安全格局。上游区重点加强水源涵养、水土保持功能和生物多样性保护，合理开发利用水资源，严控水电开发生态影响；中游区重点协调江湖关系，确保丹江口水库水质安全；下游区加快产业转型升级，重点加强退化水生态系统恢复，强化饮用水水源保护，严格控制城镇周边生态空间占用，开展河网地区水污染治理。妥善处理江河湖泊关系，实施长江干流及洞庭湖上游"四水"、鄱阳湖上游"五河"的水库群联合调度，保障长江干支流生态流量与两湖生态水位。统筹规划、集约利用长江岸线资源，控制岸线开发强度。强化跨界水质断面考核，推动协同治理。

第四章　深化质量管理，大力实施三大行动计划

以提高环境质量为核心，推进联防联控和流域共治，制定大气、水、土壤三大污染防治行动计划的施工图。根据区域、流域和类型差异分区施策，实施多污染物协同控制，提高治理措施的针对性和有效性。实行环境质量底线管理，努力实现分阶段达到环境质量标准、治理责任清单式落地，解决群众身边的突出环境问题。

第一节　分区施策改善大气环境质量

实施大气环境质量目标管理和限期达标规划。各省（区、市）要对照

国家大气环境质量标准，开展形势分析，定期考核并公布大气环境质量信息。强化目标和任务的过程管理，深入推进钢铁、水泥等重污染行业过剩产能退出，大力推进清洁能源使用，推进机动车和油品标准升级，加强油品等能源产品质量监管，加强移动源污染治理，加大城市扬尘和小微企业分散源、生活源污染整治力度。深入实施《大气污染防治行动计划》，大幅削减二氧化硫、氮氧化物和颗粒物的排放量，全面启动挥发性有机物污染防治，开展大气氨排放控制试点，实现全国地级及以上城市二氧化硫、一氧化碳浓度全部达标，细颗粒物、可吸入颗粒物浓度明显下降，二氧化氮浓度继续下降，臭氧浓度保持稳定、力争改善。实施城市大气环境质量目标管理，已经达标的城市，应当加强保护并持续改善；未达标的城市，应确定达标期限，向社会公布，并制定实施限期达标规划，明确达标时间表、路线图和重点任务。

加强重污染天气应对。强化各级空气质量预报中心运行管理，提高预报准确性，及时发布空气质量预报信息，实现预报信息全国共享、联网发布。完善重度及以上污染天气的区域联合预警机制，加强东北、西北、成渝和华中区域大气环境质量预测预报能力。健全应急预案体系，制定重污染天气应急预案实施情况评估技术规程，加强对预案实施情况的检查和评估。各省（区、市）和地级及以上城市及时修编重污染天气应急预案，开展重污染天气成因分析和污染物来源解析，科学制定针对性减排措施，每年更新应急减排措施项目清单。及时启动应急响应措施，提高重污染天气应对的有效性。强化监管和督察，对应对不及时、措施不力的地方政府，视情况予以约谈、通报、挂牌督办。

深化区域大气污染联防联控。全面深化京津冀及周边地区、长三角、珠三角等区域大气污染联防联控，建立常态化区域协作机制，区域内统一规划、统一标准、统一监测、统一防治。对重点行业、领域制定实施统一的环保标准、排污收费政策、能源消费政策，统一老旧车辆淘汰和在用车辆管理标准。重点区域严格控制煤炭消费总量，京津冀及山东、长三角、珠三角等区域，以及空气质量排名较差的前10位城市中受燃煤影响较大的城市要实现煤炭消费负增长。通过市场化方式促进老旧车辆、船舶加速淘汰以及防污设施设备改造，强化新生产机动车、非道路移动机械环保达标监管。开展清洁柴油机行动，加强高排放工程机械、重型柴油车、农业机械等管理，重点区域开展柴油车注册登记环保查验，对货运车、客运车、公交车等开展入户环保检查。提高公共车辆中新能源汽车占比，具备条件的城市在 2017 年底前基本实现公交新能源化。落实珠三角、长三角、环渤海京津冀水域船舶排放控制区管理政策，靠港船舶优先使用岸电，建设船舶大气污染物排放遥感监测和油品质量监测网点，开展船舶排放控制区内船舶排放监测和联合监管，构建机动车船和油品环保达标监管体系。加快非道路移动源油品升级。强化城市道路、施工等扬尘监管和城市综合管理。

显著削减京津冀及周边地区颗粒物浓度。以北京市、保定市、廊坊市为重点，突出抓好冬季散煤治理、重点行业综合治理、机动车监管、重污染天气应对，强化高架源的治理和监管，改善区域空气质量。提高接受外输电比例，增加非化石能源供应，重点城市实施天然气替代煤炭工程，推进电力替代煤炭，大幅减少冬季散煤使用量，"十三五"期间，北京、天津、河北、山东、河南五省（市）煤炭消费总量下降 10% 左右。加快区域内机动车排污监控平台建设，重点治理重型柴油车和高排放车辆。到 2020 年，区域细颗粒物污染形势显著好转，臭氧浓度基本稳定。

明显降低长三角区域细颗粒物浓度。加快产业结构调整，依法淘汰能耗、环保等不达标的产能。"十三五"期间，上海、江苏、浙江、安徽四省（市）煤炭消费总量下降 5% 左右，地级及以上城市建成区基本淘汰 35 蒸吨以下燃煤锅炉。全面推进炼油、石化、工业涂装、印刷等行业挥发性有机物综合整治。到 2020 年，长三角区域细颗粒物浓度显著下降，臭氧浓度基本稳定。

大力推动珠三角区域率先实现大气环境质量基本达标。统筹做好细颗粒物和臭氧污染防控，重点抓好挥发性有机物和氮氧化物协同控制。加快区域内产业转型升级，调整和优化能源结构，工业园区与产业聚集区实施集中供热，有条件的发展大型燃气供热锅炉，"十三五"期间，珠三角区域煤炭消费总量下降 10% 左右。重点推进石化、化工、油品储运销、汽车制造、船舶制造（维修）、集装箱制造、印刷、家具制造、制鞋等行业开展挥发性有机物综合整治。到 2020 年，实现珠三角区域大气环境质量基本达标，基本消除重度及以上污染天气。

第二节　精准发力提升水环境质量

实施以控制单元为基础的水环境质量目标管理。依据主体功能区规划和行政区划，划定陆域控制单元，建立流域、水生态控制区、水环境控制单元三级分区体系。实施以控制单元为空间基础、以断面水质为管理目标、以排污许可制为核心的流域水环境质量目标管理。优化控制单元水质断面监测网络，建立控制单元产排污与断面水质响应反馈机制，明确划分控制单元水环境质量责任，从严控制污染物排放量。全面推行"河长制"。在黄河、淮河等流域进行试点，分期分批科学确定生态流量（水位），作为流域水量调度的重要参考。深入实施《水污染防治行动计划》，落实控制单元治污责任，完成目标任务。固定污染源排放为主的控制单元，要确定区域、流域重点水污染物和主要超标污染物排放控制目标，实施基于改善水质要求的排污许可，将治污任务逐一落实到控制单元内的各排污单位（含污水处理厂、设有排放口的规模化畜禽养殖单位）。面源（分散源）污染为主或严重缺水的控制单元，要采用政策激励、加强监管以及确保生态基流等措施改善水生态环境。自 2017 年起，各省份要定期向社会公开控制单元水环境质量目标管理情况。

专栏 2	各流域需要改善的控制单元

（一）长江流域（108 个）。

双桥河合肥市控制单元等 40 个单元由Ⅳ类升为Ⅲ类；乌江重庆市控制单元等 7 个单元由Ⅴ类升为Ⅲ类；来河滁州市控制单元等 9 个单元由Ⅴ类升为Ⅳ类；京山河荆门市控制单元等 2 个单元由劣Ⅴ类升为Ⅲ类；沱江内江市控制单元等 4 个单元由劣Ⅴ类升为Ⅳ类；十五里河合肥市控制单元等 24 个单元由劣Ⅴ类升为Ⅴ类；滇池外海昆明市控制单元化学需氧量浓度下降；南淝河合肥市控制单元等 3 个单元氨氮浓度下降；竹皮河荆门市控制单元等 4 个单元氨氮、总磷浓度下降；岷江宜宾市控制单元等 14 个单元总磷浓度下降。

（二）海河流域（75 个）。

洋河张家口市八号桥控制单元等 9 个单元由Ⅳ类升为Ⅲ类；妫水河下段北京市控制单元等 3 个单元由Ⅴ类升为Ⅳ类；潮白河通州区控制单元等 26 个单元由劣Ⅴ类升为Ⅴ类；宣惠河沧州市控制单元等 6 个单元化学需氧量浓度下降；通惠河下段北京市控制单元等 26 个单元氨氮浓度下降；共产主义渠新乡市控制单元等 3 个单元氨氮、总磷浓度下降；海河天津市海河大闸控制单元化学需氧量、氨氮浓度下降；潮白新河天津市控制单元总磷浓度下降。

（三）淮河流域（49个）。

谷河阜阳市控制单元等17个单元由Ⅳ类升为Ⅲ类；东鱼河菏泽市控制单元由Ⅴ类升为Ⅲ类；新濉河宿迁市控制单元等9个单元由Ⅴ类升为Ⅳ类；洙赵新河菏泽市控制单元由劣Ⅴ类升为Ⅲ类；运料河徐州市控制单元由劣Ⅴ类升为Ⅳ类；涡河亳州市岳坊大桥控制单元等16个单元由劣Ⅴ类升为Ⅴ类；包河商丘市控制单元等4个单元氨氮浓度下降。

（四）黄河流域（35个）。

伊洛河洛阳市控制单元等14个单元由Ⅳ类升为Ⅲ类；葫芦河固原市控制单元等4个单元由Ⅴ类升为Ⅳ类；岚河吕梁市控制单元由劣Ⅴ类升为Ⅳ类；大黑河乌兰察布市控制单元等8个单元由劣Ⅴ类升为Ⅴ类；昆都仑河包头市控制单元等8个单元氨氮浓度下降。

（五）松花江流域（12个）。

小兴凯湖鸡西市控制单元等9个单元由Ⅳ类升为Ⅲ类；阿什河哈尔滨市控制单元由劣Ⅴ类升为Ⅴ类；呼伦湖呼伦贝尔市控制单元化学需氧量浓度下降；饮马河长春市靠山南楼控制单元氨氮浓度下降。

（六）辽河流域（13个）。

寇河铁岭市控制单元等6个单元由Ⅳ类升为Ⅲ类；辽河沈阳市巨流河大桥控制单元等3个单元由Ⅴ类升为Ⅳ类；亮子河铁岭市控制单元等2个单元由劣Ⅴ类升为Ⅴ类；浑河抚顺市控制单元总磷浓度下降；条子河四平市控制单元氨氮浓度下降。

（七）珠江流域（17个）。

九洲江湛江市排里控制单元等2个单元由Ⅲ类升为Ⅱ类；潭江江门市牛湾控制单元由Ⅳ类升为Ⅱ类；鉴江茂名市江口门控制单元等4个单元由Ⅳ类升为Ⅲ类；东莞运河东莞市樟村控制单元等2个单元由Ⅴ类升为Ⅳ类；小东江茂名市石碧控制单元由劣Ⅴ类升为Ⅳ类；深圳河深圳市河口控制单元等5个单元由劣Ⅴ类升为Ⅴ类；杞麓湖玉溪市控制单元化学需氧量浓度下降；星云湖玉溪市控制单元总磷浓度下降。

（八）浙闽片河流（25个）。

浦阳江杭州市控制单元等13个单元由Ⅳ类升为Ⅲ类；汀溪厦门市控制单元等3个单元由Ⅴ类升为Ⅲ类；南溪漳州市控制单元等5个单元由Ⅴ类升为Ⅳ类；金清港台州市控制单元等4个单元由劣Ⅴ类升为Ⅴ类。

（九）西北诸河（3个）。

博斯腾湖巴音郭楞蒙古自治州控制单元由Ⅳ类升为Ⅲ类；北大河酒泉市控制单元由劣Ⅴ类升为Ⅲ类；克孜河喀什地区控制单元由劣Ⅴ类升为Ⅴ类。

（十）西南诸河（6个）。

黑惠江大理白族自治州控制单元等4个单元由Ⅳ类升为Ⅲ类；异龙湖红河哈尼族彝族自治州控制单元化学需氧量浓度下降；西洱河大理白族自治州控制单元氨氮浓度下降。

实施流域污染综合治理。实施重点流域水污染防治规划。流域上下游各级政府、各部门之间加强协调配合、定期会商，实施联合监测、联合执法、应急联动、信息共享。长江流域强化系统保护，加大水生生物多样性保护力度，强化水上交通、船舶港口污染防治。实施岷江、沱江、乌江、清水江、长江干流宜昌段总磷污染综合治理，有效控制贵州、四川、湖北、云南等总磷污染。太湖坚持综合治理，增强流域生态系统功能，防范蓝藻暴发，确保饮用水安全；巢湖加强氮、磷总量控制，改善入湖河流水质，修复湖滨生态功能；滇池加强氮、磷总量控制，重点防控城市污水和农业面源污染入湖，分区分步开展生态修复，逐步恢复水生态系统。海河流域突出节水和再生水利用，强化跨界水体治理，重点整治城乡黑臭水体，保障白洋淀、衡水湖、永定河生态需水。淮河流域大幅降低造纸、化肥、酿造等行业污染物排放强度，有效控制氨氮污染，持续改善洪河、涡河、颍河、惠济河、包河等支流水质，切实防控突发污染事件。黄河流域重点控制煤化工、石化企业排放，持续改善汾河、涑水河、总排干、大黑河、乌梁素海、湟水河等支流水质，降低中上游水环境风险。松花江流域持续改善阿什河、伊通河等支流水质，重点解决石化、酿造、制药、造纸等行业污染问题，加大水生态保护力度，进一步增加野生鱼类种群数量，加快恢复湿地生态系统。辽河流域大幅降低石化、造纸、化工、农副食品加工等行业污染物排放强度，持续改善浑河、太子河、条子河、招苏台河等支流水质，显著恢复水生态系统，全面恢复湿地生态系统。珠江流域建立健全广东、广西、云南等联合治污防控体系，重点保障东江、西江供水水质安全，改善珠江三角洲地区水生态环境。

优先保护良好水体。实施从水源到水龙头全过程监管，持续提升饮用水安全保障水平。地方各级人民政府及供水单位应定期监测、检测和评估本行政区域内饮用水水源、供水厂出水和用户水龙头水质等饮水安全状况。地级

及以上城市每季度向社会公开饮水安全状况信息，县级及以上城市自 2018
年起每季度向社会公开。开展饮用水水源规范化建设，依法清理饮用水水源
保护区内违法建筑和排污口。加强农村饮用水水源保护，实施农村饮水安全
巩固提升工程。各省（区、市）应于 2017 年底前，基本完成乡镇及以上集
中式饮用水水源保护区划定，开展定期监测和调查评估。到 2020 年，地级
及以上城市集中式饮用水水源水质达到或优于 Ⅲ 类比例高于 93%。对江河
源头及现状水质达到或优于 Ⅲ 类的江河湖库开展生态环境安全评估，制定实
施生态环境保护方案，东江、滦河、千岛湖、南四湖等流域于 2017 年底前
完成。七大重点流域制定实施水生生物多样性保护方案。

推进地下水污染综合防治。定期调查评估集中式地下水型饮用水水源补
给区和污染源周边区域环境状况。加强重点工业行业地下水环境监管，采取
防控措施有效降低地下水污染风险。公布地下水污染地块清单，管控风险，
开展地下水污染修复试点。到 2020 年，全国地下水污染加剧趋势得到初步
遏制，质量极差的地下水比例控制在 15% 左右。

大力整治城市黑臭水体。建立地级及以上城市建成区黑臭水体等污染严
重水体清单，制定整治方案，细化分阶段目标和任务安排，向社会公布年度
治理进展和水质改善情况。建立全国城市黑臭水体整治监管平台，公布全国
黑臭水体清单，接受公众评议。各城市在当地主流媒体公布黑臭水体清单、
整治达标期限、责任人、整治进展及效果；建立长效机制，开展水体日常维
护与监管工作。2017 年底前，直辖市、省会城市、计划单列市建成区基本
消除黑臭水体，其他地级城市实现河面无大面积漂浮物、河岸无垃圾、无违
法排污口；到 2020 年，地级及以上城市建成区黑臭水体比例均控制在 10%
以内，其他城市力争大幅度消除重度黑臭水体。

改善河口和近岸海域生态环境质量。实施近岸海域污染防治方案，加大
渤海、东海等近岸海域污染治理力度。强化直排海污染源和沿海工业园区监
管，防控沿海地区陆源溢油污染海洋。开展国际航行船舶压载水及污染物治
理。规范入海排污口设置，2017 年底前，全面清理非法或设置不合理的入
海排污口。到 2020 年，沿海省（区、市）入海河流基本消除劣 Ⅴ 类的水
体。实施蓝色海湾综合治理，重点整治黄河口、长江口、闽江口、珠江口、
辽东湾、渤海湾、胶州湾、杭州湾、北部湾等河口海湾污染。严格禁渔休渔
措施。控制近海养殖密度，推进生态健康养殖，大力开展水生生物增殖放
流，加强人工鱼礁和海洋牧场建设。加强海岸带生态保护与修复，实施

"南红北柳"湿地修复工程，严格控制生态敏感地区围填海活动。到 2020 年，全国自然岸线（不包括海岛岸线）保有率不低于 35％，整治修复海岸线 1000 公里。建设一批海洋自然保护区、海洋特别保护区和水产种质资源保护区，实施生态岛礁工程，加强海洋珍稀物种保护。

第三节　分类防治土壤环境污染

推进基础调查和监测网络建设。全面实施《土壤污染防治行动计划》，以农用地和重点行业企业用地为重点，开展土壤污染状况详查，2018 年底前查明农用地土壤污染的面积、分布及其对农产品质量的影响，2020 年底前掌握重点行业企业用地中的污染地块分布及其环境风险情况。开展电子废物拆解、废旧塑料回收、非正规垃圾填埋场、历史遗留尾矿库等土壤环境问题集中区域风险排查，建立风险管控名录。统一规划、整合优化土壤环境质量监测点位。充分发挥行业监测网作用，支持各地因地制宜补充增加设置监测点位，增加特征污染物监测项目，提高监测频次。2017 年底前，完成土壤环境质量国控监测点位设置，建成国家土壤环境质量监测网络，基本形成土壤环境监测能力；到 2020 年，实现土壤环境质量监测点位所有县（市、区）全覆盖。

实施农用地土壤环境分类管理。按污染程度将农用地划为三个类别，未污染和轻微污染的划为优先保护类，轻度和中度污染的划为安全利用类，重度污染的划为严格管控类，分别采取相应管理措施。各省级人民政府要对本行政区域内优先保护类耕地面积减少或土壤环境质量下降的县（市、区）进行预警提醒并依法采取环评限批等限制性措施。将符合条件的优先保护类耕地划为永久基本农田，实行严格保护，确保其面积不减少、土壤环境质量不下降。根据土壤污染状况和农产品超标情况，安全利用类耕地集中的县（市、区）要结合当地主要作物品种和种植习惯，制定实施受污染耕地安全利用方案，采取农艺调控、替代种植等措施，降低农产品超标风险。加强对严格管控类耕地的用途管理，依法划定特定农产品禁止生产区域，严禁种植食用农产品，继续在湖南长株潭地区开展重金属污染耕地修复及农作物种植结构调整试点。到 2020 年，重度污染耕地种植结构调整或退耕还林还草面积力争达到 2000 万亩。

加强建设用地环境风险管控。建立建设用地土壤环境质量强制调查评估制度。构建土壤环境质量状况、污染地块修复与土地再开发利用协同一体的管理与政策体系。自 2017 年起，对拟收回土地使用权的有色金属冶炼、石油加工、化工、焦化、电镀、制革等行业企业用地，以及用途拟变更为居住和商业、学校、医疗、养老机构等公共设施的上述企业用地，由土地使用权人负责开展土壤环境状况调查评估；已经收回的，由所在地市、县级人民政府负责开展调查评估。将建设用地土壤环境管理要求纳入城市规划和供地管理，土地开发利用必须符合土壤环境质量要求。暂不开发利用或现阶段不具备治理修复条件的污染地块，由所在地县级人民政府组织划定管控区域，设立标志，发布公告，开展土壤、地表水、地下水、空气环境监测。

开展土壤污染治理与修复。针对典型受污染农用地、污染地块，分批实施 200 个土壤污染治理与修复技术应用试点项目，加快建立健全技术体系。自 2017 年起，各地要逐步建立污染地块名录及其开发利用的负面清单，合理确定土地用途。京津冀、长三角、珠三角、东北老工业基地地区城市和矿产资源枯竭型城市等污染地块集中分布的城市，要规范、有序开展再开发利用污染地块治理与修复。长江中下游、成都平原、珠江流域等污染耕地集中分布的省（区、市），应于 2018 年底前编制实施污染耕地治理与修复方案。2017 年底前，发布土壤污染治理与修复责任方终身责任追究办法。建立土壤污染治理与修复全过程监管制度，严格修复方案审查，加强修复过程监督和检查，开展修复成效第三方评估。

强化重点区域土壤污染防治。京津冀区域以城市"退二进三"遗留污染地块为重点，严格管控建设用地开发利用土壤环境风险，加大污灌区、设施农业集中区域土壤环境监测和监管。东北地区加大黑土地保护力度，采取秸秆还田、增施有机肥、轮作休耕等措施实施综合治理。珠江三角洲地区以化工、电镀、印染等重污染行业企业遗留污染地块为重点，强化污染地块开发利用环境监管。湘江流域地区以镉、砷等重金属污染为重点，对污染耕地采取农艺调控、种植结构调整、退耕还林还草等措施，严格控制农产品超标风险。西南地区以有色金属、磷矿等矿产资源开发过程导致的环境污染风险防控为重点，强化磷、汞、铅等历史遗留土壤污染治理。在浙江台州、湖北黄石、湖南常德、广东韶关、广西河池、贵州铜仁等 6 个地区启动土壤污染综合防治先行区建设。

第五章　实施专项治理，全面推进达标排放与污染减排

以污染源达标排放为底线，以骨干性工程推进为抓手，改革完善总量控

制制度，推动行业多污染物协同治污减排，加强城乡统筹治理，严格控制增量，大幅度削减污染物存量，降低生态环境压力。

第一节　实施工业污染源全面达标排放计划

工业污染源全面开展自行监测和信息公开。工业企业要建立环境管理台账制度，开展自行监测，如实申报，属于重点排污单位的还要依法履行信息公开义务。实施排污口规范化整治，2018 年底前，工业企业要进一步规范排污口设置，编制年度排污状况报告。排污企业全面实行在线监测，地方各级人民政府要完善重点排污单位污染物超标排放和异常报警机制，逐步实现工业污染源排放监测数据统一采集、公开发布，不断加强社会监督，对企业守法承诺履行情况进行监督检查。2019 年底前，建立全国工业企业环境监管信息平台。

排查并公布未达标工业污染源名单。各地要加强对工业污染源的监督检查，全面推进"双随机"抽查制度，实施环境信用颜色评价，鼓励探索实施企业超标排放计分量化管理。对污染物排放超标或者重点污染物排放超总量的企业予以"黄牌"警示，限制生产或停产整治；对整治后仍不能达到要求且情节严重的企业予以"红牌"处罚，限期停业、关闭。自 2017 年起，地方各级人民政府要制定本行政区域工业污染源全面达标排放计划，确定年度工作目标，每季度向社会公布"黄牌""红牌"企业名单。环境保护部将加大抽查核查力度，对企业超标现象普遍、超标企业集中地区的地方政府进行通报、挂牌督办。

实施重点行业企业达标排放限期改造。建立分行业污染治理实用技术公开遴选与推广应用机制，发布重点行业污染治理技术。分流域分区域制定实施重点行业限期整治方案，升级改造环保设施，加大检查核查力度，确保稳定达标。以钢铁、水泥、石化、有色金属、玻璃、燃煤锅炉、造纸、印染、化工、焦化、氮肥、农副食品加工、原料药制造、制革、农药、电镀等行业为重点，推进行业达标排放改造。

完善工业园区污水集中处理设施。实行"清污分流、雨污分流"，实现废水分类收集、分质处理，入园企业应在达到国家或地方规定的排放标准后接入集中式污水处理设施处理，园区集中式污水处理设施总排口应安装自动监控系统、视频监控系统，并与环境保护主管部门联网。开展工业园区污水集中处理规范化改造示范。

第二节　深入推进重点污染物减排

改革完善总量控制制度。以提高环境质量为核心，以重大减排工程为主要抓手，上下结合，科学确定总量控制要求，实施差别化管理。优化总量减排核算体系，以省级为主体实施核查核算，推动自主减排管理，鼓励将持续有效改善环境质量的措施纳入减排核算。加强对生态环境保护重大工程的调度，对进度滞后地区及早预警通报，各地减排工程、指标情况要主动向社会公开。总量减排考核服从于环境质量考核，重点审查环境质量未达到标准、减排数据与环境质量变化趋势明显不协调的地区，并根据环境保护督查、日常监督检查和排污许可执行情况，对各省（区、市）自主减排管理情况实施"双随机"抽查。大力推行区域性、行业性总量控制，鼓励各地实施特征性污染物总量控制，并纳入各地国民经济和社会发展规划。

推动治污减排工程建设。各省（区、市）要制定实施造纸、印染等十大重点涉水行业专项治理方案，大幅降低污染物排放强度。电力、钢铁、纺织、造纸、石油石化、化工、食品发酵等高耗水行业达到先进定额标准。以燃煤电厂超低排放改造为重点，对电力、钢铁、建材、石化、有色金属等重点行业，实施综合治理，对二氧化硫、氮氧化物、烟粉尘以及重金属等多污染物实施协同控制。各省（区、市）应于2017年底前制定专项治理方案并向社会公开，对治理不到位的工程项目要公开曝光。制定分行业治污技术政策，培育示范企业和示范工程。

专栏3	推动重点行业治污减排

（一）造纸行业。

力争完成纸浆无元素氯漂白改造或采取其他低污染制浆技术，完善中段水生化处理工艺，增加深度治理工艺，进一步完善中控系统。

（二）印染行业。

实施低排水染整工艺改造及废水综合利用，强化清污分流、分质处理、分质回用，完善中段水生化处理，增加强氧化、膜处理等深度治理工艺。

（三）味精行业。

提高生产废水循环利用水平，分离尾液和离交尾液采用絮凝气浮和蒸发浓缩等措施，外排水采取厌氧—好氧二级生化处理工艺；敏感区域应深度处理。

（四）柠檬酸行业。

采用低浓度废水循环再利用技术，高浓度废水采用喷浆造粒等措施。

（五）氮肥行业。

开展工艺冷凝液水解解析技术改造，实施含氰、含氨废水综合治理。

（六）酒精与啤酒行业。

低浓度废水采用物化—生化工艺，预处理后由园区集中处理。啤酒行业采用就地清洗技术。

（七）制糖行业。

采用无滤布真空吸滤机、高压水清洗、甜菜干法输送及压粕水回收，推进废糖蜜、酒精废醪液发酵还田综合利用，鼓励废水生化处理后回用，敏感区域执行特别排放限值。

（八）淀粉行业。

采用厌氧＋好氧生化处理技术，建设污水处理设施在线监测和中控系统。

（九）屠宰行业。

强化外排污水预处理，敏感区域执行特别排放限值，有条件的采用膜生物反应器工艺进行深度处理。

（十）磷化工行业。

实施湿法磷酸净化改造，严禁过磷酸钙、钙镁磷肥新增产能。发展磷炉尾气净化合成有机化工产品，鼓励各种建材或建材添加剂综合利用磷渣、磷石膏。

（十一）煤电行业。

加快推进燃煤电厂超低排放和节能改造。强化露天煤场抑尘措施，有条件的实施封闭改造。

（十二）钢铁行业。

完成干熄焦技术改造，不同类型的废水应分别进行预处理。未纳入淘汰计划的烧结机和球团生产设备全部实施全烟气脱硫，禁止设置脱硫设施烟气旁路；烧结机头、机尾、焦炉、高炉出铁场、转炉烟气除尘等设施实施升级改造，露天原料场实施封闭改造，原料转运设施建设封闭皮带通廊，转运站和落料点配套抽风收尘装置。

（十三）建材行业。

原料破碎、生产、运输、装卸等各环节实施堆场及输送设备全封闭、道路清扫等措施，有效控制无组织排放。水泥窑全部实施烟气脱硝，水泥窑及窑磨一体机进行高效除尘改造；平板玻璃行业推进"煤改气""煤改电"，禁止掺烧高硫石油焦等劣质原料，未使用清洁能源的浮法玻璃生产线全部实施烟气脱硫，浮法玻璃生产线全部实施烟气高效除尘、脱硝；建筑卫生陶瓷行业使用清洁燃料，喷雾干燥塔、陶瓷窑炉安装脱硫除尘设施，氮氧化物不能稳定达标排放的喷雾干燥塔采取脱硝措施。

（十四）石化行业。

催化裂化装置实施催化再生烟气治理，对不能稳定达标排放的硫磺回收尾气，提高硫磺回收率或加装脱硫设施。

（十五）有色金属行业。

加强富余烟气收集，对二氧化硫含量大于 3.5% 的烟气，采取两转两吸制酸等方式回收。低浓度烟气和制酸尾气排放超标的必须进行脱硫。规范冶炼企业废气排放口设置，取消脱硫设施旁路。

控制重点地区重点行业挥发性有机物排放。全面加强石化、有机化工、表面涂装、包装印刷等重点行业挥发性有机物控制。细颗粒物和臭氧污染严重省份实施行业挥发性有机污染物总量控制，制定挥发性有机污染物总量控制目标和实施方案。强化挥发性有机物与氮氧化物的协同减排，建立固定源、移动源、面源排放清单，对芳香烃、烯烃、炔烃、醛类、酮类等挥发性有机物实施重点减排。开展石化行业"泄漏检测与修复"专项行动，对无组织排放开展治理。各地要明确时限，完成加油站、储油库、油罐车油气回收治理，油气回收率提高到 90% 以上，并加快推进原油成品油码头油气回收治理。涂装行业实施低挥发性有机物含量涂料替代、涂装工艺与设备改进，建设挥发性有机物收集与治理设施。印刷行业全面开展低挥发性有机物含量原辅料替代，改进生产工艺。京津冀及周边地区、长三角地区、珠三角地区，以及成渝、武汉及其周边、辽宁中部、陕西关中、长株潭等城市群全面加强挥发性有机物排放控制。

总磷、总氮超标水域实施流域、区域性总量控制。总磷超标的控制单元以及上游相关地区要实施总磷总量控制，明确控制指标并作为约束性指标，制定水质达标改善方案。重点开展 100 家磷矿采选和磷化工企业生产工艺及污水处理设施建设改造。大力推广磷铵生产废水回用，促进磷石膏的综合加工利用，确保磷酸生产企业磷回收率达到 96% 以上。沿海地区及以上城市和汇入富营养化湖库的河流，实施总氮总量控制，开展总氮污染来源解析，明确重点控制区域、领域和行业，制定总氮总量控制方案，并将总氮纳入区域总量控制指标。氮肥、味精等行业提高辅料利用效率，加大资源回收力度。印染等行业降低尿素的使用量或使用尿素替代助剂。造纸等行业加快废水处理设施精细化管理，严格控制营养盐投加量。强化城镇污水处理厂生物除磷、脱氮工艺，实施畜禽养殖业总磷、总氮与化学需氧量、氨氮协同控制。

专栏4　　　　　　　　区域性、流域性总量控制地区

（一）挥发性有机物总量控制。

在细颗粒物和臭氧污染较严重的16个省份实施行业挥发性有机物总量控制，包括：北京市、天津市、河北省、辽宁省、上海市、江苏省、浙江省、安徽省、山东省、河南省、湖北省、湖南省、广东省、重庆市、四川省、陕西省等。

（二）总磷总量控制。

总磷超标的控制单元以及上游相关地区实施总磷总量控制，包括：天津市宝坻区，黑龙江省鸡西市，贵州省黔南布依族苗族自治州、黔东南苗族侗族自治州，河南省漯河市、鹤壁市、安阳市、新乡市，湖北省宜昌市、十堰市，湖南省常德市、益阳市、岳阳市，江西省南昌市、九江市，辽宁省抚顺市，四川省宜宾市、泸州市、眉山市、乐山市、成都市、资阳市，云南省玉溪市等。

（三）总氮总量控制。

在56个沿海地级及以上城市或区域实施总氮总量控制，包括：丹东市、大连市、锦州市、营口市、盘锦市、葫芦岛市、秦皇岛市、唐山市、沧州市、天津市、滨州市、东营市、潍坊市、烟台市、威海市、青岛市、日照市、连云港市、盐城市、南通市、上海市、杭州市、宁波市、温州市、嘉兴市、绍兴市、舟山市、台州市、福州市、平潭综合实验区、厦门市、莆田市、宁德市、漳州市、泉州市、广州市、深圳市、珠海市、汕头市、江门市、湛江市、茂名市、惠州市、汕尾市、阳江市、东莞市、中山市、潮州市、揭阳市、北海市、防城港市、钦州市、海口市、三亚市、三沙市和海南省直辖县级行政区等。

在29个富营养化湖库汇水范围内实施总氮总量控制，包括：安徽省巢湖、龙感湖，安徽省、湖北省南漪湖，北京市怀柔水库，天津市于桥水库，河北省白洋淀，吉林省松花湖，内蒙古自治区呼伦湖、乌梁素海，山东省南四湖，江苏省白马湖、高邮湖、洪泽湖、太湖、阳澄湖，浙江省西湖，上海市、江苏省淀山湖，湖南省洞庭湖，广东省高州水库、鹤地水库，四川省鲁班水库、邛海，云南省滇池、杞麓湖、星云湖、异龙湖，宁夏回族自治区沙湖、香山湖，新疆维吾尔自治区艾比湖等。

第三节　加强基础设施建设

加快完善城镇污水处理系统。全面加强城镇污水处理及配套管网建设，加大雨污分流、清污混流污水管网改造，优先推进城中村、老旧城区和城乡结合部污水截流、收集、纳管，消除河水倒灌、地下水渗入等现象。到2020年，全国所有县城和重点镇具备污水收集处理能力，城市和县城污水处理率分别达到95%和85%左右，地级及以上城市建成区基本实现污水全收集、全处理。提升污水再生利用和污泥处置水平，大力推进污泥稳定化、无害化和资源化处理处置，地级及以上城市污泥无害化处理处置率达到90%，京津冀区域达到95%。控制初期雨水污染，排入自然水体的雨水须经过岸线净化，加快建设和改造沿岸截流干管，控制渗漏和合流制污水溢流污染。因地制宜、一河一策，控源截污、内源污染治理多管齐下，科学整治城市黑臭水体；因地制宜实施城镇污水处理厂升级改造，有条件的应配套建设湿地生态处理系统，加强废水资源化、能源化利用。敏感区域（重点湖泊、重点水库、近岸海域汇水区域）城镇污水处理设施应于2017年底前全面达到一级A排放标准。建成区水体水质达不到地表水Ⅳ类标准的城市，新建城镇污水处理设施要执行一级A排放标准。到2020年，实现缺水城市再生水利用率达到20%以上，京津冀区域达到30%以上。将港口、船舶修造厂环卫设施、污水处理设施纳入城市设施建设规划，提升含油污水、化学品洗舱水、生活污水等的处置能力。实施船舶压载水管理。

实现城镇垃圾处理全覆盖和处置设施稳定达标运行。加快县城垃圾处理设施建设，实现城镇垃圾处理设施全覆盖。提高城市生活垃圾处理减量化、资源化和无害化水平，全国城市生活垃圾无害化处理率达到95%以上，90%以上村庄的生活垃圾得到有效治理。大中型城市重点发展生活垃圾焚烧发电技术，鼓励区域共建共享焚烧处理设施，积极发展生物处理技术，合理统筹填埋处理技术，到2020年，垃圾焚烧处理率达到40%。完善收集储运系统，设市城市全面推广密闭化收运，实现干、湿分类收集转运。加强垃圾渗滤液处理处置、焚烧飞灰处理处置、填埋场甲烷利用和恶臭处理，向社会公开垃圾处置设施污染物排放情况。加快建设城市餐厨废弃物、建筑垃圾和废旧纺织品等资源化利用和无害化处理系统。以大中型城市为重点，建设生活垃圾分类示范城市（区）、生活垃圾存量治理示范项目，大中型城市建设餐厨垃圾处理设施。支持水泥窑协同处置城市生活垃圾。

推进海绵城市建设。转变城市规划建设理念，保护和恢复城市生态。老城区以问题为导向，以解决城市内涝、雨水收集利用、黑臭水体治理为突破口，推进区域整体治理，避免大拆大建。城市新区以目标为导向，优先保护生态环境，合理控制开发强度。综合采取"渗、滞、蓄、净、用、排"等措施，加强海绵型建筑与小区、海绵型道路与广场、海绵型公园和绿地、雨水调蓄与排水防涝设施等建设。大力推进城市排水防涝设施的达标建设，加快改造和消除城市易涝点。到2020年，能够将70%的降雨就地消纳和利用的土地面积达到城市建成区面积的20%以上。加强城镇节水，公共建筑必须采用节水器具，鼓励居民家庭选用节水器具。到2020年，地级及以上缺水城市全部达到国家节水型城市标准要求，京津冀、长三角、珠三角等区域提前一年完成。

增加清洁能源供给和使用。优先保障水电和国家"十三五"能源发展相关规划内的风能、太阳能、生物质能等清洁能源项目发电上网，落实可再生能源全额保障性收购政策，到2020年，非化石能源装机比重达到39%。煤炭占能源消费总量的比重降至58%以下。扩大城市高污染燃料禁燃区范围，提高城市燃气化率，地级及以上城市供热供气管网覆盖的地区禁止使用散煤，京津冀、长三角、珠三角等重点区域、重点城市实施"煤改气"工程，推进北方地区农村散煤替代。加快城市新能源汽车充电设施建设，政府机关、大中型企事业单位带头配套建设，继续实施新能源汽车推广。

大力推进煤炭清洁化利用。加强商品煤质量管理，限制开发和销售高硫、高灰等煤炭资源，发展煤炭洗选加工，到2020年，煤炭入洗率提高到75%以上。大力推进以电代煤、以气代煤和以其他清洁能源代煤，对暂不具备煤炭改清洁燃料条件的地区，积极推进洁净煤替代。建设洁净煤配送中心，建立以县（区）为单位的全密闭配煤中心以及覆盖所有乡镇、村的洁净煤供应网络。加快纯凝（只发电不供热）发电机组供热改造，鼓励热电联产机组替代燃煤小锅炉，推进城市集中供热。到2017年，除确有必要保留的外，全国地级及以上城市建成区基本淘汰 10 蒸吨以下燃煤锅炉。

第四节　加快农业农村环境综合治理

继续推进农村环境综合整治。继续深入开展爱国卫生运动，持续推进城乡环境卫生整治行动，建设健康、宜居、美丽家园。深化"以奖促治"政策，以南水北调沿线、三峡库区、长江沿线等重要水源地周边为重点，推进新一轮农村环境连片整治，有条件的省份开展全覆盖拉网式整治。因地制宜开展治理，完善农村生活垃圾"村收集、镇转运、县处理"模式，鼓励就地资源化，加快整治"垃圾围村"、"垃圾围坝"等问题，切实防止城镇垃圾向农村转移。整县推进农村污水处理统一规划、建设、管理。积极推进城镇污水、垃圾处理设施和服务向农村延伸，开展农村厕所无害化改造。继续实施农村清洁工程，开展河道清淤疏浚。到 2020 年，新增完成环境综合整治建制村 13 万个。

大力推进畜禽养殖污染防治。划定禁止建设畜禽规模养殖场（小区）区域，加强分区分类管理，以废弃物资源化利用为途径，整县推进畜禽养殖污染防治。养殖密集区推行粪污集中处理和资源化综合利用。2017 年底前，各地区依法关闭或搬迁禁养区内的畜禽养殖场（小区）和养殖专业户。大力支持畜禽规模养殖场（小区）标准化改造和建设。

打好农业面源污染治理攻坚战。优化调整农业结构和布局，推广资源节约型农业清洁生产技术，推动资源节约型、环境友好型、生态保育型农业发展。建设生态沟渠、污水净化塘、地表径流集蓄池等设施，净化农田排水及地表径流。实施环水有机农业行动计划。推进健康生态养殖。实行测土配方施肥。推进种植业清洁生产，开展农膜回收利用，率先实现东北黑土地大田生产地膜零增长。在环渤海京津冀、长三角、珠三角等重点区域，开展种植业和养殖业重点排放源氨防控研究与示范。研究建立农药使用环境影响后评价制度，制定农药包装废弃物回收处理办法。到 2020 年，实现化肥农药使用量零增长，化肥利用率提高到 40% 以上，农膜回收率达到 80% 以上；京津冀、长三角、珠三角等区域提前一年完成。

强化秸秆综合利用与禁烧。建立逐级监督落实机制，疏堵结合、以疏为主，完善秸秆收储体系，支持秸秆代木、纤维原料、清洁制浆、生物质能、商品有机肥等新技术产业化发展，加快推进秸秆综合利用；强化重点区域和重点时段秸秆禁烧措施，不断提高禁烧监管水平。

第六章　实行全程管控，有效防范和降低环境风险

提升风险防控基础能力，将风险纳入常态化管理，系统构建事前严防、事中严管、事后处置的全过程、多层级风险防范体系，严密防控重金属、危险废物、有毒有害化学品、核与辐射等重点领域环境风险，强化核与辐射安全监管体系和能力建设，有效控制影响健康的生态和社会环境危险因素，守牢安全底线。

第一节　完善风险防控和应急响应体系

加强风险评估与源头防控。完善企业突发环境事件风险评估制度，推进突发环境事件风险分类分级管理，严格重大突发环境事件风险企业监管。改进危险废物鉴别体系。选择典型区域、工业园区、流域开展试点，进行废水综合毒性评估、区域突发环境事件风险评估，以此作为行业准入、产业布局与结构调整的基本依据，发布典型区域环境风险评估报告范例。

开展环境与健康调查、监测和风险评估。制定环境与健康工作办法，建立环境与健康调查、监测和风险评估制度，形成配套政策、标准和技术体系。开展重点地区、流域、行业环境与健康调查，初步建立环境健康风险哨点监测工作网络，识别和评估重点地区、流域、行业的环境健康风险，对造成环境健康风险的企业和污染物实施清单管理，研究发布一批利于人体健康的环境基准。

严格环境风险预警管理。强化重污染天气、饮用水水源地、有毒有害气体、核安全等预警工作，开展饮用水水源地水质生物毒性、化工园区有毒有害气体等监测预警试点。

强化突发环境事件应急处置管理。健全国家、省、市、县四级联动的突发环境事件应急管理体系，深入推进跨区域、跨部门的突发环境事件应急协调机制，健全综合应急救援体系，建立社会化应急救援机制。完善突发环境事件现场指挥与协调制度，以及信息报告和公开机制。加强突发环境事件调查、突发环境事件环境影响和损失评估制度建设。

加强风险防控基础能力。构建生产、运输、贮存、处置环节的环境风险监测预警网络，建设"能定位、能查询、能跟踪、能预警、能考核"的危险废物全过程信息化监管体系。建立健全突发环境事件应急指挥决策支持系统，完善环境风险源、敏感目标、环境应急能力及环境应急预案等数据库。

加强石化等重点行业以及政府和部门突发环境事件应急预案管理。建设国家环境应急救援实训基地，加强环境应急管理队伍、专家队伍建设，强化环境应急物资储备和信息化建设，增强应急监测能力。推动环境应急装备产业化、社会化，推进环境应急能力标准化建设。

第二节　加大重金属污染防治力度

加强重点行业环境管理。严格控制涉重金属新增产能快速扩张，优化产业布局，继续淘汰涉重金属重点行业落后产能。涉重金属行业分布集中、产业规模大、发展速度快、环境问题突出的地区，制定实施更严格的地方污染物排放标准和环境准入标准，依法关停达标无望、治理整顿后仍不能稳定达标的涉重金属企业。制定电镀、制革、铅蓄电池等行业工业园区综合整治方案，推动园区清洁、规范发展。强化涉重金属工业园区和重点工矿企业的重金属污染物排放及周边环境中的重金属监测，加强环境风险隐患排查，向社会公开涉重金属企业生产排放、环境管理和环境质量等信息。组织开展金属矿采选冶炼、钢铁等典型行业和贵州黔西南布依族苗族自治州等典型地区铊污染排放调查，制定铊污染防治方案。加强进口矿产品中重金属等环保项目质量监管。

深化重点区域分类防控。重金属污染防控重点区域制定实施重金属污染综合防治规划，有效防控环境风险和改善区域环境质量，分区指导、一区一策，实施差别化防控管理，加快湘江等流域、区域突出问题综合整治，"十三五"期间，争取20个左右地区退出重点区域。在江苏靖江市、浙江平阳县等16个重点区域和江西大余县浮江河流域等8个流域开展重金属污染综合整治示范，探索建立区域和流域重金属污染治理与风险防控的技术和管理体系。建立"锰三角"（锰矿开采和生产过程中存在严重环境污染问题的重庆市秀山县、湖南省花垣县、贵州省松桃县三个县）综合防控协调机制，统一制定综合整治规划。优化调整重点区域环境质量监测点位，2018年底前建成全国重金属环境监测体系。

专栏5　　　　　　　　　　　重金属综合整治示范

（一）区域综合防控（16个）。

泰州靖江市（电镀行业综合整治）、温州平阳县（产业入园升级与综合整治）、湖州长兴县（铅蓄电池行业综合整治）、济源市（重金属综合治理与环境监测）、黄石大冶市及周边地区（铜冶炼治理与历史遗留污染整治）、湘潭竹埠港及周边地区（历史遗留污染治理）、衡阳水口山及周边地区（行业综合整治提升）、郴州三十六湾及周边地区（历史遗留污染整治和环境风险预警监控）、常德石门县雄黄矿地区（历史遗留砷污染治理与风险防控）、河池金城江区（结构调整与历史遗留污染整治）、重庆秀山县（电解锰行业综合治理）、凉山西昌市（有色行业整治及污染地块治理）、铜仁万山区（汞污染综合整治）、红河个旧市（产业调整与历史遗留污染整治）、渭南潼关县（有色行业综合整治）、金昌市金川区（产业升级与历史遗留综合整治）。

（二）流域综合整治（8个）。

赣州大余县浮江河流域（砷）、三门峡灵宝市宏农涧河流域（镉、汞）、荆门钟祥市利河—南泉河流域（砷）、韶关大宝山矿区横石水流域（镉）、河池市南丹县习江流域（砷、镉）、黔南独山县都柳江流域（锑）、怒江兰坪县沘江流域（铅、镉）、陇南徽县永宁河流域（铅、砷）。

加强汞污染控制。禁止新建采用含汞工艺的电石法聚氯乙烯生产项目，到2020年聚氯乙烯行业每单位产品用汞量在2010年的基础上减少50%。加强燃煤电厂等重点行业汞污染排放控制。禁止新建原生汞矿，逐步停止原生汞开采。淘汰含汞体温计、血压计等添汞产品。

第三节　提高危险废物处置水平

合理配置危险废物安全处置能力。各省（区、市）应组织开展危险废物产生、利用处置能力和设施运行情况评估，科学规划并实施危险废物集中处置设施建设规划，将危险废物集中处置设施纳入当地公共基础设施统筹建设。鼓励大型石油化工等产业基地配套建设危险废物利用处置设施。鼓励产生量大、种类单一的企业和园区配套建设危险废物收集贮存、预处理和处置设施，引导和规范水泥窑协同处置危险废物。开展典型危险废物集中处置设施累积性环境风险评价与防控，淘汰一批工艺落后、不符合标准规范的设施，提标改造一批设施，规范管理一批设施。

防控危险废物环境风险。动态修订国家危险废物名录，开展全国危险废物普查，2020年底前，力争基本摸清全国重点行业危险废物产生、贮存、利用和处置状况。以石化和化工行业为重点，打击危险废物非法转移和利用处置违法犯罪活动。加强进口石化和化工产品质量安全监管，打击以原油、燃料油、润滑油等产品名义进口废油等固体废物。继续开展危险废物规范化管理督查考核，以含铬、铅、汞、镉、砷等重金属废物和生活垃圾焚烧飞灰、抗生素菌渣、高毒持久性废物等为重点开展专项整治。制定废铅蓄电池回收管理办法。明确危险废物利用处置二次污染控制要求及综合利用过程环境保护要求，制定综合利用产品中有毒有害物质含量限值，促进危险废物安全利用。

推进医疗废物安全处置。扩大医疗废物集中处置设施服务范围，建立区域医疗废物协同与应急处置机制，因地制宜推进农村、乡镇和偏远地区医疗废物安全处置。实施医疗废物焚烧设施提标改造工程。提高规范化管理水平，严厉打击医疗废物非法买卖等行为，建立医疗废物特许经营退出机制，严格落实医疗废物处置收费政策。

第四节　夯实化学品风险防控基础

评估现有化学品环境和健康风险。开展一批现有化学品危害初步筛查和风险评估，评估化学品在环境中的积累和风险情况。2017年底前，公布优先控制化学品名录，严格限制高风险化学品生产、使用、进口，并逐步淘汰替代。加强有毒有害化学品环境与健康风险评估能力建设。

削减淘汰公约管制化学品。到2020年，基本淘汰林丹、全氟辛基磺酸及其盐类和全氟辛基磺酰氟、硫丹等一批《关于持久性有机污染物的斯德哥尔摩公约》管制的化学品。强化对拟限制或禁止的持久性有机污染物替代品、最佳可行技术以及相关监测检测设备的研发。

严格控制环境激素类化学品污染。2017年底前，完成环境激素类化学品生产使用情况调查，监控、评估水源地、农产品种植区及水产品集中养殖区风险，实行环境激素类化学品淘汰、限制、替代等措施。

第五节　加强核与辐射安全管理

我国是核能核技术利用大国。"十三五"期间，要强化核安全监管体系和监管能力建设，加快推进核安全法治进程，落实核安全规划，依法从严监管，严防发生放射性污染环境的核事故。

提高核设施、放射源安全水平。持续提高核电厂安全运行水平，加强在建核电机组质量监督，确保新建核电厂满足国际最新核安全标准。加快研究堆、核燃料循环设施安全改进。优化核安全设备许可管理，提高核安全设备质量和可靠性。实施加强放射源安全行动计划。

推进放射性污染防治。加快老旧核设施退役和放射性废物处理处置，进一步提升放射性废物处理处置能力，落实废物最小化政策。推进铀矿冶设施退役治理和环境恢复，加强铀矿冶和伴生放射性矿监督管理。

强化核与辐射安全监管体系和能力建设。加强核与辐射安全监管体制机制建设，将核安全关键技术纳入国家重点研发计划。强化国家、区域、省级核事故应急物资储备和能力建设。建成国家核与辐射安全监管技术研发基地。建立国家核安全监控预警和应急响应平台，完善全国辐射环境监测网络，加强国家、省、地市级核与辐射安全监管能力。

第七章　加大保护力度，强化生态修复

贯彻"山水林田湖是一个生命共同体"理念，坚持保护优先、自然恢复为主，推进重点区域和重要生态系统保护与修复，构建生态廊道和生物多样性保护网络，全面提升各类生态系统稳定性和生态服务功能，筑牢生态安全屏障。

第一节　维护国家生态安全

系统维护国家生态安全。识别事关国家生态安全的重要区域，以生态安全屏障以及大江大河重要水系为骨架，以国家重点生态功能区为支撑，以国家禁止开发区域为节点，以生态廊道和生物多样性保护网络为脉络，优先加强生态保护，维护国家生态安全。

建设"两屏三带"国家生态安全屏障。建设青藏高原生态安全屏障，推进青藏高原区域生态建设与环境保护，重点保护好多样、独特的生态系统。推进黄土高原—川滇生态安全屏障建设，重点加强水土流失防治和天然植被保护，保障长江、黄河中下游地区生态安全。建设东北森林带生态安全屏障，重点保护好森林资源和生物多样性，维护东北平原生态安全。建设北方防沙带生态安全屏障，重点加强防护林建设、草原保护和防风固沙，对暂不具备治理条件的沙化土地实行封禁保护，保障"三北"地区生态安全。建设南方丘陵山地带生态安全屏障，重点加强植被修复和水土流失防治，保障华南和西南地区生态安全。

构建生物多样性保护网络。深入实施中国生物多样性保护战略与行动计划，继续开展联合国生物多样性十年中国行动，编制实施地方生物多样性保

护行动计划。加强生物多样性保护优先区域管理，构建生物多样性保护网络，完善生物多样性迁地保护设施，实现对生物多样性的系统保护。开展生物多样性与生态系统服务价值评估与示范。

第二节　管护重点生态区域

深化国家重点生态功能区保护和管理。制定国家重点生态功能区产业准入负面清单，制定区域限制和禁止发展的产业目录。优化转移支付政策，强化对区域生态功能稳定性和提供生态产品能力的评价和考核。支持甘肃生态安全屏障综合示范区建设，推进沿黄生态经济带建设。加快重点生态功能区生态保护与建设项目实施，加强对开发建设活动的生态监管，保护区域内重点野生动植物资源，明显提升重点生态功能区生态系统服务功能。

优先加强自然保护区建设与管理。优化自然保护区布局，将重要河湖、海洋、草原生态系统及水生生物、自然遗迹、极小种群野生植物和极度濒危野生动物的保护空缺作为新建自然保护区重点，建设自然保护区群和保护小区，全面提高自然保护区管理系统化、精细化、信息化水平。建立全国自然保护区"天地一体化"动态监测体系，利用遥感等手段开展监测，国家级自然保护区每年监测两次，省级自然保护区每年监测一次。定期组织自然保护区专项执法检查，严肃查处违法违规活动，加强问责监督。加强自然保护区综合科学考察、基础调查和管理评估。积极推进全国自然保护区范围界限核准和勘界立标工作，开展自然保护区土地确权和用途管制，有步骤地对居住在自然保护区核心区和缓冲区的居民实施生态移民。到2020年，全国自然保护区陆地面积占我国陆地国土面积的比例稳定在15%左右，国家重点保护野生动植物种类和典型生态系统类型得到保护的占90%以上。

整合设立一批国家公园。加强对国家公园试点的指导，在试点基础上研究制定建立国家公园体制总体方案。合理界定国家公园范围，整合完善分类科学、保护有力的自然保护地体系，更好地保护自然生态和自然文化遗产原真性、完整性。加强风景名胜区、自然文化遗产、森林公园、沙漠公园、地质公园等各类保护地规划、建设和管理的统筹协调，提高保护管理效能。

第三节　保护重要生态系统

保护森林生态系统。完善天然林保护制度，强化天然林保护和抚育，健全和落实天然林管护体系，加强管护基础设施建设，实现管护区域全覆盖，全面停止天然林商业性采伐。继续实施森林管护和培育、公益林建设补助政策。严格保护林地资源，分级分类进行林地用途管制。到2020年，林地保有量达到31230万公顷。

推进森林质量精准提升。坚持保护优先、自然恢复为主，坚持数量和质量并重、质量优先，坚持封山育林、人工造林并举，宜封则封、宜造则造，宜林则林、宜灌则灌、宜草则草，强化森林经营，大力培育混交林，推进退化林修复，优化森林组成、结构和功能。到2020年，混交林占比达到45%，单位面积森林蓄积量达到95立方米/公顷，森林植被碳储量达到95亿吨。

保护草原生态系统。稳定和完善草原承包经营制度，实行基本草原保护制度，落实草畜平衡、禁牧休牧和划区轮牧等制度。严格草原用途管制，加强草原管护员队伍建设，严厉打击非法征占用草原、开垦草原、乱采滥挖草原野生植物等破坏草原的违法犯罪行为。开展草原资源调查和统计，建立草原生产、生态监测预警系统。加强"三化"草原治理，防治鼠虫草害。到2020年，治理"三化"草原3000万公顷。

保护湿地生态系统。开展湿地生态效益补偿试点、退耕还湿试点。在国际和国家重要湿地、湿地自然保护区、国家湿地公园，实施湿地保护与修复工程，逐步恢复湿地生态功能，扩大湿地面积。提升湿地保护与管理能力。

第四节　提升生态系统功能

大规模绿化国土。开展大规模国土绿化行动，加强农田林网建设，建设配置合理、结构稳定、功能完善的城乡绿地，形成沿海、沿江、沿线、沿边、沿湖（库）、沿岛的国土绿化网格，促进山脉、平原、河湖、城市、乡村绿化协同。

继续实施新一轮退耕还林还草和退牧还草。扩大新一轮退耕还林还草范围和规模，在具备条件的25度以上坡耕地、严重沙化耕地和重要水源地15—25度坡耕地实施退耕还林还草。实施全国退牧还草工程建设规划，稳定扩大退牧还草范围，转变草原畜牧业生产方式，建设草原保护基础设施，保护和改善天然草原生态。

建设防护林体系。加强"三北"、长江、珠江、太行山、沿海等防护林体系建设。"三北"地区乔灌草相结合，突出重点、规模治理、整体推进。长江流域推进退化林修复，提高森林质量，构建"两湖一库"防护林体系。珠江流域推进退化林修复。太行山脉优化林分结构。沿海地区推进海岸基干林带和消浪林建设，修复退化林，完善沿海防护林体系和防灾减灾体系。在粮食主产区营造农田林网，加强村镇绿化，提高平原农区防护林体系综合功能。

建设储备林。在水土光热条件较好的南方省区和其他适宜地区，吸引社会资本参与储备林投资、运营和管理，加快推进储备林建设。在东北、内蒙古等重点国有林区，采取人工林集约栽培、现有林改培、抚育及补植补造等措施，建设以用材林和珍贵树种培育为主体的储备林基地。到 2020 年，建设储备林 1400 万公顷，每年新增木材供应能力 9500 万立方米以上。

培育国土绿化新机制。继续坚持全国动员、全民动手、全社会搞绿化的指导方针，鼓励家庭林场、林业专业合作组织、企业、社会组织、个人开展专业化规模化造林绿化。发挥国有林区和林场在绿化国土中的带动作用，开展多种形式的场外合作造林和森林保育经营，鼓励国有林场担负区域国土绿化和生态修复主体任务。创新产权模式，鼓励地方探索在重要生态区域通过赎买、置换等方式调整商品林为公益林的政策。

第五节 修复生态退化地区

综合治理水土流失。加强长江中上游、黄河中上游、西南岩溶区、东北黑土区等重点区域水土保持工程建设，加强黄土高原地区沟壑区固沟保塬工作，推进东北黑土区侵蚀沟治理，加快南方丘陵地带崩岗治理，积极开展生态清洁小流域建设。

推进荒漠化石漠化治理。加快实施全国防沙治沙规划，开展固沙治沙，加大对主要风沙源区、风沙口、沙尘路径区、沙化扩展活跃区等治理力度，加强"一带一路"沿线防沙治沙，推进沙化土地封禁保护区和防沙治沙综合示范区建设。继续实施京津风沙源治理二期工程，进一步遏制沙尘危害。以"一片两江"（滇桂黔石漠化片区和长江、珠江）岩溶地区为重点，开展石漠化综合治理。到 2020 年，努力建成 10 个百万亩、100 个十万亩、1000 个万亩防沙治沙基地。

加强矿山地质环境保护与生态恢复。严格实施矿产资源开发环境影响评价，建设绿色矿山。加大矿山植被恢复和地质环境综合治理，开展病危险尾矿库和"头顶库"（1 公里内有居民或重要设施的尾矿库）专项整治，强化历史遗留矿山地质环境恢复和综合治理。推广实施尾矿库充填开采等技术，建设一批"无尾矿山"（通过有效手段实现无尾矿或仅有少量尾矿占地堆存的矿山），推进工矿废弃地修复利用。

第六节　扩大生态产品供给

推进绿色产业建设。加强林业资源基地建设，加快产业转型升级，促进产业高端化、品牌化、特色化、定制化，满足人民群众对优质绿色产品的需求。建设一批具有影响力的花卉苗木示范基地，发展一批增收带动能力强的木本粮油、特色经济林、林下经济、林业生物产业、沙产业、野生动物驯养繁殖利用示范基地。加快发展和提升森林旅游休闲康养、湿地度假、沙漠探秘、野生动物观赏等产业，加快林产工业、林业装备制造业技术改造和创新，打造一批竞争力强、特色鲜明的产业集群和示范园区，建立绿色产业和全国重点林产品市场监测预警体系。

构建生态公共服务网络。加大自然保护地、生态体验地的公共服务设施建设力度，开发和提供优质的生态教育、游憩休闲、健康养生养老等生态服务产品。加快建设生态标志系统、绿道网络、环卫、安全等公共服务设施，精心设计打造以森林、湿地、沙漠、野生动植物栖息地、花卉苗木为景观依托的生态体验精品旅游线路，集中建设一批公共营地、生态驿站，提高生态体验产品档次和服务水平。

加强风景名胜区和世界遗产保护与管理。开展风景名胜区资源普查，稳步做好世界自然遗产、自然与文化双遗产培育与申报。强化风景名胜区和世界遗产的管理，实施遥感动态监测，严格控制利用方式和强度。加大保护投入，加强风景名胜区保护利用设施建设。

维护修复城市自然生态系统。提高城市生物多样性，加强城市绿地保护，完善城市绿线管理。优化城市绿地布局，建设绿道绿廊，使城市森林、绿地、水系、河湖、耕地形成完整的生态网络。扩大绿地、水域等生态空间，合理规划建设各类城市绿地，推广立体绿化、屋顶绿化。开展城市山体、水体、废弃地、绿地修复，通过自然恢复和人工修复相结合的措施，实施城市生态修复示范工程项目。加强城市周边和城市群绿化，实施"退工还林"，成片建设城市森林。大力提高建成区绿化覆盖率，加快老旧公园改造，提升公园绿地服务功能。推行生态绿化方式，广植当地树种，乔灌草合理搭配、自然生长。加强古树名木保护，严禁移植天然大树进城。发展森林城市、园林城市、森林小镇。到2020年，城市人均公园绿地面积达到14.6平方米，城市建成区绿地率达到38.9%。

第七节　保护生物多样性

开展生物多样性本底调查和观测。实施生物多样性保护重大工程，以生物多样性保护优先区域为重点，开展生态系统、物种、遗传资源及相关传统知识调查与评估，建立全国生物多样性数据库和信息平台。到2020年，基本摸清生物多样性保护优先区域本底状况。完善生物多样性观测体系，开展生物多样性综合观测站和观测样区建设。对重要生物类群和生态系统、国家重点保护物种及其栖息地开展常态化观测、监测、评价和预警。

实施濒危野生动植物抢救性保护。保护、修复和扩大珍稀濒危野生动植物栖息地、原生境保护区（点），优先实施重点保护野生动物和极小种群野生植物保护工程，开发濒危物种繁育、恢复和保护技术，加强珍稀濒危野生动植物救护、繁育和野化放归，开展长江经济带及重点流域人工种群野化放归试点示范，科学进行珍稀濒危野生动植物再引入。优化全国野生动物救护网络，完善布局并建设一批野生动物救护繁育中心，建设兰科植物等珍稀濒危植物的人工繁育中心。强化野生动植物及其制品利用监管，开展野生动植物繁育利用及其制品的认证标识。调整修订国家重点保护野生动植物名录。

加强生物遗传资源保护。建立生物遗传资源及相关传统知识获取与惠益分享制度，规范生物遗传资源采集、保存、交换、合作研究和开发利用活动，加强与遗传资源相关传统知识保护。开展生物遗传资源价值评估，加强对生物资源的发掘、整理、检测、培育和性状评价，筛选优良生物遗传基因。强化野生动植物基因保护，建设野生动植物人工种群保育基地和基因库。完善西南部生物遗传资源库，新建中东部生物遗传资源库，收集保存国家特有、珍稀濒危及具有重要价值的生物遗传资源。建设药用植物资源、农作物种质资源、野生花卉种质资源、林木种质资源中长期保存库（圃），合理规划和建设植物园、动物园、野生动物繁育中心。

强化野生动植物进出口管理。加强生物遗传资源、野生动植物及其制品进出口管理，建立部门信息共享、联防联控的工作机制，建立和完善进出口电子信息网络系统。严厉打击象牙等野生动植物制品非法交易，构建情报信息分析研究和共享平台，组建打击非法交易犯罪合作机制，严控特有、珍稀、濒危野生动植物种质资源流失。

防范生物安全风险。加强对野生动植物疫病的防护。建立健全国家生态安全动态监测预警体系，定期对生态风险开展全面调查评估。加强转基因生物环境释放监管，开展转基因生物环境释放风险评价和跟踪监测。建设国门生物安全保护网，完善国门生物安全查验机制，严格外来物种引入管理。严防严控外来有害生物物种入侵，开展外来入侵物种普查、监测与生态影响评价，对造成重大生态危害的外来入侵物种开展治理和清除。

第八章　加快制度创新，积极推进治理体系和治理能力现代化

统筹推进生态环境治理体系建设，以环保督察巡视、编制自然资源资产负债表、领导干部自然资源资产离任审计、生态环境损害责任追究等落实地方环境保护责任，以环境司法、排污许可、损害赔偿等落实企业主体责任，加强信息公开，推进公益诉讼，强化绿色金融等市场激励机制，形成政府、企业、公众共治的治理体系。

第一节　健全法治体系

完善法律法规。积极推进资源环境类法律法规制修订。适时完善水污染防治、环境噪声污染防治、土壤污染防治、生态保护补偿、自然保护区等相关制度。

严格环境执法监督。完善环境执法监督机制，推进联合执法、区域执法、交叉执法，强化执法监督和责任追究。进一步明确环境执法部门行政调查、行政处罚、行政强制等职责，有序整合不同领域、不同部门、不同层次的执法监督力量，推动环境执法力量向基层延伸。

推进环境司法。健全行政执法和环境司法的衔接机制，完善程序衔接、案件移送、申请强制执行等方面规定，加强环保部门与公安机关、人民检察院和人民法院的沟通协调。健全环境案件审理制度。积极配合司法机关做好相关司法解释的制修订工作。

第二节　完善市场机制

推行排污权交易制度。建立健全排污权初始分配和交易制度，落实排污权有偿使用制度，推进排污权有偿使用和交易试点，加强排污权交易平台建设。鼓励新建项目污染物排放指标通过交易方式取得，且不得增加本地区污染物排放总量。推行用能预算管理制度，开展用能权有偿使用和交易试点。

发挥财政税收政策引导作用。开征环境保护税。全面推进资源税改革，逐步将资源税扩展到占用各种自然生态空间范畴。落实环境保护、生态建设、新能源开发利用的税收优惠政策。研究制定重点危险废物集中处置设

施、场所的退役费用预提政策。

深化资源环境价格改革。完善资源环境价格机制，全面反映市场供求、资源稀缺程度、生态环境损害成本和修复效益等因素。落实调整污水处理费和水资源费征收标准政策，提高垃圾处理费收缴率，完善再生水价格机制。研究完善燃煤电厂环保电价政策，加大高耗能、高耗水、高污染行业差别化电价水价等政策实施力度。

加快环境治理市场主体培育。探索环境治理项目与经营开发项目组合开发模式，健全社会资本投资环境治理回报机制。深化环境服务试点，创新区域环境治理一体化、环保"互联网＋"、环保物联网等污染治理与管理模式，鼓励各类投资进入环保市场。废止各类妨碍形成全国统一市场和公平竞争的制度规定，加强环境治理市场信用体系建设，规范市场环境。鼓励推行环境治理依效付费与环境绩效合同服务。

建立绿色金融体系。建立绿色评级体系以及公益性的环境成本核算和影响评估体系，明确贷款人尽职免责要求和环境保护法律责任。鼓励各类金融机构加大绿色信贷发放力度。在环境高风险领域建立环境污染强制责任保险制度。研究设立绿色股票指数和发展相关投资产品。鼓励银行和企业发行绿色债券，鼓励对绿色信贷资产实行证券化。加大风险补偿力度，支持开展排污权、收费权、购买服务协议抵押等担保贷款业务。支持设立市场化运作的各类绿色发展基金。

加快建立多元化生态保护补偿机制。加大对重点生态功能区的转移支付力度，合理提高补偿标准，向生态敏感和脆弱地区、流域倾斜，推进有关转移支付分配与生态保护成效挂钩，探索资金、政策、产业及技术等多元互补方式。完善补偿范围，逐步实现森林、草原、湿地、荒漠、河流、海洋和耕地等重点领域和禁止开发区域、重点生态功能区等重要区域全覆盖。中央财政支持引导建立跨省域的生态受益地区和保护地区、流域上游与下游的横向补偿机制，推进省级区域内横向补偿。在长江、黄河等重要河流探索开展横向生态保护补偿试点。深入推进南水北调中线工程水源区对口支援、新安江水环境生态补偿试点，推动在京津冀水源涵养区、广西广东九洲江、福建广东汀江—韩江、江西广东东江、云南贵州广西广东西江等开展跨地区生态保护补偿试点。到2017年，建立京津冀区域生态保护补偿机制，将北京、天津支持河北开展生态建设与环境保护制度化。

第三节　落实地方责任

落实政府生态环境保护责任。建立健全职责明晰、分工合理的环境保护责任体系，加强监督检查，推动落实环境保护党政同责、一岗双责。省级人民政府对本行政区域生态环境和资源保护负总责，对区域流域生态环保负相应责任，统筹推进区域环境基本公共服务均等化，市级人民政府强化统筹和综合管理职责，区县人民政府负责执行落实。

改革生态环境保护体制机制。积极推行省以下环保机构监测监察执法垂直管理制度改革试点，加强对地方政府及其相关部门环保履责情况的监督检查。建立区域流域联防联控和城乡协同的治理模式。建立和完善严格监管所有污染物排放的环境保护管理制度。

推进战略和规划环评。在完成京津冀、长三角、珠三角地区及长江经济带、"一带一路"倡议环评基础上，稳步推进省、市两级行政区战略环评。探索开展重大政策环境影响论证试点。严格开展开发建设规划环评，作为规划编制、审批、实施的重要依据。深入开展城市、新区总体规划环评，强化规划环评生态空间保护，完善规划环评会商机制。以产业园区规划环评为重点，推进空间和环境准入的清单管理，探索园区内建设项目环评审批管理改革。加强项目环评与规划环评联动，建设四级环保部门环评审批信息联网系统。地方政府和有关部门要依据战略、规划环评，把空间管制、总量管控和环境准入等要求转化为区域开发和保护的刚性约束。严格规划环评责任追究，加强对地方政府和有关部门规划环评工作开展情况的监督。

编制自然资源资产负债表。探索编制自然资源资产负债表，建立实物量核算账户，建立生态环境价值评估制度，开展生态环境资产清查与核算。实行领导干部自然资源资产离任审计，推动地方领导干部落实自然资源资产管理责任。在完成编制自然资源资产负债表试点基础上，逐步建立健全自然资源资产负债表编制制度，在国家层面探索形成主要自然资源资产价值量核算技术方法。

建立资源环境承载能力监测预警机制。研究制定监测评价、预警指标体系和技术方法，开展资源环境承载能力监测预警与成因解析，对资源消耗和环境容量接近或超过承载能力的地区实行预警提醒和差异化的限制性措施，严格约束开发活动在资源环境承载能力范围内。各省（区、市）应组织开展市、县域资源环境承载能力现状评价，超过承载能力的地区要调整发展规划和产业结构。

实施生态文明绩效评价考核。贯彻落实生态文明建设目标评价考核办法，建立体现生态文明要求的目标体系、考核办法、奖惩机制，把资源消耗、环境损害、生态效益纳入地方各级政府经济社会发展评价体系，对不同区域主体功能定位实行差异化绩效评价考核。

开展环境保护督察。推动地方落实生态环保主体责任，开展环境保护督察，重点检查环境质量呈现恶化趋势的区域流域及整治情况，重点督察地方党委和政府及其有关部门环保不作为、乱作为的情况，重点了解地方落实环境保护党政同责、一岗双责以及严格责任追究等情况，推动地方生态文明建设和环境保护工作，促进绿色发展。

建立生态环境损害责任终身追究制。建立重大决策终身责任追究及责任倒查机制，对在生态环境和资源方面造成严重破坏负有责任的干部不得提拔使用或者转任重要职务，对构成犯罪的依法追究刑事责任。实行领导干部自然资源资产离任审计，对领导干部离任后出现重大生态环境损害并认定其应承担责任的，实行终身追责。

第四节　加强企业监管

建立覆盖所有固定污染源的企业排放许可制度。全面推行排污许可，以改善环境质量、防范环境风险为目标，将污染物排放种类、浓度、总量、排放去向等纳入许可证管理范围，企业按排污许可证规定生产、排污。完善污染治理责任体系，环境保护部门对照排污许可证要求对企业排污行为实施监管执法。2017 年底前，完成重点行业及产能过剩行业企业许可证核发，建成全国排污许可管理信息平台。到 2020 年，全国基本完成排污许可管理名录规定行业企业的许可证核发。

激励和约束企业主动落实环保责任。建立企业环境信用评价和违法排污黑名单制度，企业环境违法信息将记入社会诚信档案，向社会公开。建立上市公司环保信息强制性披露机制，对未尽披露义务的上市公司依法予以处罚。实施能效和环保"领跑者"制度，采取财税优惠、荣誉表彰等措施激励企业实现更高标准的环保目标。到 2020 年，分级建立企业环境信用评价体系，将企业环境信用信息纳入全国信用信息共享平台，建立守信激励与失信惩戒机制。

建立健全生态环境损害评估和赔偿制度。推进生态环境损害鉴定评估规范化管理，完善鉴定评估技术方法。2017 年底前，完成生态环境损害赔偿制度改革试点；自 2018 年起，在全国试行生态环境损害赔偿制度；到 2020年，力争在全国范围内初步建立生态环境损害赔偿制度。

第五节　实施全民行动

提高全社会生态环境保护意识。加大生态环境保护宣传教育，组织环保公益活动，开发生态文化产品，全面提升全社会生态环境保护意识。地方各级人民政府、教育主管部门和新闻媒体要依法履行环境保护宣传教育责任，把环境保护和生态文明建设作为践行社会主义核心价值观的重要内容，实施全民环境保护宣传教育行动计划。引导抵制和谴责过度消费、奢侈消费、浪费资源能源等行为，倡导勤俭节约、绿色低碳的社会风尚。鼓励生态文化作品创作，丰富环境保护宣传产品，开展环境保护公益宣传活动。建设国家生态环境教育平台，引导公众践行绿色简约生活和低碳休闲模式。小学、中学、高等学校、职业学校、培训机构等要将生态文明教育纳入教学内容。

推动绿色消费。强化绿色消费意识，提高公众环境行为自律意识，加快衣食住行向绿色消费转变。实施全民节能行动计划，实行居民水、电、气阶梯价格制度，推广节水、节能用品和绿色环保家具、建材等。实施绿色建筑行动计划，完善绿色建筑标准及认证体系，扩大强制执行范围，京津冀地区城镇新建建筑中绿色建筑达到 50% 以上。强化政府绿色采购制度，制定绿色产品采购目录，倡导非政府机构、企业实行绿色采购。鼓励绿色出行，改善步行、自行车出行条件，完善城市公共交通服务体系。到 2020 年，城区常住人口 300 万以上城市建成区公共交通占机动化出行比例达到 60%。

强化信息公开。建立生态环境监测信息统一发布机制。全面推进大气、水、土壤等生态环境信息公开，推进监管部门生态环境信息、排污单位环境信息以及建设项目环境影响评价信息公开。各地要建立统一的信息公开平台，健全反馈机制。建立健全环境保护新闻发言人制度。

加强社会监督。建立公众参与环境管理决策的有效渠道和合理机制，鼓励公众对政府环保工作、企业排污行为进行监督。在建设项目立项、实施、后评价等环节，建立沟通协商平台，听取公众意见和建议，保障公众环境知情权、参与权、监督权和表达权。引导新闻媒体，加强舆论监督，充分利用"12369"环保热线和环保微信举报平台。研究推进环境典型案例指导示范制度，推动司法机关强化公民环境诉权的保障，细化环境公益诉讼的法律程序，加强对环境公益诉讼的技术支持，完善环境公益诉讼制度。

第六节　提升治理能力

加强生态环境监测网络建设。统一规划、优化环境质量监测点位，建设涵盖大气、水、土壤、噪声、辐射等要素，布局合理、功能完善的全国环境质量监测网络，实现生态环境监测信息集成共享。大气、地表水环境质量监测点位总体覆盖80%左右的区县，人口密集的区县实现全覆盖，土壤环境质量监测点位实现全覆盖。提高大气环境质量预报和污染预警水平，强化污染源追踪与解析，地级及以上城市开展大气环境质量预报。建设国家水质监测预警平台。加强饮用水水源和土壤中持久性、生物富集性以及对人体健康危害大的污染物监测。加强重点流域城镇集中式饮用水水源水质、水体放射性监测和预警。建立天地一体化的生态遥感监测系统，实现环境卫星组网运行，加强无人机遥感监测和地面生态监测。构建生物多样性观测网络。

专栏6	全国生态环境监测网络建设

（一）稳步推进环境质量监测事权上收。

对1436个城市大气环境质量自动监测站、96个区域站和16个背景站，2767个国控地表水监测断面、419个近岸海域水环境质量监测点和300个水质自动监测站，40000个土壤环境国家监控点位，承担管理职责，保障运行经费，采取第三方监测服务、委托地方运维管理、直接监测等方式运行，推动环境监测数据联网共享与统一发布。

（二）加快建设生态监测网络。

建立天地一体化的生态遥感监测系统，建立生态功能地面监测站点，加强无人机遥感监测，对重要生态系统服务功能开展统一监测、统一信息公布。建设全国生态保护红线监管平台，建立一批相对固定的生态保护红线监管地面核查点。建立生物多样性观测网络体系，开展重要生态系统和生物类群的常态化监测与观测。新建大气辐射自动监测站400个、土壤辐射监测点163个、饮用水水源地辐射监测点330个。建设森林监测站228个、湿地监测站85个、荒漠监测站108个、生物多样性监测站300个。

加强环境监管执法能力建设。实现环境监管网格化管理，优化配置监管力量，推动环境监管服务向农村地区延伸。完善环境监管执法人员选拔、培训、考核等制度，充实一线执法队伍，保障执法装备，加强现场执法取证能力，加强环境监管执法队伍职业化建设。实施全国环保系统人才双向交流计划，加强中西部地区环境监管执法队伍建设。到 2020 年，基本实现各级环境监管执法人员资格培训及持证上岗全覆盖，全国县级环境执法机构装备基本满足需求。

加强生态环保信息系统建设。组织开展第二次全国污染源普查，建立完善全国污染源基本单位名录。加强环境统计能力，将小微企业纳入环境统计范围，梳理污染物排放数据，逐步实现各套数据的整合和归真。建立典型生态区基础数据库和信息管理系统。建设和完善全国统一、覆盖全面的实时在线环境监测监控系统。加快生态环境大数据平台建设，实现生态环境质量、污染源排放、环境执法、环评管理、自然生态、核与辐射等数据整合集成、动态更新，建立信息公开和共享平台，启动生态环境大数据建设试点。提高智慧环境管理技术水平，重点提升环境污染治理工艺自动化、智能化技术水平，建立环保数据共享与产品服务业务体系。

专栏7	加强生态环境基础调查

加大基础调查力度，重点开展第二次全国污染源普查、全国危险废物普查、集中式饮用水水源环境保护状况调查、农村集中式饮用水水源环境保护状况调查、地下水污染调查、土壤污染状况详查、环境激素类化学品调查、生物多样性综合调查、外来入侵物种调查、重点区域河流湖泊底泥调查、国家级自然保护区资源环境本底调查、公民生活方式绿色化实践调查。开展全国生态状况变化（2011—2015 年）调查评估、生态风险调查评估、地下水基础环境状况调查评估、公众生态文明意识调查评估、长江流域生态健康调查评估、环境健康调查、监测和风险评估等。

第九章　实施一批国家生态环境保护重大工程

"十三五"期间，国家组织实施工业污染源全面达标排放等 25 项重点工程，建立重大项目库，强化项目绩效管理。项目投入以企业和地方政府为主，中央财政予以适当支持。

专栏8　　　　　　　　　　　　环境治理保护重点工程

（一）工业污染源全面达标排放。

限期改造50万蒸吨燃煤锅炉、工业园区污水处理设施。全国地级及以上城市建成区基本淘汰10蒸吨以下燃煤锅炉，完成燃煤锅炉脱硫脱硝除尘改造、钢铁行业烧结机脱硫改造、水泥行业脱硝改造。对钢铁、水泥、平板玻璃、造纸、印染、氮肥、制糖等行业中不能稳定达标的企业逐一进行改造。限期改造工业园区污水处理设施。

（二）大气污染重点区域气化。

建设完善京津冀、长三角、珠三角和东北地区天然气输送管道、城市燃气管网、天然气储气库、城市调峰站储气罐等基础设施，推进重点城市"煤改气"工程，替代燃煤锅炉18.9万蒸吨。

（三）燃煤电厂超低排放改造。

完成4.2亿千瓦机组超低排放改造任务，实施1.1亿千瓦机组达标改造，限期淘汰2000万千瓦落后产能和不符合相关强制性标准要求的机组。

（四）挥发性有机物综合整治。

开展石化企业挥发性有机物治理，实施有机化工园区、医药化工园区及煤化工基地挥发性有机物综合整治，推进加油站、油罐车、储油库油气回收及综合治理。推动工业涂装和包装印刷行业挥发性有机物综合整治。

（五）良好水体及地下水环境保护。

对江河源头及378个水质达到或优于Ⅲ类的江河湖库实施严格保护。实施重要江河湖库入河排污口整治工程。完成重要饮用水水源地达标建设，推进备用水源建设、水源涵养和生态修复，探索建设生物缓冲带。加强地下水保护，对报废矿井、钻井、取水井实施封井回填，开展京津冀晋等区域地下水修复试点。

（六）重点流域海域水环境治理。

针对七大流域及近岸海域水环境突出问题，以580个优先控制单元为重点，推进流域水环境保护与综合治理，统筹点源、面源污染防治和河湖生态修复，分类施策，实施流域水环境综合治理工程，加大整治力度，切实改善重点流域海域水环境质量。实施太湖、洞庭湖、滇池、巢湖、鄱阳湖、白洋淀、乌梁素海、呼伦湖、艾比湖等重点湖库水污染综合治理。开展长江中下游、珠三角等河湖内源治理。

（七）城镇生活污水处理设施全覆盖。

以城市黑臭水体整治和343个水质需改善控制单元为重点，强化污水收集处理与重污染水体治理。加强城市、县城和重点镇污水处理设施建设，加快收集管网建设，对污水处理厂升级改造，全面达到一级A排放标准。推进再生水回用，强化污泥处理处置，提升污泥无害化处理能力。

（八）农村环境综合整治。

实施农村生活垃圾治理专项行动，推进13万个行政村环境综合整治，实施农业废弃物资源化利用示范工程，建设污水垃圾收集处理利用设施，梯次推进农村生活污水治理，实现90%的行政村生活垃圾得到治理。实施畜禽养殖废弃物污染治理与资源化利用，开展畜禽规模养殖场（小区）污染综合治理，实现75%以上的畜禽养殖场（小区）配套建设固体废物和污水贮存处理设施。

（九）土壤环境治理。

组织开展土壤污染详查，开发土壤环境质量风险识别系统。完成100个农用地和100个建设用地污染治理试点。建设6个土壤污染综合防治先行区。开展1000万亩受污染耕地治理修复和4000万亩受污染耕地风险管控。组织开展化工企业搬迁后污染状况详查，制定综合整治方案，开展治理与修复工程示范，对暂不开发利用的高风险污染地块实施风险管控。全面整治历史遗留尾矿库。实施高风险历史遗留重金属污染地块、河道、废渣污染修复治理工程，完成31块历史遗留无主铬渣污染地块治理修复。

（十）重点领域环境风险防范。

开展生活垃圾焚烧飞灰处理处置，建成区域性废铅蓄电池、废锂电池回收网络。加强有毒有害化学品环境和健康风险评估能力建设，建立化学品危害特性基础数据库，建设国家化学品计算毒理中心和国家化学品测试实验室。建设50个针对大型化工园区、集中饮用水水源地等不同类型风险区域的全过程环境风险管理示范区。建设1个国家环境应急救援实训基地，具备人员实训、物资储备、成果展示、应急救援、后勤保障、科技研发等核心功能，配套建设环境应急演练系统、环境应急模拟训练场以及网络培训平台。建设国家生态环境大数据平台，研制发射系列化的大气环境监测卫星和环境卫星后续星并组网运行。建设全国及重点区域大气环境质量预报预警平台、国家水质监测预警平台、国家生态保护监控平台。加强中西部地区市县两级、东部欠发达地区县级执法机构的调查取证仪器设备配置。

（十一）核与辐射安全保障能力提升。

建成核与辐射安全监管技术研发基地，加快建设早期核设施退役及历史遗留放射性废物处理处置工程，建设 5 座中低放射性废物处置场和 1 个高放射性废物处理地下实验室，建设高风险放射源实时监控系统，废旧放射源 100% 安全收贮。加强国家核事故应急救援队伍建设。

专栏9　　　　　　　　　　山水林田湖生态工程

（一）国家生态安全屏障保护修复。

推进青藏高原、黄土高原、云贵高原、秦巴山脉、祁连山脉、大小兴安岭和长白山、南岭山地地区、京津冀水源涵养区、内蒙古高原、河西走廊、塔里木河流域、滇桂黔喀斯特地区等关系国家生态安全的核心地区生态修复治理。

（二）国土绿化行动。

开展大规模植树增绿活动，集中连片建设森林，加强"三北"、沿海、长江和珠江流域等防护林体系建设，加快建设储备林及用材林基地建设，推进退化防护林修复，建设绿色生态保护空间和连接各生态空间的生态廊道。开展农田防护林建设，开展太行山绿化，开展盐碱地、干热河谷造林试点示范，开展山体生态修复。

（三）国土综合整治。

开展重点流域、海岸带和海岛综合整治，加强矿产资源开发集中地区地质环境治理和生态修复。推进损毁土地、工矿废弃地复垦，修复受自然灾害、大型建设项目破坏的山体、矿山废弃地。加大京杭大运河、黄河明清故道沿线综合治理力度。推进边疆地区国土综合开发、防护和整治。

（四）天然林资源保护。

将天然林和可以培育成为天然林的未成林封育地、疏林地、灌木林地全部划入天然林，对难以自然更新的林地通过人工造林恢复森林植被。

（五）新一轮退耕还林还草和退牧还草。

实施具备条件的 25 度以上坡耕地、严重沙化耕地和重要水源地 15—25 度坡耕地退耕还林还草。稳定扩大退牧还草范围，优化建设内容，适当提高中央投资补助标准。实施草原围栏 1000 万公顷、退化草原改良 267 万公顷，建设人工饲草地 33 万公顷、舍饲棚圈（储草棚、青贮窖）30 万户、开展岩溶地区草地治理 33 万公顷、黑土滩治理 7 万公顷、毒害草治理 12 万公顷。

（六）防沙治沙和水土流失综合治理。

实施北方防沙带、黄土高原区、东北黑土区、西南岩溶区以及"一带一路"沿线区域等重点区域水土流失综合防治，以及京津风沙源和石漠化综合治理，推进沙化土地封禁保护、坡耕地综合治理、侵蚀沟整治和生态清洁小流域建设。新增水土流失治理面积 27 万平方公里。

（七）河湖与湿地保护恢复。

加强长江中上游、黄河沿线及贵州草海等自然湿地保护，对功能降低、生物多样性减少的湿地进行综合治理，开展湿地可持续利用示范。加强珍稀濒危水生生物、重要水产种质资源以及产卵场、索饵场、越冬场、洄游通道等重要渔业水域保护。推进京津冀"六河五湖"、湖北"四湖"、钱塘江上游、草海、梁子湖、汾河、滹沱河、红碱淖等重要河湖和湿地生态保护与修复，推进城市河湖生态化治理。

（八）濒危野生动植物抢救性保护。

保护和改善大熊猫、朱鹮、虎、豹、亚洲象、兰科植物、苏铁类、野生稻等珍稀濒危野生动植物栖息地，建设原生境保护区、救护繁育中心和基因库，开展拯救繁育和野化放归。加强野外生存繁衍困难的极小种群、野生植物和极度濒危野生动物拯救。开展珍稀濒危野生动植物种质资源调查、抢救性收集和保存，建设种质资源库（圃）。

（九）生物多样性保护。

开展生物多样性保护优先区域生物多样性调查和评估，建设 50 个生物多样性综合观测站和 800 个观测样区，建立生物多样性数据库及生物多样性评估预警平台、生物物种查验鉴定平台，完成国家级自然保护区勘界确权，60% 以上国家级自然保护区达到规范化建设要求，加强生态廊道建设，有步骤地实施自然保护区核心区、缓冲区生态移民，完善迁地保护体系，建设国家生物多样性博物馆。开展生物多样性保护、恢复与减贫示范。

（十）外来入侵物种防治行动。

选择 50 个国家级自然保护区开展典型外来入侵物种防治行动。选择云南、广西和东南沿海省份等外来入侵物种危害严重区域，建立 50 个外来入侵物种防控和资源化利用示范推广区，建设 100 个天敌繁育基地、1000 公里隔离带。建设 300 个口岸物种查验点，提升 50 个重点进境口岸的防范外来物种入侵能力。针对已入侵我国的外来物种进行调查，建立外来入侵物种数据库，构建卫星遥感与地面监测相结合的外来入侵物种监测预警体系。

（十一）森林质量精准提升。

加快推进混交林培育、森林抚育、退化林修复、公益林管护和林木良种培育。精准提升大江大河源头、国有林区（场）和集体林区森林质量。森林抚育 4000 万公顷，退化林修复 900 万公顷。

（十二）古树名木保护。

严格保护古树名木树冠覆盖区域、根系分布区域，科学设置标牌和保护围栏，对衰弱、濒危古树名木采取促进生长、增强树势措施，抢救古树名木 60 万株、复壮 300 万株。

（十三）城市生态修复和生态产品供给。

对城市规划区范围内自然资源和生态空间进行调查评估，综合识别已被破坏、自我恢复能力差、亟需实施修复的区域，开展城市生态修复试点示范。推进绿道绿廊建设，合理规划建设各类公园绿地，加快老旧公园改造，增加生态产品供给。

（十四）生态环境技术创新。

建设一批生态环境科技创新平台，优先推动建设一批专业化环保高新技术开发区。推进水、大气、土壤、生态、风险、智慧环保等重大研究专项，实施京津冀、长江经济带、"一带一路"、东北老工业基地、湘江流域等区域环境质量提升创新工程，实施青藏高原、黄土高原、北方风沙带、西南岩溶区等生态屏障区保护修复创新工程，实施城市废物安全处置与循环利用创新工程、环境风险治理与清洁替代创新工程、智慧环境创新工程。推进环境保护重点实验室、工程技术中心、科学观测站和决策支撑体系建设。建设澜沧江—湄公河水资源合作中心和环境合作中心、"一带一路"信息共享与决策平台。

第十章　健全规划实施保障措施

第一节　明确任务分工

明确地方目标责任。地方各级人民政府是规划实施的责任主体，要把生态环境保护目标、任务、措施和重点工程纳入本地区国民经济和社会发展规划，制定并公布生态环境保护重点任务和年度目标。各地区对规划实施情况进行信息公开，推动全社会参与和监督，确保各项任务全面完成。

部门协同推进规划任务。有关部门要各负其责，密切配合，完善体制机制，加大资金投入，加大规划实施力度。在大气、水、土壤、重金属、生物多样性等领域建立协作机制，定期研究解决重大问题。环境保护部每年向国务院报告环境保护重点工作进展情况。

第二节　加大投入力度

加大财政资金投入。按照中央与地方事权和支出责任划分的要求，加快建立与环保支出责任相适应的财政管理制度，各级财政应保障同级生态环保重点支出。优化创新环保专项资金使用方式，加大对环境污染第三方治理、政府和社会资本合作模式的支持力度。按照山水林田湖系统治理的要求，整合生态保护修复相关资金。

拓宽资金筹措渠道。完善使用者付费制度，支持经营类环境保护项目。积极推行政府和社会资本合作，探索以资源开发项目、资源综合利用等收益弥补污染防治项目投入和社会资本回报，吸引社会资本参与准公益性和公益性环境保护项目。鼓励社会资本以市场化方式设立环境保护基金。鼓励创业投资企业、股权投资企业和社会捐赠资金增加生态环保投入。

第三节　加强国际合作

参与国际环境治理。积极参与全球环境治理规则构建，深度参与环境国际公约、核安全国际公约和与环境相关的国际贸易投资协定谈判，承担并履行好同发展中大国相适应的国际责任，并做好履约工作。依法规范境外环保组织在华活动。加大宣传力度，对外讲好中国环保故事。根据对外援助统一部署，加大对外援助力度，创新对外援助方式。

提升国际合作水平。建立完善与相关国家、国际组织、研究机构、民间团体的交流合作机制，搭建对话交流平台，促进生态环保理念、管理制度政策、环保产业技术等方面的国际交流合作，全面提升国际化水平。组织开展一批大气、水、土壤、生物多样性等领域的国际合作项目。落实联合国2030年可持续发展议程。加强与世界各国、区域和国际组织在生态环保和核安全领域的对话交流与务实合作。加强南南合作，积极开展生态环保和核安全领域的对外合作。严厉打击化学品非法贸易、固体废物非法越境转移。

第四节　推进试点示范

推进国家生态文明试验区建设。以改善生态环境质量、推动绿色发展为目标，以体制创新、制度供给、模式探索为重点，设立统一规范的国家生态文明试验区。积极推进绿色社区、绿色学校、生态工业园区等"绿色细胞"工程。到 2017 年，试验区重点改革任务取得重要进展，形成若干可操作、有效管用的生态文明制度成果；到 2020 年，试验区率先建成较为完善的生态文明制度体系，形成一批可在全国复制推广的重大制度成果。

强化示范引领。深入开展生态文明建设示范区创建，提高创建规范化和制度化水平，注重创建的区域平衡性。加强创建与环保重点工作的协调联动，强化后续监督与管理，开展成效评估和经验总结，宣传推广现有的可复制、可借鉴的创建模式。

深入推进重点政策制度试点示范。开展农村环境保护体制机制综合改革与创新试点。试点划分环境质量达标控制区和未达标控制区，分别按照排放标准和质量约束实施污染源监管和排污许可。推进环境审计、环境损害赔偿、环境服务业和政府购买服务改革试点，强化政策支撑和监管，适时扩大环境污染第三方治理试点地区、行业范围。开展省级生态环境保护综合改革试点。

第五节　严格评估考核

环境保护部要会同有关部门定期对各省（区、市）环境质量改善、重点污染物排放、生态环境保护重大工程进展情况进行调度，结果向社会公开。整合各类生态环境评估考核，在 2018 年、2020 年底，分别对本规划执行情况进行中期评估和终期考核，评估考核结果向国务院报告，向社会公布，并作为对领导班子和领导干部综合考核评价的重要依据。

《"十三五"控制温室气体排放工作方案》

（国务院关于印发"十三五"控制温室气体排放工作方案的通知）

为加快推进绿色低碳发展，确保完成"十三五"规划纲要确定的低碳发展目标任务，推动我国二氧化碳排放 2030 年左右达到峰值并争取尽早达峰，特制订本工作方案。

一、总体要求

（一）指导思想。全面贯彻党的十八大和十八届三中、四中、五中、六中全会精神，紧紧围绕统筹推进"五位一体"总体布局和协调推进"四个全面"战略布局，牢固树立创新、协调、绿色、开放、共享的发展理念，按照党中央、国务院决策部署，统筹国内国际两个大局，顺应绿色低碳发展国际潮流，把低碳发展作为我国经济社会发展的重大战略和生态文明建设的重要途径，采取积极措施，有效控制温室气体排放。加快科技创新和制度创新，健全激励和约束机制，发挥市场配置资源的决定性作用和更好发挥政府作用，加强碳排放和大气污染物排放协同控制，强化低碳引领，推动能源革命和产业革命，推动供给侧结构性改革和消费端转型，推动区域协调发展，深度参与全球气候治理，为促进我国经济社会可持续发展和维护全球生态安全作出新贡献。

（二）主要目标。到 2020 年，单位国内生产总值二氧化碳排放比 2015 年下降 18%，碳排放总量得到有效控制。氢氟碳化物、甲烷、氧化亚氮、全氟化碳、六氟化硫等非二氧化碳温室气体控排力度进一步加大。碳汇能力显著增强。支持优化开发区域碳排放率先达到峰值，力争部分重化工业 2020 年左右实现率先达峰，能源体系、产业体系和消费领域低碳转型取得积极成效。全国碳排放权交易市场启动运行，应对气候变化法律法规和标准体系初步建立，统计核算、评价考核和责任追究制度得到健全，低碳试点示范不断深化，减污减碳协同作用进一步加强，公众低碳意识明显提升。

二、低碳引领能源革命

（一）加强能源碳排放指标控制。实施能源消费总量和强度双控，基本形成以低碳能源满足新增能源需求的能源发展格局。到 2020 年，能源消费总量控制在 50 亿吨标准煤以内，单位国内生产总值能源消费比 2015 年下降 15%，非化石能源比重达到 15%。大型发电集团单位供电二氧化碳排放控制在 550 克二氧化碳/千瓦时以内。

（二）大力推进能源节约。坚持节约优先的能源战略，合理引导能源需求，提升能源利用效率。严格实施节能评估审查，强化节能监察。推动工业、建筑、交通、公共机构等重点领域节能降耗。实施全民节能行动计划，组织开展重点节能工程。健全节能标准体系，加强能源计量监管和服务，实施能效领跑者引领行动。推行合同能源管理，推动节能服务产业健康发展。

（三）加快发展非化石能源。积极有序推进水电开发，安全高效发展核电，稳步发展风电，加快发展太阳能发电，积极发展地热能、生物质能和海洋能。到 2020 年，力争常规水电装机达到 3.4 亿千瓦，风电装机达到 2 亿千瓦，光伏装机达到 1 亿千瓦，核电装机达到 5800 万千瓦，在建容量达到 3000 万千瓦以上。加强智慧能源体系建设，推行节能低碳电力调度，提升非化石能源电力消纳能力。

（四）优化利用化石能源。控制煤炭消费总量，2020 年控制在 42 亿吨左右。推动雾霾严重地区和城市在 2017 年后继续实现煤炭消费负增长。加强煤炭清洁高效利用，大幅削减散煤利用。加快推进居民采暖用煤替代工作，积极推进工业窑炉、采暖锅炉"煤改气"，大力推进天然气、电力替代交通燃油，积极发展天然气发电和分布式能源。在煤基行业和油气开采行业开展碳捕集、利用和封存的规模化产业示范，控制煤化工等行业碳排放。积极开发利用天然气、煤层气、页岩气，加强放空天然气和油田伴生气回收利用，到 2020 年天然气占能源消费总量比重提高到 10% 左右。

三、打造低碳产业体系

（一）加快产业结构调整。将低碳发展作为新常态下经济提质增效的重要动力，推动产业结构转型升级。依法依规有序淘汰落后产能和过剩产能。运用高新技术和先进适用技术改造传统产业，延伸产业链、提高附加值，提升企业低碳竞争力。转变出口模式，严格控制"两高一资"产品出口，着力优化出口结构。加快发展绿色低碳产业，打造绿色低碳供应链。积极发展战略性新兴产业，大力发展服务业，2020 年战略性新兴产业增加值占国内生产总值的比重力争达到 15%，服务业增加值占国内生产总值的比重达到 56%。

（二）控制工业领域排放。2020 年单位工业增加值二氧化碳排放量比 2015 年下降 22%，工业领域二氧化碳排放总量趋于稳定，钢铁、建材等重点行业二氧化碳排放总量得到有效控制。积极推广低碳新工艺、新技术，加强企业能源和碳排放管理体系建设，强化企业碳排放管理，主要高耗能产品单位产品碳排放达到国际先进水平。实施低碳标杆引领计划，推动重点行业企业开展碳排放对标活动。积极控制工业过程温室气体排放，制定实施控制氢氟碳化物排放行动方案，有效控制三氟甲烷，基本实现达标排放，"十三五"期间累计减排二氧化碳当量 11 亿吨以上，逐步减少二氟一氯甲烷受控用途的生产和使用，到 2020 年在基准线水平（2010 年产量）上产量减少 35%。推进工业领域碳捕集、利用和封存试点示范，并做好环境风险评价。

（三）大力发展低碳农业。坚持减缓与适应协同，降低农业领域温室气体排放。实施化肥使用量零增长行动，推广测土配方施肥，减少农田氧化亚氮排放，到 2020 年实现农田氧化亚氮排放达到峰值。控制农田甲烷排放，选育高产低排放良种，改善水分和肥料管理。实施耕地质量保护与提升行动，推广秸秆还田，增施有机肥，加强高标准农田建设。因地制宜建设畜禽养殖场大中型沼气工程。控制畜禽温室气体排放，推进标准化规模养殖，推进畜禽废弃物综合利用，到 2020 年规模化养殖场、养殖小区配套建设废弃物处理设施比例达到 75% 以上。开展低碳农业试点示范。

（四）增加生态系统碳汇。加快造林绿化步伐，推进国土绿化行动，继续实施天然林保护、退耕还林还草、三北及长江流域防护林体系建设、京津风沙源治理、石漠化综合治理等重点生态工程；全面加强森林经营，实施森林质量精准提升工程，着力增加森林碳汇。强化森林资源保护和灾害防控，减少森林碳排放。到 2020 年，森林覆盖率达到 23.04%，森林蓄积量达到 165 亿立方米。加强湿地保护与恢复，稳定并增强湿地固碳能力。推进退牧还草等草原生态保护建设工程，推行禁牧休牧轮牧和草畜平衡制度，加强草原灾害防治，积极增加草原碳汇，到 2020 年草原综合植被盖度达到 56%。探索开展海洋等生态系统碳汇试点。

四、推动城镇化低碳发展

（一）加强城乡低碳化建设和管理。在城乡规划中落实低碳理念和要求，优化城市功能和空间布局，科学划定城市开发边界，探索集约、智能、绿色、低碳的新型城镇化模式，开展城市碳排放精细化管理，鼓励编制城市低碳发展规划。提高基础设施和建筑质量，防止大拆大建。推进既有建筑节能改造，强化新建建筑节能，推广绿色建筑，到 2020 年城镇绿色建筑占新建建筑比重达到 50%。强化宾馆、办公楼、商场等商业和公共建筑低碳化运营管理。在农村地区推动建筑节能，引导生活用能方式向清洁低碳转变，建设绿色低碳村镇。因地制宜推广余热利用、高效热泵、可再生能源、分布式能源、绿色建材、绿色照明、屋顶墙体绿化等低碳技术。推广绿色施工和住宅产业化建设模式。积极开展绿色生态城区和零碳排放建筑试点示范。

（二）建设低碳交通运输体系。推进现代综合交通运输体系建设，加快发展铁路、水运等低碳运输方式，推动航空、航海、公路运输低碳发展，发展低碳物流，到 2020 年，营运货车、营运客车、营运船舶单位运输周转量二氧化碳排放比 2015 年分别下降 8%、2.6%、7%，城市客运单位客运量二氧化碳排放比 2015 年下降 12.5%。完善公交优先的城市交通运输体系，发展城市轨道交通、智能交通和慢行交通，鼓励绿色出行。鼓励使用节能、清洁能源和新能源运输工具，完善配套基础设施建设，到 2020 年，纯电动汽车和插电式混合动力汽车生产能力达到 200 万辆、累计产销量超过 500 万辆。严格实施乘用车燃料消耗量限值标准，提高重型商用车燃料消耗量限值标准，研究新车碳排放标准。深入实施低碳交通示范工程。

（三）加强废弃物资源化利用和低碳化处置。创新城乡社区生活垃圾处理理念，合理布局便捷回收设施，科学配置社区垃圾收集系统，在有条件的社区设立智能型自动回收机，鼓励资源回收利用企业在社区建立分支机构。建设餐厨垃圾等社区化处理设施，提高垃圾社区化处理率。鼓励垃圾分类和生活用品的回收再利用。推进工业垃圾、建筑垃圾、污水处理厂污泥等废弃物无害化处理和资源化利用，在具备条件的地区鼓励发展垃圾焚烧发电等多种处理利用方式，有效减少全社会的物耗和碳排放。开展垃圾填埋场、污水处理厂甲烷收集利用及与常规污染物协同处理工作。

（四）倡导低碳生活方式。树立绿色低碳的价值观和消费观，弘扬以低碳为荣的社会新风尚。积极践行低碳理念，鼓励使用节能低碳节水产品，反对过度包装。提倡低碳餐饮，推行"光盘行动"，遏制食品浪费。倡导低碳居住，推广普及节水器具。倡导"135"绿色低碳出行方式（1 公里以内步行，3 公里以内骑自行车，5 公里左右乘坐公共交通工具），鼓励购买小排量汽车、节能与新能源汽车。

五、加快区域低碳发展

（一）实施分类指导的碳排放强度控制。综合考虑各省（区、市）发展阶段、资源禀赋、战略定位、生态环保等因素，分类确定省级碳排放控制目标。"十三五"期间，北京、天津、河北、上海、江苏、浙江、山东、广东碳排放强度分别下降 20.5%，福建、江西、河南、湖北、重庆、四川分别下降 19.5%，山西、辽宁、吉林、安徽、湖南、贵州、云南、陕西分别下降 18%，内蒙古、黑龙江、广西、甘肃、宁夏分别下降 17%，海南、西藏、青海、新疆分别下降 12%。

（二）推动部分区域率先达峰。支持优化开发区域在 2020 年前实现碳排放率先达峰。鼓励其他区域提出峰值目标，明确达峰路线图，在部分发达省市研究探索开展碳排放总量控制。鼓励"中国达峰先锋城市联盟"城市和其他具备条件的城市加大减排力度，完善政策措施，力争提前完成达峰目标。

（三）创新区域低碳发展试点示范。选择条件成熟的限制开发区域和禁止开发区域、生态功能区、工矿区、城镇等开展近零碳排放区示范工程，到

2020 年建设 50 个示范项目。以碳排放峰值和碳排放总量控制为重点，将国家低碳城市试点扩大到 100 个城市。探索产城融合低碳发展模式，将国家低碳城（镇）试点扩大到 30 个城（镇）。深化国家低碳工业园区试点，将试点扩大到 80 个园区，组织创建 20 个国家低碳产业示范园区。推动开展 1000 个左右低碳社区试点，组织创建 100 个国家低碳示范社区。组织开展低碳商业、低碳旅游、低碳企业试点。以投资政策引导、强化金融支持为重点，推动开展气候投融资试点工作。做好各类试点经验总结和推广，形成一批各具特色的低碳发展模式。

（四）支持贫困地区低碳发展。根据区域主体功能，确立不同地区扶贫开发思路。将低碳发展纳入扶贫开发目标任务体系，制定支持贫困地区低碳发展的差别化扶持政策和评价指标体系，形成适合不同地区的差异化低碳发展模式。分片区制定贫困地区产业政策，加快特色产业发展，避免盲目接收高耗能、高污染产业转移。建立扶贫与低碳发展联动工作机制，推动发达地区与贫困地区开展低碳产业和技术协作。推进"低碳扶贫"，倡导企业与贫困村结对开展低碳扶贫活动。鼓励大力开发贫困地区碳减排项目，推动贫困地区碳减排项目进入国内外碳排放权交易市场。改进扶贫资金使用方式和配置模式。

六、建设和运行全国碳排放权交易市场

（一）建立全国碳排放权交易制度。出台《碳排放权交易管理条例》及有关实施细则，各地区、各部门根据职能分工制定有关配套管理办法，完善碳排放权交易法规体系。建立碳排放权交易市场国家和地方两级管理体制，将有关工作责任落实至地市级人民政府，完善部门协作机制，各地区、各部门和中央企业集团根据职责制定具体工作实施方案，明确责任目标，落实专项资金，建立专职工作队伍，完善工作体系。制定覆盖石化、化工、建材、钢铁、有色、造纸、电力和航空等 8 个工业行业中年能耗 1 万吨标准煤以上企业的碳排放权总量设定与配额分配方案，实施碳排放配额管控制度。对重点汽车生产企业实行基于新能源汽车生产责任的碳排放配额管理。

（二）启动运行全国碳排放权交易市场。在现有碳排放权交易试点交易机构和温室气体自愿减排交易机构基础上，根据碳排放权交易工作需求统筹确立全国交易机构网络布局，各地区根据国家确定的配额分配方案对本行政区域内重点排放企业开展配额分配。推动区域性碳排放权交易体系向全国碳排放权交易市场顺利过渡，建立碳排放配额市场调节和抵消机制，建立严格的市场风险预警与防控机制，逐步健全交易规则，增加交易品种，探索多元化交易模式，完善企业上线交易条件，2017 年启动全国碳排放权交易市场。到 2020 年力争建成制度完善、交易活跃、监管严格、公开透明的全国碳排放权交易市场，实现稳定、健康、持续发展。

（三）强化全国碳排放权交易基础支撑能力。建设全国碳排放权交易注册登记系统及灾备系统，建立长效、稳定的注册登记系统管理机制。构建国家、地方、企业三级温室气体排放核算、报告与核查工作体系，建设重点企业温室气体排放数据报送系统。整合多方资源培养壮大碳交易专业技术支撑队伍，编制统一培训教材，建立考核评估制度，构建专业咨询服务平台，鼓励有条件的省（区、市）建立全国碳排放权交易能力培训中心。组织条件成熟的地区、行业、企业开展碳排放权交易试点示范，推进相关国际合作。持续开展碳排放权交易重大问题跟踪研究。

七、加强低碳科技创新

（一）加强气候变化基础研究。加强应对气候变化基础研究、技术研发和战略政策研究基地建设。深化气候变化的事实、过程、机理研究，加强气候变化影响与风险、减缓与适应的基础研究。加强大数据、云计算等互联网技术与低碳发展融合研究。加强生产消费全过程碳排放计量、核算体系及控排政策研究。开展低碳发展与经济社会、资源环境的耦合效应研究。编制国家应对气候变化科技发展专项规划，评估低碳技术研究进展。编制第四次气候变化国家评估报告。积极参与政府间气候变化专门委员会（IPCC）第六次评估报告相关研究。

（二）加快低碳技术研发与示范。研发能源、工业、建筑、交通、农业、林业、海洋等重点领域经济适用的低碳技术。建立低碳技术孵化器，鼓励利用现有政府投资基金，引导创业投资基金等市场资金，加快推动低碳技术进步。

（三）加大低碳技术推广应用力度。定期更新国家重点节能低碳技术推广目录、节能减排与低碳技术成果转化推广清单。提高核心技术研发、制造、系统集成和产业化能力，对减排效果好、应用前景广阔的关键产品组织规模化生产。加快建立政产学研用有效结合机制，引导企业、高校、科研院所建立低碳技术创新联盟，形成技术研发、示范应用和产业化联动机制。增强大学科技园、企业孵化器、产业化基地、高新区对低碳技术产业化的支持力度。在国家低碳试点和国家可持续发展创新示范区等重点地区，加强低碳技术集中示范应用。

八、强化基础能力支撑

（一）完善应对气候变化法律法规和标准体系。推动制订应对气候变化法，适时修订完善应对气候变化相关政策法规。研究制定重点行业、重点产品温室气体排放核算标准、建筑低碳运行标准、碳捕集利用与封存标准等，完善低碳产品标准、标识和认证制度。加强节能监察，强化能效标准实施，促进能效提升和碳减排。

（二）加强温室气体排放统计与核算。加强应对气候变化统计工作，完善应对气候变化统计指标体系和温室气体排放统计制度，强化能源、工业、农业、林业、废弃物处理等相关统计，加强统计基础工作和能力建设。加强热力、电力、煤炭等重点领域温室气体排放因子计算与监测方法研究，完善重点行业企业温室气体排放核算指南。定期编制国家和省级温室气体排放清单，实行重点企（事）业单位温室气体排放数据报告制度，建立温室气体排放数据信息系统。完善温室气体排放计量和监测体系，推动重点排放单位健全能源消费和温室气体排放台账记录。逐步建立完善省市两级行政区域能源碳排放年度核算方法和报告制度，提高数据质量。

（三）建立温室气体排放信息披露制度。定期公布我国低碳发展目标实现及政策行动进展情况，建立温室气体排放数据信息发布平台，研究建立国家应对气候变化公报制度。推动地方温室气体排放数据信息公开。推动建立企业温室气体排放信息披露制度，鼓励企业主动公开温室气体排放信息，国有企业、上市公司、纳入碳排放权交易市场的企业要率先公布温室气体排放信息和控排行动措施。

（四）完善低碳发展政策体系。加大中央及地方预算内资金对低碳发展的支持力度。出台综合配套政策，完善气候投融资机制，更好发挥中国清洁发展机制基金作用，积极运用政府和社会资本合作（PPP）模式及绿色债券等手段，支持应对气候变化和低碳发展工作。发挥政府引导作用，完善涵盖节能、环保、低碳等要求的政府绿色采购制度，开展低碳机关、低碳校园、低碳医院等创建活动。研究有利于低碳发展的税收政策。加快推进能源价格形成机制改革，规范并逐步取消不利于节能减碳的化石能源补贴。完善区域低碳发展协作联动机制。

（五）加强机构和人才队伍建设。编制应对气候变化能力建设方案，加快培养技术研发、产业管理、国际合作、政策研究等各类专业人才，积极培育第三方服务机构和市场中介组织，发展低碳产业联盟和社会团体，加强气候变化研究后备队伍建设。积极推进应对气候变化基础研究、技术研发等各领域的国际合作，加强人员国际交流，实施高层次人才培养和引进计划。强化应对气候变化教育教学内容，开展"低碳进课堂"活动。加强对各级领导干部、企业管理者等培训，增强政策制定者和企业家的低碳战略决策能力。

九、广泛开展国际合作

（一）深度参与全球气候治理。积极参与落实《巴黎协定》相关谈判，继续参与各种渠道气候变化对话磋商，坚持"共同但有区别的责任"原则、公平原则和各自能力原则，推动《联合国气候变化框架公约》的全面、有效、持续实施，推动建立广泛参与、各尽所能、务实有效、合作共赢的全球气候治理体系，推动落实联合国《2030年可持续发展议程》，为我国低碳转型提供良好的国际环境。

（二）推动务实合作。加强气候变化领域国际对话交流，深化与各国的合作，广泛开展与国际组织的务实合作。积极参与国际气候和环境资金机构治理，利用相关国际机构优惠资金和先进技术支持国内应对气候变化工作。深入务实推进应对气候变化南南合作，设立并用好中国气候变化南南合作基金，支持发展中国家提高应对气候变化和防灾减灾能力。继续推进清洁能源、防灾减灾、生态保护、气候适应型农业、低碳智慧型城市建设等领域国际合作。结合实施"一带一路"倡议、国际产能和装备制造合作，促进低碳项目合作，推动海外投资项目低碳化。

（三）加强履约工作。做好《巴黎协定》国内履约准备工作。按时编制和提交国家信息通报和两年更新报，参与《联合国气候变化框架公约》下的国际磋商和分析进程。加强对国家自主贡献的评估，积极参与2018年促进性对话。研究并向联合国通报我国本世纪中叶长期温室气体低排放发展战略。

十、强化保障落实

（一）加强组织领导。发挥好国家应对气候变化领导小组协调联络办公室的统筹协调和监督落实职能。各省（区、市）要将大幅度降低二氧化碳排放强度纳入本地区经济社会发展规划、年度计划和政府工作报告，制定具体工作方案，建立完善工作机制，逐步健全控制温室气体排放的监督和管理体制。各有关部门要根据职责分工，按照相关专项规划和工作方案，切实抓好落实。

（二）强化目标责任考核。要加强对省级人民政府控制温室气体排放目标完成情况的评估、考核，建立责任追究制度。各有关部门要建立年度控制温室气体排放工作任务完成情况的跟踪评估机制。考核评估结果向社会公开，接受舆论监督。建立碳排放控制目标预测预警机制，推动各地方、各部门落实低碳发展工作任务。

（三）加大资金投入。各地区、各有关部门要围绕实现"十三五"控制温室气体排放目标，统筹各种资金来源，切实加大资金投入，确保本方案各项任务的落实。

（四）做好宣传引导。加强应对气候变化国内外宣传和科普教育，利用好全国低碳日、联合国气候变化大会等重要节点和新媒体平台，广泛开展丰富多样的宣传活动，提升全民低碳意识。加强应对气候变化传播培训，提升媒体从业人员报道的专业水平。建立应对气候变化公众参与机制，在政策制定、重大项目工程决策等领域，鼓励社会公众广泛参与，营造积极应对气候变化的良好社会氛围。

《生态文明建设目标评价考核办法》

（2016 年 12 月 22 日中共中央办公厅、国务院办公厅发布，全文如下）

第一章　总　　则

第一条　为了贯彻落实党的十八大和十八届三中、四中、五中、六中全会精神，加快绿色发展，推进生态文明建设，规范生态文明建设目标评价考核工作，根据有关党内法规和国家法律法规，制定本办法。

第二条　本办法适用于对各省、自治区、直辖市党委和政府生态文明建设目标的评价考核。

第三条　生态文明建设目标评价考核实行党政同责，地方党委和政府领导成员生态文明建设一岗双责，按照客观公正、科学规范、突出重点、注重实效、奖惩并举的原则进行。

第四条　生态文明建设目标评价考核在资源环境生态领域有关专项考

核的基础上综合开展，采取评价和考核相结合的方式，实行年度评价、五年考核。

评价重点评估各地区上一年度生态文明建设进展总体情况，引导各地区落实生态文明建设相关工作，每年开展 1 次。考核主要考查各地区生态文明建设重点目标任务完成情况，强化省级党委和政府生态文明建设的主体责任，督促各地区自觉推进生态文明建设，每个五年规划期结束后开展 1 次。

第二章 评 价

第五条 生态文明建设年度评价（以下简称年度评价）工作由国家统计局、国家发展改革委、环境保护部会同有关部门组织实施。

第六条 年度评价按照绿色发展指标体系实施，主要评估各地区资源利用、环境治理、环境质量、生态保护、增长质量、绿色生活、公众满意程度等方面的变化趋势和动态进展，生成各地区绿色发展指数。

绿色发展指标体系由国家统计局、国家发展改革委、环境保护部会同有关部门制定，可以根据国民经济和社会发展规划纲要以及生态文明建设进展情况作相应调整。

第七条 年度评价应当在每年 8 月底前完成。

第八条 年度评价结果应当向社会公布，并纳入生态文明建设目标考核。

第三章 考 核

第九条 生态文明建设目标考核（以下简称目标考核）工作由国家发展改革委、环境保护部、中央组织部牵头，会同财政部、国土资源部、水利部、农业部、国家统计局、国家林业局、国家海洋局等部门组织实施。

第十条 目标考核内容主要包括国民经济和社会发展规划纲要中确定的资源环境约束性指标，以及党中央、国务院部署的生态文明建设重大目标任务完成情况，突出公众的获得感。考核目标体系由国家发展改革委、环境保护部会同有关部门制定，可以根据国民经济和社会发展规划纲要以及生态文明建设进展情况作相应调整。

有关部门应当根据国家生态文明建设的总体要求，结合各地区经济社会发展水平、资源环境禀赋等因素，将考核目标科学合理分解落实到各省、自治区、直辖市。

第十一条 目标考核在五年规划期结束后的次年开展，并于 9 月底前完成。各省、自治区、直辖市党委和政府应当对照考核目标体系开展自查，在五年规划期结束次年的 6 月底前，向党中央、国务院报送生态文明建设目标任务完成情况自查报告，并抄送考核牵头部门。资源环境生态领域有关专项考核的实施部门应当在五年规划期结束次年的 6 月底前，将五年专项考核结果送考核牵头部门。

第十二条　目标考核采用百分制评分和约束性指标完成情况等相结合的方法，考核结果划分为优秀、良好、合格、不合格四个等级。考核牵头部门汇总各地区考核实际得分以及有关情况，提出考核等级划分、考核结果处理等建议，并结合领导干部自然资源资产离任审计、领导干部环境保护责任离任审计、环境保护督察等结果，形成考核报告。

考核等级划分规则由考核牵头部门根据实际情况另行制定。

第十三条　考核报告经党中央、国务院审定后向社会公布，考核结果作为各省、自治区、直辖市党政领导班子和领导干部综合考核评价、干部奖惩任免的重要依据。

对考核等级为优秀、生态文明建设工作成效突出的地区，给予通报表扬；对考核等级为不合格的地区，进行通报批评，并约谈其党政主要负责人，提出限期整改要求；对生态环境损害明显、责任事件多发地区的党政主要负责人和相关负责人（含已经调离、提拔、退休的），按照《党政领导干部生态环境损害责任追究办法（试行）》等规定，进行责任追究。

第四章　实　　施

第十四条　国家发展改革委、环境保护部、中央组织部会同国家统计局等部门建立生态文明建设目标评价考核部际协作机制，研究评价考核工作重大问题，提出考核等级划分、考核结果处理等建议，讨论形成考核报告，报请党中央、国务院审定。

第十五条　生态文明建设目标评价考核采用有关部门组织开展专项考核认定的数据、相关统计和监测数据，以及自然资源资产负债表数据成果，必要时评价考核牵头部门可以对专项考核等数据作进一步核实。

因重大自然灾害等非人为因素导致有关考核目标未完成的，经主管部门核实后，对有关地区相关考核指标得分进行综合判定。

第十六条　有关部门和各地区应当切实加强生态文明建设领域统计和监测的人员、设备、科研、信息平台等基础能力建设，加大财政支持力度，增加指标调查频率，提高数据的科学性、准确性和一致性。

第五章　监　督

第十七条　参与评价考核工作的有关部门和机构应当严格执行工作纪律，坚持原则、实事求是，确保评价考核工作客观公正、依规有序开展。各省、自治区、直辖市不得篡改、伪造或者指使篡改、伪造相关统计和监测数据，对于存在上述问题并被查实的地区，考核等级确定为不合格。对徇私舞弊、瞒报谎报、篡改数据、伪造资料等造成评价考核结果失真失实的，由纪检监察机关和组织（人事）部门按照有关规定严肃追究有关单位和人员责任；涉嫌犯罪的，依法移送司法机关处理。

第十八条　有关地区对考核结果和责任追究决定有异议的，可以向作出考核结果和责任追究决定的机关和部门提出书面申诉，有关机关和部门应当依据相关规定受理并进行处理。

第六章　附　则

第十九条　各省、自治区、直辖市党委和政府可以参照本办法，结合本地区实际，制定针对下一级党委和政府的生态文明建设目标评价考核办法。

第二十条　本办法由国家发展改革委、环境保护部、中央组织部、国家统计局商有关部门负责解释。

第二十一条　本办法自 2016 年 12 月 2 日起施行。

《全国碳排放权交易市场建设方案（发电行业)》

（2017 年 12 月 18 日国家发展改革委发布，
发改气候规〔2017〕2191 号，全文如下）

建立碳排放权交易市场，是利用市场机制控制温室气体排放的重大举措，也是深化生态文明体制改革的迫切需要，有利于降低全社会减排成本，有利于推动经济向绿色低碳转型升级。为扎实推进全国碳排放权交易市场（以下简称"碳市场"）建设工作，确保 2017 年顺利启动全国碳排放交易体系，根据《中华人民共和国国民经济和社会发展第十三个五年规划纲要》

和《生态文明体制改革总体方案》，制定本方案。

一、总体要求

（一）指导思想

深入贯彻落实党的十九大精神，高举中国特色社会主义伟大旗帜，坚持以习近平新时代中国特色社会主义思想为指导，紧紧围绕统筹推进"五位一体"总体布局和协调推进"四个全面"战略布局，牢固树立创新、协调、绿色、开放、共享的发展理念，认真落实党中央、国务院关于生态文明建设的决策部署，充分发挥市场机制对控制温室气体排放的作用，稳步推进建立全国统一的碳市场，为我国有效控制和逐步减少碳排放，推动绿色低碳发展作出新贡献。

（二）基本原则

坚持市场导向、政府服务。贯彻落实简政放权、放管结合、优化服务的改革要求，以企业为主体，以市场为导向，强化政府监管和服务，充分发挥市场对资源配置的决定性作用。

坚持先易后难、循序渐进。按照国家生态文明建设和控制温室气体排放的总体要求，在不影响经济平稳健康发展的前提下，分阶段、有步骤地推进碳市场建设。在发电行业（含热电联产，下同）率先启动全国碳排放交易体系，逐步扩大参与碳市场的行业范围，增加交易品种，不断完善碳市场。

坚持协调协同、广泛参与。统筹国际、国内两个大局，统筹区域、行业可持续发展与控制温室气体排放需要，按照供给侧结构性改革总体部署，加强与电力体制改革、能源消耗总量和强度"双控"、大气污染防治等相关政策措施的协调。持续优化完善碳市场制度设计，充分调动部门、地方、企业和社会积极性，共同推进和完善碳市场建设。

坚持统一标准、公平公开。统一市场准入标准、配额分配方法和有关技术规范，建设全国统一的排放数据报送系统、注册登记系统、交易系统和结算系统等市场支撑体系。构建有利于公平竞争的市场环境，及时准确披露市场信息，全面接受社会监督。

（三）目标任务

坚持将碳市场作为控制温室气体排放政策工具的工作定位，切实防范金融等方面风险。以发电行业为突破口率先启动全国碳排放交易体系，培育市场主体，完善市场监管，逐步扩大市场覆盖范围，丰富交易品种和交易方式。逐步建立起归属清晰、保护严格、流转顺畅、监管有效、公开透明、具有国际影响力的碳市场。配额总量适度从紧、价格合理适中，有效激发企业减排潜力，推动企业转型升级，实现控制温室气体排放目标。自本方案印发之后，分三阶段稳步推进碳市场建设工作。

基础建设期。用一年左右的时间，完成全国统一的数据报送系统、注册登记系统和交易系统建设。深入开展能力建设，提升各类主体参与能力和管理水平。开展碳市场管理制度建设。

模拟运行期。用一年左右的时间，开展发电行业配额模拟交易，全面检验市场各要素环节的有效性和可靠性，强化市场风险预警与防控机制，完善碳市场管理制度和支撑体系。

深化完善期。在发电行业交易主体间开展配额现货交易。交易仅以履约（履行减排义务）为目的，履约部分的配额予以注销，剩余配额可跨履约期转让、交易。在发电行业碳市场稳定运行的前提下，逐步扩大市场覆盖范围，丰富交易品种和交易方式。创造条件，尽早将国家核证自愿减排量纳入全国碳市场。

二、市场要素

（四）交易主体。初期交易主体为发电行业重点排放单位。条件成熟后，扩大至其他高耗能、高污染和资源性行业。适时增加符合交易规则的其他机构和个人参与交易。

（五）交易产品。初期交易产品为配额现货，条件成熟后增加符合交易规则的国家核证自愿减排量及其他交易产品。

（六）交易平台。建立全国统一、互联互通、监管严格的碳排放权交易系统，并纳入全国公共资源交易平台体系管理。

三、参与主体

（七）重点排放单位。发电行业年度排放达到2.6万吨二氧化碳当量（综合能源消费量约1万吨标准煤）及以上的企业或者其他经济组织为重点排放单位。年度排放达到2.6万吨二氧化碳当量及以上的其他行业自备电厂视同发电行业重点排放单位管理。在此基础上，逐步扩大重点排放单位范围。

（八）监管机构。国务院发展改革部门与相关部门共同对碳市场实施分级监管。国务院发展改革部门会同相关行业主管部门制定配额分配方案和核查技术规范并监督执行。各相关部门根据职责分工分别对第三方核查机构、交易机构等实施监管。省级、计划单列市应对气候变化主管部门监管本辖区内的数据核查、配额分配、重点排放单位履约等工作。各部门、各地方各司其职、相互配合，确保碳市场规范有序运行。

（九）核查机构。符合有关条件要求的核查机构，依据核查有关规定和技术规范，受委托开展碳排放相关数据核查，并出具独立核查报告，确保核查报告真实、可信。

四、制度建设

（十）碳排放监测、报告与核查制度。国务院发展改革部门会同相关行业主管部门制定企业排放报告管理办法、完善企业温室气体核算报告指南与技术规范。各省级、计划单列市应对气候变化主管部门组织开展数据审定和报送工作。重点排放单位应按规定及时报告碳排放数据。重点排放单位和核查机构须对数据的真实性、准确性和完整性负责。

（十一）重点排放单位配额管理制度。国务院发展改革部门负责制定配额分配标准和办法。各省级及计划单列市应对气候变化主管部门按照标准和办法向辖区内的重点排放单位分配配额。重点排放单位应当采取有效措施控制碳排放，并按实际排放清缴配额（"清缴"是指清理应缴未缴配额的过程）。省级及计划单列市应对气候变化主管部门负责监督清缴，对逾期或不足额清缴的重点排放单位依法依规予以处罚，并将相关信息纳入全国信用信息共享平台实施联合惩戒。

（十二）市场交易相关制度。国务院发展改革部门会同相关部门制定碳排放权市场交易管理办法，对交易主体、交易方式、交易行为以及市场监管等进行规定，构建能够反映供需关系、减排成本等因素的价格形成机制，建立有效防范价格异常波动的调节机制和防止市场操纵的风险防控机制，确保市场要素完整、公开透明、运行有序。

五、发电行业配额管理

（十三）配额分配。发电行业配额按国务院发展改革部门会同能源部门制定的分配标准和方法进行分配（发电行业配额分配标准和方法另行制定）。

（十四）配额清缴。发电行业重点排放单位需按年向所在省级、计划单列市应对气候变化主管部门提交与其当年实际碳排放量相等的配额，以完成其减排义务。其富余配额可向市场出售，不足部分需通过市场购买。

六、支撑系统

（十五）重点排放单位碳排放数据报送系统。建设全国统一、分级管理的碳排放数据报送信息系统，探索实现与国家能耗在线监测系统的连接。

（十六）碳排放权注册登记系统。建设全国统一的碳排放权注册登记系统及其灾备系统，为各类市场主体提供碳排放配额和国家核证自愿减排量的法定确权及登记服务，并实现配额清缴及履约管理。国务院发展改革部门负责制定碳排放权注册登记系统管理办法与技术规范，并对碳排放权注册登记系统实施监管。

（十七）碳排放权交易系统。建设全国统一的碳排放权交易系统及其灾备系统，提供交易服务和综合信息服务。国务院发展改革部门会同相关部门制定交易系统管理办法与技术规范，并对碳排放权交易系统实施监管。

（十八）碳排放权交易结算系统。建立碳排放权交易结算系统，实现交易资金结算及管理，并提供与配额结算业务有关的信息查询和咨询等服务，确保交易结果真实可信。

七、试点过渡

（十九）推进区域碳交易试点向全国市场过渡。2011年以来开展区域碳交易试点的地区将符合条件的重点排放单位逐步纳入全国碳市场，实行统一管理。区域碳交易试点地区继续发挥现有作用，在条件成熟后逐步向全国碳市场过渡。

八、保障措施

（二十）加强组织领导。国务院发展改革部门会同有关部门，根据工作需要将按程序适时调整完善本方案，重要情况及时向国务院报告。各部门应结合实际，按职责分工加强对碳市场的监管。

（二十一）强化责任落实。国务院发展改革部门会同相关部门负责全国碳市场建设。各省级及计划单列市人民政府负责本辖区内的碳市场建设工作。符合条件的省（市）受国务院发展改革部门委托建设运营全国碳市场相关支撑系统，建成后接入国家统一数据共享交换平台。

（二十二）推进能力建设。组织开展面向各类市场主体的能力建设培训，推进相关国际合作。鼓励相关行业协会和中央企业集团开展行业碳排放数据调查、统计分析等工作，为科学制定配额分配标准提供技术支撑。

（二十三）做好宣传引导。加强绿色循环低碳发展与碳市场相关政策法规的宣传报道，多渠道普及碳市场相关知识，宣传推广先进典型经验和成熟做法，提升企业和公众对碳减排重要性和碳市场的认知水平，为碳市场建设运行营造良好社会氛围。

《中华人民共和国环境保护税法（2018 修正）》

（2016 年 12 月 25 日第十二届全国人民代表大会常务委员会第二十五次会议通过，根据 2018 年 10 月 26 日第十三届全国人民代表大会常务委员会第六次会议《关于修改〈中华人民共和国野生动物保护法〉等十五部法律的决定》修正，全文如下）

第一章　总　　则

第一条　为了保护和改善环境，减少污染物排放，推进生态文明建设，制定本法。

第二条　在中华人民共和国领域和中华人民共和国管辖的其他海域，直接向环境排放应税污染物的企业事业单位和其他生产经营者为环境保护税的纳税人，应当依照本法规定缴纳环境保护税。

第三条　本法所称应税污染物，是指本法所附《环境保护税税目税额表》《应税污染物和当量值表》规定的大气污染物、水污染物、固体废物和噪声。

第四条　有下列情形之一的，不属于直接向环境排放污染物，不缴纳相应污染物的环境保护税：

（一）企业事业单位和其他生产经营者向依法设立的污水集中处理、生活垃圾集中处理场所排放应税污染物的；

（二）企业事业单位和其他生产经营者在符合国家和地方环境保护标准的设施、场所贮存或者处置固体废物的。

第五条　依法设立的城乡污水集中处理、生活垃圾集中处理场所超过国家和地方规定的排放标准向环境排放应税污染物的，应当缴纳环境保护税。

企业事业单位和其他生产经营者贮存或者处置固体废物不符合国家和地方环境保护标准的，应当缴纳环境保护税。

第六条　环境保护税的税目、税额，依照本法所附《环境保护税税目税额表》执行。

应税大气污染物和水污染物的具体适用税额的确定和调整，由省、自治区、直辖市人民政府统筹考虑本地区环境承载能力、污染物排放现状和经济社会生态发展目标要求，在本法所附《环境保护税税目税额表》规定的税额幅度内提出，报同级人民代表大会常务委员会决定，并报全国人民代表大会常务委员会和国务院备案。

<h3 style="text-align:center">第二章　计税依据和应纳税额</h3>

第七条　应税污染物的计税依据，按照下列方法确定：

（一）应税大气污染物按照污染物排放量折合的污染当量数确定；

（二）应税水污染物按照污染物排放量折合的污染当量数确定；

（三）应税固体废物按照固体废物的排放量确定；

（四）应税噪声按照超过国家规定标准的分贝数确定。

第八条　应税大气污染物、水污染物的污染当量数，以该污染物的排放量除以该污染物的污染当量值计算。每种应税大气污染物、水污染物的具体污染当量值，依照本法所附《应税污染物和当量值表》执行。

第九条　每一排放口或者没有排放口的应税大气污染物，按照污染当量数从大到小排序，对前三项污染物征收环境保护税。

每一排放口的应税水污染物，按照本法所附《应税污染物和当量值表》，区分第一类水污染物和其他类水污染物，按照污染当量数从大到小排序，对第一类水污染物按照前五项征收环境保护税，对其他类水污染物按照前三项征收环境保护税。

省、自治区、直辖市人民政府根据本地区污染物减排的特殊需要，可以增加同一排放口征收环境保护税的应税污染物项目数，报同级人民代表大会常务委员会决定，并报全国人民代表大会常务委员会和国务院备案。

第十条　应税大气污染物、水污染物、固体废物的排放量和噪声的分贝数，按照下列方法和顺序计算：

（一）纳税人安装使用符合国家规定和监测规范的污染物自动监测设备的，按照污染物自动监测数据计算；

（二）纳税人未安装使用污染物自动监测设备的，按照监测机构出具的符合国家有关规定和监测规范的监测数据计算；

（三）因排放污染物种类多等原因不具备监测条件的，按照国务院生态环境主管部门规定的排污系数、物料衡算方法计算；

（四）不能按照本条第一项至第三项规定的方法计算的，按照省、自治区、直辖市人民政府生态环境主管部门规定的抽样测算的方法核定计算。

第十一条　环境保护税应纳税额按照下列方法计算：

（一）应税大气污染物的应纳税额为污染当量数乘以具体适用税额；

（二）应税水污染物的应纳税额为污染当量数乘以具体适用税额；

（三）应税固体废物的应纳税额为固体废物排放量乘以具体适用税额；

（四）应税噪声的应纳税额为超过国家规定标准的分贝数对应的具体适用税额。

第三章　税收减免

第十二条　下列情形，暂予免征环境保护税：

（一）农业生产（不包括规模化养殖）排放应税污染物的；

（二）机动车、铁路机车、非道路移动机械、船舶和航空器等流动污染源排放应税污染物的；

（三）依法设立的城乡污水集中处理、生活垃圾集中处理场所排放相应应税污染物，不超过国家和地方规定的排放标准的；

（四）纳税人综合利用的固体废物，符合国家和地方环境保护标准的；

（五）国务院批准免税的其他情形。

前款第五项免税规定，由国务院报全国人民代表大会常务委员会备案。

第十三条　纳税人排放应税大气污染物或者水污染物的浓度值低于国家和地方规定的污染物排放标准百分之三十的，减按百分之七十五征收环境保护税。纳税人排放应税大气污染物或者水污染物的浓度值低于国家和地方规定的污染物排放标准百分之五十的，减按百分之五十征收环境保护税。

第四章　征收管理

第十四条　环境保护税由税务机关依照《中华人民共和国税收征收管理法》和本法的有关规定征收管理。

生态环境主管部门依照本法和有关环境保护法律法规的规定负责对污染物的监测管理。

县级以上地方人民政府应当建立税务机关、生态环境主管部门和其他相关单位分工协作工作机制，加强环境保护税征收管理，保障税款及时足额入库。

第十五条　生态环境主管部门和税务机关应当建立涉税信息共享平台和工作配合机制。

生态环境主管部门应当将排污单位的排污许可、污染物排放数据、环境违法和受行政处罚情况等环境保护相关信息，定期交送税务机关。

税务机关应当将纳税人的纳税申报、税款入库、减免税额、欠缴税款以及风险疑点等环境保护税涉税信息，定期交送生态环境主管部门。

第十六条　纳税义务发生时间为纳税人排放应税污染物的当日。

第十七条　纳税人应当向应税污染物排放地的税务机关申报缴纳环境保护税。

第十八条　环境保护税按月计算，按季申报缴纳。不能按固定期限计算缴纳的，可以按次申报缴纳。

纳税人申报缴纳时，应当向税务机关报送所排放应税污染物的种类、数量，大气污染物、水污染物的浓度值，以及税务机关根据实际需要要求纳税人报送的其他纳税资料。

第十九条　纳税人按季申报缴纳的，应当自季度终了之日起十五日内，向税务机关办理纳税申报并缴纳税款。纳税人按次申报缴纳的，应当自纳税义务发生之日起十五日内，向税务机关办理纳税申报并缴纳税款。

纳税人应当依法如实办理纳税申报，对申报的真实性和完整性承担责任。

第二十条　税务机关应当将纳税人的纳税申报数据资料与生态环境主管部门交送的相关数据资料进行比对。

税务机关发现纳税人的纳税申报数据资料异常或者纳税人未按照规定期限办理纳税申报的，可以提请生态环境主管部门进行复核，生态环境主管部门应当自收到税务机关的数据资料之日起十五日内向税务机关出具复核意见。税务机关应当按照生态环境主管部门复核的数据资料调整纳税人的应纳税额。

第二十一条　依照本法第十条第四项的规定核定计算污染物排放量的，由税务机关会同生态环境主管部门核定污染物排放种类、数量和应纳税额。

第二十二条　纳税人从事海洋工程向中华人民共和国管辖海域排放应税大气污染物、水污染物或者固体废物，申报缴纳环境保护税的具体办法，由国务院税务主管部门会同国务院生态环境主管部门规定。

第二十三条　纳税人和税务机关、生态环境主管部门及其工作人员违反本法规定的，依照《中华人民共和国税收征收管理法》《中华人民共和国环境保护法》和有关法律法规的规定追究法律责任。

第二十四条　各级人民政府应当鼓励纳税人加大环境保护建设投入，对纳税人用于污染物自动监测设备的投资予以资金和政策支持。

第五章　附　　则

第二十五条　本法下列用语的含义：

（一）污染当量，是指根据污染物或者污染排放活动对环境的有害程度以及处理的技术经济性，衡量不同污染物对环境污染的综合性指标或者计量单位。同一介质相同污染当量的不同污染物，其污染程度基本相当。

（二）排污系数，是指在正常技术经济和管理条件下，生产单位产品所应排放的污染物量的统计平均值。

（三）物料衡算，是指根据物质质量守恒原理对生产过程中使用的原料、生产的产品和产生的废物等进行测算的一种方法。

第二十六条　直接向环境排放应税污染物的企业事业单位和其他生产经营者，除依照本法规定缴纳环境保护税外，应当对所造成的损害依法承担责任。

第二十七条　自本法施行之日起，依照本法规定征收环境保护税，不再征收排污费。

第二十八条　本法自 2018 年 1 月 1 日起施行。

《绿色投资指引（试行）》

（2018 年 11 月 10 日中国证券投资基金业协会发布，全文如下）

第一章　总　　则

第一条　为贯彻落实党的十九大关于发展绿色金融，建立健全绿色低碳循环发展的经济体系的要求和七部委《关于构建绿色金融体系的指导意见》，鼓励基金管理人关注环境可持续性，强化基金管理人对环境风险的认知，明确绿色投资的内涵，推动基金行业发展绿色投资，改善投资活动的环境绩效，促进绿色、可持续的经济增长，根据《证券投资基金法》《公开募集证券投资基金运作管理办法》和《私募投资基金监督管理暂行办法》等相关法律法规和行业自律规则，制定本指引。

第二条　本指引适用于公开和非公开募集证券投资基金或资产管理计划

的管理人及其产品。私募股权投资基金管理人可参考本指引确定绿色投资范围，并根据自身情况对绿色投资的适用方法做出相应调整。各类专业机构投资者可参考本指引开展绿色投资。

第三条　绿色投资是指以促进企业环境绩效、发展绿色产业和减少环境风险为目标，采用系统性绿色投资策略，对能够产生环境效益、降低环境成本与风险的企业或项目进行投资的行为。绿色投资范围应围绕环保、低碳、循环利用，包括并不限于提高能效、降低排放、清洁与可再生能源、环境保护及修复治理、循环经济等。

第四条　基金管理人可根据自身条件，在可识别、可计算、可比较的原则下，建立适合自己的绿色投资管理规范，在保持投资组合稳定回报的同时，增强在环境可持续方向上的投资能力。有条件的基金管理人可以采用系统的 ESG 投资方法，综合环境、社会、公司治理因素落实绿色投资。

第五条　为境内外养老金、保险资金、社会公益基金及其他专业机构投资者提供受托管理服务的基金管理人，应当发挥负责任投资者的示范作用，积极建立符合绿色投资或 ESG 投资规范的长效机制。

第二章　目标和原则

第六条　基金管理人应根据自身条件，逐步建立完善绿色投资制度，通过适用共同基准、积极行动等方式，推动被投企业关注环境绩效、完善环境信息披露，根据自身战略方向开展绿色投资。绿色投资应基于以下基本目标：

（一）促进绿色环保产业发展。将基金资产优先投资于直接或间接产生环境效益的公司及产业，发展节能环保产业链，促进清洁能源开发与使用、节能环保投资与环保标准改善。

（二）促进资源循环利用与可持续发展。将基金资产优先投资于可再生能源及资源循环利用的公司及产业，引导产业结构向可持续发展方向积极转型。

（三）促进高效低碳发展。合理控制基金资产的碳排放水平，将基金资产优先投资于资源使用效率更高、排放水平更低的公司及产业。

（四）履行负责任投资，运用投资者权利，督促被投资企业改善环境绩效并提高信息披露水平。针对相关公司及产业适用更高的污染物排放标准和环境信息披露标准。

第七条　基金管理人设立绿色投资主题基金或基金投资方针涵盖绿色投资时，应遵循以下基本原则：

（一）优先投向与环保、节能、清洁能源等绿色产业相关的企业和项目，在环保和节能表现上高于行业标准的企业和项目，在降低行业总体能耗、履行环境责任上有显著贡献的企业和项目，或经国家有关部门认可的绿色投资标的。

（二）主动适用已公开的行业绿色标准筛选投资标的，如《中国证监会关于支持绿色债券发展的指导意见》《绿色信贷指引》及沪深交易所关于开展绿色公司债券试点的相关要求、中国金融学会绿色金融专业委员会《绿色债券支持项目目录》、国家发展和改革委员会《绿色债券发行指引》、国际《绿色债券原则（GBP）》和《气候债券标准（CBI）》等。

（三）设立并运作绿色投资主题基金时，应当符合《公开募集证券投资基金运作管理办法》《私募投资基金监督管理暂行办法》或相关自律规则的规定。

第三章　基本方法

第八条　开展绿色投资的基金管理人应当配置研究人员或研究团队，深入分析绿色投资标的中与环境相关的业务、服务或投入要素，逐步构建和完善绿色投资相关数据库、方法论和投资策略。

第九条　开展绿色投资的基金管理人可自行或通过第三方构建标的资产环境评价体系和环境评价数据库。标的资产环境评价指标应包括以下几个维度：

（一）环境风险暴露，包括行业环境风险暴露、企业或项目环境风险暴露情况；

（二）负面环境影响，包括单位能耗、污染物排放水平、碳排放强度、环境风险事件以及受环境监管部门处罚情况；

（三）正面绿色绩效，包括公司业务或项目募集资金投向是否产生环境效益、绿色投入与绿色业务发展情况、绿色转型和产业升级情况；

（四）环境信息披露水平，包括是否披露与主营业务相关的环境信息、是否披露关键定量指标以及环境目标完成情况。

第十条　基金管理人可以进行多元化的绿色投资产品开发。发行、运作主动管理的绿色投资产品时，应披露绿色基准、绿色投资策略以及绿色成分变化等信息。

第十一条　主动管理的绿色投资产品，应当将绿色因素纳入基本面分析维度，可以将绿色因子作为风险回报调整项目，帮助投资决策。

第十二条　主动管理的绿色投资产品，应当将不符合绿色投资理念和投资策略的投资标的纳入负面清单。在组合管理过程中，应当定期跟踪投资标的的环境绩效，更新环境信息评价结果，对资产组合进行仓位调整，对最低评级标的仓位加以限制。

第十三条　开展绿色投资的基金管理人应当有高级管理人员确立绿色投资理念和投资目标，并对绿色投资体系建设和运行进行监督管理。

第四章　监督和管理

第十四条　基金管理人应每年开展一次绿色投资情况自评估，报告内容包括但不限于公司绿色投资理念、绿色投资体系建设、绿色投资目标达成等。

第十五条　基金管理人应于每年3月底前将上一年度自评估报告连同《基金管理人绿色投资自评表》（参见附件一）以书面形式报送中国证券投资基金业协会。

第十六条　中国证券投资基金业协会不定期对基金管理人绿色投资的开展情况进行抽查，基金管理人应对发现的问题提供解释说明并及时整改。

第五章　附　　则

第十七条　本指引由中国证券投资基金业协会负责解释。

第十八条　本指引自发布之日起施行。

《建立市场化、多元化生态保护
补偿机制行动计划》

（2018年12月28日国家发展改革委、财政部、自然资源部、
生态环境部、水利部、农业农村部、人民银行、市场监管总局、
林草局发布，发改西部〔2018〕1960号，全文如下）

为贯彻中共中央办公厅《党的十九大报告重要改革举措实施规划

（2018－2022 年）》（中办发〔2018〕39 号）以及中共中央办公厅、国务院办公厅《中央有关部门贯彻实施党的十九大报告重要改革举措分工方案》（中办发〔2018〕12 号）精神，落实《国务院办公厅关于健全生态保护补偿机制的意见》（国办发〔2016〕31 号），积极推进市场化、多元化生态保护补偿机制建设，特制定本行动计划。

一、总体要求

党的十八大以来，生态保护补偿机制建设顺利推进，重点领域、重点区域、流域上下游以及市场化补偿范围逐步扩大，投入力度逐步加大，体制机制建设取得初步成效。但在实践中还存在企业和社会公众参与度不高，优良生态产品和生态服务供给不足等矛盾和问题，亟需建立政府主导、企业和社会参与、市场化运作、可持续的生态保护补偿机制，激发全社会参与生态保护的积极性。

市场化、多元化生态保护补偿机制建设要以习近平新时代中国特色社会主义思想为指导，全面贯彻党的十九大和十九届二中、三中全会精神，牢固树立和践行"绿水青山就是金山银山"的理念，紧扣我国社会主要矛盾的变化，按照高质量发展的要求，坚持谁受益谁补偿、稳中求进的原则，加强顶层设计，创新体制机制，实现生态保护者和受益者良性互动，让生态保护者得到实实在在的利益。

到 2020 年，市场化、多元化生态保护补偿机制初步建立，全社会参与生态保护的积极性有效提升，受益者付费、保护者得到合理补偿的政策环境初步形成。到 2022 年，市场化、多元化生态保护补偿水平明显提升，生态保护补偿市场体系进一步完善，生态保护者和受益者互动关系更加协调，成为生态优先、绿色发展的有力支撑。

二、重点任务

建立市场化、多元化生态保护补偿机制要健全资源开发补偿、污染物减排补偿、水资源节约补偿、碳排放权抵消补偿制度，合理界定和配置生态环境权利，健全交易平台，引导生态受益者对生态保护者的补偿。积极稳妥发展生态产业，建立健全绿色标识、绿色采购、绿色金融、绿色利益分享机制，引导社会投资者对生态保护者的补偿。

（一）健全资源开发补偿制度

自然资源是生态系统的重要组成部分，资源开发者应当对资源开发的不利影响进行补偿，保障生态系统功能的原真性、完整性。合理界定资源开发边界和总量，确保生态系统功能不受影响。企业将资源开发过程中的生态环境投入和修复费用纳入资源开发成本，自身或者委托第三方专业机构实施修复。进一步完善全民所有土地资源、水资源、矿产资源、森林资源、草原资源、海域海岛资源等自然资源资产有偿使用制度，健全依法建设占用自然生态空间和压覆矿产的占用补偿制度。建立归属清晰、权责明确、保护严格、流转顺畅、监管有效的自然资源资产产权制度。构建统一的自然资源资产交易平台，健全自然资源收益分配制度。（自然资源部牵头，发展改革委、财政部、住房城乡建设部、水利部、农业农村部、人民银行、林草局参与，地方各级人民政府负责落实。以下均需地方各级人民政府负责落实，不再列出）

（二）优化排污权配置

探索建立生态保护地区排污权交易制度，在满足环境质量改善目标任务的基础上，企业通过淘汰落后和过剩产能、清洁生产、清洁化改造、污染治理、技术改造升级等产生的污染物排放削减量，可按规定在市场交易。以工业企业、污水集中处理设施等为重点，在有条件的地方建立省内分行业排污强度区域排名制度，排名靠后地区对排名靠前地区进行合理补偿。（生态环境部牵头）

（三）完善水权配置

积极稳妥推进水权确权，合理确定区域取用水总量和权益，逐步明确取用水户水资源使用权。鼓励引导开展水权交易，对用水总量达到或超过区域总量控制指标或江河水量分配指标的地区，原则上要通过水权交易解决新增用水需求。鼓励取水权人通过节约使用水资源有偿转让相应取水权。健全水权交易平台，加强对水权交易活动的监管，强化水资源用途管制。（水利部牵头，自然资源部、生态环境部参与）

（四）健全碳排放权抵消机制

建立健全以国家温室气体自愿减排交易机制为基础的碳排放权抵消机制，将具有生态、社会等多种效益的林业温室气体自愿减排项目优先纳入全国碳排放权交易市场，充分发挥碳市场在生态建设、修复和保护中的补偿作用。引导碳交易履约企业和对口帮扶单位优先购买贫困地区林业碳汇项目产生的减排量。鼓励通过碳中和、碳普惠等形式支持林业碳汇发展。（生态环境部牵头，自然资源部、林草局参与）

（五）发展生态产业

在生态功能重要、生态资源富集的贫困地区，加大投入力度，提高投资比重，积极稳妥发展生态产业，将生态优势转化为经济优势。中央预算内投资向重点生态功能区内的基础设施和公共服务设施倾斜。鼓励大中城市将近郊垃圾焚烧、污水处理、水质净化、灾害防治、岸线整治修复、生态系统保护与修复工程与生态产业发展有机融合，完善居民参与方式，引导社会资金发展生态产业，建立持续性惠益分享机制。（发展发改委、自然资源部、生态环境部、住房城乡建设部、交通运输部、农业农村部、文化和旅游部、林草局、扶贫办按职责参与）

（六）完善绿色标识

完善绿色产品标准、认证和监管等体系，发挥绿色标识促进生态系统服务价值实现的作用。推动现有环保、节能、节水、循环、低碳、再生、有机等产品认证逐步向绿色产品认证过渡，建立健全绿色标识产品清单制度。结合绿色电力证书资源认购，建立绿色能源制造认证机制。健全无公害农产品、绿色食品、有机产品认证制度和地理标志保护制度，实现优质优价。完善环境管理体系、能源管理体系、森林生态标志产品和森林可持续经营认证制度，建立健全获得相关认证产品的绿色通道制度。（市场监管总局、发展改革委、自然资源部、生态环境部、水利部、农业农村部、能源局、林草局、知识产权局按职责参与）

（七）推广绿色采购

综合考虑市场竞争、成本效益、质量安全、区域发展等因素，合理确定符合绿色采购要求的需求标准和采购方式。推广和实施绿色采购，完善绿色采购清单发布机制，优先选择获得环境管理体系、能源管理体系认证的企业或公共机构，优先采购经统一绿色产品认证、绿色能源制造认证的产品，为生态功能重要区域的产品进入市场创造条件。有序引导社会力量参与绿色采购供给，形成改善生态保护公共服务的合力。（财政部、发展改革委、市场监管总局牵头，生态环境部、水利部、能源局、扶贫办参与）

（八）发展绿色金融

完善生态保护补偿融资机制，根据条件成熟程度，适时扩大绿色金融改革创新试验区试点范围。鼓励各银行业金融机构针对生态保护地区建立符合绿色企业和项目融资特点的绿色信贷服务体系，支持生态保护项目发展。在坚决遏制隐性债务增量的基础上，支持有条件的生态保护地区政府和社会资本按市场化原则共同发起区域性绿色发展基金，支持以 PPP 模式规范操作的绿色产业项目。鼓励有条件的非金融企业和金融机构发行绿色债券，鼓励保险机构创新绿色保险产品，探索绿色保险参与生态保护补偿的途径。（人民银行牵头，财政部、自然资源部、银保监会、证监会参与）

（九）建立绿色利益分享机制

鼓励生态保护地区和受益地区开展横向生态保护补偿。探索建立流域下游地区对上游地区提供优于水环境质量目标的水资源予以补偿的机制。积极推进资金补偿、对口协作、产业转移、人才培训、共建园区等补偿方式，选择有条件的地区开展试点。（发展改革委、财政部、生态环境部、水利部按职责参与）

三、配套措施

健全激励机制，完善调查监测体系，强化技术支撑，为推进建立市场化、多元化生态保护补偿机制创造良好的基础条件。

（十）健全激励机制

发挥政府在市场化、多元化生态保护补偿中的引导作用，吸引社会资本参与，对成效明显的先进典型地区给予适当支持。（发展改革委、财政部牵头，自然资源部、生态环境部、水利部、农业农村部、林草局参与）

（十一）加强调查监测

加强对市场化、多元化生态保护补偿投入与成效的监测，健全调查体系和长效监测机制。建立健全自然资源统一调查监测评价、自然资源分等定级价格评估制度。加强重点区域资源、环境、生态监测，完善生态保护补偿基础数据。（发展改革委、自然资源部、生态环境部、水利部、农业农村部、统计局、林草局按职责参与）

（十二）强化技术支撑

以生态产品产出能力为基础，健全生态保护补偿标准体系、绩效评估体系、统计指标体系和信息发布制度。完善自然资源资产负债表编制方法，培育生态服务价值评估、自然资源资产核算、生态保护补偿基金管理等相关机构。鼓励有条件的地区开展生态系统服务价值核算试点，试点成功后全面推广。（发展改革委、财政部、自然资源部、生态环境部、水利部、农业农村部、统计局、林草局按职责参与）

四、组织实施

强化统筹协调，压实工作责任，加强宣传推广，扎实有序推进市场化、多元化生态保护补偿工作。

（十三）强化统筹协调

发挥好生态保护补偿工作部际联席会议制度的作用，加强部门之间以及部门与地方的合作，协调解决工作中遇到的困难。有关部门、各地方要加强工作进展跟踪分析，每年向生态保护补偿工作部际联席会议牵头单位报送情况。

（十四）压实工作责任

各地要将市场化、多元化生态保护补偿机制建设纳入年度工作任务，细化工作方案，明确责任主体，推动补偿机制建设逐步取得实效。各有关部门要加强重点任务落实的业务指导，完善支持政策措施，加强对工作任务的督促落实。

（十五）加强宣传推广

各地各有关部门要加强补偿政策宣传解读，通过现场交流和会议研讨等形式，及时宣传取得的成效，推广可复制的经验。要发挥新闻媒体的平台优势，传播各地好经验好做法，引导各类市场主体参与补偿，推动形成全社会保护生态环境的良好氛围。

《绿色生活创建行动总体方案》

（2019 年 10 月 29 日国家发展改革委发布，
发改环资〔2019〕1696 号，全文如下）

为贯彻落实习近平生态文明思想和党的十九大精神，在全社会开展绿色生活创建行动，制定本方案。

一、主要目标

通过开展节约型机关、绿色家庭、绿色学校、绿色社区、绿色出行、绿色商场、绿色建筑等创建行动，广泛宣传推广简约适度、绿色低碳、文明健康的生活理念和生活方式，建立完善绿色生活的相关政策和管理制度，推动绿色消费，促进绿色发展。到 2022 年，绿色生活创建行动取得显著成效，生态文明理念更加深入人心，绿色生活方式得到普遍推广，通过宣传一批成效突出、特点鲜明的绿色生活优秀典型，形成崇尚绿色生活的社会氛围。

二、基本原则

系统推进。统筹开展七个重点领域的创建行动，在理念、政策、教育、行为等多方面共同发力，形成多方联动、相互促进、相辅相成的推进机制。

广泛参与。引导和推动创建对象广泛参与创建行动，整体提升创建领域的绿色化水平，避免创建行动成为仅有少数对象参与的评优选优活动。

突出重点。创建内容不要求面面俱到，要聚焦重点领域和薄弱环节，合理确定创建对象和创建范围，明确重点任务和主要目标。

分类施策。根据各单项创建行动的实际情况，制定各有侧重、体现特点的具体方案，相关目标要充分考虑不同地域的发展阶段和自身特点，既尽力而为，又量力而行。

三、创建内容

（一）节约型机关创建行动。以县级及以上党政机关作为创建对象。健全节约能源资源管理制度，强化能耗、水耗等目标管理。加大政府绿色采购力度，带头采购更多节能、节水、环保、再生等绿色产品，更新公务用车优先采购新能源汽车。推行绿色办公，使用循环再生办公用品，推进无纸化办公。率先全面实施生活垃圾分类制度。到2022年，力争70%左右的县级及以上党政机关达到创建要求。（国管局、中直管理局牵头负责）

（二）绿色家庭创建行动。以广大城乡家庭作为创建对象。努力提升家庭成员生态文明意识，学习资源环境方面的基本国情、科普知识和法规政策。优先购买使用节能电器、节水器具等绿色产品，减少家庭能源资源消耗。主动践行绿色生活方式，节约用电用水，不浪费粮食，减少使用一次性塑料制品，尽量采用公共交通方式出行，实行生活垃圾减量分类。积极参与野生动植物保护、义务植树、环境监督、环保宣传等绿色公益活动，参与"绿色生活·最美家庭""美丽家园"建设等主题活动。到2022年，力争全国60%以上的城乡家庭初步达到创建要求。（全国妇联牵头负责）

（三）绿色学校创建行动。以大中小学作为创建对象。开展生态文明教育，提升师生生态文明意识，中小学结合课堂教学、专家讲座、实践活动等开展生态文明教育，大学设立生态文明相关专业课程和通识课程，探索编制生态文明教材读本。打造节能环保绿色校园，积极采用节能、节水、环保、再生等绿色产品，提升校园绿化美化、清洁化水平。培育绿色校园文化，组织多种形式的校内外绿色生活主题宣传。推进绿色创新研究，有条件的大学要发挥自身学科优势，加强绿色科技创新和成果转化。到 2022 年，60% 以上的学校达到创建要求，有条件的地方要争取达到 70%。（教育部牵头负责）

（四）绿色社区创建行动。以广大城市社区作为创建对象。建立健全社区人居环境建设和整治制度，促进社区节能节水、绿化环卫、垃圾分类、设施维护等工作有序推进。推进社区基础设施绿色化，完善水、电、气、路等配套基础设施，采用节能照明、节水器具。营造社区宜居环境，优化停车管理，规范管线设置，加强噪声治理，合理布局建设公共绿地，增加公共活动空间和健身设施。提高社区信息化智能化水平，充分利用现有信息平台，整合社区安保、公共设施管理、环境卫生监测等数据信息。培育社区绿色文化，开展绿色生活主题宣传，贯彻共建共治共享理念，发动居民广泛参与。到 2022 年，力争 60% 以上的社区达到创建要求，基本实现社区人居环境整洁、舒适、安全、美丽的目标。（住房城乡建设部牵头负责）

（五）绿色出行创建行动。以直辖市、省会城市、计划单列市、公交都市创建城市及其他城区人口 100 万以上的城市作为创建对象，鼓励周边中小城镇参与创建行动。推动交通基础设施绿色化，优化城市路网配置，提高道路通达性，加强城市公共交通和慢行交通系统建设管理，加快充电基础设施建设。推广节能和新能源车辆，在城市公交、出租汽车、分时租赁等领域形成规模化应用，完善相关政策，依法淘汰高耗能、高排放车辆。提升交通服务水平，实施旅客联程联运，提高公交供给能力和运营速度，提升公交车辆中新能源车和空调车比例，推广电子站牌、一卡通、移动支付等，改善公众出行体验。提升城市交通管理水平，优化交通信息引导，加强停车场管理，鼓励公众降低私家车使用强度，规范交通新业态融合发展。到 2022 年，力争 60% 以上的创建城市绿色出行比例达到 70% 以上，绿色出行服务满意率不低于 80%。（交通运输部牵头负责）

（六）绿色商场创建行动。以大中型商场作为创建对象。完善相关制度，强化能耗水耗管理，提高能源资源利用效率。提升商场设施设备绿色化水平，积极采购使用高能效用电用水设备，淘汰高耗能落后设备，充分利用自然采光和通风。鼓励绿色消费，通过优化布局、强化宣传等方式，积极引导消费者优先采购绿色产品，简化商品包装，减少一次性不可降解塑料制品使用。提升绿色服务水平，加强培训，提升员工节能环保意识，积极参加节能环保公益活动和主题宣传，实行垃圾分类和再生资源回收。到 2022 年，

力争40%以上的大型商场初步达到创建要求。（商务部牵头负责）

（七）绿色建筑创建行动。以城镇建筑作为创建对象。引导新建建筑和改扩建建筑按照绿色建筑标准设计、建设和运营，提高政府投资公益性建筑和大型公共建筑的绿色建筑星级标准要求。因地制宜实施既有居住建筑节能改造，推动既有公共建筑开展绿色改造。加强技术创新和集成应用，推动可再生能源建筑应用，推广新型绿色建造方式，提高绿色建材应用比例，积极引导超低能耗建筑建设。加强绿色建筑运行管理，定期开展运行评估，积极采用合同能源管理、合同节水管理，引导用户合理控制室内温度。到2022年，城镇新建建筑中绿色建筑面积占比达到60%，既有建筑绿色改造取得积极成效。（住房城乡建设部牵头负责）

四、组织实施

以上牵头部门要按照本方案确定的主要目标、基本原则、创建内容等要求，会同有关部门研究制定单项创建行动方案，于2019年年底前印发实施。国家发展改革委要加强对各单项创建行动的统筹协调，组织各单项创建行动牵头部门对工作落实情况和成效开展年度总结评估，及时推广先进经验和典型做法，督促推动相关工作。各地区党委和政府要高度重视，督促指导有关方面切实推进本地区绿色生活创建行动，创建结果向社会公开。各级财政部门要对创建行动给予必要的资金保障。各级宣传部门要组织媒体利用多种渠道和方式，大力宣传推广绿色生活理念和生活方式，营造良好的社会氛围。

《关于构建现代环境治理体系的指导意见》

（2020年3月3日中共中央、国务院发布，全文如下）

为贯彻落实党的十九大部署，构建党委领导、政府主导、企业主体、社会组织和公众共同参与的现代环境治理体系，现提出如下意见。

一、总体要求

（一）指导思想。以习近平新时代中国特色社会主义思想为指导，全面贯彻党的十九大和十九届二中、三中、四中全会精神，深入贯彻习近平生态文明思想，紧紧围绕统筹推进"五位一体"总体布局和协调推进"四个全面"战略布局，认真落实党中央、国务院决策部署，牢固树立绿色发展理念，以坚持党的集中统一领导为统领，以强化政府主导作用为关键，以深化企业主体作用为根本，以更好动员社会组织和公众共同参与为支撑，实现政府治理和社会调节、企业自治良性互动，完善体制机制，强化源头治理，形成工作合力，为推动生态环境根本好转、建设生态文明和美丽中国提供有力制度保障。

（二）基本原则

——坚持党的领导。贯彻党中央关于生态环境保护的总体要求，实行生态环境保护党政同责、一岗双责。

——坚持多方共治。明晰政府、企业、公众等各类主体权责，畅通参与渠道，形成全社会共同推进环境治理的良好格局。

——坚持市场导向。完善经济政策，健全市场机制，规范环境治理市场行为，强化环境治理诚信建设，促进行业自律。

——坚持依法治理。健全法律法规标准，严格执法、加强监管，加快补齐环境治理体制机制短板。

（三）主要目标。到2025年，建立健全环境治理的领导责任体系、企业责任体系、全民行动体系、监管体系、市场体系、信用体系、法律法规政策体系，落实各类主体责任，提高市场主体和公众参与的积极性，形成导向清晰、决策科学、执行有力、激励有效、多元参与、良性互动的环境治理体系。

二、健全环境治理领导责任体系

（四）完善中央统筹、省负总责、市县抓落实的工作机制。党中央、国务院统筹制定生态环境保护的大政方针，提出总体目标，谋划重大战略举措。制定实施中央和国家机关有关部门生态环境保护责任清单。省级党委和政府对本地区环境治理负总体责任，贯彻执行党中央、国务院各项决策部署，组织落实目标任务、政策措施，加大资金投入。市县党委和政府承担具体责任，统筹做好监管执法、市场规范、资金安排、宣传教育等工作。

（五）明确中央和地方财政支出责任。制定实施生态环境领域中央与地方财政事权和支出责任划分改革方案，除全国性、重点区域流域、跨区域、国际合作等环境治理重大事务外，主要由地方财政承担环境治理支出责任。按照财力与事权相匹配的原则，在进一步理顺中央与地方收入划分和完善转移支付制度改革中统筹考虑地方环境治理的财政需求。

（六）开展目标评价考核。着眼环境质量改善，合理设定约束性和预期性目标，纳入国民经济和社会发展规划、国土空间规划以及相关专项规划。各地区可制定符合实际、体现特色的目标。完善生态文明建设目标评价考核体系，对相关专项考核进行精简整合，促进开展环境治理。

（七）深化生态环境保护督察。实行中央和省（自治区、直辖市）两级生态环境保护督察体制。以解决突出生态环境问题、改善生态环境质量、推动经济高质量发展为重点，推进例行督察，加强专项督察，严格督察整改。进一步完善排查、交办、核查、约谈、专项督察"五步法"工作模式，强化监督帮扶，压实生态环境保护责任。

三、健全环境治理企业责任体系

（八）依法实行排污许可管理制度。加快排污许可管理条例立法进程，完善排污许可制度，加强对企业排污行为的监督检查。按照新老有别、平稳过渡原则，妥善处理排污许可与环评制度的关系。

（九）推进生产服务绿色化。从源头防治污染，优化原料投入，依法依规淘汰落后生产工艺技术。积极践行绿色生产方式，大力开展技术创新，加大清洁生产推行力度，加强全过程管理，减少污染物排放。提供资源节约、环境友好的产品和服务。落实生产者责任延伸制度。

（十）提高治污能力和水平。加强企业环境治理责任制度建设，督促企业严格执行法律法规，接受社会监督。重点排污企业要安装使用监测设备并确保正常运行，坚决杜绝治理效果和监测数据造假。

（十一）公开环境治理信息。排污企业应通过企业网站等途径依法公开主要污染物名称、排放方式、执行标准以及污染防治设施建设和运行情况，并对信息真实性负责。鼓励排污企业在确保安全生产前提下，通过设立企业开放日、建设教育体验场所等形式，向社会公众开放。

四、健全环境治理全民行动体系

（十二）强化社会监督。完善公众监督和举报反馈机制，充分发挥"12369"环保举报热线作用，畅通环保监督渠道。加强舆论监督，鼓励新闻媒体对各类破坏生态环境问题、突发环境事件、环境违法行为进行曝光。引导具备资格的环保组织依法开展生态环境公益诉讼等活动。

（十三）发挥各类社会团体作用。工会、共青团、妇联等群团组织要积极动员广大职工、青年、妇女参与环境治理。行业协会、商会要发挥桥梁纽带作用，促进行业自律。加强对社会组织的管理和指导，积极推进能力建设，大力发挥环保志愿者作用。

（十四）提高公民环保素养。把环境保护纳入国民教育体系和党政领导干部培训体系，组织编写环境保护读本，推进环境保护宣传教育进学校、进家庭、进社区、进工厂、进机关。加大环境公益广告宣传力度，研发推广环境文化产品。引导公民自觉履行环境保护责任，逐步转变落后的生活风俗习惯，积极开展垃圾分类，践行绿色生活方式，倡导绿色出行、绿色消费。

五、健全环境治理监管体系

（十五）完善监管体制。整合相关部门污染防治和生态环境保护执法职责、队伍，统一实行生态环境保护执法。全面完成省以下生态环境机构监测监察执法垂直管理制度改革。实施"双随机、一公开"环境监管模式。推动跨区域跨流域污染防治联防联控。除国家组织的重大活动外，各地不得因召开会议、论坛和举办大型活动等原因，对企业采取停产、限产措施。

（十六）加强司法保障。建立生态环境保护综合行政执法机关、公安机关、检察机关、审判机关信息共享、案情通报、案件移送制度。强化对破坏生态环境违法犯罪行为的查处侦办，加大对破坏生态环境案件起诉力度，加强检察机关提起生态环境公益诉讼工作。在高级人民法院和具备条件的中基层人民法院调整设立专门的环境审判机构，统一涉生态环境案件的受案范围、审理程序等。探索建立"恢复性司法实践＋社会化综合治理"审判结果执行机制。

（十七）强化监测能力建设。加快构建陆海统筹、天地一体、上下协同、信息共享的生态环境监测网络，实现环境质量、污染源和生态状况监测全覆盖。实行"谁考核、谁监测"，不断完善生态环境监测技术体系，全面提高监测自动化、标准化、信息化水平，推动实现环境质量预报预警，确保监测数据"真、准、全"。推进信息化建设，形成生态环境数据一本台账、一张网络、一个窗口。加大监测技术装备研发与应用力度，推动监测装备精准、快速、便携化发展。

六、健全环境治理市场体系

（十八）构建规范开放的市场。深入推进"放管服"改革，打破地区、行业壁垒，对各类所有制企业一视同仁，平等对待各类市场主体，引导各类资本参与环境治理投资、建设、运行。规范市场秩序，减少恶性竞争，防止恶意低价中标，加快形成公开透明、规范有序的环境治理市场环境。

（十九）强化环保产业支撑。加强关键环保技术产品自主创新，推动环保首台（套）重大技术装备示范应用，加快提高环保产业技术装备水平。做大做强龙头企业，培育一批专业化骨干企业，扶持一批专特优精中小企业。鼓励企业参与绿色"一带一路"建设，带动先进的环保技术、装备、产能走出去。

（二十）创新环境治理模式。积极推行环境污染第三方治理，开展园区污染防治第三方治理示范，探索统一规划、统一监测、统一治理的一体化服务模式。开展小城镇环境综合治理托管服务试点，强化系统治理，实行按效付费。对工业污染地块，鼓励采用"环境修复＋开发建设"模式。

（二十一）健全价格收费机制。严格落实"谁污染、谁付费"政策导向，建立健全"污染者付费＋第三方治理"等机制。按照补偿处理成本并合理盈利原则，完善并落实污水垃圾处理收费政策。综合考虑企业和居民承受能力，完善差别化电价政策。

七、健全环境治理信用体系

（二十二）加强政务诚信建设。建立健全环境治理政务失信记录，将地方各级政府和公职人员在环境保护工作中因违法违规、失信违约被司法判决、行政处罚、纪律处分、问责处理等信息纳入政务失信记录，并归集至相关信用信息共享平台，依托"信用中国"网站等依法依规逐步公开。

（二十三）健全企业信用建设。完善企业环保信用评价制度，依据评价结果实施分级分类监管。建立排污企业黑名单制度，将环境违法企业依法依规纳入失信联合惩戒对象名单，将其违法信息记入信用记录，并按照国家有关规定纳入全国信用信息共享平台，依法向社会公开。建立完善上市公司和发债企业强制性环境治理信息披露制度。

八、健全环境治理法律法规政策体系

（二十四）完善法律法规。制定修订固体废物污染防治、长江保护、海洋环境保护、生态环境监测、环境影响评价、清洁生产、循环经济等方面的法律法规。鼓励有条件的地方在环境治理领域先于国家进行立法。严格执法，对造成生态环境损害的，依法依规追究赔偿责任；对构成犯罪的，依法追究刑事责任。

（二十五）完善环境保护标准。立足国情实际和生态环境状况，制定修订环境质量标准、污染物排放（控制）标准以及环境监测标准等。推动完善产品环保强制性国家标准。做好生态环境保护规划、环境保护标准与产业政策的衔接配套，健全标准实施信息反馈和评估机制。鼓励开展各类涉及环境治理的绿色认证制度。

（二十六）加强财税支持。建立健全常态化、稳定的中央和地方环境治理财政资金投入机制。健全生态保护补偿机制。制定出台有利于推进产业结构、能源结构、运输结构和用地结构调整优化的相关政策。严格执行环境保护税法，促进企业降低大气污染物、水污染物排放浓度，提高固体废物综合利用率。贯彻落实好现行促进环境保护和污染防治的税收优惠政策。

（二十七）完善金融扶持。设立国家绿色发展基金。推动环境污染责任保险发展，在环境高风险领域研究建立环境污染强制责任保险制度。开展排污权交易，研究探索对排污权交易进行抵质押融资。鼓励发展重大环保装备融资租赁。加快建立省级土壤污染防治基金。统一国内绿色债券标准。

九、强化组织领导

（二十八）加强组织实施。地方各级党委和政府要根据本意见要求，结合本地区发展实际，进一步细化落实构建现代环境治理体系的目标任务和政策措施，确保本意见确定的重点任务及时落地见效。国家发展改革委要加强统筹协调和政策支持，生态环境部要牵头推进相关具体工作，有关部门各负其责、密切配合，重大事项及时向党中央、国务院报告。

《环境信息依法披露制度改革方案》

（2021 年 5 月 24 日生态环境部发布，环综合〔2021〕43 号，全文如下）

环境信息依法披露是重要的企业环境管理制度，是生态文明制度体系的基础性内容。深化环境信息依法披露制度改革是推进生态环境治理体系和治理能力现代化的重要举措。为贯彻落实党的十九大报告有关要求，依法推动企业强制性披露环境信息，制定本方案。

一、总体要求

（一）指导思想。以习近平新时代中国特色社会主义思想为指导，全面贯彻党的十九大和十九届二中、三中、四中、五中全会精神，深入落实习近平生态文明思想和全国生态环境保护大会精神，按照党中央、国务院决策部署，聚焦对生态环境、公众健康和公民利益有重大影响，市场和社会关注度高的企业环境行为，落实企业强制性披露环境信息的法定义务，建立部门联动、运作有效的管理机制，强化行政监管和社会监督，加强法治化建设，形成企业自律、管理有效、监督严格、支撑有力的环境信息依法披露制度。

（二）工作原则。

——依法推进，落实责任。依法规范有序推进改革，推动企业落实环境信息强制性披露法定义务，保障社会公众知情权，保护企业合法权益。

——问题导向，健全制度。完善企业环境行为准则，建立健全引导、规范企业披露环境信息的制度体系，着力解决环境信息强制性披露中存在的突出问题。

——突出重点，强化监督。着重加强对环境信息强制性披露企业的管理，强化政府监管和社会监督，确保信息披露及时、真实、准确、完整，保障制度有效实施。

（三）主要目标。到2025年，环境信息强制性披露制度基本形成，企业依法按时、如实披露环境信息，多方协作共管机制有效运行，监督处罚措施严格执行，法治建设不断完善，技术规范体系支撑有力，社会公众参与度明显上升。

二、主要任务

（一）建立健全环境信息依法强制性披露规范要求。

1. 明确环境信息强制性披露主体。依据有关法律法规等规定，下列企业应当开展环境信息强制性披露：重点排污单位；实施强制性清洁生产审核的企业；因生态环境违法行为被追究刑事责任或者受到重大行政处罚的上市公司、发债企业；法律法规等规定应当开展环境信息强制性披露的其他企业事业单位。（生态环境部负责。以下均需地方各级党委和政府落实，不再列出）

2. 确定环境信息强制性披露内容。依据有关法律法规等规定，明确企业环境信息强制性披露内容和范围，全面反映企业遵守生态环境法律法规和环境治理情况。建立动态调整机制，根据改革实践和工作需要，及时完善环境信息强制性披露内容。落实国家安全政策，涉及国家秘密的，以及重要领域核心关键技术的，企业依法依规不予披露。（生态环境部负责）

3. 及时披露重要环境信息。强化重要环境信息披露，企业发生生态环境相关行政许可事项变更、受到环境行政处罚或者因生态环境违法行为被追究刑事责任、突发生态环境事件、生态环境损害赔偿等对社会公众及投资者有重大影响或引发市场风险的环境行为时，应当及时向社会披露。（最高人民法院、生态环境部负责）

4. 完善环境信息强制性披露形式。环境信息强制性披露应采用易于理解、便于查询的方式及时自行开展，同时传送至环境信息强制性披露系统，做到信息集中、完备、可查。属于重点排污单位、实施强制性清洁生产审核的上市公司、发债企业，应当在年报等相关报告中依法依规披露企业环境信息。因生态环境违法行为被追究刑事责任或者受到重大行政处罚的上市公司、发债企业，应当在规定期限内持续披露企业环境信息。（生态环境部、国家发展改革委、中国人民银行、中国证监会负责）

5. 强化企业内部环境信息管理。引导企业规范工作规程，使用符合监测标准规范要求的环境数据，优先使用符合国家监测规范的污染物自动监测数据、排污许可证执行报告数据，科学统计归集环境信息。企业披露的环境信息应当真实、准确、完整，不得有虚假记载、误导性陈述或者重大遗漏。（生态环境部负责）

（二）建立环境信息依法强制性披露协同管理机制。

6. 依法明确环境信息强制性披露企业名单。市（地）级生态环境部门会同相关部门严格按照有关法律法规等规定，合理确定本行政区域内环境信息强制性披露企业名单。企业名单动态更新并及时向社会公开。涉及有关中央管理企业所属企业的，由所在地市（地）级生态环境部门依法将其纳入名单。对不按规定确定环境信息强制性披露企业名单的地方生态环境等部门，依法依规追究责任。（生态环境部、工业和信息化部、中国人民银行、国务院国资委、中国证监会负责）

7. 强化环境信息强制性披露行业管理。生态环境部门加强管理，协调各有关部门做好环境信息强制性披露相关工作。工业和信息化部门将环境信息强制性披露纳入绿色工厂和绿色制造评价体系，鼓励重点企业编制绿色低碳发展报告。国有资产监督管理部门指导督促所监管企业带头做好环境信息强制性披露，树立行业标杆。人民银行、证券监督管理部门在金融风险管控体系、绿色金融改革创新试验区等工作中，落实环境信息依法披露制度。鼓励行业协会指导会员企业做好环境信息披露。（生态环境部、工业和信息化

部、中国人民银行、国务院国资委、中国证监会负责）

8. 建立环境信息共享机制。市（地）级以上生态环境部门依托官方网站或其他信息平台，设立企业环境信息强制性披露系统，集中公布企业环境信息强制性披露内容，供社会公众免费查询。建立信息共享机制，市（地）级以上生态环境部门及时将企业环境信息强制性披露情况及监督执法结果等信息共享至同级信用信息共享平台、金融信用信息基础数据库，并转送至同级有关管理部门。（生态环境部、国家发展改革委、中国人民银行、国务院国资委、中国证监会负责）

（三）健全环境信息依法强制性披露监督机制。

9. 强化依法监督。加强信息披露与执法机制一体化建设，生态环境部门将企业环境信息强制性披露情况纳入监督执法，相关部门根据自身职责加强监督，及时受理社会公众举报，依法查处并公开企业未按规定披露环境信息的行为。依法健全严惩重罚机制，对环境信息披露不及时、不规范、不准确的企业，督促其及时补充披露环境信息，并依法依规追究责任。检察机关立足检察职能，加强对企业环境信息依法披露的专门监督。充分利用有关工作信息，运用大数据、人工智能等技术手段，提升监督能力。（最高人民检察院、生态环境部、国家发展改革委、工业和信息化部、中国人民银行、国务院国资委、中国证监会负责）

10. 纳入信用监督。将环境信息强制性披露纳入企业信用管理，作为评价企业信用的重要指标，将企业违反环境信息强制性披露要求的行政处罚信息记入信用记录，有关部门依据企业信用状况，依法依规实施分级分类监管。（国家发展改革委、工业和信息化部、生态环境部、中国人民银行、中国证监会负责）

11. 加强社会监督。充分发挥社会监督作用，畅通投诉举报渠道，引导社会公众、新闻媒体等对企业环境信息强制性披露进行监督。鼓励企业以开放日等形式向社会公众开放。（生态环境部负责）

（四）加强环境信息披露法治化建设。

12. 完善相关法律法规。推动在相关法律法规制修订中健全环境信息强制性披露的规定。生态环境部牵头制定环境信息依法披露管理办法。省级人民政府可根据工作需要制定地方性环境信息依法披露规章制度。建立健全重大环境信息披露请示报告制度。（生态环境部、工业和信息化部、司法部、中国人民银行、国务院国资委、中国证监会负责）

13. 健全相关技术规范。生态环境部门牵头制定企业环境信息依法披露格式准则。工业和信息化部门在相关行业规范条件中，增加环境信息强制性披露要求。证券监督管理部门修订上市公司信息披露有关文件格式，将环境信息强制性披露要求纳入上市公司发行环节，在招股说明书等申报文件中落实相关要求。发展改革、人民银行、证券监督管理部门将环境信息强制性披露要求纳入企业债券、公司债券、非金融企业债务融资工具的信息披露管理办法，修订发债企业信息披露有关文件格式。（生态环境部、国家发展改革委、工业和信息化部、中国人民银行、中国证监会负责）

14. 落实企业守法义务。强化企业依法披露环境信息的强制性约束，加大对环境信息弄虚作假、违法违规的处罚力度。企业未按照规定履行信息披露义务，或所披露信息存在虚假记载、误导性陈述或者重大遗漏，致使利益相关者遭受损失的，应依法承担赔偿责任。加强对企业的宣传和培训，提高企业责任意识和守法意识。（生态环境部、工业和信息化部、司法部、中国人民银行、中国证监会负责）

15. 鼓励社会提供专业服务。完善第三方机构参与环境信息强制性披露的工作规范，引导咨询服务机构、行业协会商会等第三方机构为企业提供专业化信息披露市场服务，对披露的环境信息及相关内容提供合规咨询服务。鼓励市场评级机构将环境信息强制性披露纳入发债企业信用评级与跟踪评级指标。（生态环境部、国家发展改革委、民政部、中国人民银行、中国证监会负责）

三、实施保障

（一）落实地方责任。地方各级党委和政府要高度重视，切实加强对环境信息依法披露制度改革的组织领导和统筹协调，层层压实责任，健全工作机制，加大工作力度，完善配套措施，强化经费保障，定期督促调度，确保改革举措落实落地。

（二）形成部门合力。各有关部门和单位要按照职责分工，统筹推进改革任务。工作中要强化部门协同，加强政策协调和工作衔接，形成责任明确、分工合理、齐抓共管的工作局面。要坚持问题导向，加强督导调研，及时发现新情况新问题，完善相关政策措施；及时总结经验，遴选典型并宣传推广。

（三）细化工作安排。各有关部门要紧抓工作落实，加快相关管理办法和技术规范的制修订，确保改革任务顺利推进。2021 年，印发环境信息依法披露管理办法、企业环境信息依法披露格式准则。2022 年，完成上市公司、发债企业信息披露有关文件格式修订。2023 年，开展环境信息依法披露制度改革评估。

有关事业单位的环境信息依法披露制度，参照方案相关规定实施。

《中华人民共和国长江保护法》

（2020 年 12 月 26 日第十三届全国人民代表大会常务委员会
第二十四次会议通过，全文如下）

第一章　总　　则

第一条　为了加强长江流域生态环境保护和修复，促进资源合理高效利用，保障生态安全，实现人与自然和谐共生、中华民族永续发展，制定本法。

第二条　在长江流域开展生态环境保护和修复以及长江流域各类生产生活、开发建设活动，应当遵守本法。

本法所称长江流域，是指由长江干流、支流和湖泊形成的集水区域所涉及的青海省、四川省、西藏自治区、云南省、重庆市、湖北省、湖南省、江西省、安徽省、江苏省、上海市，以及甘肃省、陕西省、河南省、贵州省、广西壮族自治区、广东省、浙江省、福建省的相关县级行政区域。

第三条　长江流域经济社会发展，应当坚持生态优先、绿色发展，共抓大保护、不搞大开发；长江保护应当坚持统筹协调、科学规划、创新驱动、系统治理。

第四条　国家建立长江流域协调机制，统一指导、统筹协调长江保护工作，审议长江保护重大政策、重大规划，协调跨地区跨部门重大事项，督促检查长江保护重要工作的落实情况。

第五条　国务院有关部门和长江流域省级人民政府负责落实国家长江流域协调机制的决策，按照职责分工负责长江保护相关工作。

长江流域地方各级人民政府应当落实本行政区域的生态环境保护和修复、促进资源合理高效利用、优化产业结构和布局、维护长江流域生态安全的责任。

长江流域各级河湖长负责长江保护相关工作。

第六条　长江流域相关地方根据需要在地方性法规和政府规章制定、规划编制、监督执法等方面建立协作机制，协同推进长江流域生态环境保护和修复。

第七条　国务院生态环境、自然资源、水行政、农业农村和标准化等有关主管部门按照职责分工，建立健全长江流域水环境质量和污染物排放、生态环境修复、水资源节约集约利用、生态流量、生物多样性保护、水产养殖、防灾减灾等标准体系。

第八条　国务院自然资源主管部门会同国务院有关部门定期组织长江流域土地、矿产、水流、森林、草原、湿地等自然资源状况调查，建立资源基础数据库，开展资源环境承载能力评价，并向社会公布长江流域自然资源状况。

国务院野生动物保护主管部门应当每十年组织一次野生动物及其栖息地状况普查，或者根据需要组织开展专项调查，建立野生动物资源档案，并向社会公布长江流域野生动物资源状况。

长江流域县级以上地方人民政府农业农村主管部门会同本级人民政府有关部门对水生生物产卵场、索饵场、越冬场和洄游通道等重要栖息地开展生物多样性调查。

第九条　国家长江流域协调机制应当统筹协调国务院有关部门在已经建立的台站和监测项目基础上，健全长江流域生态环境、资源、水文、气象、航运、自然灾害等监测网络体系和监测信息共享机制。

国务院有关部门和长江流域县级以上地方人民政府及其有关部门按照职责分工，组织完善生态环境风险报告和预警机制。

第十条　国务院生态环境主管部门会同国务院有关部门和长江流域省级人民政府建立健全长江流域突发生态环境事件应急联动工作机制，与国家突发事件应急体系相衔接，加强对长江流域船舶、港口、矿山、化工厂、尾矿库等发生的突发生态环境事件的应急管理。

第十一条　国家加强长江流域洪涝干旱、森林草原火灾、地质灾害、地震等灾害的监测预报预警、防御、应急处置与恢复重建体系建设，提高防灾、减灾、抗灾、救灾能力。

第十二条　国家长江流域协调机制设立专家咨询委员会，组织专业机构和人员对长江流域重大发展战略、政策、规划等开展科学技术等专业咨询。

国务院有关部门和长江流域省级人民政府及其有关部门按照职责分工，组织开展长江流域建设项目、重要基础设施和产业布局相关规划等对长江流域生态系统影响的第三方评估、分析、论证等工作。

第十三条　国家长江流域协调机制统筹协调国务院有关部门和长江流域省级人民政府建立健全长江流域信息共享系统。国务院有关部门和长江流域省级人民政府及其有关部门应当按照规定，共享长江流域生态环境、自然资源以及管理执法等信息。

第十四条　国务院有关部门和长江流域县级以上地方人民政府及其有关部门应当加强长江流域生态环境保护和绿色发展的宣传教育。

新闻媒体应当采取多种形式开展长江流域生态环境保护和绿色发展的宣传教育，并依法对违法行为进行舆论监督。

第十五条　国务院有关部门和长江流域县级以上地方人民政府及其有关部门应当采取措施，保护长江流域历史文化名城名镇名村，加强长江流域文化遗产保护工作，继承和弘扬长江流域优秀特色文化。

第十六条　国家鼓励、支持单位和个人参与长江流域生态环境保护和修复、资源合理利用、促进绿色发展的活动。

对在长江保护工作中做出突出贡献的单位和个人，县级以上人民政府及其有关部门应当按照国家有关规定予以表彰和奖励。

第二章　规划与管控

第十七条　国家建立以国家发展规划为统领，以空间规划为基础，以专项规划、区域规划为支撑的长江流域规划体系，充分发挥规划对推进长江流域生态环境保护和绿色发展的引领、指导和约束作用。

第十八条　国务院和长江流域县级以上地方人民政府应当将长江保护工作纳入国民经济和社会发展规划。

国务院发展改革部门会同国务院有关部门编制长江流域发展规划，科学统筹长江流域上下游、左右岸、干支流生态环境保护和绿色发展，报国务院批准后实施。

长江流域水资源规划、生态环境保护规划等依照有关法律、行政法规的规定编制。

第十九条　国务院自然资源主管部门会同国务院有关部门组织编制长江

流域国土空间规划，科学有序统筹安排长江流域生态、农业、城镇等功能空间，划定生态保护红线、永久基本农田、城镇开发边界，优化国土空间结构和布局，统领长江流域国土空间利用任务，报国务院批准后实施。涉及长江流域国土空间利用的专项规划应当与长江流域国土空间规划相衔接。

长江流域县级以上地方人民政府组织编制本行政区域的国土空间规划，按照规定的程序报经批准后实施。

第二十条　国家对长江流域国土空间实施用途管制。长江流域县级以上地方人民政府自然资源主管部门依照国土空间规划，对所辖长江流域国土空间实施分区、分类用途管制。

长江流域国土空间开发利用活动应当符合国土空间用途管制要求，并依法取得规划许可。对不符合国土空间用途管制要求的，县级以上人民政府自然资源主管部门不得办理规划许可。

第二十一条　国务院水行政主管部门统筹长江流域水资源合理配置、统一调度和高效利用，组织实施取用水总量控制和消耗强度控制管理制度。

国务院生态环境主管部门根据水环境质量改善目标和水污染防治要求，确定长江流域各省级行政区域重点污染物排放总量控制指标。长江流域水质超标的水功能区，应当实施更严格的污染物排放总量削减要求。企业事业单位应当按照要求，采取污染物排放总量控制措施。

国务院自然资源主管部门负责统筹长江流域新增建设用地总量控制和计划安排。

第二十二条　长江流域省级人民政府根据本行政区域的生态环境和资源利用状况，制定生态环境分区管控方案和生态环境准入清单，报国务院生态环境主管部门备案后实施。生态环境分区管控方案和生态环境准入清单应当与国土空间规划相衔接。

长江流域产业结构和布局应当与长江流域生态系统和资源环境承载能力相适应。禁止在长江流域重点生态功能区布局对生态系统有严重影响的产业。禁止重污染企业和项目向长江中上游转移。

第二十三条　国家加强对长江流域水能资源开发利用的管理。因国家发展战略和国计民生需要，在长江流域新建大中型水电工程，应当经科学论证，并报国务院或者国务院授权的部门批准。

对长江流域已建小水电工程，不符合生态保护要求的，县级以上地方人民政府应当组织分类整改或者采取措施逐步退出。

第二十四条 国家对长江干流和重要支流源头实行严格保护，设立国家公园等自然保护地，保护国家生态安全屏障。

第二十五条 国务院水行政主管部门加强长江流域河道、湖泊保护工作。长江流域县级以上地方人民政府负责划定河道、湖泊管理范围，并向社会公告，实行严格的河湖保护，禁止非法侵占河湖水域。

第二十六条 国家对长江流域河湖岸线实施特殊管制。国家长江流域协调机制统筹协调国务院自然资源、水行政、生态环境、住房和城乡建设、农业农村、交通运输、林业和草原等部门和长江流域省级人民政府划定河湖岸线保护范围，制定河湖岸线保护规划，严格控制岸线开发建设，促进岸线合理高效利用。

禁止在长江干支流岸线一公里范围内新建、扩建化工园区和化工项目。

禁止在长江干流岸线三公里范围内和重要支流岸线一公里范围内新建、改建、扩建尾矿库；但是以提升安全、生态环境保护水平为目的的改建除外。

第二十七条 国务院交通运输主管部门会同国务院自然资源、水行政、生态环境、农业农村、林业和草原主管部门在长江流域水生生物重要栖息地科学划定禁止航行区域和限制航行区域。

禁止船舶在划定的禁止航行区域内航行。因国家发展战略和国计民生需要，在水生生物重要栖息地禁止航行区域内航行的，应当由国务院交通运输主管部门商国务院农业农村主管部门同意，并应当采取必要措施，减少对重要水生生物的干扰。

严格限制在长江流域生态保护红线、自然保护地、水生生物重要栖息地水域实施航道整治工程；确需整治的，应当经科学论证，并依法办理相关手续。

第二十八条 国家建立长江流域河道采砂规划和许可制度。长江流域河道采砂应当依法取得国务院水行政主管部门有关流域管理机构或者县级以上地方人民政府水行政主管部门的许可。

国务院水行政主管部门有关流域管理机构和长江流域县级以上地方人民政府依法划定禁止采砂区和禁止采砂期，严格控制采砂区域、采砂总量和采砂区域内的采砂船舶数量。禁止在长江流域禁止采砂区和禁止采砂期从事采砂活动。

国务院水行政主管部门会同国务院有关部门组织长江流域有关地方人民

政府及其有关部门开展长江流域河道非法采砂联合执法工作。

第三章　资源保护

第二十九条　长江流域水资源保护与利用，应当根据流域综合规划，优先满足城乡居民生活用水，保障基本生态用水，并统筹农业、工业用水以及航运等需要。

第三十条　国务院水行政主管部门有关流域管理机构商长江流域省级人民政府依法制定跨省河流水量分配方案，报国务院或者国务院授权的部门批准后实施。制定长江流域跨省河流水量分配方案应当征求国务院有关部门的意见。长江流域省级人民政府水行政主管部门制定本行政区域的长江流域水量分配方案，报本级人民政府批准后实施。

国务院水行政主管部门有关流域管理机构或者长江流域县级以上地方人民政府水行政主管部门依据批准的水量分配方案，编制年度水量分配方案和调度计划，明确相关河段和控制断面流量水量、水位管控要求。

第三十一条　国家加强长江流域生态用水保障。国务院水行政主管部门会同国务院有关部门提出长江干流、重要支流和重要湖泊控制断面的生态流量管控指标。其他河湖生态流量管控指标由长江流域县级以上地方人民政府水行政主管部门会同本级人民政府有关部门确定。

国务院水行政主管部门有关流域管理机构应当将生态水量纳入年度水量调度计划，保证河湖基本生态用水需求，保障枯水期和鱼类产卵期生态流量、重要湖泊的水量和水位，保障长江河口咸淡水平衡。

长江干流、重要支流和重要湖泊上游的水利水电、航运枢纽等工程应当将生态用水调度纳入日常运行调度规程，建立常规生态调度机制，保证河湖生态流量；其下泄流量不符合生态流量泄放要求的，由县级以上人民政府水行政主管部门提出整改措施并监督实施。

第三十二条　国务院有关部门和长江流域地方各级人民政府应当采取措施，加快病险水库除险加固，推进堤防和蓄滞洪区建设，提升洪涝灾害防御工程标准，加强水工程联合调度，开展河道泥沙观测和河势调查，建立与经济社会发展相适应的防洪减灾工程和非工程体系，提高防御水旱灾害的整体能力。

第三十三条　国家对跨长江流域调水实行科学论证，加强控制和管理。实施跨长江流域调水应当优先保障调出区域及其下游区域的用水安全和生态安全，统筹调出区域和调入区域用水需求。

第三十四条　国家加强长江流域饮用水水源地保护。国务院水行政主管部门会同国务院有关部门制定长江流域饮用水水源地名录。长江流域省级人民政府水行政主管部门会同本级人民政府有关部门制定本行政区域的其他饮用水水源地名录。

长江流域省级人民政府组织划定饮用水水源保护区，加强饮用水水源保护，保障饮用水安全。

第三十五条　长江流域县级以上地方人民政府及其有关部门应当合理布局饮用水水源取水口，制定饮用水安全突发事件应急预案，加强饮用水备用应急水源建设，对饮用水水源的水环境质量进行实时监测。

第三十六条　丹江口库区及其上游所在地县级以上地方人民政府应当按照饮用水水源地安全保障区、水质影响控制区、水源涵养生态建设区管理要求，加强山水林田湖草整体保护，增强水源涵养能力，保障水质稳定达标。

第三十七条　国家加强长江流域地下水资源保护。长江流域县级以上地方人民政府及其有关部门应当定期调查评估地下水资源状况，监测地下水水量、水位、水环境质量，并采取相应风险防范措施，保障地下水资源安全。

第三十八条　国务院水行政主管部门会同国务院有关部门确定长江流域农业、工业用水效率目标，加强用水计量和监测设施建设；完善规划和建设项目水资源论证制度；加强对高耗水行业、重点用水单位的用水定额管理，严格控制高耗水项目建设。

第三十九条　国家统筹长江流域自然保护地体系建设。国务院和长江流域省级人民政府在长江流域重要典型生态系统的完整分布区、生态环境敏感区以及珍贵野生动植物天然集中分布区和重要栖息地、重要自然遗迹分布区等区域，依法设立国家公园、自然保护区、自然公园等自然保护地。

第四十条　国务院和长江流域省级人民政府应当依法在长江流域重要生态区、生态状况脆弱区划定公益林，实施严格管理。国家对长江流域天然林实施严格保护，科学划定天然林保护重点区域。

长江流域县级以上地方人民政府应当加强对长江流域草原资源的保护，对具有调节气候、涵养水源、保持水土、防风固沙等特殊作用的基本草原实施严格管理。

国务院林业和草原主管部门和长江流域省级人民政府林业和草原主管部门会同本级人民政府有关部门，根据不同生态区位、生态系统功能和生物多样性保护的需要，发布长江流域国家重要湿地、地方重要湿地名录及保护范围，加强对长江流域湿地的保护和管理，维护湿地生态功能和生物多样性。

第四十一条　国务院农业农村主管部门会同国务院有关部门和长江流域省级人民政府建立长江流域水生生物完整性指数评价体系，组织开展长江流域水生生物完整性评价，并将结果作为评估长江流域生态系统总体状况的重要依据。长江流域水生生物完整性指数应当与长江流域水环境质量标准相衔接。

第四十二条　国务院农业农村主管部门和长江流域县级以上地方人民政府应当制定长江流域珍贵、濒危水生野生动植物保护计划，对长江流域珍贵、濒危水生野生动植物实行重点保护。

国家鼓励有条件的单位开展对长江流域江豚、白鱀豚、白鲟、中华鲟、长江鲟、鲥、鯮、四川白甲鱼、川陕哲罗鲑、胭脂鱼、鳤、圆口铜鱼、多鳞白甲鱼、华鲮、鲈鲤和葛仙米、弧形藻、眼子菜、水菜花等水生野生动植物生境特征和种群动态的研究，建设人工繁育和科普教育基地，组织开展水生生物救护。

禁止在长江流域开放水域养殖、投放外来物种或者其他非本地物种种质资源。

第四章　水污染防治

第四十三条　国务院生态环境主管部门和长江流域地方各级人民政府应当采取有效措施，加大对长江流域的水污染防治、监管力度，预防、控制和减少水环境污染。

第四十四条　国务院生态环境主管部门负责制定长江流域水环境质量标准，对国家水环境质量标准中未作规定的项目可以补充规定；对国家水环境质量标准中已经规定的项目，可以作出更加严格的规定。制定长江流域水环境质量标准应当征求国务院有关部门和有关省级人民政府的意见。长江流域省级人民政府可以制定严于长江流域水环境质量标准的地方水环境质量标准，报国务院生态环境主管部门备案。

第四十五条　长江流域省级人民政府应当对没有国家水污染物排放标准的特色产业、特有污染物，或者国家有明确要求的特定水污染源或者水污染物，补充制定地方水污染物排放标准，报国务院生态环境主管部门备案。

有下列情形之一的，长江流域省级人民政府应当制定严于国家水污染物排放标准的地方水污染物排放标准，报国务院生态环境主管部门备案：

（一）产业密集、水环境问题突出的；

（二）现有水污染物排放标准不能满足所辖长江流域水环境质量要求的；

（三）流域或者区域水环境形势复杂，无法适用统一的水污染物排放标准的。

第四十六条　长江流域省级人民政府制定本行政区域的总磷污染控制方案，并组织实施。对磷矿、磷肥生产集中的长江干支流，有关省级人民政府应当制定更加严格的总磷排放管控要求，有效控制总磷排放总量。

磷矿开采加工、磷肥和含磷农药制造等企业，应当按照排污许可要求，采取有效措施控制总磷排放浓度和排放总量；对排污口和周边环境进行总磷监测，依法公开监测信息。

第四十七条　长江流域县级以上地方人民政府应当统筹长江流域城乡污水集中处理设施及配套管网建设，并保障其正常运行，提高城乡污水收集处理能力。

长江流域县级以上地方人民政府应当组织对本行政区域的江河、湖泊排污口开展排查整治，明确责任主体，实施分类管理。

在长江流域江河、湖泊新设、改设或者扩大排污口，应当按照国家有关规定报经有管辖权的生态环境主管部门或者长江流域生态环境监督管理机构同意。对未达到水质目标的水功能区，除污水集中处理设施排污口外，应当严格控制新设、改设或者扩大排污口。

第四十八条　国家加强长江流域农业面源污染防治。长江流域农业生产应当科学使用农业投入品，减少化肥、农药施用，推广有机肥使用，科学处置农用薄膜、农作物秸秆等农业废弃物。

第四十九条　禁止在长江流域河湖管理范围内倾倒、填埋、堆放、弃置、处理固体废物。长江流域县级以上地方人民政府应当加强对固体废物非法转移和倾倒的联防联控。

第五十条　长江流域县级以上地方人民政府应当组织对沿河湖垃圾填埋场、加油站、矿山、尾矿库、危险废物处置场、化工园区和化工项目等地下水重点污染源及周边地下水环境风险隐患开展调查评估，并采取相应风险防范和整治措施。

第五十一条　国家建立长江流域危险货物运输船舶污染责任保险与财务担保相结合机制。具体办法由国务院交通运输主管部门会同国务院有关部门制定。

禁止在长江流域水上运输剧毒化学品和国家规定禁止通过内河运输的其他危险化学品。长江流域县级以上地方人民政府交通运输主管部门会同本级人民政府有关部门加强对长江流域危险化学品运输的管控。

第五章　生态环境修复

第五十二条　国家对长江流域生态系统实行自然恢复为主、自然恢复与人工修复相结合的系统治理。国务院自然资源主管部门会同国务院有关部门编制长江流域生态环境修复规划,组织实施重大生态环境修复工程,统筹推进长江流域各项生态环境修复工作。

第五十三条　国家对长江流域重点水域实行严格捕捞管理。在长江流域水生生物保护区全面禁止生产性捕捞;在国家规定的期限内,长江干流和重要支流、大型通江湖泊、长江河口规定区域等重点水域全面禁止天然渔业资源的生产性捕捞。具体办法由国务院农业农村主管部门会同国务院有关部门制定。

国务院农业农村主管部门会同国务院有关部门和长江流域省级人民政府加强长江流域禁捕执法工作,严厉查处电鱼、毒鱼、炸鱼等破坏渔业资源和生态环境的捕捞行为。

长江流域县级以上地方人民政府应当按照国家有关规定做好长江流域重点水域退捕渔民的补偿、转产和社会保障工作。

长江流域其他水域禁捕、限捕管理办法由县级以上地方人民政府制定。

第五十四条　国务院水行政主管部门会同国务院有关部门制定并组织实施长江干流和重要支流的河湖水系连通修复方案,长江流域省级人民政府制定并组织实施本行政区域的长江流域河湖水系连通修复方案,逐步改善长江流域河湖连通状况,恢复河湖生态流量,维护河湖水系生态功能。

第五十五条　国家长江流域协调机制统筹协调国务院自然资源、水行政、生态环境、住房和城乡建设、农业农村、交通运输、林业和草原等部门和长江流域省级人民政府制定长江流域河湖岸线修复规范,确定岸线修复指标。

长江流域县级以上地方人民政府按照长江流域河湖岸线保护规划、修复规范和指标要求,制定并组织实施河湖岸线修复计划,保障自然岸线比例,恢复河湖岸线生态功能。

禁止违法利用、占用长江流域河湖岸线。

第五十六条　国务院有关部门会同长江流域有关省级人民政府加强对三峡库区、丹江口库区等重点库区消落区的生态环境保护和修复，因地制宜实施退耕还林还草还湿，禁止施用化肥、农药，科学调控水库水位，加强库区水土保持和地质灾害防治工作，保障消落区良好生态功能。

第五十七条　长江流域县级以上地方人民政府林业和草原主管部门负责组织实施长江流域森林、草原、湿地修复计划，科学推进森林、草原、湿地修复工作，加大退化天然林、草原和受损湿地修复力度。

第五十八条　国家加大对太湖、鄱阳湖、洞庭湖、巢湖、滇池等重点湖泊实施生态环境修复的支持力度。

长江流域县级以上地方人民政府应当组织开展富营养化湖泊的生态环境修复，采取调整产业布局规模、实施控制性水工程统一调度、生态补水、河湖连通等综合措施，改善和恢复湖泊生态系统的质量和功能；对氮磷浓度严重超标的湖泊，应当在影响湖泊水质的汇水区，采取措施削减化肥用量，禁止使用含磷洗涤剂，全面清理投饵、投肥养殖。

第五十九条　国务院林业和草原、农业农村主管部门应当对长江流域数量急剧下降或者极度濒危的野生动植物和受到严重破坏的栖息地、天然集中分布区、破碎化的典型生态系统制定修复方案和行动计划，修建迁地保护设施，建立野生动植物遗传资源基因库，进行抢救性修复。

在长江流域水生生物产卵场、索饵场、越冬场和洄游通道等重要栖息地应当实施生态环境修复和其他保护措施。对鱼类等水生生物洄游产生阻隔的涉水工程应当结合实际采取建设过鱼设施、河湖连通、生态调度、灌江纳苗、基因保存、增殖放流、人工繁育等多种措施，充分满足水生生物的生态需求。

第六十条　国务院水行政主管部门会同国务院有关部门和长江河口所在地人民政府按照陆海统筹、河海联动的要求，制定实施长江河口生态环境修复和其他保护措施方案，加强对水、沙、盐、潮滩、生物种群的综合监测，采取有效措施防止海水入侵和倒灌，维护长江河口良好生态功能。

第六十一条　长江流域水土流失重点预防区和重点治理区的县级以上地方人民政府应当采取措施，防治水土流失。生态保护红线范围内的水土流失地块，以自然恢复为主，按照规定有计划地实施退耕还林还草还湿；划入自然保护地核心保护区的永久基本农田，依法有序退出并予以补划。

　　禁止在长江流域水土流失严重、生态脆弱的区域开展可能造成水土流失的生产建设活动。确因国家发展战略和国计民生需要建设的，应当经科学论证，并依法办理审批手续。

　　长江流域县级以上地方人民政府应当对石漠化的土地因地制宜采取综合治理措施，修复生态系统，防止土地石漠化蔓延。

　　第六十二条　长江流域县级以上地方人民政府应当因地制宜采取消除地质灾害隐患、土地复垦、恢复植被、防治污染等措施，加快历史遗留矿山生态环境修复工作，并加强对在建和运行中矿山的监督管理，督促采矿权人切实履行矿山污染防治和生态环境修复责任。

　　第六十三条　长江流域中下游地区县级以上地方人民政府应当因地制宜在项目、资金、人才、管理等方面，对长江流域江河源头和上游地区实施生态环境修复和其他保护措施给予支持，提升长江流域生态脆弱区实施生态环境修复和其他保护措施的能力。

　　国家按照政策支持、企业和社会参与、市场化运作的原则，鼓励社会资本投入长江流域生态环境修复。

第六章　绿色发展

　　第六十四条　国务院有关部门和长江流域地方各级人民政府应当按照长江流域发展规划、国土空间规划的要求，调整产业结构，优化产业布局，推进长江流域绿色发展。

　　第六十五条　国务院和长江流域地方各级人民政府及其有关部门应当协同推进乡村振兴战略和新型城镇化战略的实施，统筹城乡基础设施建设和产业发展，建立健全全民覆盖、普惠共享、城乡一体的基本公共服务体系，促进长江流域城乡融合发展。

　　第六十六条　长江流域县级以上地方人民政府应当推动钢铁、石油、化工、有色金属、建材、船舶等产业升级改造，提升技术装备水平；推动造纸、制革、电镀、印染、有色金属、农药、氮肥、焦化、原料药制造等企业实施清洁化改造。企业应当通过技术创新减少资源消耗和污染物排放。

　　长江流域县级以上地方人民政府应当采取措施加快重点地区危险化学品生产企业搬迁改造。

　　第六十七条　国务院有关部门会同长江流域省级人民政府建立开发区绿色发展评估机制，并组织对各类开发区的资源能源节约集约利用、生态环境保护等情况开展定期评估。

长江流域县级以上地方人民政府应当根据评估结果对开发区产业产品、节能减排措施等进行优化调整。

第六十八条 国家鼓励和支持在长江流域实施重点行业和重点用水单位节水技术改造，提高水资源利用效率。

长江流域县级以上地方人民政府应当加强节水型城市和节水型园区建设，促进节水型行业产业和企业发展，并加快建设雨水自然积存、自然渗透、自然净化的海绵城市。

第六十九条 长江流域县级以上地方人民政府应当按照绿色发展的要求，统筹规划、建设与管理，提升城乡人居环境质量，建设美丽城镇和美丽乡村。

长江流域县级以上地方人民政府应当按照生态、环保、经济、实用的原则因地制宜组织实施厕所改造。

国务院有关部门和长江流域县级以上地方人民政府及其有关部门应当加强对城市新区、各类开发区等使用建筑材料的管理，鼓励使用节能环保、性能高的建筑材料，建设地下综合管廊和管网。

长江流域县级以上地方人民政府应当建设废弃土石渣综合利用信息平台，加强对生产建设活动废弃土石渣收集、清运、集中堆放的管理，鼓励开展综合利用。

第七十条 长江流域县级以上地方人民政府应当编制并组织实施养殖水域滩涂规划，合理划定禁养区、限养区、养殖区，科学确定养殖规模和养殖密度；强化水产养殖投入品管理，指导和规范水产养殖、增殖活动。

第七十一条 国家加强长江流域综合立体交通体系建设，完善港口、航道等水运基础设施，推动交通设施互联互通，实现水陆有机衔接、江海直达联运，提升长江黄金水道功能。

第七十二条 长江流域县级以上地方人民政府应当统筹建设船舶污染物接收转运处置设施、船舶液化天然气加注站，制定港口岸电设施、船舶受电设施建设和改造计划，并组织实施。具备岸电使用条件的船舶靠港应当按照国家有关规定使用岸电，但使用清洁能源的除外。

第七十三条 国务院和长江流域县级以上地方人民政府对长江流域港口、航道和船舶升级改造，液化天然气动力船舶等清洁能源或者新能源动力船舶建造，港口绿色设计等按照规定给予资金支持或者政策扶持。

国务院和长江流域县级以上地方人民政府对长江流域港口岸电设施、船舶受电设施的改造和使用按照规定给予资金补贴、电价优惠等政策扶持。

第七十四条　长江流域地方各级人民政府加强对城乡居民绿色消费的宣传教育，并采取有效措施，支持、引导居民绿色消费。

长江流域地方各级人民政府按照系统推进、广泛参与、突出重点、分类施策的原则，采取回收押金、限制使用易污染不易降解塑料用品、绿色设计、发展公共交通等措施，提倡简约适度、绿色低碳的生活方式。

第七章　保障与监督

第七十五条　国务院和长江流域县级以上地方人民政府应当加大长江流域生态环境保护和修复的财政投入。

国务院和长江流域省级人民政府按照中央与地方财政事权和支出责任划分原则，专项安排长江流域生态环境保护资金，用于长江流域生态环境保护和修复。国务院自然资源主管部门会同国务院财政、生态环境等有关部门制定合理利用社会资金促进长江流域生态环境修复的政策措施。

国家鼓励和支持长江流域生态环境保护和修复等方面的科学技术研究开发和推广应用。

国家鼓励金融机构发展绿色信贷、绿色债券、绿色保险等金融产品，为长江流域生态环境保护和绿色发展提供金融支持。

第七十六条　国家建立长江流域生态保护补偿制度。

国家加大财政转移支付力度，对长江干流及重要支流源头和上游的水源涵养地等生态功能重要区域予以补偿。具体办法由国务院财政部门会同国务院有关部门制定。

国家鼓励长江流域上下游、左右岸、干支流地方人民政府之间开展横向生态保护补偿。

国家鼓励社会资金建立市场化运作的长江流域生态保护补偿基金；鼓励相关主体之间采取自愿协商等方式开展生态保护补偿。

第七十七条　国家加强长江流域司法保障建设，鼓励有关单位为长江流域生态环境保护提供法律服务。

长江流域各级行政执法机关、人民法院、人民检察院在依法查处长江保护违法行为或者办理相关案件过程中，发现存在涉嫌犯罪行为的，应当将犯罪线索移送具有侦查、调查职权的机关。

第七十八条　国家实行长江流域生态环境保护责任制和考核评价制度。上级人民政府应当对下级人民政府生态环境保护和修复目标完成情况等进行考核。

第七十九条　国务院有关部门和长江流域县级以上地方人民政府有关部门应当依照本法规定和职责分工，对长江流域各类保护、开发、建设活动进行监督检查，依法查处破坏长江流域自然资源、污染长江流域环境、损害长江流域生态系统等违法行为。

公民、法人和非法人组织有权依法获取长江流域生态环境保护相关信息，举报和控告破坏长江流域自然资源、污染长江流域环境、损害长江流域生态系统等违法行为。

国务院有关部门和长江流域地方各级人民政府及其有关部门应当依法公开长江流域生态环境保护相关信息，完善公众参与程序，为公民、法人和非法人组织参与和监督长江流域生态环境保护提供便利。

第八十条　国务院有关部门和长江流域地方各级人民政府及其有关部门对长江流域跨行政区域、生态敏感区域和生态环境违法案件高发区域以及重大违法案件，依法开展联合执法。

第八十一条　国务院有关部门和长江流域省级人民政府对长江保护工作不力、问题突出、群众反映集中的地区，可以约谈所在地区县级以上地方人民政府及其有关部门主要负责人，要求其采取措施及时整改。

第八十二条　国务院应当定期向全国人民代表大会常务委员会报告长江流域生态环境状况及保护和修复工作等情况。

长江流域县级以上地方人民政府应当定期向本级人民代表大会或者其常务委员会报告本级人民政府长江流域生态环境保护和修复工作等情况。

第八章　法　律　责　任

第八十三条　国务院有关部门和长江流域地方各级人民政府及其有关部门违反本法规定，有下列行为之一的，对直接负责的主管人员和其他直接责任人员依法给予警告、记过、记大过或者降级处分；造成严重后果的，给予撤职或者开除处分，其主要负责人应当引咎辞职：

（一）不符合行政许可条件准予行政许可的；

（二）依法应当作出责令停业、关闭等决定而未作出的；

（三）发现违法行为或者接到举报不依法查处的；

（四）有其他玩忽职守、滥用职权、徇私舞弊行为的。

第八十四条　违反本法规定，有下列行为之一的，由有关主管部门按照职责分工，责令停止违法行为，给予警告，并处一万元以上十万元以下罚款；情节严重的，并处十万元以上五十万元以下罚款：

（一）船舶在禁止航行区域内航行的；

（二）经同意在水生生物重要栖息地禁止航行区域内航行，未采取必要措施减少对重要水生生物干扰的；

（三）水利水电、航运枢纽等工程未将生态用水调度纳入日常运行调度规程的；

（四）具备岸电使用条件的船舶未按照国家有关规定使用岸电的。

第八十五条　违反本法规定，在长江流域开放水域养殖、投放外来物种或者其他非本地物种种质资源的，由县级以上人民政府农业农村主管部门责令限期捕回，处十万元以下罚款；造成严重后果的，处十万元以上一百万元以下罚款；逾期不捕回的，由有关人民政府农业农村主管部门代为捕回或者采取降低负面影响的措施，所需费用由违法者承担。

第八十六条　违反本法规定，在长江流域水生生物保护区内从事生产性捕捞，或者在长江干流和重要支流、大型通江湖泊、长江河口规定区域等重点水域禁捕期间从事天然渔业资源的生产性捕捞的，由县级以上人民政府农业农村主管部门没收渔获物、违法所得以及用于违法活动的渔船、渔具和其他工具，并处一万元以上五万元以下罚款；采取电鱼、毒鱼、炸鱼等方式捕捞，或者有其他严重情节的，并处五万元以上五十万元以下罚款。

收购、加工、销售前款规定的渔获物的，由县级以上人民政府农业农村、市场监督管理等部门按照职责分工，没收渔获物及其制品和违法所得，并处货值金额十倍以上二十倍以下罚款；情节严重的，吊销相关生产经营许可证或者责令关闭。

第八十七条　违反本法规定，非法侵占长江流域河湖水域，或者违法利用、占用河湖岸线的，由县级以上人民政府水行政、自然资源等主管部门按照职责分工，责令停止违法行为，限期拆除并恢复原状，所需费用由违法者承担，没收违法所得，并处五万元以上五十万元以下罚款。

第八十八条　违反本法规定，有下列行为之一的，由县级以上人民政府生态环境、自然资源等主管部门按照职责分工，责令停止违法行为，限期拆除并恢复原状，所需费用由违法者承担，没收违法所得，并处五十万元以上五百万元以下罚款，对直接负责的主管人员和其他直接责任人员处五万元以上十万元以下罚款；情节严重的，报经有批准权的人民政府批准，责令关闭：

（一）在长江干支流岸线一公里范围内新建、扩建化工园区和化工项目的；

（二）在长江干流岸线三公里范围内和重要支流岸线一公里范围内新建、改建、扩建尾矿库的；

（三）违反生态环境准入清单的规定进行生产建设活动的。

第八十九条　长江流域磷矿开采加工、磷肥和含磷农药制造等企业违反本法规定，超过排放标准或者总量控制指标排放含磷水污染物的，由县级以上人民政府生态环境主管部门责令停止违法行为，并处二十万元以上二百万元以下罚款，对直接负责的主管人员和其他直接责任人员处五万元以上十万元以下罚款；情节严重的，责令停产整顿，或者报经有批准权的人民政府批准，责令关闭。

第九十条　违反本法规定，在长江流域水上运输剧毒化学品和国家规定禁止通过内河运输的其他危险化学品的，由县级以上人民政府交通运输主管部门或者海事管理机构责令改正，没收违法所得，并处二十万元以上二百万元以下罚款，对直接负责的主管人员和其他直接责任人员处五万元以上十万元以下罚款；情节严重的，责令停业整顿，或者吊销相关许可证。

第九十一条　违反本法规定，在长江流域未依法取得许可从事采砂活动，或者在禁止采砂区和禁止采砂期从事采砂活动的，由国务院水行政主管部门有关流域管理机构或者县级以上地方人民政府水行政主管部门责令停止违法行为，没收违法所得以及用于违法活动的船舶、设备、工具，并处货值金额二倍以上二十倍以下罚款；货值金额不足十万元的，并处二十万元以上二百万元以下罚款；已经取得河道采砂许可证的，吊销河道采砂许可证。

第九十二条　对破坏长江流域自然资源、污染长江流域环境、损害长江流域生态系统等违法行为，本法未作行政处罚规定的，适用有关法律、行政法规的规定。

第九十三条　因污染长江流域环境、破坏长江流域生态造成他人损害的，侵权人应当承担侵权责任。

违反国家规定造成长江流域生态环境损害的，国家规定的机关或者法律规定的组织有权请求侵权人承担修复责任、赔偿损失和有关费用。

第九十四条　违反本法规定，构成犯罪的，依法追究刑事责任。

第九章　附　　则

第九十五条　本法下列用语的含义：

（一）本法所称长江干流，是指长江源头至长江河口，流经青海省、四川省、西藏自治区、云南省、重庆市、湖北省、湖南省、江西省、安徽省、江苏省、上海市的长江主河段；

（二）本法所称长江支流，是指直接或者间接流入长江干流的河流，支流可以分为一级支流、二级支流等；

（三）本法所称长江重要支流，是指流域面积一万平方公里以上的支流，其中流域面积八万平方公里以上的一级支流包括雅砻江、岷江、嘉陵江、乌江、湘江、沅江、汉江和赣江等。

第九十六条　本法自 2021 年 3 月 1 日起施行。

《“十四五”循环经济发展规划》

（2021 年 7 月 1 日国家发展改革委发布，
发改环资〔2021〕969 号，全文如下）

发展循环经济是我国经济社会发展的一项重大战略。“十四五”时期我国进入新发展阶段，开启全面建设社会主义现代化国家新征程。大力发展循环经济，推进资源节约集约利用，构建资源循环型产业体系和废旧物资循环利用体系，对保障国家资源安全，推动实现碳达峰、碳中和，促进生态文明建设具有重大意义。为深入贯彻党的十九届五中全会精神，贯彻落实循环经济促进法要求，深入推进循环经济发展，制定本规划。

一、发展基础与面临形势

（一）“十三五”时期循环经济发展成效。“十三五”以来，我国循环经济发展取得积极成效，2020 年主要资源产出率 1 比 2015 年提高了约 26%，单位国内生产总值（GDP）能源消耗继续大幅下降，单位 GDP 用水量累计降低 28%。2020 年农作物秸秆综合利用率达 86% 以上，大宗固废综合利用率达 56%。再生资源利用能力显著增强，2020 年建筑垃圾综合利用率达 50%；废纸利用量约 5490 万吨；废钢利用量约 2.6 亿吨，替代 62% 品位铁精矿约 4.1 亿吨；再生有色金属产量 1450 万吨，占国内十种有色金属总产量的 23.5%，其中再生铜、再生铝和再生铅产量分别为 325 万吨、740 万吨、240 万吨。资源循环利用已成为保障我国资源安全的重要途径。

（二）"十四五"时期面临形势。从国际看，一方面绿色低碳循环发展成为全球共识，世界主要经济体普遍把发展循环经济作为破解资源环境约束、应对气候变化、培育经济新增长点的基本路径。美国、欧盟、日本等发达国家和地区已系统部署新一轮循环经济行动计划，加速循环经济发展布局，应对全球资源环境新挑战。另一方面世界格局深刻调整，单边主义、保护主义抬头，叠加全球新冠疫情影响，全球产业链、价值链和供应链受到非经济因素严重冲击，国际资源供应不确定性、不稳定性增加，对我国资源安全造成重大挑战。

从国内看，"十四五"时期，我国将着力构建以国内大循环为主体、国内国际双循环相互促进的新发展格局，释放内需潜力，扩大居民消费，提升消费层次，建设超大规模的国内市场，资源能源需求仍将刚性增长，同时我国一些主要资源对外依存度高，供需矛盾突出，资源能源利用效率总体上仍然不高，大量生产、大量消耗、大量排放的生产生活方式尚未根本性扭转，资源安全面临较大压力。发展循环经济、提高资源利用效率和再生资源利用水平的需求十分迫切，且空间巨大。

当前，我国循环经济发展仍面临重点行业资源产出效率不高，再生资源回收利用规范化水平低，回收设施缺乏用地保障，低值可回收物回收利用难，大宗固废产生强度高、利用不充分、综合利用产品附加值低等突出问题。我国单位 GDP 能源消耗、用水量仍大幅高于世界平均水平，铜、铝、铅等大宗金属再生利用仍以中低端资源化为主。动力电池、光伏组件等新型废旧产品产生量大幅增长，回收拆解处理难度较大。稀有金属分选的精度和深度不足，循环再利用品质与成本难以满足战略性新兴产业关键材料要求，亟需提升高质量循环利用能力。

无论从全球绿色发展趋势和应对气候变化要求看，还是从国内资源需求和利用水平看，我国都必须大力发展循环经济，着力解决突出矛盾和问题，实现资源高效利用和循环利用，推动经济社会高质量发展。

二、总体要求

（一）总体思路。以习近平新时代中国特色社会主义思想为指导，深入贯彻党的十九大和十九届二中、三中、四中、五中全会精神，按照党中央、国务院决策部署，立足新发展阶段、贯彻新发展理念、构建新发展格局，坚持节约资源和保护环境的基本国策，遵循"减量化、再利用、资源化"原则，着力建设资源循环型产业体系，加快构建废旧物资循环利用体系，深化农业循环经济发展，全面提高资源利用效率，提升再生资源利用水平，建立健全绿色低碳循环发展经济体系，为经济社会可持续发展提供资源保障。

（二）工作原则。

——坚持突出重点。以再利用、资源化为重点，提升重点区域、重点品种资源回收利用水平，大力提高重点行业、重点领域资源利用效率，强化经济社会发展的资源保障能力。

——坚持问题导向。着力解决制约循环经济发展的突出问题，健全法律法规政策标准体系，强化科技支撑能力，补齐资源回收利用设施等方面的短板，切实提高循环经济发展水平。

——坚持市场主导。建立激励与约束相结合的长效机制，发挥市场配置资源的决定性作用，充分激发市场主体参与循环经济的积极性，增强循环经济发展的内生动力。

——坚持创新驱动。大力推进创新发展，加强科技创新、机制创新和模式创新，加大创新投入，优化创新环境，完善创新体系，强化创新对循环经济的引领作用。

（三）主要目标。到 2025 年，循环型生产方式全面推行，绿色设计和清洁生产普遍推广，资源综合利用能力显著提升，资源循环型产业体系基本建立。废旧物资回收网络更加完善，再生资源循环利用能力进一步提升，覆盖全社会的资源循环利用体系基本建成。资源利用效率大幅提高，再生资源对原生资源的替代比例进一步提高，循环经济对资源安全的支撑保障作用进一步凸显。

到 2025 年，主要资源产出率比 2020 年提高约 20%，单位 GDP 能源消耗、用水量比 2020 年分别降低 13.5%、16% 左右，农作物秸秆综合利用率保持在 86% 以上，大宗固废综合利用率达到 60%，建筑垃圾综合利用率达到 60%，废纸利用量达到 6000 万吨，废钢利用量达到 3.2 亿吨，再生有色金属产量达到 2000 万吨，其中再生铜、再生铝和再生铅产量分别达到 400 万吨、1150 万吨、290 万吨，资源循环利用产业产值达到 5 万亿元。

三、重点任务

（一）构建资源循环型产业体系，提高资源利用效率。

1. 推行重点产品绿色设计。健全产品绿色设计政策机制，引导企业在生产过程中使用无毒无害、低毒低害、低（无）挥发性有机物（VOCs）含量等环境友好型原料。推广易拆解、易分类、易回收的产品设计方案，提高再生原料的替代使用比例。推动包装和包装印刷减量化。加快完善重点产品绿色设计评价技术规范，鼓励行业协会发布产品绿色设计指南，推广绿色设计案例。

2. 强化重点行业清洁生产。依法在"双超双有高耗能"行业实施强制性清洁生产审核，引导其他行业自觉自愿开展审核。进一步规范清洁生产审核行为，提高清洁生产审核质量。推动石化、化工、焦化、水泥、有色、电镀、印染、包装印刷等重点行业"一行一策"制定清洁生产改造提升计划。加快清洁生产技术创新、成果转化与标准体系建设，建立健全差异化奖惩机制，探索开展区域、工业园区和行业清洁生产整体审核试点示范工作。

3. 推进园区循环化发展。推动企业循环式生产、产业循环式组合，促进废物综合利用、能量梯级利用、水资源循环使用，推进工业余压余热、废水废气废液的资源化利用，实现绿色低碳循环发展，积极推广集中供气供热。鼓励园区推进绿色工厂建设，实现厂房集约化、原料无害化、生产洁净化、废物资源化、能源低碳化、建材绿色化。制定园区循环化发展指南，推广钢铁、有色、冶金、石化、装备制造、轻工业等重点行业循环经济发展典型模式。鼓励创建国家生态工业示范园区。

4. 加强资源综合利用。加强对低品位矿、共伴生矿、难选冶矿、尾矿等的综合利用，推进有价组分高效提取利用。进一步拓宽粉煤灰、煤矸石、冶金渣、工业副产石膏、建筑垃圾等大宗固废综合利用渠道，扩大在生态修复、绿色开采、绿色建材、交通工程等领域的利用规模。加强赤泥、磷石膏、电解锰渣、钢渣等复杂难用工业固废规模化利用技术研发。推动矿井水用于矿区补充水源和周边地区生产、生态用水。加强航道疏浚土、疏浚砂综合利用。

5. 推进城市废弃物协同处置。完善政策机制和标准规范，推动协同处置设施参照城市环境基础设施管理，保障设施持续稳定运行。通过市场化方式确定城市废弃物协同处置付费标准，有序推进水泥窑、冶炼窑炉协同处置医疗废物、危险废物、生活垃圾等，统筹推进生活垃圾焚烧炉协同应急处置医疗废物。推进厨余垃圾、园林废弃物、污水厂污泥等低值有机废物的统筹协同处置。

（二）构建废旧物资循环利用体系，建设资源循环型社会。

1. 完善废旧物资回收网络。将废旧物资回收相关设施纳入国土空间总体规划，保障用地需求，合理布局、规范建设回收网络体系，统筹推进废旧物资回收网点与生活垃圾分类网点"两网融合"。放宽废旧物资回收车辆进城、进小区限制并规范管理，保障合理路权。积极推行"互联网＋回收"模式，实现线上线下协同，提高规范化回收企业对个体经营者的整合能力，进一步提高居民交投废旧物资便利化水平。规范废旧物资回收行业经营秩序，提升行业整体形象与经营管理水平。因地制宜完善乡村回收网络，推动城乡废旧物资回收处理体系一体化发展。支持供销合作社系统依托销售服务网络，开展废旧物资回收。

2. 提升再生资源加工利用水平。推动再生资源规模化、规范化、清洁化利用，促进再生资源产业集聚发展，高水平建设现代化"城市矿产"基地。实施废钢铁、废有色金属、废塑料、废纸、废旧轮胎、废旧手机、废旧动力电池等再生资源回收利用行业规范管理，提升行业规范化水平，促进资源向优势企业集聚。加强废弃电器电子产品、报废机动车、报废船舶、废铅蓄电池等拆解利用企业规范管理和环境监管，加大对违法违规企业整治力度，营造公平的市场竞争环境。加快建立再生原材料推广使用制度，拓展再生原材料市场应用渠道，强化再生资源对战略性矿产资源供给保障能力。

3. 规范发展二手商品市场。完善二手商品流通法规，建立完善车辆、家电、手机等二手商品鉴定、评估、分级等标准，规范二手商品流通秩序和交易行为。鼓励"互联网＋二手"模式发展，强化互联网交易平台管理责任，加强交易行为监管，为二手商品交易提供标准化、规范化服务，鼓励平台企业引入第三方二手商品专业经营商户，提高二手商品交易效率。推动线下实体二手市场规范建设和运营，鼓励建设集中规范的"跳蚤市场"。鼓励在各级学校设置旧书分享角、分享日，促进广大师生旧书交换使用。鼓励社区定期组织二手商品交易活动，促进辖区内居民家庭闲置物品交易和流通。

4. 促进再制造产业高质量发展。提升汽车零部件、工程机械、机床、文办设备等再制造水平，推动盾构机、航空发动机、工业机器人等新兴领域再制造产业发展，推广应用无损检测、增材制造、柔性加工等再制造共性关键技术。培育专业化再制造旧件回收企业。支持建设再制造产品交易平台。

鼓励企业在售后服务体系中应用再制造产品并履行告知义务。推动再制造技术与装备数字化转型结合，为大型机电装备提供定制化再制造服务。在监管部门信息共享、风险可控的前提下，在自贸试验区支持探索开展航空、数控机床、通信设备等保税维修和再制造复出口业务。加强再制造产品评定和推广。

（三）深化农业循环经济发展，建立循环型农业生产方式。

1. 加强农林废弃物资源化利用。推动农作物秸秆、畜禽粪污、林业废弃物、农产品加工副产物等农林废弃物高效利用。加强农作物秸秆综合利用，坚持农用优先，加大秸秆还田力度，发挥耕地保育功能，鼓励秸秆离田产业化利用，开发新材料新产品，提高秸秆饲料、燃料、原料等附加值。加强畜禽粪污处理设施建设，鼓励种养结合，促进农用有机肥就地就近还田利用。因地制宜鼓励利用次小薪材、林业三剩物（采伐剩余物、造材剩余物、加工剩余物）进行复合板材生产、食用菌栽培和能源化利用，推进农产品加工副产物的资源化利用。

2. 加强废旧农用物资回收利用。引导种植大户、农民合作社、家庭农场、农用物资企业、废旧物资回收企业等相关责任主体主动参与回收。支持乡镇集中开展回收设施建设，健全农膜、化肥与农药包装、灌溉器材、农机具、渔网等废旧农用物资回收体系。建设区域性废旧农用物资集中处置利用设施，提高规模化、资源化利用水平。

3. 推行循环型农业发展模式。推行种养结合、农牧结合、养殖场建设与农田建设有机结合，推广畜禽、鱼、粮、菜、果、茶协同发展模式。打造一批生态农场和生态循环农业产业联合体，探索可持续运行机制。推进农村生物质能开发利用，发挥清洁能源供应和农村生态环境治理综合效益。构建林业循环经济产业链，推广林上、林间、林下立体开发产业模式。推进种植、养殖、农产品加工、生物质能、旅游康养等循环链接，鼓励一二三产融合发展。

四、重点工程与行动

（一）城市废旧物资循环利用体系建设工程。以直辖市、省会城市、计划单列市及人口较多的城市为重点，选择约60个城市开展废旧物资循环利用体系建设。统筹布局城市废旧物资回收交投点、中转站、分拣中心建设。在社区、商超、学校、办公场所等设置回收交投点，推广智能回收终端。合理布局中转站，建设功能健全、设施完备、符合安全环保要求的综合型和专业型分拣中心。统筹规划建设再生资源加工利用基地，推进废钢铁、废有色金属、报废机动车、退役光伏组件和风电机组叶片、废旧家电、废旧电池、废旧轮胎、废旧木制品、废旧纺织品、废塑料、废纸、废玻璃、厨余垃圾等城市废弃物分类利用和集中处置，引导再生资源加工利用项目集聚发展。鼓励京津冀、长三角、珠三角、成渝等重点城市群建设区域性再生资源加工利用基地。

（二）园区循环化发展工程。制定各地区循环化发展园区清单，按照"一园一策"原则逐个制定循环化改造方案。组织园区企业实施清洁生产改造。积极利用余热余压资源，推行热电联产、分布式能源及光伏储能一体化系统应用，推动能源梯级利用。建设园区污水集中收集处理及回用设施，加强污水处理和循环再利用。加强园区产业循环链接，促进企业废物资源综合利用。建设园区公共信息服务平台，加强园区物质流管理。具备条件的省级以上园区 2025 年底前全部实施循环化改造。

（三）大宗固废综合利用示范工程。聚焦粉煤灰、煤矸石、冶金渣、工业副产石膏、尾矿、共伴生矿、农作物秸秆、林业三剩物等重点品种，推广大宗固废综合利用先进技术、装备，实施具有示范作用的重点项目，大力推广使用资源综合利用产品，建设 50 个大宗固废综合利用基地和 50 个工业资源综合利用基地。

（四）建筑垃圾资源化利用示范工程。建设 50 个建筑垃圾资源化利用示范城市。推行建筑垃圾源头减量，建立建筑垃圾分类管理制度，规范建筑垃圾堆放、中转和资源化利用场所建设和运营管理。完善建筑垃圾回收利用政策和再生产品认证标准体系，推进工程渣土、工程泥浆、拆除垃圾、工程垃圾、装修垃圾等资源化利用，提升再生产品的市场使用规模。培育建筑垃圾资源化利用行业骨干企业，加快建筑垃圾资源化利用新技术、新工艺、新装备的开发、应用与集成。

（五）循环经济关键技术与装备创新工程。深入实施循环经济关键技术与装备重点专项。围绕典型产品生态设计、重点行业清洁生产、大宗固废综合利用、再生资源高质循环、高端装备再制造等领域，突破一批绿色循环关键共性技术及重大装备；在京津冀、长三角、珠三角等区域，开展循环经济绿色技术体系集成示范，推动形成政产学研用一体化的科技成果转化模式。

（六）再制造产业高质量发展行动。结合工业智能化改造和数字化转型，大力推广工业装备再制造，扩大机床、工业电机、工业机器人再制造应用范围。支持隧道掘进、煤炭采掘、石油开采等领域企业广泛使用再制造产品和服务。在售后维修、保险、商贸、物流、租赁等领域推广再制造汽车零部件、再制造文办设备，再制造产品在售后市场使用比例进一步提高。壮大再制造产业规模，引导形成10个左右再制造产业集聚区，培育一批再制造领军企业，实现再制造产业产值达到2000亿元。

（七）废弃电器电子产品回收利用提质行动。利用互联网信息技术，鼓励多元参与，构建线上线下相融合的废弃电器电子产品回收网络，继续开展电器电子产品生产者责任延伸试点。支持电器电子产品生产企业通过自主回收、联合回收或委托回收等方式建立回收体系，引导并规范生产企业与回收企业、电商平台共享信息。引导废弃电器电子产品流入规范化拆解企业。保障手机、电脑等电子产品回收利用全过程的个人隐私信息安全。强化科技创新，鼓励新技术、新工艺、新设备的推广应用，支持规范拆解企业工艺设备提质改造，推进智能化与精细化拆解，促进高值化利用。

（八）汽车使用全生命周期管理推进行动。研究制定汽车使用全生命周期管理方案，构建涵盖汽车生产企业、经销商、维修企业、回收拆解企业等的汽车使用全生命周期信息交互系统，加强汽车生产、进口、销售、登记、维修、二手车交易、报废、关键零部件流向等信息互联互通和交互共享。建立认证配件、再制造件、回用外观件的标识制度和信息查询体系。开展汽车产品生产者责任延伸试点。选择部分地区率先开展汽车使用全生命周期管理试点，条件成熟后向全国推广。

（九）塑料污染全链条治理专项行动。科学合理推进塑料源头减量，严格禁止生产超薄农用地膜、含塑料微珠日化产品等危害环境和人体健康的产品，鼓励公众减少使用一次性塑料制品。深入评估各类塑料替代品全生命周期资源环境影响。因地制宜、积极稳妥推广可降解塑料，健全标准体系，提升检验检测能力，规范应用和处置。推进标准地膜应用，提高废旧农膜回收利用水平。加强塑料垃圾分类回收和再生利用，加快生活垃圾焚烧处理设施建设，减少塑料垃圾填埋量。开展江河、湖泊、海岸线塑料垃圾清理，实施海洋垃圾清理专项行动。加强政策解读和宣传引导，营造良好社会氛围。

（十）快递包装绿色转型推进行动。强化快递包装绿色治理，推动电商与生产商合作，实现重点品类的快件原装直发。鼓励包装生产、电商、快递等上下游企业建立产业联盟，支持建立快递包装产品合格供应商制度，推动生产企业自觉开展包装减量化。实施快递包装绿色产品认证制度。开展可循环快递包装规模化应用试点，大幅提升循环中转袋（箱）应用比例。加大绿色循环共用标准化周转箱推广应用力度。鼓励电商、快递企业与商业机构、便利店、物业服务企业等合作设立可循环快递包装协议回收点，投放可循环快递包装的专业化回收设施。到 2025 年，电商快件基本实现不再二次包装，可循环快递包装应用规模达 1000 万个。

（十一）废旧动力电池循环利用行动。加强新能源汽车动力电池溯源管理平台建设，完善新能源汽车动力电池回收利用溯源管理体系。推动新能源汽车生产企业和废旧动力电池梯次利用企业通过自建、共建、授权等方式，建设规范化回收服务网点。推进动力电池规范化梯次利用，提高余能检测、残值评估、重组利用、安全管理等技术水平。加强废旧动力电池再生利用与梯次利用成套化先进技术装备推广应用。完善动力电池回收利用标准体系。培育废旧动力电池综合利用骨干企业，促进废旧动力电池循环利用产业发展。

五、政策保障

（一）健全循环经济法律法规标准。推动修订循环经济促进法，进一步明确相关主体权利义务。研究修订废弃电器电子产品回收处理管理条例，健全配套政策，更好发挥市场作用。鼓励各地方制定促进循环经济发展的地方性法规。完善循环经济标准体系，健全绿色设计、清洁生产、再制造、再生原料、绿色包装、利废建材等标准规范，深化国家循环经济标准化试点工作。

（二）完善循环经济统计评价体系。研究完善循环经济统计体系，逐步建立包括重要资源消耗量、回收利用量等在内的统计制度，优化统计核算方法，提升统计数据对循环经济工作的支撑能力。完善循环经济发展评价指标体系，健全循环经济评价制度，鼓励开展第三方评价。

（三）加强财税金融政策支持。统筹现有资金渠道，加强对循环经济重大工程、重点项目和能力建设的支持。加大政府绿色采购力度，积极采购再生资源产品。落实资源综合利用税收优惠政策，扩大环境保护、节能节水等企业所得税优惠目录范围。鼓励金融机构加大对循环经济领域重大工程的投融资力度。加强绿色金融产品创新，加大绿色信贷、绿色债券、绿色基金、绿色保险对循环经济有关企业和项目的支持力度。

（四）强化行业监管。加强对报废机动车、废弃电器电子产品、废旧电池回收利用企业的规范化管理，严厉打击非法改装拼装、拆解处理等行为，加大查处和惩罚力度。强化市场监管，严厉打击违规生产销售国家明令禁止的塑料制品，严格查处可降解塑料虚标、伪标等行为。加强废旧物资回收、利用、处置等环节的环境监管。

六、组织实施

国家发展改革委加强统筹协调和监督管理，充分发挥发展循环经济工作部际联席会议机制作用，及时总结分析工作进展，切实推进本规划实施。各有关部门按照职能分工抓好重点任务落实，并加强与节能、节水、垃圾分类、"无废城市"建设等相关工作的衔接。各地要高度重视循环经济发展，精心组织安排，明确重点任务和责任分工，结合实际抓好规划贯彻落实。

其中，城市废旧物资循环利用体系建设工程由国家发展改革委、商务部会同自然资源部、工业和信息化部、住房城乡建设部等部门组织实施。园区循环化发展工程由国家发展改革委会同工业和信息化部等部门组织实施。大宗固废综合利用示范工程由国家发展改革委、工业和信息化部会同生态环境部、农业农村部、国家林草局等部门组织实施。建筑垃圾资源化利用示范工程由住房城乡建设部会同国家发展改革委等部门组织实施。循环经济关键技术与装备创新工程由科技部会同国家发展改革委等有关部门组织实施。再制造产业高质量发展行动由国家发展改革委、工业和信息化部会同有关部门组织实施。废弃电器电子产品回收利用提质行动由国家发展改革委、生态环境部会同工业和信息化部、商务部、供销合作总社等部门组织实施。汽车使用全生命周期管理推进行动由国家发展改革委、商务部会同工业和信息化部、公安部、生态环境部、交通运输部、海关总署等部门组织实施。塑料污染全链条治理专项行动由国家发展改革委、生态环境部会同工业和信息化部、商务部、住房城乡建设部、农业农村部、市场监管总局、国家邮政局、供销合作总社等部门组织实施。快递包装绿色转型推进行动由国家发展改革委、国家邮政局会同工业和信息化部、生态环境部、交通运输部、商务部、市场监管总局等部门组织实施。废旧动力电池循环利用行动由工业和信息化部会同国家发展改革委、生态环境部等部门组织实施。完善循环经济统计评价体系由国家发展改革委、国家统计局会同工业和信息化部、商务部、生态环境部等部门组织实施。

《发展改革委、能源局关于加快推动
新型储能发展的指导意见》

(2021 年 7 月 15 日国家发展改革委、能源局发布,
发改能源规〔2021〕1051 号,全文如下)

各省、自治区、直辖市、新疆生产建设兵团发展改革委、能源局,国家能源局各派出机构:

实现碳达峰碳中和,努力构建清洁低碳、安全高效能源体系,是党中央、国务院作出的重大决策部署。抽水蓄能和新型储能是支撑新型电力系统的重要技术和基础装备,对推动能源绿色转型、应对极端事件、保障能源安全、促进能源高质量发展、支撑应对气候变化目标实现具有重要意义。为推动新型储能快速发展,现提出如下意见。

一、总体要求

(一)指导思想。

以习近平新时代中国特色社会主义思想为指导,全面贯彻党的十九大和十九届二中、三中、四中、五中全会精神,落实"四个革命、一个合作"能源安全新战略,以实现碳达峰碳中和为目标,将发展新型储能作为提升能源电力系统调节能力、综合效率和安全保障能力,支撑新型电力系统建设的重要举措,以政策环境为有力保障,以市场机制为根本依托,以技术革新为内生动力,加快构建多轮驱动良好局面,推动储能高质量发展。

(二)基本原则。

统筹规划、多元发展。加强顶层设计,统筹储能发展各项工作,强化规划科学引领作用。鼓励结合源、网、荷不同需求探索储能多元化发展模式。

创新引领、规模带动。以"揭榜挂帅"方式加强关键技术装备研发,推动储能技术进步和成本下降。建设产教融合等技术创新平台,加快成果转化,有效促进规模化应用,壮大产业体系。

政策驱动、市场主导。加快完善政策机制,加大政策支持力度,鼓励储能投资建设。明确储能市场主体地位,发挥市场引导作用。

规范管理、保障安全。完善优化储能项目管理程序,健全技术标准和检

测认证体系，提升行业建设运行水平。推动建立安全技术标准及管理体系，强化消防安全管理，严守安全底线。

（三）主要目标。

到 2025 年，实现新型储能从商业化初期向规模化发展转变。新型储能技术创新能力显著提高，核心技术装备自主可控水平大幅提升，在高安全、低成本、高可靠、长寿命等方面取得长足进步，标准体系基本完善，产业体系日趋完备，市场环境和商业模式基本成熟，装机规模达 3000 万千瓦以上。新型储能在推动能源领域碳达峰碳中和过程中发挥显著作用。到 2030 年，实现新型储能全面市场化发展。新型储能核心技术装备自主可控，技术创新和产业水平稳居全球前列，标准体系、市场机制、商业模式成熟健全，与电力系统各环节深度融合发展，装机规模基本满足新型电力系统相应需求。新型储能成为能源领域碳达峰碳中和的关键支撑之一。

二、强化规划引导，鼓励储能多元发展

（一）统筹开展储能专项规划。研究编制新型储能规划，进一步明确"十四五"及中长期新型储能发展目标及重点任务。省级能源主管部门应开展新型储能专项规划研究，提出各地区规模及项目布局，并做好与相关规划的衔接。相关规划成果应及时报送国家发展改革委、国家能源局。

（二）大力推进电源侧储能项目建设。结合系统实际需求，布局一批配置储能的系统友好型新能源电站项目，通过储能协同优化运行保障新能源高效消纳利用，为电力系统提供容量支撑及一定调峰能力。充分发挥大规模新型储能的作用，推动多能互补发展，规划建设跨区输送的大型清洁能源基地，提升外送通道利用率和通道可再生能源电量占比。探索利用退役火电机组的既有厂址和输变电设施建设储能或风光储设施。

（三）积极推动电网侧储能合理化布局。通过关键节点布局电网侧储能，提升大规模高比例新能源及大容量直流接入后系统灵活调节能力和安全稳定水平。在电网末端及偏远地区，建设电网侧储能或风光储电站，提高电网供电能力。围绕重要负荷用户需求，建设一批移动式或固定式储能，提升应急供电保障能力或延缓输变电升级改造需求。

（四）积极支持用户侧储能多元化发展。鼓励围绕分布式新能源、微电网、大数据中心、5G 基站、充电设施、工业园区等其他终端用户，探索储能融合发展新场景。鼓励聚合利用不间断电源、电动汽车、用户侧储能等分散式储能设施，依托大数据、云计算、人工智能、区块链等技术，结合体制机制综合创新，探索智慧能源、虚拟电厂等多种商业模式。

三、推动技术进步，壮大储能产业体系

（五）提升科技创新能力。开展前瞻性、系统性、战略性储能关键技术研发，以"揭榜挂帅"方式调动企业、高校及科研院所等各方面力量，推动储能理论和关键材料、单元、模块、系统中短板技术攻关，加快实现核心技术自主化，强化电化学储能安全技术研究。坚持储能技术多元化，推动锂离子电池等相对成熟新型储能技术成本持续下降和商业化规模应用，实现压缩空气、液流电池等长时储能技术进入商业化发展初期，加快飞轮储能、钠离子电池等技术开展规模化试验示范，以需求为导向，探索开展储氢、储热及其他创新储能技术的研究和示范应用。

（六）加强产学研用融合。完善储能技术学科专业建设，深化多学科人才交叉培养，打造一批储能技术产教融合创新平台。支持建设国家级储能重点实验室、工程研发中心等。鼓励地方政府、企业、金融机构、技术机构等联合组建新型储能发展基金和创新联盟，优化创新资源分配，推动商业模式创新。

（七）加快创新成果转化。鼓励开展储能技术应用示范、首台（套）重大技术装备示范。加强对新型储能重大示范项目分析评估，为新技术、新产品、新方案实际应用效果提供科学数据支撑，为国家制定产业政策和技术标准提供科学依据。

（八）增强储能产业竞争力。通过重大项目建设引导提升储能核心技术装备自主可控水平，重视上下游协同，依托具有自主知识产权和核心竞争力的骨干企业，积极推动从生产、建设、运营到回收的全产业链发展。支持中国新型储能技术和标准"走出去"。支持结合资源禀赋、技术优势、产业基础、人力资源等条件，推动建设一批国家储能高新技术产业化基地。

四、完善政策机制，营造健康市场环境

（九）明确新型储能独立市场主体地位。研究建立储能参与中长期交易、现货和辅助服务等各类电力市场的准入条件、交易机制和技术标准，加快推动储能进入并允许同时参与各类电力市场。因地制宜建立完善"按效果付费"的电力辅助服务补偿机制，深化电力辅助服务市场机制，鼓励储能作为独立市场主体参与辅助服务市场。鼓励探索建设共享储能。

（十）健全新型储能价格机制。建立电网侧独立储能电站容量电价机

制，逐步推动储能电站参与电力市场；研究探索将电网替代性储能设施成本收益纳入输配电价回收。完善峰谷电价政策，为用户侧储能发展创造更大空间。

（十一）健全"新能源＋储能"项目激励机制。对于配套建设或共享模式落实新型储能的新能源发电项目，动态评估其系统价值和技术水平，可在竞争性配置、项目核准（备案）、并网时序、系统调度运行安排、保障利用小时数、电力辅助服务补偿考核等方面给予适当倾斜。

五、规范行业管理，提升建设运行水平

（十二）完善储能建设运行要求。以电力系统需求为导向，以发挥储能运行效益和功能为目标，建立健全各地方新建电力装机配套储能政策。电网企业应积极优化调度运行机制，研究制定各类型储能设施调度运行规程和调用标准，明确调度关系归属、功能定位和运行方式，充分发挥储能作为灵活性资源的功能和效益。

（十三）明确储能备案并网流程。明确地方政府相关部门新型储能行业管理职能，协调优化储能备案办理流程、出台管理细则。督促电网企业按照"简化手续、提高效率"的原则明确并网流程，及时出具并网接入意见，负责建设接网工程，提供并网调试及验收等服务，鼓励对用户侧储能提供"一站式"服务。

（十四）健全储能技术标准及管理体系。按照储能发展和安全运行需求，发挥储能标准化信息平台作用，统筹研究、完善储能标准体系建设的顶层设计，开展不同应用场景储能标准制修订，建立健全储能全产业链技术标准体系。加强现行能源电力系统相关标准与储能应用的统筹衔接。推动完善新型储能检测和认证体系。推动建立储能设备制造、建设安装、运行监测等环节的安全标准及管理体系。

六、加强组织领导，强化监督保障工作

（十五）加强组织领导工作。国家发展改革委、国家能源局负责牵头构建储能高质量发展体制机制，协调有关部门共同解决重大问题，及时总结成功经验和有效做法；研究完善新型储能价格形成机制；按照"揭榜挂帅"等方式要求，推进国家储能技术产教融合创新平台建设，逐步实现产业技术由跟跑向并跑领跑转变；推动设立储能发展基金，支持主流新型储能技术产业化示范；有效利用现有中央预算内专项等资金渠道，积极支持新型储能关键技术装备产业化及应用项目。各地区相关部门要结合实际，制定落实方案和完善政策措施，科学有序推进各项任务。国家能源局各派出机构应加强事中事后监管，健全完善新型储能参与市场交易、安全管理等监管机制。

（十六）落实主体发展责任。各省级能源主管部门应分解落实新型储能发展目标，在充分掌握电力系统实际情况、资源条件、建设能力等基础上，按年度编制新型储能发展方案。加大支持新型储能发展的财政、金融、税收、土地等政策力度。

（十七）鼓励地方先行先试。鼓励各地研究出台相关改革举措、开展改革试点，在深入探索储能技术路线、创新商业模式等的基础上，研究建立合理的储能成本分摊和疏导机制。加快新型储能技术和重点区域试点示范，及时总结可复制推广的做法和成功经验，为储能规模化高质量发展奠定坚实基础。

（十八）建立监管长效机制。逐步建立与新型储能发展阶段相适应的闭环监管机制，适时组织开展专项监管工作，引导产业健康发展。推动建设国家级储能大数据平台，建立常态化项目信息上报机制，探索重点项目信息数据接入，提升行业管理信息化水平。

（十九）加强安全风险防范。督促地方政府相关部门明确新型储能产业链各环节安全责任主体，强化消防安全管理。明确新型储能并网运行标准，加强组件和系统运行状态在线监测，有效提升安全运行水平。

《关于完整准确全面贯彻新发展理念做好碳达峰碳中和工作的意见》

（2021 年 9 月 22 日中共中央、国务院发布，全文如下）

实现碳达峰、碳中和，是以习近平同志为核心的党中央统筹国内国际两个大局作出的重大战略决策，是着力解决资源环境约束突出问题、实现中华民族永续发展的必然选择，是构建人类命运共同体的庄严承诺。为完整、准确、全面贯彻新发展理念，做好碳达峰、碳中和工作，现提出如下意见。

一、总体要求

（一）指导思想。以习近平新时代中国特色社会主义思想为指导，全面贯彻党的十九大和十九届二中、三中、四中、五中全会精神，深入贯彻习近平生态文明思想，立足新发展阶段，贯彻新发展理念，构建新发展格局，坚持系统观念，处理好发展和减排、整体和局部、短期和中长期的关系，把碳达峰、碳中和纳入经济社会发展全局，以经济社会发展全面绿色转型为引领，以能源绿色低碳发展为关键，加快形成节约资源和保护环境的产业结构、生产方式、生活方式、空间格局，坚定不移走生态优先、绿色低碳的高质量发展道路，确保如期实现碳达峰、碳中和。

（二）工作原则

实现碳达峰、碳中和目标，要坚持"全国统筹、节约优先、双轮驱动、内外畅通、防范风险"原则。

——全国统筹。全国一盘棋，强化顶层设计，发挥制度优势，实行党政同责，压实各方责任。根据各地实际分类施策，鼓励主动作为、率先达峰。

——节约优先。把节约能源资源放在首位，实行全面节约战略，持续降低单位产出能源资源消耗和碳排放，提高投入产出效率，倡导简约适度、绿色低碳生活方式，从源头和入口形成有效的碳排放控制阀门。

——双轮驱动。政府和市场两手发力，构建新型举国体制，强化科技和制度创新，加快绿色低碳科技革命。深化能源和相关领域改革，发挥市场机制作用，形成有效激励约束机制。

——内外畅通。立足国情实际，统筹国内国际能源资源，推广先进绿色低碳技术和经验。统筹做好应对气候变化对外斗争与合作，不断增强国际影响力和话语权，坚决维护我国发展权益。

——防范风险。处理好减污降碳和能源安全、产业链供应链安全、粮食安全、群众正常生活的关系，有效应对绿色低碳转型可能伴随的经济、金融、社会风险，防止过度反应，确保安全降碳。

二、主要目标

到 2025 年，绿色低碳循环发展的经济体系初步形成，重点行业能源利用效率大幅提升。单位国内生产总值能耗比 2020 年下降 13.5%；单位国内生产总值二氧化碳排放比 2020 年下降 18%；非化石能源消费比重达到 20% 左右；森林覆盖率达到 24.1%，森林蓄积量达到 180 亿立方米，为实现碳达峰、碳中和奠定坚实基础。

到 2030 年，经济社会发展全面绿色转型取得显著成效，重点耗能行业能源利用效率达到国际先进水平。单位国内生产总值能耗大幅下降；单位国内生产总值二氧化碳排放比 2005 年下降 65% 以上；非化石能源消费比重达到 25% 左右，风电、太阳能发电总装机容量达到 12 亿千瓦以上；森林覆盖率达到 25% 左右，森林蓄积量达到 190 亿立方米，二氧化碳排放量达到峰值并实现稳中有降。

到 2060 年，绿色低碳循环发展的经济体系和清洁低碳安全高效的能源体系全面建立，能源利用效率达到国际先进水平，非化石能源消费比重达到 80% 以上，碳中和目标顺利实现，生态文明建设取得丰硕成果，开创人与自然和谐共生新境界。

三、推进经济社会发展全面绿色转型

（三）强化绿色低碳发展规划引领。将碳达峰、碳中和目标要求全面融入经济社会发展中长期规划，强化国家发展规划、国土空间规划、专项规划、区域规划和地方各级规划的支撑保障。加强各级各类规划间衔接协调，确保各地区各领域落实碳达峰、碳中和的主要目标、发展方向、重大政策、重大工程等协调一致。

（四）优化绿色低碳发展区域布局。持续优化重大基础设施、重大生产力和公共资源布局，构建有利于碳达峰、碳中和的国土空间开发保护新格局。在京津冀协同发展、长江经济带发展、粤港澳大湾区建设、长三角一体化发展、黄河流域生态保护和高质量发展等区域重大战略实施中，强化绿色低碳发展导向和任务要求。

（五）加快形成绿色生产生活方式。大力推动节能减排，全面推进清洁生产，加快发展循环经济，加强资源综合利用，不断提升绿色低碳发展水平。扩大绿色低碳产品供给和消费，倡导绿色低碳生活方式。把绿色低碳发展纳入国民教育体系。开展绿色低碳社会行动示范创建。凝聚全社会共识，加快形成全民参与的良好格局。

四、深度调整产业结构

（六）推动产业结构优化升级。加快推进农业绿色发展，促进农业固碳增效。制定能源、钢铁、有色金属、石化化工、建材、交通、建筑等行业和领域碳达峰实施方案。以节能降碳为导向，修订产业结构调整指导目录。开展钢铁、煤炭去产能"回头看"，巩固去产能成果。加快推进工业领域低碳工艺革新和数字化转型。开展碳达峰试点园区建设。加快商贸流通、信息服务等绿色转型，提升服务业低碳发展水平。

（七）坚决遏制高耗能高排放项目盲目发展。新建、扩建钢铁、水泥、平板玻璃、电解铝等高耗能高排放项目严格落实产能等量或减量置换，出台煤电、石化、煤化工等产能控制政策。未纳入国家有关领域产业规划的，一律不得新建改扩建炼油和新建乙烯、对二甲苯、煤制烯烃项目。合理控制煤制油气产能规模。提升高耗能高排放项目能耗准入标准。加强产能过剩分析预警和窗口指导。

（八）大力发展绿色低碳产业。加快发展新一代信息技术、生物技术、新能源、新材料、高端装备、新能源汽车、绿色环保以及航空航天、海洋装备等战略性新兴产业。建设绿色制造体系。推动互联网、大数据、人工智能、第五代移动通信（5G）等新兴技术与绿色低碳产业深度融合。

五、加快构建清洁低碳安全高效能源体系

（九）强化能源消费强度和总量双控。坚持节能优先的能源发展战略，严格控制能耗和二氧化碳排放强度，合理控制能源消费总量，统筹建立二氧化碳排放总量控制制度。做好产业布局、结构调整、节能审查与能耗双控的衔接，对能耗强度下降目标完成形势严峻的地区实行项目缓批限批、能耗等量或减量替代。强化节能监察和执法，加强能耗及二氧化碳排放控制目标分析预警，严格责任落实和评价考核。加强甲烷等非二氧化碳温室气体管控。

（十）大幅提升能源利用效率。把节能贯穿于经济社会发展全过程和各领域，持续深化工业、建筑、交通运输、公共机构等重点领域节能，提升数据中心、新型通信等信息化基础设施能效水平。健全能源管理体系，强化重点用能单位节能管理和目标责任。瞄准国际先进水平，加快实施节能降碳改造升级，打造能效"领跑者"。

（十一）严格控制化石能源消费。加快煤炭减量步伐，"十四五"时期严控煤炭消费增长，"十五五"时期逐步减少。石油消费"十五五"时期进入峰值平台期。统筹煤电发展和保供调峰，严控煤电装机规模，加快现役煤电机组节能升级和灵活性改造。逐步减少直至禁止煤炭散烧。加快推进页岩气、煤层气、致密油气等非常规油气资源规模化开发。强化风险管控，确保能源安全稳定供应和平稳过渡。

（十二）积极发展非化石能源。实施可再生能源替代行动，大力发展风能、太阳能、生物质能、海洋能、地热能等，不断提高非化石能源消费比重。坚持集中式与分布式并举，优先推动风能、太阳能就地就近开发利用。因地制宜开发水能。积极安全有序发展核电。合理利用生物质能。加快推进抽水蓄能和新型储能规模化应用。统筹推进氢能"制储输用"全链条发展。构建以新能源为主体的新型电力系统，提高电网对高比例可再生能源的消纳和调控能力。

（十三）深化能源体制机制改革。全面推进电力市场化改革，加快培育发展配售电环节独立市场主体，完善中长期市场、现货市场和辅助服务市场衔接机制，扩大市场化交易规模。推进电网体制改革，明确以消纳可再生能源为主的增量配电网、微电网和分布式电源的市场主体地位。加快形成以储能和调峰能力为基础支撑的新增电力装机发展机制。完善电力等能源品种价格市场化形成机制。从有利于节能的角度深化电价改革，理顺输配电价结构，全面放开竞争性环节电价。推进煤炭、油气等市场化改革，加快完善能源统一市场。

六、加快推进低碳交通运输体系建设

（十四）优化交通运输结构。加快建设综合立体交通网，大力发展多式联运，提高铁路、水路在综合运输中的承运比重，持续降低运输能耗和二氧化碳排放强度。优化客运组织，引导客运企业规模化、集约化经营。加快发展绿色物流，整合运输资源，提高利用效率。

（十五）推广节能低碳型交通工具。加快发展新能源和清洁能源车船，推广智能交通，推进铁路电气化改造，推动加氢站建设，促进船舶靠港使用岸电常态化。加快构建便利高效、适度超前的充换电网络体系。提高燃油车船能效标准，健全交通运输装备能效标识制度，加快淘汰高耗能高排放老旧车船。

（十六）积极引导低碳出行。加快城市轨道交通、公交专用道、快速公交系统等大容量公共交通基础设施建设，加强自行车专用道和行人步道等城市慢行系统建设。综合运用法律、经济、技术、行政等多种手段，加大城市交通拥堵治理力度。

七、提升城乡建设绿色低碳发展质量

（十七）推进城乡建设和管理模式低碳转型。在城乡规划建设管理各环节全面落实绿色低碳要求。推动城市组团式发展，建设城市生态和通风廊道，提升城市绿化水平。合理规划城镇建筑面积发展目标，严格管控高能耗公共建筑建设。实施工程建设全过程绿色建造，健全建筑拆除管理制度，杜绝大拆大建。加快推进绿色社区建设。结合实施乡村建设行动，推进县城和

农村绿色低碳发展。

（十八）大力发展节能低碳建筑。持续提高新建建筑节能标准，加快推进超低能耗、近零能耗、低碳建筑规模化发展。大力推进城镇既有建筑和市政基础设施节能改造，提升建筑节能低碳水平。逐步开展建筑能耗限额管理，推行建筑能效测评标识，开展建筑领域低碳发展绩效评估。全面推广绿色低碳建材，推动建筑材料循环利用。发展绿色农房。

（十九）加快优化建筑用能结构。深化可再生能源建筑应用，加快推动建筑用能电气化和低碳化。开展建筑屋顶光伏行动，大幅提高建筑采暖、生活热水、炊事等电气化普及率。在北方城镇加快推进热电联产集中供暖，加快工业余热供暖规模化发展，积极稳妥推进核电余热供暖，因地制宜推进热泵、燃气、生物质能、地热能等清洁低碳供暖。

八、加强绿色低碳重大科技攻关和推广应用

（二十）强化基础研究和前沿技术布局。制定科技支撑碳达峰、碳中和行动方案，编制碳中和技术发展路线图。采用"揭榜挂帅"机制，开展低碳零碳负碳和储能新材料、新技术、新装备攻关。加强气候变化成因及影响、生态系统碳汇等基础理论和方法研究。推进高效率太阳能电池、可再生能源制氢、可控核聚变、零碳工业流程再造等低碳前沿技术攻关。培育一批节能降碳和新能源技术产品研发国家重点实验室、国家技术创新中心、重大科技创新平台。建设碳达峰、碳中和人才体系，鼓励高等学校增设碳达峰、碳中和相关学科专业。

（二十一）加快先进适用技术研发和推广。深入研究支撑风电、太阳能发电大规模友好并网的智能电网技术。加强电化学、压缩空气等新型储能技术攻关、示范和产业化应用。加强氢能生产、储存、应用关键技术研发、示范和规模化应用。推广园区能源梯级利用等节能低碳技术。推动气凝胶等新型材料研发应用。推进规模化碳捕集利用与封存技术研发、示范和产业化应用。建立完善绿色低碳技术评估、交易体系和科技创新服务平台。

九、持续巩固提升碳汇能力

（二十二）巩固生态系统碳汇能力。强化国土空间规划和用途管控，严守生态保护红线，严控生态空间占用，稳定现有森林、草原、湿地、海洋、土壤、冻土、岩溶等固碳作用。严格控制新增建设用地规模，推动城乡存量建设用地盘活利用。严格执行土地使用标准，加强节约集约用地评价，推广节地技术和节地模式。

（二十三）提升生态系统碳汇增量。实施生态保护修复重大工程，开展山水林田湖草沙一体化保护和修复。深入推进大规模国土绿化行动，巩固退耕还林还草成果，实施森林质量精准提升工程，持续增加森林面积和蓄积量。加强草原生态保护修复。强化湿地保护。整体推进海洋生态系统保护和修复，提升红树林、海草床、盐沼等固碳能力。开展耕地质量提升行动，实施国家黑土地保护工程，提升生态农业碳汇。积极推动岩溶碳汇开发利用。

十、提高对外开放绿色低碳发展水平

（二十四）加快建立绿色贸易体系。持续优化贸易结构，大力发展高质量、高技术、高附加值绿色产品贸易。完善出口政策，严格管理高耗能高排放产品出口。积极扩大绿色低碳产品、节能环保服务、环境服务等进口。

（二十五）推进绿色"一带一路"建设。加快"一带一路"投资合作绿色转型。支持共建"一带一路"国家开展清洁能源开发利用。大力推动南南合作，帮助发展中国家提高应对气候变化能力。深化与各国在绿色技术、绿色装备、绿色服务、绿色基础设施建设等方面的交流与合作，积极推动我国新能源等绿色低碳技术和产品走出去，让绿色成为共建"一带一路"的底色。

（二十六）加强国际交流与合作。积极参与应对气候变化国际谈判，坚持我国发展中国家定位，坚持共同但有区别的责任原则、公平原则和各自能力原则，维护我国发展权益。履行《联合国气候变化框架公约》及其《巴黎协定》，发布我国长期温室气体低排放发展战略，积极参与国际规则和标准制定，推动建立公平合理、合作共赢的全球气候治理体系。加强应对气候变化国际交流合作，统筹国内外工作，主动参与全球气候和环境治理。

十一、健全法律法规标准和统计监测体系

（二十七）健全法律法规。全面清理现行法律法规中与碳达峰、碳中和工作不相适应的内容，加强法律法规间的衔接协调。研究制定碳中和专项法律，抓紧修订节约能源法、电力法、煤炭法、可再生能源法、循环经济促进法等，增强相关法律法规的针对性和有效性。

（二十八）完善标准计量体系。建立健全碳达峰、碳中和标准计量体系。加快节能标准更新升级，抓紧修订一批能耗限额、产品设备能效强制性国家标准和工程建设标准，提升重点产品能耗限额要求，扩大能耗限额标准

覆盖范围，完善能源核算、检测认证、评估、审计等配套标准。加快完善地区、行业、企业、产品等碳排放核查核算报告标准，建立统一规范的碳核算体系。制定重点行业和产品温室气体排放标准，完善低碳产品标准标识制度。积极参与相关国际标准制定，加强标准国际衔接。

（二十九）提升统计监测能力。健全电力、钢铁、建筑等行业领域能耗统计监测和计量体系，加强重点用能单位能耗在线监测系统建设。加强二氧化碳排放统计核算能力建设，提升信息化实测水平。依托和拓展自然资源调查监测体系，建立生态系统碳汇监测核算体系，开展森林、草原、湿地、海洋、土壤、冻土、岩溶等碳汇本底调查和碳储量评估，实施生态保护修复碳汇成效监测评估。

十二、完善政策机制

（三十）完善投资政策。充分发挥政府投资引导作用，构建与碳达峰、碳中和相适应的投融资体系，严控煤电、钢铁、电解铝、水泥、石化等高碳项目投资，加大对节能环保、新能源、低碳交通运输装备和组织方式、碳捕集利用与封存等项目的支持力度。完善支持社会资本参与政策，激发市场主体绿色低碳投资活力。国有企业要加大绿色低碳投资，积极开展低碳零碳负碳技术研发应用。

（三十一）积极发展绿色金融。有序推进绿色低碳金融产品和服务开发，设立碳减排货币政策工具，将绿色信贷纳入宏观审慎评估框架，引导银行等金融机构为绿色低碳项目提供长期限、低成本资金。鼓励开发性政策性金融机构按照市场化法治化原则为实现碳达峰、碳中和提供长期稳定融资支持。支持符合条件的企业上市融资和再融资用于绿色低碳项目建设运营，扩大绿色债券规模。研究设立国家低碳转型基金。鼓励社会资本设立绿色低碳产业投资基金。建立健全绿色金融标准体系。

（三十二）完善财税价格政策。各级财政要加大对绿色低碳产业发展、技术研发等的支持力度。完善政府绿色采购标准，加大绿色低碳产品采购力度。落实环境保护、节能节水、新能源和清洁能源车船税收优惠。研究碳减排相关税收政策。建立健全促进可再生能源规模化发展的价格机制。完善差别化电价、分时电价和居民阶梯电价政策。严禁对高耗能、高排放、资源型行业实施电价优惠。加快推进供热计量改革和按供热量收费。加快形成具有合理约束力的碳价机制。

（三十三）推进市场化机制建设。依托公共资源交易平台，加快建设完善全国碳排放权交易市场，逐步扩大市场覆盖范围，丰富交易品种和交易方式，完善配额分配管理。将碳汇交易纳入全国碳排放权交易市场，建立健全能够体现碳汇价值的生态保护补偿机制。健全企业、金融机构等碳排放报告和信息披露制度。完善用能权有偿使用和交易制度，加快建设全国用能权交易市场。加强电力交易、用能权交易和碳排放权交易的统筹衔接。发展市场化节能方式，推行合同能源管理，推广节能综合服务。

十三、切实加强组织实施

（三十四）加强组织领导。加强党中央对碳达峰、碳中和工作的集中统一领导，碳达峰碳中和工作领导小组指导和统筹做好碳达峰、碳中和工作。支持有条件的地方和重点行业、重点企业率先实现碳达峰，组织开展碳达峰、碳中和先行示范，探索有效模式和有益经验。将碳达峰、碳中和作为干部教育培训体系重要内容，增强各级领导干部推动绿色低碳发展的本领。

（三十五）强化统筹协调。国家发展改革委要加强统筹，组织落实2030年前碳达峰行动方案，加强碳中和工作谋划，定期调度各地区各有关部门落实碳达峰、碳中和目标任务进展情况，加强跟踪评估和督促检查，协调解决实施中遇到的重大问题。各有关部门要加强协调配合，形成工作合力，确保政策取向一致、步骤力度衔接。

（三十六）压实地方责任。落实领导干部生态文明建设责任制，地方各级党委和政府要坚决扛起碳达峰、碳中和责任，明确目标任务，制定落实举措，自觉为实现碳达峰、碳中和作出贡献。

（三十七）严格监督考核。各地区要将碳达峰、碳中和相关指标纳入经济社会发展综合评价体系，增加考核权重，加强指标约束。强化碳达峰、碳中和目标任务落实情况考核，对工作突出的地区、单位和个人按规定给予表彰奖励，对未完成目标任务的地区、部门依规依法实行通报批评和约谈问责，有关落实情况纳入中央生态环境保护督察。各地区各有关部门贯彻落实情况每年向党中央、国务院报告。